Nachbarrecht

dtv

Nachbarrecht

mit Bürgerlichem Gesetz (Auszug),
EGBGB (Auszug),
Nachbarrechtsgesetzen der Bundesländer,
Zivilprozessordnung (Auszug),
EGZPO (Auszug),
Gerichtsverfassungsgesetz (Auszug),
Schlichtungsgesetzen der Bundesländer

Textausgabe mit ausführlichem Sachverzeichnis
und einer Einführung von
Vors. Richter am LG a. D. Heinrich Schäfer, Dortmund
ab der 2. Auflage fortgeführt von
Rechtsanwalt Dr. Patrick Bruns, Baden-Baden und Achern

2. Auflage
Stand: 1. Oktober 2010

Deutscher Taschenbuch Verlag

Im Internet:

dtv.de

beck.de

Sonderausgabe
Deutscher Taschenbuch Verlag GmbH & Co. KG,
Friedrichstraße 1 a, 80801 München
© 2011. Redaktionelle Verantwortung: Verlag C. H. Beck oHG
Gesamtherstellung: Druckerei C. H. Beck, Nördlingen
(Adresse der Druckerei: Wilhelmstraße 9, 80801 München)
Umschlagtypographie auf der Grundlage
der Gestaltung von Celestino Piatti
ISBN 978-3-423-05771-4 (dtv)
ISBN 978-3-406-61133-9 (C. H. Beck)

Inhaltsverzeichnis

Inhaltsverzeichnis

Abkürzungsverzeichnis

ABl.	Amtsblatt
Abs.	Absatz
a.F.	alte Fassung
AGBGB	Ausführungsgesetz zum Bürgerlichen Gesetzbuch
amtl.	amtlich
Anm.	Anmerkung
Art.	Artikel
BAnz.	Bundesanzeiger
BayRS	Bayerische Rechtssammlung
Bbg	Brandenburg
Bek.	Bekanntmachung
ber.	berichtigt, bereinigt
BGB	Bürgerliches Gesetzbuch
BGBl.	Bundesgesetzblatt
Bln	Berlin
BMJ	Bundesministerium der Justiz
BW	Baden-Württemberg
EG	Europäische Gemeinschaft, Einführungsgesetz
EGBGB	Einführungsgesetz zum Bürgerlichen Gesetzbuch
EGZPO	Einführungsgesetz zur Zivilprozessordnung
ff.	folgende
FNA	Bundesgesetzblatt I, Fundstellennachweis A (Bundesrecht ohne völkerrechtliche Vereinbarungen)
G	Gesetz
GBl.	Gesetzblatt
geänd.	geändert
GVBl., GVOBl.	Gesetz- und Verordnungsblatt
idF	in der Fassung
LSA	Sachsen-Anhalt
mWv	mit Wirkung vom
neugef.	neugefasst
Nr.	Nummer
NRG	Nachbarrechtsgesetz
NRW	Nordrhein-Westfalen
RGBl.	Reichsgesetzblatt
RP	Rheinland-Pfalz

Abkürzungsverzeichnis

S.	Seite
SchlG	Schlichtungsgesetz
v.	von, vom
vgl.	vergleiche
VO	Verordnung
ZPO	Zivilprozessordnung

Einführung

Von Heinrich Schäfer, Vors. Richter am LG a. D.,
fortgeführt von Rechtsanwalt Dr. Patrick Bruns, Baden-Baden und Achern

I. Überblick

1. Begriff

Unter *Nachbarrecht* versteht man die Rechtsnormen, die den Inhalt und die Grenzen des Grundeigentums beschreiben und einen Ausgleich zwischen den oft gegensätzlichen Interessen der Nachbarn schaffen. Das Nachbarrecht kann dem privaten, aber auch dem öffentlichen Recht angehören.

2. Die Gesetzeslage

Eine einheitliche *Regelung des privaten Nachbarrechts* gibt es in der Bundesrepublik nicht. Die insoweit in Betracht kommenden Vorschriften sind sowohl im Bürgerlichen Gesetzbuch (s. u. II. 1.) als auch in den Nachbarrechtsgesetzen der Länder (II. 2.) enthalten. Ergänzend kann zur Begründung von Rechten und Pflichten (in engen Grenzen) auf das nachbarrechtliche Gemeinschaftsverhältnis (II. 3.) zurückgegriffen werden.

II. Die Rechtsquellen des Nachbarrechts

1. Die nachbarrechtlichen Vorschriften des BGB

§ 903 BGB stellt den Grundsatz auf, dass der Eigentümer mit seiner Sache nach Belieben verfahren und andere von jeder Mitwirkung ausschließen darf, soweit nicht das Gesetz oder die Rechte Dritter entgegenstehen. Das können auch die Nachbarrechtsgesetze der Länder sein. *§ 904 BGB* gewährt das Recht zur Einwirkung auf die Sache eines anderen aufgrund eines Notstandes sowie einen Schadensersatzanspruch, falls es bei der Rechtsausübung zu einer Beschädigung der Sache kommt. *§ 905 BGB* bestimmt, wieweit sich das Herrschaftsrecht eines Grundstückseigentümers nach oben und unten erstreckt. *§ 906 BGB* ist eine besonders *wichtige Vorschrift*. Sie regelt die privatrechtliche Zulässigkeit von Einwirkungen auf das Grundstück durch Immissionen wie Zuführen von Gasen, Dämpfen, Gerüchen, Rauch sowie die Beeinträchtigungen durch Lärm, Erschütterungen oder ähnliche Einwirkungen. Unter sie fällt auch das Eindringen von Kleintieren sowie Beeinträchtigungen durch Laubfall, Blüten und Unkrautsamen. *§ 907 BGB* regelt das Herstellen oder Halten gefahrdrohender Anlagen. *§ 908 BGB* gewährt dem Grundstückseigentümer, dessen Grundstück die Gefahr eines Gebäudeeinsturzes vom Nachbargrundstück her droht, einen Anspruch auf Vorsorgemaßnahmen. *§ 909 BGB* verbietet die Vertiefung eines Grundstücks, wenn hierdurch ein Gebäude auf dem Nachbargrundstück die erforderliche Stütze verliert, sofern nicht für anderweitige Befestigung gesorgt ist. Den umge-

Einführung

kehrten Fall der Erhöhung regelt das BGB nicht, wohl aber einige Nachbarrechtsgesetze der Länder (s. unten 2 c). *§ 910 BGB* bestimmt, unter welchen Voraussetzungen ein Grundstückseigentümer Wurzeln, Äste oder Zweige von Bäumen oder Sträuchern des Nachbarn abschneiden kann, wenn diese über die Grenze wachsen. Daneben kann nach der Rechtsprechung auch ein Beseitigungsanspruch gem. *§ 1004 BGB* bestehen, wenn das Eigentum durch den Überwuchs oder das Durchwachsen von Wurzeln rechtswidrig beeinträchtigt wird. Beseitigt der gestörte Nachbar die Beeinträchtigung selbst, kann ihm ein Anspruch auf Ersatz der Kosten zustehen. *§ 911 BGB* bestimmt, dass Früchte, die vom Baum des einen auf das Grundstück des anderen Nachbarn fallen, in dessen Eigentum übergehen. Die *§§ 912–916 BGB* regeln den (ungenehmigten) Grenzüberbau mit Gebäuden. Es ist zu beachten, dass die Nachbarrechtsgesetze der Länder vielfach Vorschriften darüber enthalten, wann und wie im Einverständnis mit dem Eigentümer des Nachbargrundstücks über die Grenze gebaut werden darf (Nachbarwand) und welche Rechtsfolgen sich daraus ergeben. Sie behandeln teilweise auch die Rechtsstellung von Bauten an der Grenze (Grenzwand). Die *§§ 917, 918 BGB* befassen sich mit dem Notwegrecht. Darunter können in entsprechender Anwendung auch Versorgungsleitungen fallen. Einige Landes-Nachbarrechtsgesetze regeln dies ausdrücklich und geben sog. Notleitungsrechte. Die *§§ 921, 922 BGB* enthalten wichtige Vorschriften bezüglich der Rechtslage einer Grenzeinrichtung, z. B. einer Wand oder eines Zaunes, die einverständlich auf der Grenze errichtet worden sind. Diese genießen weit gehenden Schutz gegen eigenmächtige Veränderungen durch einen Nachbarn.

2. Die Nachbarrechtsgesetze der Länder

a) Gesetzgebungskompetenz

Zum Erlass von Nachbarrechtsgesetzen sind die Länder aufgrund von Art. 124 EGBGB befugt. Nicht alle Länder haben von dieser Möglichkeit Gebrauch gemacht. Bremen und Hamburg haben keine besonderen Nachbarrechtsgesetze erlassen. Gleichwohl gibt es auch dort einige nachbarrechtliche Vorschriften. In Bremen ist § 24 AGBGB zu nennen, der die Rechte an gemeinschaftlichen Mauern regelt. In Hamburg befinden sich nachbarrechtliche Vorschriften in der Hamburgischen Bauordnung. Auch Bayern hat von einer umfassenden Regelung Abstand genommen; hier sind im AGBGB nur einzelne Bereiche geregelt worden. Art. 124 EGBGB gilt auch in den neuen Bundesländern. Dementsprechend haben inzwischen fast alle Bundesländer Nachbarrechtsgesetze verabschiedet. In der Literatur sind bezüglich einzelner Vorschriften der Nachbarrechtsgesetze Bedenken gegen die Befugnis des Landesgesetzgebers erhoben worden.

b) Gesetzeslage

In den *alten Bundesländern* haben zunächst Baden-Württemberg und Hessen, später dann Bayern (§§ 43 ff. AGBGB), Berlin (auch im früheren Ostberlin gültig), Bremen (§ 24 AGBGB), Hamburg (BauO), Niedersachsen, Nordrhein-Westfalen, Rheinland-Pfalz, das Saarland und Schleswig-Holstein Nachbarrechtsgesetze bzw. nachbarrechtliche Vorschriften erlassen. Von den *neuen Bundesländern* haben Brandenburg, Sachsen, Sachsen-Anhalt und Thüringen Nachbarrechtsgesetze erlassen. In Mecklenburg-Vorpommern gilt daher an sich das frühere Landesrecht, das durch Art. 124 EGBGB aufrechterhalten worden ist. Diese Vorschriften sollten zwar durch das ZGB der früheren DDR außer Kraft gesetzt werden. Nach *Dehner* DtZ 1991, 108 ff. ist jedoch aufgrund der Weitergeltung von Art. 124 EGBGB davon auszugehen, dass die vor Inkrafttreten des ZGB-DDR bestehenden nachbarrechtlichen Vorschriften durch den Einigungsvertrag wieder eingeführt werden sollten. Das den Nachbarrechtsgesetzen entgegenstehende oder ihnen gleich lautende alte Recht ist in den jeweiligen Landesgesetzen aufgehoben worden. Altes Landesrecht ist jedoch noch zum Teil im Rahmen von Übergangsregelungen von Bedeutung.

c) Regelungsgegenstände der Gesetze

Die Nachbarrechtsgesetze haben u. a. folgende Bereiche geregelt:

Abwasser: BW § 1; Bbg § 54; NRW § 29; SaAnh. § 33; **Anwende-, Trepp- und Schwengelrecht:** Bay. Art. 53; **Aufschichtungen; Gerüste:** BW § 8; Bbg § 27; NRW § 31; Sa. § 18; **Bodenerhöhungen:** BW §§ 9, 10; Bln. § 20; Bbg § 26; Nds. §§ 26, 38; NRW §§ 30, 31; RhPf. § 43; Saar. § 47; Sa. § 17; SH § 25; Thür. § 43; **Dachtraufe:** BW §§ 1, 2; Bbg §§ 52, 53; He. §§ 26, 27; Nds. §§ 45, 46; NRW §§ 27, 28; RhPf. §§ 37, 38; Saar. §§ 41, 42; Sa. § 25; SaAnh. § 33; SH § 26; Thür. §§ 37, 38; **Einfriedigungen:** BW §§ 7, 11–13, 18, 19 ff., 32, 33; Bln. §§ 21 ff.; Bbg §§ 28–35; Hmb. § 11; He. §§ 14 ff.; Nds. §§ 27 ff.; NRW §§ 32 ff.; RhPf. §§ 39 ff.; Saar. §§ 43 ff.; Sa. §§ 4 ff.; SaAnh. §§ 22–28; SH §§ 28 ff., 35, 36; Thür. §§ 39 ff.; **Fenster- und Lichtrecht:** BW §§ 3–5, 31; Bay. Art. 43–45, 52; Bbg §§ 20–22; He. §§ 11 ff.; Nds. §§ 23 ff.; NRW §§ 4 ff.; RhPf. §§ 34 ff.; Saar. §§ 35 ff.; SH §§ 22 ff.; Thür. §§ 34 ff.; **Grenzabstände für Bäume, Pflanzen usw.:** BW §§ 12 ff., 23 ff., 33, 34; Bay. Art. 47 ff.; Bln. §§ 27 ff.; Bbg §§ 36–43; He. §§ 38 ff.; Nds. §§ 50 ff.; NRW §§ 40 ff.; RhPf. §§ 44 ff.; Saar. §§ 48 ff.; Sa. §§ 9–16, 32; SaAnh. §§ 34–42, 43 III; SH §§ 37 ff.; Thür. §§ 44 ff.; **Grenzabstände für Gebäude:** BW §§ 6, 7; Nds. §§ 61, 62; NRW §§ 1–3; SH §§ 42, 43; **Grenzwand:** BW §§ 7 a, b, d; Bln. §§ 14 ff.; Bbg §§ 16–19; Hmb. § 74 III, IV, V, VI, VII; He. §§ 8 ff.; Nds. §§ 16 ff.; NRW §§ 19 ff.; RhPf. §§ 13 ff.; Saar. §§ 15 ff.; SaAnh. §§ 11–16; SH §§ 11 ff.; Thür. §§ 13 ff.; **Grundwasserschutz:** Bbg § 60; He. § 20; Nds. § 38; SaAnh. § 29; SH § 27; **Hammerschlags- und Leiterrecht:** BW § 7 c; Bay. Art. 53; Bln. §§ 17, 18; Bbg §§ 23, 24; Hmb. § 74 I, V, VI, VII; He. §§ 28, 29; Nds. §§ 47, 48; NRW §§ 24, 25; RhPf. §§ 21 ff.; Saar. §§ 24 ff.; Sa. § 24; SaAnh. §§ 18–20; SH §§ 17 ff.; Thür. §§ 21 ff.; **Höherführen und Befestigung von Antennen, Schornsteinen usw.:** BW § 7 d ohne Antennen; Bln. § 19; Bbg § 25 ohne Antennen; Hmb. § 74 II, V, VI, VII ohne Antennen; He. §§ 36, 37 ohne Antennen; Nds. § 49 ohne Antennen; NRW § 26; RhPf. §§ 17 ff.; Saar. §§ 21 ff.; Sa. § 26; SaAnh. § 21; SH §§ 20, 21; Thür. §§ 17 ff.; **Leitungsrecht:** BW § 7 e; Bbg §§ 44–51; He. §§ 30 ff.; RhPf. §§ 26 ff.; Saar. §§ 27 ff.; Sa. §§ 19 ff.; Thür. §§ 26 ff.; **Nachbarwand:** Bay. Art. 46; Bln. §§ 4 ff.; Bbg §§ 5 ff.; He. §§ 1 ff., 10 b; Nds. §§ 3 ff.; NRW §§ 7 ff.; RhPf. §§ 3 ff.; Saar. §§ 3 ff.; SaAnh. §§ 5–10, 43 II; SH §§ 4 ff.; Thür. §§ 3 ff.; wegen Bremen s. o. b); **Wild abfließendes Wasser:** Bbg §§ 55 ff.; He. §§ 21 ff.; Nds. §§ 39 ff.; Saar. §§ 38 ff.; SaAnh. §§ 30–32. Hier sind gegebenenfalls auch die Wassergesetze der Länder zu beachten, z. B. § 81 WGBW.

Einführung

3. Das nachbarrechtliche Gemeinschaftsverhältnis

Aus der Anwendung des *Grundsatzes von Treu und Glauben* (§ 242 BGB), der das gesamte Recht beherrscht, und aus dem besonderen Tatbestand des nachbarlichen Zusammenlebens können sich für die benachbarten Grundstückseigentümer im Einzelfall auch dann Rechte und Pflichten ergeben, wenn ausdrückliche gesetzliche Regelungen fehlen. Aus diesem *nachbarrechtlichen Gemeinschaftsverhältnis* folgt für alle Beteiligten die Pflicht zur gegenseitigen Rücksichtnahme. Diese kann die Ausübung eines an sich bestehenden Rechtes als unzulässig erscheinen lassen und in ganz engen Fällen sogar Ansprüche begründen, etwa einen Anspruch auf Duldung eines sonst unzulässigen Verhaltens. Da aber die Rechte und Pflichten von Grundstückseigentümern in erster Linie durch die entsprechenden nachbarrechtlichen Vorschriften geregelt werden, müssen die aus dem nachbarrechtlichen Gemeinschaftsverhältnis hergeleiteten Pflichten und Ansprüche nach der Rechtsprechung des Bundesgerichtshofes eine aus zwingenden Gründen gebotene Ausnahme bleiben. Deshalb ist das Rechtsinstitut grundsätzlich nicht anwendbar, wenn das betreffende Problem anderweitig gesetzlich geregelt ist. Eine Ausnahme kommt nur dann in Betracht, wenn ein über die gesetzliche Regelung hinausgehender billiger Ausgleich der widerstreitenden Interessen dringend geboten erscheint. Das nachbarrechtliche Gemeinschaftsverhältnis ist etwa von Bedeutung für die Entscheidung der Frage, ob das Betreten eines Grundstücks durch Hunde, Katzen oder andere größere Tiere geduldet werden muss.

4. Nachbarschützende Vorschriften des öffentlichen Rechts

Neben den privatrechtlichen Vorschriften können *öffentlich-rechtliche Vorschriften* nachbarrechtlich von Bedeutung sein. Bezüglich einer Reihe von öffentlich-rechtlichen Normen ist anerkannt, dass sie nicht nur öffentliche Interessen wahren sollen, sondern auch nachbarschützenden Charakter haben. Ist das der Fall, hat der Nachbar bei Verletzung einer solchen Vorschrift die Möglichkeit, vor den Verwaltungsgerichten ihre Einhaltung durchzusetzen. Daneben kann er einen Abwehr- und Beseitigungsanspruch gegen seinen Nachbarn aus § 1004 BGB haben. Handelt der Nachbar schuldhaft, macht er sich gemäß § 823 Abs. 2 BGB schadensersatzpflichtig. Zu diesen Vorschriften gehören insbesondere die Regelungen in den Bauordnungen der Länder über die Abstandsflächen, die mit Gebäuden gegenüber dem Nachbargrundstück einzuhalten sind, z.B. § 6 BauOSH und § 6 BauONRW. Die öffentlich-rechtlichen Vorschriften über die Grenzabstände von Gebäuden bzw. die Einhaltung von Abstandsflächen sind mit den Vorschriften in den Nachbarrechtsgesetzen nicht identisch, sofern nicht, wie in Schleswig-Holstein, lediglich auf die Landesbauordnung verwiesen wird.

5. Privatrecht und öffentliches Nachbarrecht

Privates und öffentliches Nachbarrecht sind grundsätzlich voneinander unabhängig. Das wird in einigen Nachbarrechtsgesetzen ausdrücklich ausgesprochen, z.B. in § 49 Abs. 2 NachbGNRW. Ausnahmen werden ausdrücklich angeordnet (z.B. § 2a NachbGNRW) oder ergeben sich aus allgemeinen Rechtsnormen, z.B. § 134 BGB, wonach Rechtsgeschäfte nicht gegen gesetzliche Verbote verstoßen dürfen. Ansprüche aus dem privaten Nachbarrecht sind vor den Zivilgerichten geltend zu machen, subjektiv öffentlich-rechtliche vor den Verwaltungsgerichten. Es besteht damit eine Zweigleisigkeit der Ansprüche und auch der Rechtswege. So können sich Ansprüche wegen Verletzung von Grenzabständen für Gebäude aus den privaten Nachbarrechtsvorschriften ergeben, aber auch aus nachbarschützenden Normen des öffentlichen Rechts, hier insbesondere aus den Bauordnungen (s. oben 4.). Im letzteren Fall ist das Verwaltungsgericht zuständig. Es kann aber auch bei den Zivilgerichten geklagt werden, da die Verletzung nachbarschützender Normen des öffentlichen Rechts privatrechtliche Unterlassungs- und Schadensersatzansprüche begründen können. Beide Rechtswege stehen gleichberechtigt nebeneinander.

6. Bundesrecht und Landesrecht

Bundesrecht geht grundsätzlich dem Landesrecht vor. Das Landesrecht kann gleichwohl auch bundesrechtlich von Bedeutung sein. So hat der Bundesgerichtshof entschieden, dass die nachbarrechtlichen Sonderbestimmungen für die Beurteilung maßgeblich sind, ob Einwirkungen von einem Grundstück auf das andere rechtswidrig sind und den Nachbarn für den Zustand seines Grundstücks eine Sicherungspflicht trifft.

7. Güte- und Schlichtungsverfahren

Mit Wirkung zum 1. 1. 2000 ist durch § 15 a EGZPO den Ländern die Möglichkeit eingeräumt worden, für bestimmte Streitigkeiten der Klageerhebung ein *obligatorisches Schlichtungsverfahren* vorzuschalten, um die Gerichte erster Instanz zu entlasten. Betroffen sind generell vermögensrechtliche Streitigkeiten vor den Amtsgerichten mit Ansprüchen über einen Gegenstandswert an Geld oder Geldeswert, der 750 € nicht übersteigt, Streitigkeiten aus dem Nachbarrecht nach §§ 906, 910, 911, 923 BGB sowie nach den landesgesetzlichen Vorschriften im Sinne von Art. 124 EGBGB, sofern es sich nicht um Einwirkungen von einem gewerblichen Betrieb handelt. Solche Vorschriften sind insbesondere die Nachbarrechtsgesetze der Länder bzw. in Bayern die Art. 43 bis 54 AGBGB. Eine Streitigkeit über Ansprüche wegen der in den Nachbarrechtsgesetzen geregelten Rechte ist gegeben, wenn das Nachbarrechtsgesetz Regelungen enthält, die für den Interessenkonflikt der Nachbarn im konkreten Fall von Bedeutung sind. Wichtig ist, dass u. a. Ansprüche, die im Mahnverfahren geltend gemacht werden, von dieser Regelung nicht erfasst werden (§ 15 a Abs. 2 Nr. 5 EGZPO). Von dieser gesetzgeberischen Möglichkeit haben die Länder in unterschiedlichem Umfang Gebrauch gemacht. Dabei ist die zeitliche Gültigkeitsdauer überwiegend beschränkt worden. Ausführungsgesetze bestehen in folgenden Ländern: Baden-Württemberg, Bayern, Brandenburg, Hessen, Nordrhein-Westfalen, Saarland, Sachsen-Anhalt und Schleswig-Holstein. Die Gesetze sind nachfolgend abgedruckt.

Eine ohne das erforderliche Schlichtungsverfahren erhobene Klage ist unzulässig. Das Schlichtungsverfahren kann nach Klageerhebung nicht mehr nachgeholt werden; die Klage ist auf jeden Fall als unzulässig abzuweisen. Eine Änderung der Klageanträge während des erstinstanzlichen Verfahrens macht keinen erneuten Schlichtungsversuch notwendig, wenn das vorgeschriebene Schlichtungsverfahren vor Klageerhebung durchgeführt worden ist. Das gesamte Verfahren ist schlichtungsbedürftig, wenn ein schlichtungsbedürftiger und ein nicht schlichtungsbedürftiger Antrag zusammentreffen. Die Kosten des Schlichters und anderer anerkannter Gütestellen gehören im Falle der Erfolglosigkeit zu den Kosten des nachfolgenden Rechtsstreits (§ 15 a EGZPO) und können gegebenenfalls gegen den Gegner festgesetzt werden. Gem. § 204 Nr. 4 ZPO hemmt die Einleitung eines Güteverfahrens bei einer durch die Landesjustizverwaltung eingerichteten oder anerkannten Gütestelle oder, wenn die Parteien den Einigungsversuch einvernehmlich unternehmen, bei einer sonstigen Gütestelle, die Streitbeilegung betreibt, den Lauf der Verjährungsfrist. Die Hemmung beginnt mit der Einreichung des Antrages, wenn die Bekanntgabe „demnächst" nach der Einreichung des Antrages veranlasst wird. Bei schwebenden Verhandlungen kann eine Verjährungshemmung aufgrund des § 203 BGB eintreten. Streitig ist, ob das Güteverfahren in entsprechender Anwendung des § 204 Abs. 1 Nr. 4 BGB auch geeignet ist, Ausschlussfristen wie z. B. in §§ 3, 47 NachbGNRW zu hemmen. Das erfolgreiche Güteverfahren endet mit einem Vergleich. Ein vor der Gütestelle im Sinne dieser Vorschriften geschlossener Vergleich stellt einen Vollstreckungstitel gem. § 794 Abs. 1 Nr. 1 ZPO dar, aus dem die Zwangsvollstreckung betrieben werden kann. Scheitert das Schlichtungsverfahren, hat die Gütestelle eine Bescheinigung über den erfolglosen Einigungsversuch auszustellen, der mit einer späteren Klage bei Gericht einzureichen ist.

8. Gerichtliche Zuständigkeiten

Welches Gericht in Zivilsachen im Einzelfall zur Entscheidung berufen ist, regeln die Zivilprozessordung (ZPO) und das Gerichtsverfassungsgesetz (GVG). In der ZPO kommen hier die §§ 12 ff. in Betracht. Grundsätzlich ist das Gericht des *Ortes* zuständig, an dem der Beklagte seinen Wohnsitz hat (§§ 12, 13 ZPO). §§ 15 ff. ZPO regeln Sonderfälle. Ausnahmen ergeben sich, wenn ein ausschließlicher Gerichtsstand begründet ist; dann ist nur dieses Gericht zuständig. Für Nachbarrechtsstreitigkeiten ist hier § 24 ZPO von Bedeutung, der bei unbeweglichen Sachen (Grundstücken, Gebäuden) einen ausschließlichen Gerichtsstand begründet. Hierunter fallen Klagen auf Herausgabe, wegen Eigentums- und Besitzstörungen (§§ 1004, 861 BGB) und Klagen aufgrund des Nachbarrechts nach § 906 BGB, Artikel 124 EGBGB.

Die *sachliche* Zuständigkeit (Amtsgericht oder Landgericht) ergibt sich aus §§ 23, 71 GVG. Danach ist das Amtsgericht in vermögensrechtlichen Streitigkeiten zuständig, wenn der Streitwert an Geld oder Geldeswert die Summe von 5000 € nicht übersteigt.

Für öffentlich-rechtliche Streitigkeiten sind die Verwaltungsgerichte zuständig. In seltenen Fällen ist zuvor ein Widerspruchsverfahren durchzuführen.

Wer sich über rechtliche Probleme des Nachbarrechts in den einzelnen Ländern näher informieren will, sei auf folgende Kommentare hingewiesen (Auswahl):

Baden-Württemberg: *Bruns*, Nachbarrechtsgesetz Baden-Württemberg, 2007; **Bayern:** *Grziwotz/Saller*, Bayerisches Nachbarrecht, 2. Aufl., 2010; **Berlin:** *Postier*; Nachbarrecht in Berlin, 2003; **Brandenburg:** *Postier*, Nachbarrecht in Brandenburg, 4. Aufl., 2006; **Hessen:** *Hodes/Dehner*, Hessisches Nachbarrecht, 5. Aufl., 2001; **Niedersachsen:** *Schäfer*, Niedersächsisches Nachbarrecht, 2006; **Nordrhein-Westfalen:** *Schäfer*, Nachbarrechtsgesetz für das Land NRW, 15. Aufl., 2008; **Rheinland–Pfalz** und **Saarland:** *Hülbusch/Bauer/Schlick,* Nachbarrecht für Rheinland-Pfalz und das Saarland, 6. Aufl., 2005; **Sachsen:** *Schäfer,* Sächsisches Nachbarrechtsgesetz, 1998; **Sachsen-Anhalt:** *Eidam,* Nachbarrecht in Sachsen-Anhalt, 2. Aufl., 2000; **Schleswig-Holstein:** *Bassenge/Olivet,* Nachbarrecht in Schleswig-Holstein, 12. Aufl., 2009; **Thüringen:** *Schäfer,* Thüringer Nachbarrechtsgesetz, 2. Aufl., 2006.

A. Materielles Nachbarrecht

1. Bürgerliches Gesetzbuch (BGB)[1)2]

In der Fassung der Bekanntmachung vom 2. Januar 2002[3]
(BGBl. I S. 42, ber. S. 2909 und BGBl. 2003 I S. 738)

FNA 400-2

zuletzt geänd. durch Art. 1 G zur Einführung einer Musterwiderrufsinformation für Verbraucherdarlehensverträge, zur Änd. der Vorschriften über das Widerrufsrecht bei Verbraucherdarlehensverträgen und zur Änd. des Darlehensvermittlungsrechts v. 24. 7. 2010 (BGBl. I S. 977)

–Auszug[4]–

---

[1] **Amtl. Anm.:** Dieses Gesetz dient der Umsetzung folgender Richtlinien:

1. Richtlinie 76/207/EWG des Rates vom 9. Februar 1976 zur Verwirklichung des Grundsatzes der Gleichbehandlung von Männern und Frauen hinsichtlich des Zugangs zur Beschäftigung, zur Berufsbildung und zum beruflichen Aufstieg sowie in Bezug auf die Arbeitsbedingungen (ABl. EG Nr. L 39 S. 40),
2. Richtlinie 77/187/EWG des Rates vom 14. Februar 1977 zur Angleichung der Rechtsvorschriften der Mitgliedstaaten über die Wahrung von Ansprüchen der Arbeitnehmer beim Übergang von Unternehmen, Betrieben oder Betriebsteilen (ABl. EG Nr. L 61 S. 26),
3. Richtlinie 85/577/EWG des Rates vom 20. Dezember 1985 betreffend den Verbraucherschutz im Falle von außerhalb von Geschäftsräumen geschlossenen Verträgen (ABl. EG Nr. L 372 S. 31),
4. Richtlinie 87/102/EWG des Rates zur Angleichung der Rechts- und Verwaltungsvorschriften der Mitgliedstaaten über den Verbraucherkredit (ABl. EG Nr. L 42 S. 48), zuletzt geändert durch die Richtlinie 98/7/EG des Europäischen Parlaments und des Rates vom 16. Februar 1998 zur Änderung der Richtlinie 87/102/EWG zur Angleichung der Rechts- und Verwaltungsvorschriften der Mitgliedstaaten über den Verbraucherkredit (ABl. EG Nr. L 101 S. 17),
5. Richtlinie 90/314/EWG des Europäischen Parlaments und des Rates vom 13. Juni 1990 über Pauschalreisen (ABl. EG Nr. L 158 S. 59),
6. Richtlinie 93/13/EWG des Rates vom 5. April 1993 über missbräuchliche Klauseln in Verbraucherverträgen (ABl. EG Nr. L 95 S. 29),
7. Richtlinie 94/47/EG des Europäischen Parlaments und des Rates vom 26. Oktober 1994 zum Schutz der Erwerber im Hinblick auf bestimmte Aspekte von Verträgen über den Erwerb von Teilzeitnutzungsrechten an Immobilien (ABl. EG Nr. L 280 S. 82),
8. der Richtlinie 97/5/EG des Europäischen Parlaments und des Rates vom 27. Januar 1997 über grenzüberschreitende Überweisungen (ABl. EG Nr. L 43 S. 25),
9. Richtlinie 97/7/EG des Europäischen Parlaments und des Rates vom 20. Mai 1997 über den Verbraucherschutz bei Vertragsabschlüssen im Fernabsatz (ABl. EG Nr. L 144 S. 19),
10. Artikel 3 bis 5 der Richtlinie 98/26/EG des Europäischen Parlaments und des Rates über die Wirksamkeit von Abrechnungen in Zahlungs- und Wertpapierliefer- und -abrechnungssystemen vom 19. Mai 1998 (ABl. EG Nr. L 166 S. 45),
11. Richtlinie 1999/44/EG des Europäischen Parlaments und des Rates vom 25. Mai 1999 zu bestimmten Aspekten des Verbrauchsgüterkaufs und der Garantien für Verbrauchsgüter (ABl. EG Nr. L 171 S. 12),
12. Artikel 10, 11 und 18 der Richtlinie 2000/31/EG des Europäischen Parlaments und des Rates vom 8. Juni 2000 über bestimmte rechtliche Aspekte der Dienste der Informationsgesellschaft, insbesondere des elektronischen Geschäftsverkehrs, im Binnenmarkt („Richtlinie über den elektronischen Geschäftsverkehr", ABl. EG Nr. L 178 S. 1),
13. Richtlinie 2000/35/EG des Europäischen Parlaments und des Rates vom 29. Juni 2000 zur Bekämpfung von Zahlungsverzug im Geschäftsverkehr (ABl. EG Nr. L 200 S. 35).

[2] Wegen der Übergangsregelung zum Inkrafttreten des SchuldrechtsmodernisierungsG beachte Art. 229 §§ 5–7 EGBGB.

[3] Neubekanntmachung des BGB v. 18. 8. 1896 (RGBl. S. 195) in der ab 1. 1. 2002 geltenden Fassung.

[4] Vollständig abgedruckt in **dtv 5001 BGB**.

Buch 1. Allgemeiner Teil

Abschnitt 1 bis 5

§§ 1–225 *(Vom Abdruck wurde abgesehen)*

Abschnitt 6. Ausübung der Rechte, Selbstverteidigung, Selbsthilfe

§ 226 Schikaneverbot. Die Ausübung eines Rechts ist unzulässig, wenn sie nur den Zweck haben kann, einem anderen Schaden zuzufügen.

§ 227 Notwehr. (1) Eine durch Notwehr gebotene Handlung ist nicht widerrechtlich.

(2) Notwehr ist diejenige Verteidigung, welche erforderlich ist, um einen gegenwärtigen rechtswidrigen Angriff von sich oder einem anderen abzuwenden.

§ 228 Notstand. [1] Wer eine fremde Sache beschädigt oder zerstört, um eine durch sie drohende Gefahr von sich oder einem anderen abzuwenden, handelt nicht widerrechtlich, wenn die Beschädigung oder die Zerstörung zur Abwendung der Gefahr erforderlich ist und der Schaden nicht außer Verhältnis zu der Gefahr steht. [2] Hat der Handelnde die Gefahr verschuldet, so ist er zum Schadensersatz verpflichtet.

§ 229 Selbsthilfe. Wer zum Zwecke der Selbsthilfe eine Sache wegnimmt, zerstört oder beschädigt oder wer zum Zwecke der Selbsthilfe einen Verpflichteten, welcher der Flucht verdächtig ist, festnimmt oder den Widerstand des Verpflichteten gegen eine Handlung, die dieser zu dulden verpflichtet ist, beseitigt, handelt nicht widerrechtlich, wenn obrigkeitliche Hilfe nicht rechtzeitig zu erlangen ist und ohne sofortiges Eingreifen die Gefahr besteht, dass die Verwirklichung des Anspruchs vereitelt oder wesentlich erschwert werde.

§ 230 Grenzen der Selbsthilfe. (1) Die Selbsthilfe darf nicht weiter gehen, als zur Abwendung der Gefahr erforderlich ist.

(2) Im Falle der Wegnahme von Sachen ist, sofern nicht Zwangsvollstreckung erwirkt wird, der dingliche Arrest zu beantragen.

(3) Im Falle der Festnahme des Verpflichteten ist, sofern er nicht wieder in Freiheit gesetzt wird, der persönliche Sicherheitsarrest bei dem Amtsgericht zu beantragen, in dessen Bezirk die Festnahme erfolgt ist; der Verpflichtete ist unverzüglich dem Gericht vorzuführen.

(4) Wird der Arrestantrag verzögert oder abgelehnt, so hat die Rückgabe der weggenommenen Sachen und die Freilassung des Festgenommenen unverzüglich zu erfolgen.

§ 231 Irrtümliche Selbsthilfe. Wer eine der im § 229 bezeichneten Handlungen in der irrigen Annahme vornimmt, dass die für den Ausschluss der Widerrechtlichkeit erforderlichen Voraussetzungen vorhanden seien, ist dem anderen Teil zum Schadensersatz verpflichtet, auch wenn der Irrtum nicht auf Fahrlässigkeit beruht.

Abschnitt 7. Sicherheitsleistung

§§ 232–240 *(Vom Abdruck wurde abgesehen)*

Buch 2. Recht der Schuldverhältnisse

Abschnitt 1. Inhalt der Schuldverhältnisse

§§ 241–432 *(Vom Abdruck wurde abgesehen)*

Abschnitt 8. Einzelne Schuldverhältnisse

Titel 1 bis 26

§§ 433–822 *(Vom Abdruck wurde abgesehen)*

Titel 27. Unerlaubte Handlungen

§ 823 Schadensersatzpflicht. (1) Wer vorsätzlich oder fahrlässig das Leben, den Körper, die Gesundheit, die Freiheit, das Eigentum oder ein sonstiges Recht eines anderen widerrechtlich verletzt, ist dem anderen zum Ersatz des daraus entstehenden Schadens verpflichtet.

(2) [1] Die gleiche Verpflichtung trifft denjenigen, welcher gegen ein den Schutz eines anderen bezweckendes Gesetz verstößt. [2] Ist nach dem Inhalt des Gesetzes ein Verstoß gegen dieses auch ohne Verschulden möglich, so tritt die Ersatzpflicht nur im Falle des Verschuldens ein.

§ 824 Kreditgefährdung. (1) Wer der Wahrheit zuwider eine Tatsache behauptet oder verbreitet, die geeignet ist, den Kredit eines anderen zu gefährden oder sonstige Nachteile für dessen Erwerb oder Fortkommen herbeizuführen, hat dem anderen den daraus entstehenden Schaden auch dann zu ersetzen, wenn er die Unwahrheit zwar nicht kennt, aber kennen muss.

(2) Durch eine Mitteilung, deren Unwahrheit dem Mitteilenden unbekannt ist, wird dieser nicht zum Schadensersatz verpflichtet, wenn er oder der Empfänger der Mitteilung an ihr ein berechtigtes Interesse hat.

§ 825 Bestimmung zu sexuellen Handlungen. Wer einen anderen durch Hinterlist, Drohung oder Missbrauch eines Abhängigkeitsverhältnisses zur Vornahme oder Duldung sexueller Handlungen bestimmt, ist ihm zum Ersatz des daraus entstehenden Schadens verpflichtet.

§ 826 Sittenwidrige vorsätzliche Schädigung. Wer in einer gegen die guten Sitten verstoßenden Weise einem anderen vorsätzlich Schaden zufügt, ist dem anderen zum Ersatz des Schadens verpflichtet.

§ 827 Ausschluss und Minderung der Verantwortlichkeit. [1] Wer im Zustand der Bewusstlosigkeit oder in einem die freie Willensbestimmung ausschließenden Zustand krankhafter Störung der Geistestätigkeit einem anderen Schaden zufügt, ist für den Schaden nicht verantwortlich. [2] Hat er sich durch geistige Getränke oder ähnliche Mittel in einen vorübergehenden Zustand dieser Art versetzt, so ist er für einen Schaden, den er in diesem

Zustand widerrechtlich verursacht, in gleicher Weise verantwortlich, wie wenn ihm Fahrlässigkeit zur Last fiele; die Verantwortlichkeit tritt nicht ein, wenn er ohne Verschulden in den Zustand geraten ist.

§ 828 Minderjährige. (1) Wer nicht das siebente Lebensjahr vollendet hat, ist für einen Schaden, den er einem anderen zufügt, nicht verantwortlich.

(2) [1] Wer das siebente, aber nicht das zehnte Lebensjahr vollendet hat, ist für den Schaden, den er bei einem Unfall mit einem Kraftfahrzeug, einer Schienenbahn oder einer Schwebebahn einem anderen zufügt, nicht verantwortlich. [2] Dies gilt nicht, wenn er die Verletzung vorsätzlich herbeigeführt hat.

(3) Wer das 18. Lebensjahr noch nicht vollendet hat, ist, sofern seine Verantwortlichkeit nicht nach Absatz 1 oder 2 ausgeschlossen ist, für den Schaden, den er einem anderen zufügt, nicht verantwortlich, wenn er bei der Begehung der schädigenden Handlung nicht die zur Erkenntnis der Verantwortlichkeit erforderliche Einsicht hat.

§ 829 Ersatzpflicht aus Billigkeitsgründen. Wer in einem der in den §§ 823 bis 826 bezeichneten Fälle für einen von ihm verursachten Schaden auf Grund der §§ 827, 828 nicht verantwortlich ist, hat gleichwohl, sofern der Ersatz des Schadens nicht von einem aufsichtspflichtigen Dritten erlangt werden kann, den Schaden insoweit zu ersetzen, als die Billigkeit nach den Umständen, insbesondere nach den Verhältnissen der Beteiligten, eine Schadloshaltung erfordert und ihm nicht die Mittel entzogen werden, deren er zum angemessenen Unterhalt sowie zur Erfüllung seiner gesetzlichen Unterhaltspflichten bedarf.

§ 830 Mittäter und Beteiligte. (1) [1] Haben mehrere durch eine gemeinschaftlich begangene unerlaubte Handlung einen Schaden verursacht, so ist jeder für den Schaden verantwortlich. [2] Das Gleiche gilt, wenn sich nicht ermitteln lässt, wer von mehreren Beteiligten den Schaden durch seine Handlung verursacht hat.

(2) Anstifter und Gehilfen stehen Mittätern gleich.

§ 831 Haftung für den Verrichtungsgehilfen. (1) [1] Wer einen anderen zu einer Verrichtung bestellt, ist zum Ersatz des Schadens verpflichtet, den der andere in Ausführung der Verrichtung einem Dritten widerrechtlich zufügt. [2] Die Ersatzpflicht tritt nicht ein, wenn der Geschäftsherr bei der Auswahl der bestellten Person und, sofern er Vorrichtungen oder Gerätschaften zu beschaffen oder die Ausführung der Verrichtung zu leiten hat, bei der Beschaffung oder der Leitung die im Verkehr erforderliche Sorgfalt beobachtet oder wenn der Schaden auch bei Anwendung dieser Sorgfalt entstanden sein würde.

(2) Die gleiche Verantwortlichkeit trifft denjenigen, welcher für den Geschäftsherrn die Besorgung eines der im Absatz 1 Satz 2 bezeichneten Geschäfte durch Vertrag übernimmt.

§ 832 Haftung des Aufsichtspflichtigen. (1) [1] Wer kraft Gesetzes zur Führung der Aufsicht über eine Person verpflichtet ist, die wegen Minderjährigkeit oder wegen ihres geistigen oder körperlichen Zustands der Beaufsichtigung bedarf, ist zum Ersatz des Schadens verpflichtet, den diese Person einem Dritten widerrechtlich zufügt. [2] Die Ersatzpflicht tritt nicht ein, wenn er seiner

Aufsichtspflicht genügt oder wenn der Schaden auch bei gehöriger Aufsichtsführung entstanden sein würde.

(2) Die gleiche Verantwortlichkeit trifft denjenigen, welcher die Führung der Aufsicht durch Vertrag übernimmt.

§ 833 Haftung des Tierhalters. [1] Wird durch ein Tier ein Mensch getötet oder der Körper oder die Gesundheit eines Menschen verletzt oder eine Sache beschädigt, so ist derjenige, welcher das Tier hält, verpflichtet, dem Verletzten den daraus entstehenden Schaden zu ersetzen. [2] Die Ersatzpflicht tritt nicht ein, wenn der Schaden durch ein Haustier verursacht wird, das dem Beruf, der Erwerbstätigkeit oder dem Unterhalt des Tierhalters zu dienen bestimmt ist, und entweder der Tierhalter bei der Beaufsichtigung des Tieres die im Verkehr erforderliche Sorgfalt beobachtet oder der Schaden auch bei Anwendung dieser Sorgfalt entstanden sein würde.

§ 834 Haftung des Tieraufsehers. [1] Wer für denjenigen, welcher ein Tier hält, die Führung der Aufsicht über das Tier durch Vertrag übernimmt, ist für den Schaden verantwortlich, den das Tier einem Dritten in der im § 833 bezeichneten Weise zufügt. [2] Die Verantwortlichkeit tritt nicht ein, wenn er bei der Führung der Aufsicht die im Verkehr erforderliche Sorgfalt beobachtet oder wenn der Schaden auch bei Anwendung dieser Sorgfalt entstanden sein würde.

§ 835 (weggefallen)

§ 836 Haftung des Grundstücksbesitzers. (1) [1] Wird durch den Einsturz eines Gebäudes oder eines anderen mit einem Grundstück verbundenen Werkes oder durch die Ablösung von Teilen des Gebäudes oder des Werkes ein Mensch getötet, der Körper oder die Gesundheit eines Menschen verletzt oder eine Sache beschädigt, so ist der Besitzer des Grundstücks, sofern der Einsturz oder die Ablösung die Folge fehlerhafter Errichtung oder mangelhafter Unterhaltung ist, verpflichtet, dem Verletzten den daraus entstehenden Schaden zu ersetzen. [2] Die Ersatzpflicht tritt nicht ein, wenn der Besitzer zum Zwecke der Abwendung der Gefahr die im Verkehr erforderliche Sorgfalt beobachtet hat.

(2) Ein früherer Besitzer des Grundstücks ist für den Schaden verantwortlich, wenn der Einsturz oder die Ablösung innerhalb eines Jahres nach der Beendigung seines Besitzes eintritt, es sei denn, dass er während seines Besitzes die im Verkehr erforderliche Sorgfalt beobachtet hat oder ein späterer Besitzer durch Beobachtung dieser Sorgfalt die Gefahr hätte abwenden können.

(3) Besitzer im Sinne dieser Vorschriften ist der Eigenbesitzer.

§ 837 Haftung des Gebäudebesitzers. Besitzt jemand auf einem fremden Grundstück in Ausübung eines Rechts ein Gebäude oder ein anderes Werk, so trifft ihn anstelle des Besitzers des Grundstücks die im § 836 bestimmte Verantwortlichkeit.

§ 838 Haftung des Gebäudeunterhaltungspflichtigen. Wer die Unterhaltung eines Gebäudes oder eines mit einem Grundstück verbundenen Werkes für den Besitzer übernimmt oder das Gebäude oder das Werk vermöge eines ihm zustehenden Nutzungsrechts zu unterhalten hat, ist für den durch den Einsturz oder die Ablösung von Teilen verursachten Schaden in gleicher Weise verantwortlich wie der Besitzer.

§§ 839, 839 a *(Vom Abdruck wurde abgesehen)*

§ 840 Haftung mehrerer. (1) Sind für den aus einer unerlaubten Handlung entstehenden Schaden mehrere nebeneinander verantwortlich, so haften sie als Gesamtschuldner.

(2) Ist neben demjenigen, welcher nach den §§ 831, 832 zum Ersatz des von einem anderen verursachten Schadens verpflichtet ist, auch der andere für den Schaden verantwortlich, so ist in ihrem Verhältnis zueinander der andere allein, im Falle des § 829 der Aufsichtspflichtige allein verpflichtet.

(3) Ist neben demjenigen, welcher nach den §§ 833 bis 838 zum Ersatz des Schadens verpflichtet ist, ein Dritter für den Schaden verantwortlich, so ist in ihrem Verhältnis zueinander der Dritte allein verpflichtet.

§ 841 *(Vom Abdruck wurde abgesehen)*

§ 842 Umfang der Ersatzpflicht bei Verletzung einer Person. Die Verpflichtung zum Schadensersatz wegen einer gegen die Person gerichteten unerlaubten Handlung erstreckt sich auf die Nachteile, welche die Handlung für den Erwerb oder das Fortkommen des Verletzten herbeiführt.

§ 843 Geldrente oder Kapitalabfindung. (1) Wird infolge einer Verletzung des Körpers oder der Gesundheit die Erwerbsfähigkeit des Verletzten aufgehoben oder gemindert oder tritt eine Vermehrung seiner Bedürfnisse ein, so ist dem Verletzten durch Entrichtung einer Geldrente Schadensersatz zu leisten.

(2) [1] Auf die Rente findet die Vorschrift des § 760 Anwendung. [2] Ob, in welcher Art und für welchen Betrag der Ersatzpflichtige Sicherheit zu leisten hat, bestimmt sich nach den Umständen.

(3) Statt der Rente kann der Verletzte eine Abfindung in Kapital verlangen, wenn ein wichtiger Grund vorliegt.

(4) Der Anspruch wird nicht dadurch ausgeschlossen, dass ein anderer dem Verletzten Unterhalt zu gewähren hat.

§ 844 Ersatzansprüche Dritter bei Tötung. (1) Im Falle der Tötung hat der Ersatzpflichtige die Kosten der Beerdigung demjenigen zu ersetzen, welchem die Verpflichtung obliegt, diese Kosten zu tragen.

(2) [1] Stand der Getötete zur Zeit der Verletzung zu einem Dritten in einem Verhältnis, vermöge dessen er diesem gegenüber kraft Gesetzes unterhaltspflichtig war oder unterhaltspflichtig werden konnte, und ist dem Dritten infolge der Tötung das Recht auf den Unterhalt entzogen, so hat der Ersatzpflichtige dem Dritten durch Entrichtung einer Geldrente insoweit Schadensersatz zu leisten, als der Getötete während der mutmaßlichen Dauer seines Lebens zur Gewährung des Unterhalts verpflichtet gewesen sein würde; die Vorschrift des § 843 Abs. 2 bis 4 findet entsprechende Anwendung. [2] Die

Ersatzpflicht tritt auch dann ein, wenn der Dritte zur Zeit der Verletzung gezeugt, aber noch nicht geboren war.

§ 845 Ersatzansprüche wegen entgangener Dienste. [1] Im Falle der Tötung, der Verletzung des Körpers oder der Gesundheit sowie im Falle der Freiheitsentziehung hat der Ersatzpflichtige, wenn der Verletzte kraft Gesetzes einem Dritten zur Leistung von Diensten in dessen Hauswesen oder Gewerbe verpflichtet war, dem Dritten für die entgehenden Dienste durch Entrichtung einer Geldrente Ersatz zu leisten. [2] Die Vorschrift des § 843 Abs. 2 bis 4 findet entsprechende Anwendung.

§ 846 Mitverschulden des Verletzten. Hat in den Fällen der §§ 844, 845 bei der Entstehung des Schadens, den der Dritte erleidet, ein Verschulden des Verletzten mitgewirkt, so findet auf den Anspruch des Dritten die Vorschrift des § 254 Anwendung.

§ 847 *(aufgehoben)*

§ 848 Haftung für Zufall bei Entziehung einer Sache. Wer zur Rückgabe einer Sache verpflichtet ist, die er einem anderen durch eine unerlaubte Handlung entzogen hat, ist auch für den zufälligen Untergang, eine aus einem anderen Grunde eintretende zufällige Unmöglichkeit der Herausgabe oder eine zufällige Verschlechterung der Sache verantwortlich, es sei denn, dass der Untergang, die anderweitige Unmöglichkeit der Herausgabe oder die Verschlechterung auch ohne die Entziehung eingetreten sein würde.

§ 849 Verzinsung der Ersatzsumme. Ist wegen der Entziehung einer Sache der Wert oder wegen der Beschädigung einer Sache die Wertminderung zu ersetzen, so kann der Verletzte Zinsen des zu ersetzenden Betrags von dem Zeitpunkt an verlangen, welcher der Bestimmung des Wertes zugrunde gelegt wird.

§ 850 Ersatz von Verwendungen. Macht der zur Herausgabe einer entzogenen Sache Verpflichtete Verwendungen auf die Sache, so stehen ihm dem Verletzten gegenüber die Rechte zu, die der Besitzer dem Eigentümer gegenüber wegen Verwendungen hat.

§ 851 Ersatzleistung an Nichtberechtigten. Leistet der wegen der Entziehung oder Beschädigung einer beweglichen Sache zum Schadensersatz Verpflichtete den Ersatz an denjenigen, in dessen Besitz sich die Sache zur Zeit der Entziehung oder der Beschädigung befunden hat, so wird er durch die Leistung auch dann befreit, wenn ein Dritter Eigentümer der Sache war oder ein sonstiges Recht an der Sache hatte, es sei denn, dass ihm das Recht des Dritten bekannt oder infolge grober Fahrlässigkeit unbekannt ist.

§ 852 Herausgabeanspruch nach Eintritt der Verjährung. [1] Hat der Ersatzpflichtige durch eine unerlaubte Handlung auf Kosten des Verletzten etwas erlangt, so ist er auch nach Eintritt der Verjährung des Anspruchs auf Ersatz des aus einer unerlaubten Handlung entstandenen Schadens zur Herausgabe nach den Vorschriften über die Herausgabe einer ungerechtfertigten

Bereicherung verpflichtet. [2] Dieser Anspruch verjährt in zehn Jahren von seiner Entstehung an, ohne Rücksicht auf die Entstehung in 30 Jahren von der Begehung der Verletzungshandlung oder dem sonstigen, den Schaden auslösenden Ereignis an.

§ 853 Arglisteinrede. Erlangt jemand durch eine von ihm begangene unerlaubte Handlung eine Forderung gegen den Verletzten, so kann der Verletzte die Erfüllung auch dann verweigern, wenn der Anspruch auf Aufhebung der Forderung verjährt ist.

Buch 3. Sachenrecht

Abschnitt 1. Besitz

§ 854 Erwerb des Besitzes. (1) Der Besitz einer Sache wird durch die Erlangung der tatsächlichen Gewalt über die Sache erworben.

(2) Die Einigung des bisherigen Besitzers und des Erwerbers genügt zum Erwerb, wenn der Erwerber in der Lage ist, die Gewalt über die Sache auszuüben.

§ 855 Besitzdiener. Übt jemand die tatsächliche Gewalt über eine Sache für einen anderen in dessen Haushalt oder Erwerbsgeschäft oder in einem ähnlichen Verhältnis aus, vermöge dessen er den sich auf die Sache beziehenden Weisungen des anderen Folge zu leisten hat, so ist nur der andere Besitzer.

§ 856 Beendigung des Besitzes. (1) Der Besitz wird dadurch beendigt, dass der Besitzer die tatsächliche Gewalt über die Sache aufgibt oder in anderer Weise verliert.

(2) Durch eine ihrer Natur nach vorübergehende Verhinderung in der Ausübung der Gewalt wird der Besitz nicht beendigt.

§ 857 Vererblichkeit. Der Besitz geht auf den Erben über.

§ 858 Verbotene Eigenmacht. (1) Wer dem Besitzer ohne dessen Willen den Besitz entzieht oder ihn im Besitz stört, handelt, sofern nicht das Gesetz die Entziehung oder die Störung gestattet, widerrechtlich (verbotene Eigenmacht).

(2) [1] Der durch verbotene Eigenmacht erlangte Besitz ist fehlerhaft. [2] Die Fehlerhaftigkeit muss der Nachfolger im Besitz gegen sich gelten lassen, wenn er Erbe des Besitzers ist oder die Fehlerhaftigkeit des Besitzes seines Vorgängers bei dem Erwerb kennt.

§ 859 Selbsthilfe des Besitzers. (1) Der Besitzer darf sich verbotener Eigenmacht mit Gewalt erwehren.

(2) Wird eine bewegliche Sache dem Besitzer mittels verbotener Eigenmacht weggenommen, so darf er sie dem auf frischer Tat betroffenen oder verfolgten Täter mit Gewalt wieder abnehmen.

(3) Wird dem Besitzer eines Grundstücks der Besitz durch verbotene Eigenmacht entzogen, so darf er sofort nach der Entziehung sich des Besitzes durch Entsetzung des Täters wieder bemächtigen.

(4) Die gleichen Rechte stehen dem Besitzer gegen denjenigen zu, welcher nach § 858 Abs. 2 die Fehlerhaftigkeit des Besitzes gegen sich gelten lassen muss.

§ 860 Selbsthilfe des Besitzdieners. Zur Ausübung der dem Besitzer nach § 859 zustehenden Rechte ist auch derjenige befugt, welcher die tatsächliche Gewalt nach § 855 für den Besitzer ausübt.

§ 861 Anspruch wegen Besitzentziehung. (1) Wird der Besitz durch verbotene Eigenmacht dem Besitzer entzogen, so kann dieser die Wiedereinräumung des Besitzes von demjenigen verlangen, welcher ihm gegenüber fehlerhaft besitzt.

(2) Der Anspruch ist ausgeschlossen, wenn der entzogene Besitz dem gegenwärtigen Besitzer oder dessen Rechtsvorgänger gegenüber fehlerhaft war und in dem letzten Jahre vor der Entziehung erlangt worden ist.

§ 862 Anspruch wegen Besitzstörung. (1) [1] Wird der Besitzer durch verbotene Eigenmacht im Besitz gestört, so kann er von dem Störer die Beseitigung der Störung verlangen. [2] Sind weitere Störungen zu besorgen, so kann der Besitzer auf Unterlassung klagen.

(2) Der Anspruch ist ausgeschlossen, wenn der Besitzer dem Störer oder dessen Rechtsvorgänger gegenüber fehlerhaft besitzt und der Besitz in dem letzten Jahre vor der Störung erlangt worden ist.

§ 863 Einwendungen des Entziehers oder Störers. Gegenüber den in den §§ 861, 862 bestimmten Ansprüchen kann ein Recht zum Besitz oder zur Vornahme der störenden Handlung nur zur Begründung der Behauptung geltend gemacht werden, dass die Entziehung oder die Störung des Besitzes nicht verbotene Eigenmacht sei.

§ 864 Erlöschen der Besitzansprüche. (1) Ein nach den §§ 861, 862 begründeter Anspruch erlischt mit dem Ablauf eines Jahres nach der Verübung der verbotenen Eigenmacht, wenn nicht vorher der Anspruch im Wege der Klage geltend gemacht wird.

(2) Das Erlöschen tritt auch dann ein, wenn nach der Verübung der verbotenen Eigenmacht durch rechtskräftiges Urteil festgestellt wird, dass dem Täter ein Recht an der Sache zusteht, vermöge dessen er die Herstellung eines seiner Handlungsweise entsprechenden Besitzstands verlangen kann.

§ 865 Teilbesitz. Die Vorschriften der §§ 858 bis 864 gelten auch zugunsten desjenigen, welcher nur einen Teil einer Sache, insbesondere abgesonderte Wohnräume oder andere Räume, besitzt.

§ 866 Mitbesitz. Besitzen mehrere eine Sache gemeinschaftlich, so findet in ihrem Verhältnis zueinander ein Besitzschutz insoweit nicht statt, als es sich um die Grenzen des den einzelnen zustehenden Gebrauchs handelt.

§ 867 Verfolgungsrecht des Besitzers. [1] Ist eine Sache aus der Gewalt des Besitzers auf ein im Besitz eines anderen befindliches Grundstück gelangt, so hat ihm der Besitzer des Grundstücks die Aufsuchung und die Wegschaffung zu gestatten, sofern nicht die Sache inzwischen in Besitz genommen worden ist. [2] Der Besitzer des Grundstücks kann Ersatz des durch die Aufsuchung und die Wegschaffung entstehenden Schadens verlangen. [3] Er kann, wenn die Entstehung eines Schadens zu besorgen ist, die Gestattung verweigern, bis ihm Sicherheit geleistet wird; die Verweigerung ist unzulässig, wenn mit dem Aufschub Gefahr verbunden ist.

§ 868 Mittelbarer Besitz. Besitzt jemand eine Sache als Nießbraucher, Pfandgläubiger, Pächter, Mieter, Verwahrer oder in einem ähnlichen Verhältnis, vermöge dessen er einem anderen gegenüber auf Zeit zum Besitz berechtigt oder verpflichtet ist, so ist auch der andere Besitzer (mittelbarer Besitz).

§ 869 Ansprüche des mittelbaren Besitzers. [1] Wird gegen den Besitzer verbotene Eigenmacht verübt, so stehen die in den §§ 861, 862 bestimmten Ansprüche auch dem mittelbaren Besitzer zu. [2] Im Falle der Entziehung des Besitzes ist der mittelbare Besitzer berechtigt, die Wiedereinräumung des Besitzes an den bisherigen Besitzer zu verlangen; kann oder will dieser den Besitz nicht wieder übernehmen, so kann der mittelbare Besitzer verlangen, dass ihm selbst der Besitz eingeräumt wird. [3] Unter der gleichen Voraussetzung kann er im Falle des § 867 verlangen, dass ihm die Aufsuchung und Wegschaffung der Sache gestattet wird.

§ 870 Übertragung des mittelbaren Besitzes. Der mittelbare Besitz kann dadurch auf einen anderen übertragen werden, dass diesem der Anspruch auf Herausgabe der Sache abgetreten wird.

§ 871 Mehrstufiger mittelbarer Besitz. Steht der mittelbare Besitzer zu einem Dritten in einem Verhältnis der in § 868 bezeichneten Art, so ist auch der Dritte mittelbarer Besitzer.

§ 872 Eigenbesitz. Wer eine Sache als ihm gehörend besitzt, ist Eigenbesitzer.

Abschnitt 2

§§ 873–902 *(Vom Abdruck wurde abgesehen)*

Abschnitt 3. Eigentum

Titel 1. Inhalt des Eigentums

§ 903 Befugnisse des Eigentümers. [1] Der Eigentümer einer Sache kann, soweit nicht das Gesetz oder Rechte Dritter entgegenstehen, mit der Sache nach Belieben verfahren und andere von jeder Einwirkung ausschließen. [2] Der Eigentümer eines Tieres hat bei der Ausübung seiner Befugnisse die besonderen Vorschriften zum Schutz der Tiere zu beachten.

§ 904 Notstand. [1] Der Eigentümer einer Sache ist nicht berechtigt, die Einwirkung eines anderen auf die Sache zu verbieten, wenn die Einwirkung zur Abwendung einer gegenwärtigen Gefahr notwendig und der drohende Schaden gegenüber dem aus der Einwirkung dem Eigentümer entstehenden Schaden unverhältnismäßig groß ist. [2] Der Eigentümer kann Ersatz des ihm entstehenden Schadens verlangen.

§ 905 Begrenzung des Eigentums. [1] Das Recht des Eigentümers eines Grundstücks erstreckt sich auf den Raum über der Oberfläche und auf den Erdkörper unter der Oberfläche. [2] Der Eigentümer kann jedoch Einwirkungen nicht verbieten, die in solcher Höhe oder Tiefe vorgenommen werden, dass er an der Ausschließung kein Interesse hat.

§ 906 Zuführung unwägbarer Stoffe. (1) [1] Der Eigentümer eines Grundstücks kann die Zuführung von Gasen, Dämpfen, Gerüchen, Rauch, Ruß, Wärme, Geräusch, Erschütterungen und ähnliche von einem anderen Grundstück ausgehende Einwirkungen insoweit nicht verbieten, als die Einwirkung die Benutzung seines Grundstücks nicht oder nur unwesentlich beeinträchtigt. [2] Eine unwesentliche Beeinträchtigung liegt in der Regel vor, wenn die in Gesetzen oder Rechtsverordnungen festgelegten Grenz- oder Richtwerte von den nach diesen Vorschriften ermittelten und bewerteten Einwirkungen nicht überschritten werden. [3] Gleiches gilt für Werte in allgemeinen Verwaltungsvorschriften, die nach § 48 des Bundes-Immissionsschutzgesetzes erlassen worden sind und den Stand der Technik wiedergeben.

(2) [1] Das Gleiche gilt insoweit, als eine wesentliche Beeinträchtigung durch eine ortsübliche Benutzung des anderen Grundstücks herbeigeführt wird und nicht durch Maßnahmen verhindert werden kann, die Benutzern dieser Art wirtschaftlich zumutbar sind. [2] Hat der Eigentümer hiernach eine Einwirkung zu dulden, so kann er von dem Benutzer des anderen Grundstücks einen angemessenen Ausgleich in Geld verlangen, wenn die Einwirkung eine ortsübliche Benutzung seines Grundstücks oder dessen Ertrag über das zumutbare Maß hinaus beeinträchtigt.

(3) Die Zuführung durch eine besondere Leitung ist unzulässig.

§ 907 Gefahr drohende Anlagen. (1) [1] Der Eigentümer eines Grundstücks kann verlangen, dass auf den Nachbargrundstücken nicht Anlagen hergestellt oder gehalten werden, von denen mit Sicherheit vorauszusehen ist, dass ihr Bestand oder ihre Benutzung eine unzulässige Einwirkung auf sein Grundstück zur Folge hat. [2] Genügt eine Anlage den landesgesetzlichen Vorschriften, die einen bestimmten Abstand von der Grenze oder sonstige Schutzmaßregeln vorschreiben, so kann die Beseitigung der Anlage erst verlangt werden, wenn die unzulässige Einwirkung tatsächlich hervortritt.

(2) Bäume und Sträucher gehören nicht zu den Anlagen im Sinne dieser Vorschriften.

§ 908 Drohender Gebäudeeinsturz. Droht einem Grundstück die Gefahr, dass es durch den Einsturz eines Gebäudes oder eines anderen Werkes, das mit einem Nachbargrundstück verbunden ist, oder durch die Ablösung von Teilen des Gebäudes oder des Werkes beschädigt wird, so kann der Eigentümer von demjenigen, welcher nach dem § 836 Abs. 1 oder den §§ 837, 838 für den eintretenden Schaden verantwortlich sein würde, verlangen, dass er die zur Abwendung der Gefahr erforderliche Vorkehrung trifft.

§ 909 Vertiefung. Ein Grundstück darf nicht in der Weise vertieft werden, dass der Boden des Nachbargrundstücks die erforderliche Stütze verliert, es sei denn, dass für eine genügende anderweitige Befestigung gesorgt ist.

§ 910 Überhang. (1) [1] Der Eigentümer eines Grundstücks kann Wurzeln eines Baumes oder eines Strauches, die von einem Nachbargrundstück eingedrungen sind, abschneiden und behalten. [2] Das Gleiche gilt von herüberragenden Zweigen, wenn der Eigentümer dem Besitzer des Nachbargrundstücks eine angemessene Frist zur Beseitigung bestimmt hat und die Beseitigung nicht innerhalb der Frist erfolgt.

(2) Dem Eigentümer steht dieses Recht nicht zu, wenn die Wurzeln oder die Zweige die Benutzung des Grundstücks nicht beeinträchtigen.

§ 911 Überfall. [1] Früchte, die von einem Baume oder einem Strauche auf ein Nachbargrundstück hinüberfallen, gelten als Früchte dieses Grundstücks. [2] Diese Vorschrift findet keine Anwendung, wenn das Nachbargrundstück dem öffentlichen Gebrauch dient.

§ 912 Überbau; Duldungspflicht. (1) Hat der Eigentümer eines Grundstücks bei der Errichtung eines Gebäudes über die Grenze gebaut, ohne dass ihm Vorsatz oder grobe Fahrlässigkeit zur Last fällt, so hat der Nachbar den Überbau zu dulden, es sei denn, dass er vor oder sofort nach der Grenzüberschreitung Widerspruch erhoben hat.

(2) [1] Der Nachbar ist durch eine Geldrente zu entschädigen. [2] Für die Höhe der Rente ist die Zeit der Grenzüberschreitung maßgebend.

§ 913 Zahlung der Überbaurente. (1) Die Rente für den Überbau ist dem jeweiligen Eigentümer des Nachbargrundstücks von dem jeweiligen Eigentümer des anderen Grundstücks zu entrichten.

(2) Die Rente ist jährlich im Voraus zu entrichten.

§ 914 Rang, Eintragung und Erlöschen der Rente. (1) [1] Das Recht auf die Rente geht allen Rechten an dem belasteten Grundstück, auch den älteren, vor. [2] Es erlischt mit der Beseitigung des Überbaus.

(2) [1] Das Recht wird nicht in das Grundbuch eingetragen. [2] Zum Verzicht auf das Recht sowie zur Feststellung der Höhe der Rente durch Vertrag ist die Eintragung erforderlich.

(3) Im Übrigen finden die Vorschriften Anwendung, die für eine zugunsten des jeweiligen Eigentümers eines Grundstücks bestehende Reallast gelten.

§ 915 Abkauf. (1) [1] Der Rentenberechtigte kann jederzeit verlangen, dass der Rentenpflichtige ihm gegen Übertragung des Eigentums an dem überbauten Teil des Grundstücks den Wert ersetzt, den dieser Teil zur Zeit der Grenzüberschreitung gehabt hat. [2] Macht er von dieser Befugnis Gebrauch, so bestimmen sich die Rechte und Verpflichtungen beider Teile nach den Vorschriften über den Kauf.

(2) Für die Zeit bis zur Übertragung des Eigentums ist die Rente fortzuentrichten.

§ 916 Beeinträchtigung von Erbbaurecht oder Dienstbarkeit. Wird durch den Überbau ein Erbbaurecht oder eine Dienstbarkeit an dem Nachbargrundstück beeinträchtigt, so finden zugunsten des Berechtigten die Vorschriften der §§ 912 bis 914 entsprechende Anwendung.

§ 917 Notweg. (1) [1] Fehlt einem Grundstück die zur ordnungsmäßigen Benutzung notwendige Verbindung mit einem öffentlichen Wege, so kann der Eigentümer von den Nachbarn verlangen, dass sie bis zur Hebung des Mangels die Benutzung ihrer Grundstücke zur Herstellung der erforderlichen Verbindung dulden. [2] Die Richtung des Notwegs und der Umfang des Benutzungsrechts werden erforderlichenfalls durch Urteil bestimmt.

(2) [1] Die Nachbarn, über deren Grundstücke der Notweg führt, sind durch eine Geldrente zu entschädigen. [2] Die Vorschriften des § 912 Abs. 2 Satz 2 und der §§ 913, 914, 916 finden entsprechende Anwendung.

§ 918 Ausschluss des Notwegrechts. (1) Die Verpflichtung zur Duldung des Notwegs tritt nicht ein, wenn die bisherige Verbindung des Grundstücks mit dem öffentlichen Wege durch eine willkürliche Handlung des Eigentümers aufgehoben wird.

(2) [1] Wird infolge der Veräußerung eines Teils des Grundstücks der veräußerte oder der zurückbehaltene Teil von der Verbindung mit dem öffentlichen Wege abgeschnitten, so hat der Eigentümer desjenigen Teils, über welchen die Verbindung bisher stattgefunden hat, den Notweg zu dulden. [2] Der Veräußerung eines Teils steht die Veräußerung eines von mehreren demselben Eigentümer gehörenden Grundstücken gleich.

§ 919 Grenzabmarkung. (1) Der Eigentümer eines Grundstücks kann von dem Eigentümer eines Nachbargrundstücks verlangen, dass dieser zur Errichtung fester Grenzzeichen und, wenn ein Grenzzeichen verrückt oder unkenntlich geworden ist, zur Wiederherstellung mitwirkt.

(2) Die Art der Abmarkung und das Verfahren bestimmen sich nach den Landesgesetzen; enthalten diese keine Vorschriften, so entscheidet die Ortsüblichkeit.

(3) Die Kosten der Abmarkung sind von den Beteiligten zu gleichen Teilen zu tragen, sofern nicht aus einem zwischen ihnen bestehenden Rechtsverhältnis sich ein anderes ergibt.

§ 920 Grenzverwirrung. (1) [1] Lässt sich im Falle einer Grenzverwirrung die richtige Grenze nicht ermitteln, so ist für die Abgrenzung der Besitzstand maßgebend. [2] Kann der Besitzstand nicht festgestellt werden, so ist jedem der Grundstücke ein gleich großes Stück der streitigen Fläche zuzuteilen.

(2) Soweit eine diesen Vorschriften entsprechende Bestimmung der Grenze zu einem Ergebnis führt, das mit den ermittelten Umständen, insbesondere mit der feststehenden Größe der Grundstücke, nicht übereinstimmt, ist die Grenze so zu ziehen, wie es unter Berücksichtigung dieser Umstände der Billigkeit entspricht.

§ 921 Gemeinschaftliche Benutzung von Grenzanlagen. Werden zwei Grundstücke durch einen Zwischenraum, Rain, Winkel, einen Graben, eine Mauer, Hecke, Planke oder eine andere Einrichtung, die zum Vorteile beider Grundstücke dient, voneinander geschieden, so wird vermutet, dass die Eigentümer der Grundstücke zur Benutzung der Einrichtung gemeinschaftlich berechtigt seien, sofern nicht äußere Merkmale darauf hinweisen, dass die Einrichtung einem der Nachbarn allein gehört.

§ 922 Art der Benutzung und Unterhaltung. [1] Sind die Nachbarn zur Benutzung einer der im § 921 bezeichneten Einrichtungen gemeinschaftlich berechtigt, so kann jeder sie zu dem Zwecke, der sich aus ihrer Beschaffenheit ergibt, insoweit benutzen, als nicht die Mitbenutzung des anderen beeinträchtigt wird. [2] Die Unterhaltungskosten sind von den Nachbarn zu gleichen Teilen zu tragen. [3] Solange einer der Nachbarn an dem Fortbestand der Einrichtung ein Interesse hat, darf sie nicht ohne seine Zustimmung beseitigt oder geändert werden. [4] Im Übrigen bestimmt sich das Rechtsverhältnis zwischen den Nachbarn nach den Vorschriften über die Gemeinschaft.

§ 923 Grenzbaum. (1) Steht auf der Grenze ein Baum, so gebühren die Früchte und, wenn der Baum gefällt wird, auch der Baum den Nachbarn zu gleichen Teilen.

(2) [1] Jeder der Nachbarn kann die Beseitigung des Baumes verlangen. [2] Die Kosten der Beseitigung fallen den Nachbarn zu gleichen Teilen zur Last. [3] Der Nachbar, der die Beseitigung verlangt, hat jedoch die Kosten allein zu tragen, wenn der andere auf sein Recht an dem Baume verzichtet; er erwirbt in diesem Falle mit der Trennung das Alleineigentum. [4] Der Anspruch auf die Beseitigung ist ausgeschlossen, wenn der Baum als Grenzzeichen dient und den Umständen nach nicht durch ein anderes zweckmäßiges Grenzzeichen ersetzt werden kann.

(3) Diese Vorschriften gelten auch für einen auf der Grenze stehenden Strauch.

§ 924 Unverjährbarkeit nachbarrechtlicher Ansprüche. Die Ansprüche, die sich aus den §§ 907 bis 909, 915, dem § 917 Abs. 1, dem § 918 Abs. 2, den §§ 919, 920 und dem § 923 Abs. 2 ergeben, unterliegen nicht der Verjährung.

Titel 2. Erwerb und Verlust des Eigentums an Grundstücken

§ 925 Auflassung. (1) [1] Die zur Übertragung des Eigentums an einem Grundstück nach § 873 erforderliche Einigung des Veräußerers und des Erwerbers (Auflassung) muss bei gleichzeitiger Anwesenheit beider Teile vor einer zuständigen Stelle erklärt werden. [2] Zur Entgegennahme der Auflassung ist, unbeschadet der Zuständigkeit weiterer Stellen, jeder Notar zuständig. [3] Eine Auflassung kann auch in einem gerichtlichen Vergleich oder in einem rechtskräftig bestätigten Insolvenzplan erklärt werden.

(2) Eine Auflassung, die unter einer Bedingung oder einer Zeitbestimmung erfolgt, ist unwirksam.

§ 925 a Urkunde über Grundgeschäft. Die Erklärung einer Auflassung soll nur entgegengenommen werden, wenn die nach § 311 b Abs. 1 Satz 1 erforderliche Urkunde über den Vertrag vorgelegt oder gleichzeitig errichtet wird.

§ 926 Zubehör des Grundstücks. (1) [1] Sind der Veräußerer und der Erwerber darüber einig, dass sich die Veräußerung auf das Zubehör des Grundstücks erstrecken soll, so erlangt der Erwerber mit dem Eigentum an dem Grundstück auch das Eigentum an den zur Zeit des Erwerbs vorhandenen Zubehörstücken, soweit sie dem Veräußerer gehören. [2] Im Zweifel ist anzunehmen, dass sich die Veräußerung auf das Zubehör erstrecken soll.

(2) Erlangt der Erwerber auf Grund der Veräußerung den Besitz von Zubehörstücken, die dem Veräußerer nicht gehören oder mit Rechten Dritter belastet sind, so finden die Vorschriften der §§ 932 bis 936 Anwendung; für den guten Glauben des Erwerbers ist die Zeit der Erlangung des Besitzes maßgebend.

§ 927 Aufgebotsverfahren. (1) [1] Der Eigentümer eines Grundstücks kann, wenn das Grundstück seit 30 Jahren im Eigenbesitz eines anderen ist, im Wege des Aufgebotsverfahrens mit seinem Recht ausgeschlossen werden. [2] Die Besitzzeit wird in gleicher Weise berechnet wie die Frist für die Ersitzung einer beweglichen Sache. [3] Ist der Eigentümer im Grundbuch eingetragen, so ist das Aufgebotsverfahren nur zulässig, wenn er gestorben oder verschollen ist und eine Eintragung in das Grundbuch, die der Zustimmung des Eigentümers bedurfte, seit 30 Jahren nicht erfolgt ist.

(2) Derjenige, welcher den Ausschließungsbeschluss erwirkt hat, erlangt das Eigentum dadurch, dass er sich als Eigentümer in das Grundbuch eintragen lässt.

(3) Ist vor dem Erlass des Ausschließungsbeschlusses ein Dritter als Eigentümer oder wegen des Eigentums eines Dritten ein Widerspruch gegen die Richtigkeit des Grundbuchs eingetragen worden, so wirkt der Ausschließungsbeschluss nicht gegen den Dritten.

§ 928 Aufgabe des Eigentums, Aneignung des Fiskus. (1) Das Eigentum an einem Grundstück kann dadurch aufgegeben werden, dass der Eigentümer den Verzicht dem Grundbuchamt gegenüber erklärt und der Verzicht in das Grundbuch eingetragen wird.

(2) [1] Das Recht zur Aneignung des aufgegebenen Grundstücks steht dem Fiskus des Landes zu, in dem das Grundstück liegt. [2] Der Fiskus erwirbt das Eigentum dadurch, dass er sich als Eigentümer in das Grundbuch eintragen lässt.

Titel 3. Erwerb und Verlust des Eigentums an beweglichen Sachen

Untertitel 1. Übertragung

§ 929 Einigung und Übergabe. [1] Zur Übertragung des Eigentums an einer beweglichen Sache ist erforderlich, dass der Eigentümer die Sache dem Erwerber übergibt und beide darüber einig sind, dass das Eigentum übergehen soll. [2] Ist der Erwerber im Besitz der Sache, so genügt die Einigung über den Übergang des Eigentums.

§ 929 a Einigung bei nicht eingetragenem Seeschiff. (1) Zur Übertragung des Eigentums an einem Seeschiff, das nicht im Schiffsregister eingetragen ist, oder an einem Anteil an einem solchen Schiff ist die Übergabe nicht erforderlich, wenn der Eigentümer und der Erwerber darüber einig sind, dass das Eigentum sofort übergehen soll.

(2) Jeder Teil kann verlangen, dass ihm auf seine Kosten eine öffentlich beglaubigte Urkunde über die Veräußerung erteilt wird.

§ 930 Besitzkonstitut. Ist der Eigentümer im Besitz der Sache, so kann die Übergabe dadurch ersetzt werden, dass zwischen ihm und dem Erwerber ein Rechtsverhältnis vereinbart wird, vermöge dessen der Erwerber den mittelbaren Besitz erlangt.

§ 931 Abtretung des Herausgabeanspruchs. Ist ein Dritter im Besitz der Sache, so kann die Übergabe dadurch ersetzt werden, dass der Eigentümer dem Erwerber den Anspruch auf Herausgabe der Sache abtritt.

§ 932 Gutgläubiger Erwerb vom Nichtberechtigten. (1) [1]Durch eine nach § 929 erfolgte Veräußerung wird der Erwerber auch dann Eigentümer, wenn die Sache nicht dem Veräußerer gehört, es sei denn, dass er zu der Zeit, zu der er nach diesen Vorschriften das Eigentum erwerben würde, nicht in gutem Glauben ist. [2]In dem Falle des § 929 Satz 2 gilt dies jedoch nur dann, wenn der Erwerber den Besitz von dem Veräußerer erlangt hatte.

(2) Der Erwerber ist nicht in gutem Glauben, wenn ihm bekannt oder infolge grober Fahrlässigkeit unbekannt ist, dass die Sache nicht dem Veräußerer gehört.

§ 932 a Gutgläubiger Erwerb nicht eingetragener Seeschiffe. Gehört ein nach § 929 a veräußertes Schiff nicht dem Veräußerer, so wird der Erwerber Eigentümer, wenn ihm das Schiff vom Veräußerer übergeben wird, es sei denn, dass er zu dieser Zeit nicht in gutem Glauben ist; ist ein Anteil an einem Schiff Gegenstand der Veräußerung, so tritt an die Stelle der Übergabe die Einräumung des Mitbesitzes an dem Schiff.

§ 933 Gutgläubiger Erwerb bei Besitzkonstitut. Gehört eine nach § 930 veräußerte Sache nicht dem Veräußerer, so wird der Erwerber Eigentümer, wenn ihm die Sache von dem Veräußerer übergeben wird, es sei denn, dass er zu dieser Zeit nicht in gutem Glauben ist.

§ 934 Gutgläubiger Erwerb bei Abtretung des Herausgabeanspruchs. Gehört eine nach § 931 veräußerte Sache nicht dem Veräußerer, so wird der Erwerber, wenn der Veräußerer mittelbarer Besitzer der Sache ist, mit der Abtretung des Anspruchs, anderenfalls dann Eigentümer, wenn er den Besitz der Sache von dem Dritten erlangt, es sei denn, dass er zur Zeit der Abtretung oder des Besitzerwerbs nicht in gutem Glauben ist.

§ 935 Kein gutgläubiger Erwerb von abhanden gekommenen Sachen. (1) [1]Der Erwerb des Eigentums auf Grund der §§ 932 bis 934 tritt nicht ein, wenn die Sache dem Eigentümer gestohlen worden, verlorengegangen oder sonst abhanden gekommen war. [2]Das Gleiche gilt, falls der Eigentümer nur mittelbarer Besitzer war, dann, wenn die Sache dem Besitzer abhanden gekommen war.

(2) Diese Vorschriften finden keine Anwendung auf Geld oder Inhaberpapiere sowie auf Sachen, die im Wege öffentlicher Versteigerung oder in einer Versteigerung nach § 979 Absatz 1 a veräußert werden.[1]

§ 936 Erlöschen von Rechten Dritter. (1) [1]Ist eine veräußerte Sache mit dem Recht eines Dritten belastet, so erlischt das Recht mit dem Erwerb des Eigentums. [2]In dem Falle des § 929 Satz 2 gilt dies jedoch nur dann, wenn der Erwerber den Besitz von dem Veräußerer erlangt hatte. [3]Erfolgt die Veräußerung nach § 929 a oder § 930 oder war die nach § 931 veräußerte Sache nicht im mittelbaren Besitz des Veräußerers, so erlischt das Recht des Dritten erst dann, wenn der Erwerber auf Grund der Veräußerung den Besitz der Sache erlangt.

(2) Das Recht des Dritten erlischt nicht, wenn der Erwerber zu der nach Absatz 1 maßgebenden Zeit in Ansehung des Rechts nicht in gutem Glauben ist.

(3) Steht im Falle des § 931 das Recht dem dritten Besitzer zu, so erlischt es auch dem gutgläubigen Erwerber gegenüber nicht.

Untertitel 2. Ersitzung

§ 937 Voraussetzungen, Ausschluss bei Kenntnis. (1) Wer eine bewegliche Sache zehn Jahre im Eigenbesitz hat, erwirbt das Eigentum (Ersitzung).

(2) Die Ersitzung ist ausgeschlossen, wenn der Erwerber bei dem Erwerb des Eigenbesitzes nicht in gutem Glauben ist oder wenn er später erfährt, dass ihm das Eigentum nicht zusteht.

§ 938 Vermutung des Eigenbesitzes. Hat jemand eine Sache am Anfang und am Ende eines Zeitraums im Eigenbesitz gehabt, so wird vermutet, dass sein Eigenbesitz auch in der Zwischenzeit bestanden habe.

§ 939 Hemmung der Ersitzung. (1) [1]Die Ersitzung ist gehemmt, wenn der Herausgabeanspruch gegen den Eigenbesitzer oder im Falle eines mittelbaren Eigenbesitzes gegen den Besitzer, der sein Recht zum Besitz von dem Eigenbesitzer ableitet, in einer nach den §§ 203 und 204 zur Hemmung der Verjährung geeigneten Weise geltend gemacht wird. [2]Die Hemmung tritt jedoch nur zugunsten desjenigen ein, welcher sie herbeiführt.

(2) Die Ersitzung ist ferner gehemmt, solange die Verjährung des Herausgabeanspruchs nach den §§ 205 bis 207 oder ihr Ablauf nach den §§ 210 und 211 gehemmt ist.

§ 940 Unterbrechung durch Besitzverlust. (1) Die Ersitzung wird durch den Verlust des Eigenbesitzes unterbrochen.

---

[1] Vgl. ferner § 365 HGB v. 10. 5. 1897 (RGBl. S. 219, ber. 1999 S. 42), zuletzt geänd. durch G v. 31. 7. 2009 (BGBl. I S. 2512), § 68 Abs. 1 AktG v. 6. 9. 1965 (BGBl. I S. 1089), zuletzt geänd. durch G v. 31. 7. 2009 (BGBl. I S. 2509) und Art. 16 Abs. 2 WG v. 21. 6. 1933 (RGBl. I S. 399), zuletzt geänd. durch G v. 19. 4. 2006 (BGBl. I S. 866).

(2) Die Unterbrechung gilt als nicht erfolgt, wenn der Eigenbesitzer den Eigenbesitz ohne seinen Willen verloren und ihn binnen Jahresfrist oder mittels einer innerhalb dieser Frist erhobenen Klage wiedererlangt hat.

§ 941 Unterbrechung durch Vollstreckungshandlung. [1] Die Ersitzung wird durch Vornahme oder Beantragung einer gerichtlichen oder behördlichen Vollstreckungshandlung unterbrochen. [2] § 212 Abs. 2 und 3 gilt entsprechend.

§ 942 Wirkung der Unterbrechung. Wird die Ersitzung unterbrochen, so kommt die bis zur Unterbrechung verstrichene Zeit nicht in Betracht; eine neue Ersitzung kann erst nach der Beendigung der Unterbrechung beginnen.

§ 943 Ersitzung bei Rechtsnachfolge. Gelangt die Sache durch Rechtsnachfolge in den Eigenbesitz eines Dritten, so kommt die während des Besitzes des Rechtsvorgängers verstrichene Ersitzungszeit dem Dritten zugute.

§ 944 Erbschaftsbesitzer. Die Ersitzungszeit, die zugunsten eines Erbschaftsbesitzers verstrichen ist, kommt dem Erben zustatten.

§ 945 Erlöschen von Rechten Dritter. [1] Mit dem Erwerb des Eigentums durch Ersitzung erlöschen die an der Sache vor dem Erwerb des Eigenbesitzes begründeten Rechte Dritter, es sei denn, dass der Eigenbesitzer bei dem Erwerb des Eigenbesitzes in Ansehung dieser Rechte nicht in gutem Glauben ist oder ihr Bestehen später erfährt. [2] Die Ersitzungsfrist muss auch in Ansehung des Rechts des Dritten verstrichen sein; die Vorschriften der §§ 939 bis 944 finden entsprechende Anwendung.

Untertitel 3. Verbindung, Vermischung, Verarbeitung

§ 946 Verbindung mit einem Grundstück. Wird eine bewegliche Sache mit einem Grundstück dergestalt verbunden, dass sie wesentlicher Bestandteil des Grundstücks wird, so erstreckt sich das Eigentum an dem Grundstück auf diese Sache.

§ 947 Verbindung mit beweglichen Sachen. (1) Werden bewegliche Sachen miteinander dergestalt verbunden, dass sie wesentliche Bestandteile einer einheitlichen Sache werden, so werden die bisherigen Eigentümer Miteigentümer dieser Sache; die Anteile bestimmen sich nach dem Verhältnis des Wertes, den die Sachen zur Zeit der Verbindung haben.

(2) Ist eine der Sachen als die Hauptsache anzusehen, so erwirbt ihr Eigentümer das Alleineigentum.

§ 948 Vermischung. (1) Werden bewegliche Sachen miteinander untrennbar vermischt oder vermengt, so findet die Vorschrift des § 947 entsprechende Anwendung.

(2) Der Untrennbarkeit steht es gleich, wenn die Trennung der vermischten oder vermengten Sachen mit unverhältnismäßigen Kosten verbunden sein würde.

§ 949 Erlöschen von Rechten Dritter. [1] Erlischt nach den §§ 946 bis 948 das Eigentum an einer Sache, so erlöschen auch die sonstigen an der Sache bestehenden Rechte. [2] Erwirbt der Eigentümer der belasteten Sache Miteigentum, so bestehen die Rechte an dem Anteil fort, der an die Stelle der Sache tritt. [3] Wird der Eigentümer der belasteten Sache Alleineigentümer, so erstrecken sich die Rechte auf die hinzutretende Sache.

§ 950 Verarbeitung. (1) [1] Wer durch Verarbeitung oder Umbildung eines oder mehrerer Stoffe eine neue bewegliche Sache herstellt, erwirbt das Eigentum an der neuen Sache, sofern nicht der Wert der Verarbeitung oder der Umbildung erheblich geringer ist als der Wert des Stoffes. [2] Als Verarbeitung gilt auch das Schreiben, Zeichnen, Malen, Drucken, Gravieren oder eine ähnliche Bearbeitung der Oberfläche.

(2) Mit dem Erwerb des Eigentums an der neuen Sache erlöschen die an dem Stoffe bestehenden Rechte.

§ 951 Entschädigung für Rechtsverlust. (1) [1] Wer infolge der Vorschriften der §§ 946 bis 950 einen Rechtsverlust erleidet, kann von demjenigen, zu dessen Gunsten die Rechtsänderung eintritt, Vergütung in Geld nach den Vorschriften über die Herausgabe einer ungerechtfertigten Bereicherung fordern. [2] Die Wiederherstellung des früheren Zustands kann nicht verlangt werden.

(2) [1] Die Vorschriften über die Verpflichtung zum Schadensersatz wegen unerlaubter Handlungen sowie die Vorschriften über den Ersatz von Verwendungen und über das Recht zur Wegnahme einer Einrichtung bleiben unberührt. [2] In den Fällen der §§ 946, 947 ist die Wegnahme nach den für das Wegnahmerecht des Besitzers gegenüber dem Eigentümer geltenden Vorschriften auch dann zulässig, wenn die Verbindung nicht von dem Besitzer der Hauptsache bewirkt worden ist.

§ 952 Eigentum an Schuldurkunden. (1) [1] Das Eigentum an dem über eine Forderung ausgestellten Schuldschein steht dem Gläubiger zu. [2] Das Recht eines Dritten an der Forderung erstreckt sich auf den Schuldschein.

(2) Das Gleiche gilt für Urkunden über andere Rechte, kraft deren eine Leistung gefordert werden kann, insbesondere für Hypotheken-, Grundschuld- und Rentenschuldbriefe.

Untertitel 4. Erwerb von Erzeugnissen und sonstigen Bestandteilen einer Sache

§ 953 Eigentum an getrennten Erzeugnissen und Bestandteilen. Erzeugnisse und sonstige Bestandteile einer Sache gehören auch nach der Trennung dem Eigentümer der Sache, soweit sich nicht aus den §§ 954 bis 957 ein anderes ergibt.

§ 954 Erwerb durch dinglich Berechtigten. Wer vermöge eines Rechts an einer fremden Sache befugt ist, sich Erzeugnisse oder sonstige Bestandteile der Sache anzueignen, erwirbt das Eigentum an ihnen, unbeschadet der Vorschriften der §§ 955 bis 957, mit der Trennung.

§ 955 Erwerb durch gutgläubigen Eigenbesitzer. (1) [1] Wer eine Sache im Eigenbesitz hat, erwirbt das Eigentum an den Erzeugnissen und sonstigen zu den Früchten der Sache gehörenden Bestandteilen, unbeschadet der Vorschriften der §§ 956, 957, mit der Trennung. [2] Der Erwerb ist ausgeschlossen, wenn der Eigenbesitzer nicht zum Eigenbesitz oder ein anderer vermöge eines Rechts an der Sache zum Fruchtbezug berechtigt ist und der Eigenbesitzer bei dem Erwerb des Eigenbesitzes nicht in gutem Glauben ist oder vor der Trennung den Rechtsmangel erfährt.

(2) Dem Eigenbesitzer steht derjenige gleich, welcher die Sache zum Zwecke der Ausübung eines Nutzungsrechts an ihr besitzt.

(3) Auf den Eigenbesitz und den ihm gleichgestellten Besitz findet die Vorschrift des § 940 Abs. 2 entsprechende Anwendung.

§ 956 Erwerb durch persönlich Berechtigten. (1) [1] Gestattet der Eigentümer einem anderen, sich Erzeugnisse oder sonstige Bestandteile der Sache anzueignen, so erwirbt dieser das Eigentum an ihnen, wenn der Besitz der Sache ihm überlassen ist, mit der Trennung, anderenfalls mit der Besitzergreifung. [2] Ist der Eigentümer zu der Gestattung verpflichtet, so kann er sie nicht widerrufen, solange sich der andere in dem ihm überlassenen Besitz der Sache befindet.

(2) Das Gleiche gilt, wenn die Gestattung nicht von dem Eigentümer, sondern von einem anderen ausgeht, dem Erzeugnisse oder sonstige Bestandteile einer Sache nach der Trennung gehören.

§ 957 Gestattung durch den Nichtberechtigten. Die Vorschrift des § 956 findet auch dann Anwendung, wenn derjenige, welcher die Aneignung einem anderen gestattet, hierzu nicht berechtigt ist, es sei denn, dass der andere, falls ihm der Besitz der Sache überlassen wird, bei der Überlassung, anderenfalls bei der Ergreifung des Besitzes der Erzeugnisse oder der sonstigen Bestandteile nicht in gutem Glauben ist oder vor der Trennung den Rechtsmangel erfährt.

Untertitel 5. Aneignung

§ 958 Eigentumserwerb an beweglichen herrenlosen Sachen. (1) Wer eine herrenlose bewegliche Sache in Eigenbesitz nimmt, erwirbt das Eigentum an der Sache.

(2) Das Eigentum wird nicht erworben, wenn die Aneignung gesetzlich verboten ist oder wenn durch die Besitzergreifung das Aneignungsrecht eines anderen verletzt wird.

§ 959 Aufgabe des Eigentums. Eine bewegliche Sache wird herrenlos, wenn der Eigentümer in der Absicht, auf das Eigentum zu verzichten, den Besitz der Sache aufgibt.

§ 960 Wilde Tiere. (1) [1] Wilde Tiere sind herrenlos, solange sie sich in der Freiheit befinden. [2] Wilde Tiere in Tiergärten und Fische in Teichen oder anderen geschlossenen Privatgewässern sind nicht herrenlos.

(2) Erlangt ein gefangenes wildes Tier die Freiheit wieder, so wird es herrenlos, wenn nicht der Eigentümer das Tier unverzüglich verfolgt oder wenn er die Verfolgung aufgibt.

(3) Ein gezähmtes Tier wird herrenlos, wenn es die Gewohnheit ablegt, an den ihm bestimmten Ort zurückzukehren.

§ 961 Eigentumsverlust bei Bienenschwärmen. Zieht ein Bienenschwarm aus, so wird er herrenlos, wenn nicht der Eigentümer ihn unverzüglich verfolgt oder wenn der Eigentümer die Verfolgung aufgibt.

§ 962 Verfolgungsrecht des Eigentümers. [1] Der Eigentümer des Bienenschwarms darf bei der Verfolgung fremde Grundstücke betreten. [2] Ist der Schwarm in eine fremde nicht besetzte Bienenwohnung eingezogen, so darf der Eigentümer des Schwarmes zum Zwecke des Einfangens die Wohnung öffnen und die Waben herausnehmen oder herausbrechen. [3] Er hat den entstehenden Schaden zu ersetzen.

§ 963 Vereinigung von Bienenschwärmen. Vereinigen sich ausgezogene Bienenschwärme mehrerer Eigentümer, so werden die Eigentümer, welche ihre Schwärme verfolgt haben, Miteigentümer des eingefangenen Gesamtschwarms; die Anteile bestimmen sich nach der Zahl der verfolgten Schwärme.

§ 964 Vermischung von Bienenschwärmen. [1] Ist ein Bienenschwarm in eine fremde besetzte Bienenwohnung eingezogen, so erstrecken sich das Eigentum und die sonstigen Rechte an den Bienen, mit denen die Wohnung besetzt war, auf den eingezogenen Schwarm. [2] Das Eigentum und die sonstigen Rechte an dem eingezogenen Schwarme erlöschen.

Untertitel 6. Fund

§ 965 Anzeigepflicht des Finders. (1) Wer eine verlorene Sache findet und an sich nimmt, hat dem Verlierer oder dem Eigentümer oder einem sonstigen Empfangsberechtigten unverzüglich Anzeige zu machen.

(2) [1] Kennt der Finder die Empfangsberechtigten nicht oder ist ihm ihr Aufenthalt unbekannt, so hat er den Fund und die Umstände, welche für die Ermittlung der Empfangsberechtigten erheblich sein können, unverzüglich der zuständigen Behörde anzuzeigen. [2] Ist die Sache nicht mehr als zehn Euro wert, so bedarf es der Anzeige nicht.

§ 966 Verwahrungspflicht. (1) Der Finder ist zur Verwahrung der Sache verpflichtet.

(2) [1] Ist der Verderb der Sache zu besorgen oder ist die Aufbewahrung mit unverhältnismäßigen Kosten verbunden, so hat der Finder die Sache öffentlich versteigern zu lassen. [2] Vor der Versteigerung ist der zuständigen Behörde Anzeige zu machen. [3] Der Erlös tritt an die Stelle der Sache.

§ 967 Ablieferungspflicht. Der Finder ist berechtigt und auf Anordnung der zuständigen Behörde verpflichtet, die Sache oder den Versteigerungserlös an die zuständige Behörde abzuliefern.

§ 968 Umfang der Haftung. Der Finder hat nur Vorsatz und grobe Fahrlässigkeit zu vertreten.

§ 969 Herausgabe an den Verlierer. Der Finder wird durch die Herausgabe der Sache an den Verlierer auch den sonstigen Empfangsberechtigten gegenüber befreit.

§ 970 Ersatz von Aufwendungen. Macht der Finder zum Zwecke der Verwahrung oder Erhaltung der Sache oder zum Zwecke der Ermittlung eines Empfangsberechtigten Aufwendungen, die er den Umständen nach für erforderlich halten darf, so kann er von dem Empfangsberechtigten Ersatz verlangen.

§ 971 Finderlohn. (1) [1] Der Finder kann von dem Empfangsberechtigten einen Finderlohn verlangen. [2] Der Finderlohn beträgt von dem Werte der Sache bis zu 500 Euro fünf vom Hundert, von dem Mehrwert drei vom Hundert, bei Tieren drei vom Hundert. [3] Hat die Sache nur für den Empfangsberechtigten einen Wert, so ist der Finderlohn nach billigem Ermessen zu bestimmen.

(2) Der Anspruch ist ausgeschlossen, wenn der Finder die Anzeigepflicht verletzt oder den Fund auf Nachfrage verheimlicht.

§ 972 Zurückbehaltungsrecht des Finders. Auf die in den §§ 970, 971 bestimmten Ansprüche finden die für die Ansprüche des Besitzers gegen den Eigentümer wegen Verwendungen geltenden Vorschriften der §§ 1000 bis 1002 entsprechende Anwendung.

§ 973 Eigentumserwerb des Finders. (1) [1] Mit dem Ablauf von sechs Monaten nach der Anzeige des Fundes bei der zuständigen Behörde erwirbt der Finder das Eigentum an der Sache, es sei denn, dass vorher ein Empfangsberechtigter dem Finder bekannt geworden ist oder sein Recht bei der zuständigen Behörde angemeldet hat. [2] Mit dem Erwerb des Eigentums erlöschen die sonstigen Rechte an der Sache.

(2) [1] Ist die Sache nicht mehr als zehn Euro wert, so beginnt die sechsmonatige Frist mit dem Fund. [2] Der Finder erwirbt das Eigentum nicht, wenn er den Fund auf Nachfrage verheimlicht. [3] Die Anmeldung eines Rechts bei der zuständigen Behörde steht dem Erwerb des Eigentums nicht entgegen.

§ 974 Eigentumserwerb nach Verschweigung. [1] Sind vor dem Ablauf der sechsmonatigen Frist Empfangsberechtigte dem Finder bekannt geworden oder haben sie bei einer Sache, die mehr als zehn Euro wert ist, ihre Rechte bei der zuständigen Behörde rechtzeitig angemeldet, so kann der Finder die Empfangsberechtigten nach der Vorschrift des § 1003 zur Erklärung über die ihm nach den §§ 970 bis 972 zustehenden Ansprüche auffordern. [2] Mit dem Ablauf der für die Erklärung bestimmten Frist erwirbt der Finder das Eigentum und erlöschen die sonstigen Rechte an der Sache, wenn nicht die Empfangsberechtigten sich rechtzeitig zu der Befriedigung der Ansprüche bereit erklären.

§ 975 Rechte des Finders nach Ablieferung. [1]Durch die Ablieferung der Sache oder des Versteigerungserlöses an die zuständige Behörde werden die Rechte des Finders nicht berührt. [2]Lässt die zuständige Behörde die Sache versteigern, so tritt der Erlös an die Stelle der Sache. [3]Die zuständige Behörde darf die Sache oder den Erlös nur mit Zustimmung des Finders einem Empfangsberechtigten herausgeben.

§ 976 Eigentumserwerb der Gemeinde. (1) Verzichtet der Finder der zuständigen Behörde gegenüber auf das Recht zum Erwerb des Eigentums an der Sache, so geht sein Recht auf die Gemeinde des Fundorts über.

(2) Hat der Finder nach der Ablieferung der Sache oder des Versteigerungserlöses an die zuständige Behörde auf Grund der Vorschriften der §§ 973, 974 das Eigentum erworben, so geht es auf die Gemeinde des Fundorts über, wenn nicht der Finder vor dem Ablauf einer ihm von der zuständigen Behörde bestimmten Frist die Herausgabe verlangt.

§ 977 Bereicherungsanspruch. [1]Wer infolge der Vorschriften der §§ 973, 974, 976 einen Rechtsverlust erleidet, kann in den Fällen der §§ 973, 974 von dem Finder, in den Fällen des § 976 von der Gemeinde des Fundorts die Herausgabe des durch die Rechtsänderung Erlangten nach den Vorschriften über die Herausgabe einer ungerechtfertigten Bereicherung fordern. [2]Der Anspruch erlischt mit dem Ablauf von drei Jahren nach dem Übergang des Eigentums auf den Finder oder die Gemeinde, wenn nicht die gerichtliche Geltendmachung vorher erfolgt.

§ 978 Fund in öffentlicher Behörde oder Verkehrsanstalt. (1) [1]Wer eine Sache in den Geschäftsräumen oder den Beförderungsmitteln einer öffentlichen Behörde oder einer dem öffentlichen Verkehr dienenden Verkehrsanstalt findet und an sich nimmt, hat die Sache unverzüglich an die Behörde oder die Verkehrsanstalt oder an einen ihrer Angestellten abzuliefern. [2]Die Vorschriften der §§ 965 bis 967 und 969 bis 977 finden keine Anwendung.

(2) [1]Ist die Sache nicht weniger als 50 Euro wert, so kann der Finder von dem Empfangsberechtigten einen Finderlohn verlangen. [2]Der Finderlohn besteht in der Hälfte des Betrags, der sich bei Anwendung des § 971 Abs. 1 Satz 2, 3 ergeben würde. [3]Der Anspruch ist ausgeschlossen, wenn der Finder Bediensteter der Behörde oder der Verkehrsanstalt ist oder der Finder die Ablieferungspflicht verletzt. [4]Die für die Ansprüche des Besitzers gegen den Eigentümer wegen Verwendungen geltende Vorschrift des § 1001 findet auf den Finderlohnanspruch entsprechende Anwendung. [5]Besteht ein Anspruch auf Finderlohn, so hat die Behörde oder die Verkehrsanstalt dem Finder die Herausgabe der Sache an einen Empfangsberechtigten anzuzeigen.

(3) [1]Fällt der Versteigerungserlös oder gefundenes Geld an den nach § 981 Abs. 1 Berechtigten, so besteht ein Anspruch auf Finderlohn nach Absatz 2 Satz 1 bis 3 gegen diesen. [2]Der Anspruch erlischt mit dem Ablauf von drei Jahren nach seiner Entstehung gegen den in Satz 1 bezeichneten Berechtigten.

§ 979 Verwertung; Verordnungsermächtigung. (1) [1]Die Behörde oder die Verkehrsanstalt kann die an sie abgelieferte Sache öffentlich versteigern lassen. [2]Die öffentlichen Behörden und die Verkehrsanstalten des *Reichs,* der

Bundesstaaten und der Gemeinden können die Versteigerung durch einen ihrer Beamten vornehmen lassen.

(1 a) Die Versteigerung kann nach Maßgabe der nachfolgenden Vorschriften auch als allgemein zugängliche Versteigerung im Internet erfolgen.

(1 b) [1] Die Bundesregierung wird ermächtigt, durch Rechtsverordnung ohne Zustimmung des Bundesrates für ihren Bereich Versteigerungsplattformen zur Versteigerung von Fundsachen zu bestimmen; sie kann diese Ermächtigung durch Rechtsverordnung auf die fachlich zuständigen obersten Bundesbehörden übertragen. [2] Die Landesregierungen werden ermächtigt, durch Rechtsverordnung für ihren Bereich entsprechende Regelungen zu treffen; sie können die Ermächtigung auf die fachlich zuständigen obersten Landesbehörden übertragen. [3] Die Länder können Versteigerungsplattformen bestimmen, die sie länderübergreifend nutzen. [4] Sie können eine Übertragung von Abwicklungsaufgaben auf die zuständige Stelle eines anderen Landes vereinbaren.

(2) Der Erlös tritt an die Stelle der Sache.

§ 980 Öffentliche Bekanntmachung des Fundes. (1) Die Versteigerung ist erst zulässig, nachdem die Empfangsberechtigten in einer öffentlichen Bekanntmachung des Fundes zur Anmeldung ihrer Rechte unter Bestimmung einer Frist aufgefordert worden sind und die Frist verstrichen ist; sie ist unzulässig, wenn eine Anmeldung rechtzeitig erfolgt ist.

(2) Die Bekanntmachung ist nicht erforderlich, wenn der Verderb der Sache zu besorgen oder die Aufbewahrung mit unverhältnismäßigen Kosten verbunden ist.

§ 981 Empfang des Versteigerungserlöses. (1) Sind seit dem Ablauf der in der öffentlichen Bekanntmachung bestimmten Frist drei Jahre verstrichen, so fällt der Versteigerungserlös, wenn nicht ein Empfangsberechtigter sein Recht angemeldet hat, bei *Reichs*behörden und *Reichs*anstalten an den *Reichs*fiskus, bei Landesbehörden und Landesanstalten an den Fiskus des *Bundesstaats,* bei Gemeindebehörden und Gemeindeanstalten an die Gemeinde, bei Verkehrsanstalten, die von einer Privatperson betrieben werden, an diese.

(2) [1] Ist die Versteigerung ohne die öffentliche Bekanntmachung erfolgt, so beginnt die dreijährige Frist erst, nachdem die Empfangsberechtigten in einer öffentlichen Bekanntmachung des Fundes zur Anmeldung ihrer Rechte aufgefordert worden sind. [2] Das Gleiche gilt, wenn gefundenes Geld abgeliefert worden ist.

(3) Die Kosten werden von dem herauszugebenden Betrag abgezogen.

§ 982 Ausführungsvorschriften. Die in den §§ 980, 981 vorgeschriebene Bekanntmachung erfolgt bei *Reichs*behörden und *Reichs*anstalten nach den von dem *Bundesrat,* [1] in den übrigen Fällen nach den von der Zentralbehörde des *Bundesstaats* erlassenen Vorschriften.

§ 983 Unanbringbare Sachen bei Behörden. Ist eine öffentliche Behörde im Besitz einer Sache, zu deren Herausgabe sie verpflichtet ist, ohne dass

---

[1] Bek. v. 16. 6. 1898 (RGBl. S. 912). – Nunmehr ist nach Art. 129 GG der Bundesminister des Innern zuständig.

die Verpflichtung auf Vertrag beruht, so finden, wenn der Behörde der Empfangsberechtigte oder dessen Aufenthalt unbekannt ist, die Vorschriften der §§ 979 bis 982 entsprechende Anwendung.

§ 984 Schatzfund. Wird eine Sache, die so lange verborgen gelegen hat, dass der Eigentümer nicht mehr zu ermitteln ist (Schatz), entdeckt und infolge der Entdeckung in Besitz genommen, so wird das Eigentum zur Hälfte von dem Entdecker, zur Hälfte von dem Eigentümer der Sache erworben, in welcher der Schatz verborgen war.

Titel 4. Ansprüche aus dem Eigentum

§ 985 Herausgabeanspruch. Der Eigentümer kann von dem Besitzer die Herausgabe der Sache verlangen.

§ 986 Einwendungen des Besitzers. (1) [1] Der Besitzer kann die Herausgabe der Sache verweigern, wenn er oder der mittelbare Besitzer, von dem er sein Recht zum Besitz ableitet, dem Eigentümer gegenüber zum Besitz berechtigt ist. [2] Ist der mittelbare Besitzer dem Eigentümer gegenüber zur Überlassung des Besitzes an den Besitzer nicht befugt, so kann der Eigentümer von dem Besitzer die Herausgabe der Sache an den mittelbaren Besitzer oder, wenn dieser den Besitz nicht wieder übernehmen kann oder will, an sich selbst verlangen.

(2) Der Besitzer einer Sache, die nach § 931 durch Abtretung des Anspruchs auf Herausgabe veräußert worden ist, kann dem neuen Eigentümer die Einwendungen entgegensetzen, welche ihm gegen den abgetretenen Anspruch zustehen.

§ 987 Nutzungen nach Rechtshängigkeit. (1) Der Besitzer hat dem Eigentümer die Nutzungen herauszugeben, die er nach dem Eintritt der Rechtshängigkeit zieht.

(2) Zieht der Besitzer nach dem Eintritt der Rechtshängigkeit Nutzungen nicht, die er nach den Regeln einer ordnungsmäßigen Wirtschaft ziehen könnte, so ist er dem Eigentümer zum Ersatz verpflichtet, soweit ihm ein Verschulden zur Last fällt.

§ 988 Nutzungen des unentgeltlichen Besitzers. Hat ein Besitzer, der die Sache als ihm gehörig oder zum Zwecke der Ausübung eines ihm in Wirklichkeit nicht zustehenden Nutzungsrechts an der Sache besitzt, den Besitz unentgeltlich erlangt, so ist er dem Eigentümer gegenüber zur Herausgabe der Nutzungen, die er vor dem Eintritt der Rechtshängigkeit zieht, nach den Vorschriften über die Herausgabe einer ungerechtfertigten Bereicherung verpflichtet.

§ 989 Schadensersatz nach Rechtshängigkeit. Der Besitzer ist von dem Eintritt der Rechtshängigkeit an dem Eigentümer für den Schaden verantwortlich, der dadurch entsteht, dass infolge seines Verschuldens die Sache verschlechtert wird, untergeht oder aus einem anderen Grunde von ihm nicht herausgegeben werden kann.

§ 990 Haftung des Besitzers bei Kenntnis. (1) [1] War der Besitzer bei dem Erwerb des Besitzes nicht in gutem Glauben, so haftet er dem Eigentümer von der Zeit des Erwerbs an nach den §§ 987, 989 . [2] Erfährt der Besitzer später, dass er zum Besitz nicht berechtigt ist, so haftet er in gleicher Weise von der Erlangung der Kenntnis an.

(2) Eine weitergehende Haftung des Besitzers wegen Verzugs bleibt unberührt.

§ 991 Haftung des Besitzmittlers. (1) Leitet der Besitzer das Recht zum Besitz von einem mittelbaren Besitzer ab, so findet die Vorschrift des § 990 in Ansehung der Nutzungen nur Anwendung, wenn die Voraussetzungen des § 990 auch bei dem mittelbaren Besitzer vorliegen oder diesem gegenüber die Rechtshängigkeit eingetreten ist.

(2) War der Besitzer bei dem Erwerb des Besitzes in gutem Glauben, so hat er gleichwohl von dem Erwerb an den im § 989 bezeichneten Schaden dem Eigentümer gegenüber insoweit zu vertreten, als er dem mittelbaren Besitzer verantwortlich ist.

§ 992 Haftung des deliktischen Besitzers. Hat sich der Besitzer durch verbotene Eigenmacht oder durch eine Straftat den Besitz verschafft, so haftet er dem Eigentümer nach den Vorschriften über den Schadensersatz wegen unerlaubter Handlungen.

§ 993 Haftung des redlichen Besitzers. (1) Liegen die in den §§ 987 bis 992 bezeichneten Voraussetzungen nicht vor, so hat der Besitzer die gezogenen Früchte, soweit sie nach den Regeln einer ordnungsmäßigen Wirtschaft nicht als Ertrag der Sache anzusehen sind, nach den Vorschriften über die Herausgabe einer ungerechtfertigten Bereicherung herauszugeben; im Übrigen ist er weder zur Herausgabe von Nutzungen noch zum Schadensersatz verpflichtet.

(2) Für die Zeit, für welche dem Besitzer die Nutzungen verbleiben, findet auf ihn die Vorschrift des § 101 Anwendung.

§ 994 Notwendige Verwendungen. (1) [1] Der Besitzer kann für die auf die Sache gemachten notwendigen Verwendungen von dem Eigentümer Ersatz verlangen. [2] Die gewöhnlichen Erhaltungskosten sind ihm jedoch für die Zeit, für welche ihm die Nutzungen verbleiben, nicht zu ersetzen.

(2) Macht der Besitzer nach dem Eintritt der Rechtshängigkeit oder nach dem Beginn der im § 990 bestimmten Haftung notwendige Verwendungen, so bestimmt sich die Ersatzpflicht des Eigentümers nach den Vorschriften über die Geschäftsführung ohne Auftrag.

§ 995 Lasten. [1] Zu den notwendigen Verwendungen im Sinne des § 994 gehören auch die Aufwendungen, die der Besitzer zur Bestreitung von Lasten der Sache macht. [2] Für die Zeit, für welche dem Besitzer die Nutzungen verbleiben, sind ihm nur die Aufwendungen für solche außerordentliche Lasten zu ersetzen, die als auf den Stammwert der Sache gelegt anzusehen sind.

§ 996 Nützliche Verwendungen. Für andere als notwendige Verwendungen kann der Besitzer Ersatz nur insoweit verlangen, als sie vor dem Eintritt der Rechtshängigkeit und vor dem Beginn der in § 990 bestimmten Haftung gemacht werden und der Wert der Sache durch sie noch zu der Zeit erhöht ist, zu welcher der Eigentümer die Sache wiedererlangt.

§ 997 Wegnahmerecht. (1) [1] Hat der Besitzer mit der Sache eine andere Sache als wesentlichen Bestandteil verbunden, so kann er sie abtrennen und sich aneignen. [2] Die Vorschrift des § 258 findet Anwendung.

(2) Das Recht zur Abtrennung ist ausgeschlossen, wenn der Besitzer nach § 994 Abs. 1 Satz 2 für die Verwendung Ersatz nicht verlangen kann oder die Abtrennung für ihn keinen Nutzen hat oder ihm mindestens der Wert ersetzt wird, den der Bestandteil nach der Abtrennung für ihn haben würde.

§ 998 Bestellungskosten bei landwirtschaftlichem Grundstück. Ist ein landwirtschaftliches Grundstück herauszugeben, so hat der Eigentümer die Kosten, die der Besitzer auf die noch nicht getrennten, jedoch nach den Regeln einer ordnungsmäßigen Wirtschaft vor dem Ende des Wirtschaftsjahrs zu trennenden Früchte verwendet hat, insoweit zu ersetzen, als sie einer ordnungsmäßigen Wirtschaft entsprechen und den Wert dieser Früchte nicht übersteigen.

§ 999 Ersatz von Verwendungen des Rechtsvorgängers. (1) Der Besitzer kann für die Verwendungen eines Vorbesitzers, dessen Rechtsnachfolger er geworden ist, in demselben Umfang Ersatz verlangen, in welchem ihn der Vorbesitzer fordern könnte, wenn er die Sache herauszugeben hätte.

(2) Die Verpflichtung des Eigentümers zum Ersatz von Verwendungen erstreckt sich auch auf die Verwendungen, die gemacht worden sind, bevor er das Eigentum erworben hat.

§ 1000 Zurückbehaltungsrecht des Besitzers. [1] Der Besitzer kann die Herausgabe der Sache verweigern, bis er wegen der ihm zu ersetzenden Verwendungen befriedigt wird. [2] Das Zurückbehaltungsrecht steht ihm nicht zu, wenn er die Sache durch eine vorsätzlich begangene unerlaubte Handlung erlangt hat.

§ 1001 Klage auf Verwendungsersatz. [1] Der Besitzer kann den Anspruch auf den Ersatz der Verwendungen nur geltend machen, wenn der Eigentümer die Sache wiedererlangt oder die Verwendungen genehmigt. [2] Bis zur Genehmigung der Verwendungen kann sich der Eigentümer von dem Anspruch dadurch befreien, dass er die wiedererlangte Sache zurückgibt. [3] Die Genehmigung gilt als erteilt, wenn der Eigentümer die ihm von dem Besitzer unter Vorbehalt des Anspruchs angebotene Sache annimmt.

§ 1002 Erlöschen des Verwendungsanspruchs. (1) Gibt der Besitzer die Sache dem Eigentümer heraus, so erlischt der Anspruch auf den Ersatz der Verwendungen mit dem Ablauf eines Monats, bei einem Grundstück mit dem Ablauf von sechs Monaten nach der Herausgabe, wenn nicht vorher die gerichtliche Geltendmachung erfolgt oder der Eigentümer die Verwendungen genehmigt.

(2) Auf diese Fristen finden die für die Verjährung geltenden Vorschriften der §§ 206, 210, 211 entsprechende Anwendung.

§ 1003 Befriedigungsrecht des Besitzers. (1) [1] Der Besitzer kann den Eigentümer unter Angabe des als Ersatz verlangten Betrags auffordern, sich innerhalb einer von ihm bestimmten angemessenen Frist darüber zu erklären, ob er die Verwendungen genehmige. [2] Nach dem Ablauf der Frist ist der Besitzer berechtigt, Befriedigung aus der Sache nach den Vorschriften über den Pfandverkauf, bei einem Grundstück nach den Vorschriften über die Zwangsvollstreckung in das unbewegliche Vermögen zu suchen, wenn nicht die Genehmigung rechtzeitig erfolgt.

(2) Bestreitet der Eigentümer den Anspruch vor dem Ablauf der Frist, so kann sich der Besitzer aus der Sache erst dann befriedigen, wenn er nach rechtskräftiger Feststellung des Betrags der Verwendungen den Eigentümer unter Bestimmung einer angemessenen Frist zur Erklärung aufgefordert hat und die Frist verstrichen ist; das Recht auf Befriedigung aus der Sache ist ausgeschlossen, wenn die Genehmigung rechtzeitig erfolgt.

§ 1004 Beseitigungs- und Unterlassungsanspruch. (1) [1] Wird das Eigentum in anderer Weise als durch Entziehung oder Vorenthaltung des Besitzes beeinträchtigt, so kann der Eigentümer von dem Störer die Beseitigung der Beeinträchtigung verlangen. [2] Sind weitere Beeinträchtigungen zu besorgen, so kann der Eigentümer auf Unterlassung klagen.

(2) Der Anspruch ist ausgeschlossen, wenn der Eigentümer zur Duldung verpflichtet ist.[1)]

§ 1005 Verfolgungsrecht. Befindet sich eine Sache auf einem Grundstück, das ein anderer als der Eigentümer der Sache besitzt, so steht diesem gegen den Besitzer des Grundstücks der im § 867 bestimmte Anspruch zu.

§ 1006 Eigentumsvermutung für Besitzer. (1) [1] Zugunsten des Besitzers einer beweglichen Sache wird vermutet, dass er Eigentümer der Sache sei. [2] Dies gilt jedoch nicht einem früheren Besitzer gegenüber, dem die Sache gestohlen worden, verloren gegangen oder sonst abhanden gekommen ist, es sei denn, dass es sich um Geld oder Inhaberpapiere handelt.

(2) Zugunsten eines früheren Besitzers wird vermutet, dass er während der Dauer seines Besitzes Eigentümer der Sache gewesen sei.

(3) Im Falle eines mittelbaren Besitzes gilt die Vermutung für den mittelbaren Besitzer.

§ 1007 Ansprüche des früheren Besitzers, Ausschluss bei Kenntnis. (1) Wer eine bewegliche Sache im Besitz gehabt hat, kann von dem Besitzer die Herausgabe der Sache verlangen, wenn dieser bei dem Erwerb des Besitzes nicht in gutem Glauben war.

(2) [1] Ist die Sache dem früheren Besitzer gestohlen worden, verloren gegangen oder sonst abhanden gekommen, so kann er die Herausgabe auch von einem gutgläubigen Besitzer verlangen, es sei denn, dass dieser Eigentümer der Sache ist oder die Sache ihm vor der Besitzzeit des früheren Besitzers

---

[1)] Vgl. § 14 Bundes-Immissionsschutzgesetz idF der Bek. v. 26. 9. 2002 (BGBl. I S. 3830), zuletzt geänd. durch G v. 11. 8. 2009 (BGBl. I S. 2723).

abhanden gekommen war. [2] Auf Geld und Inhaberpapiere findet diese Vorschrift keine Anwendung.

(3) [1] Der Anspruch ist ausgeschlossen, wenn der frühere Besitzer bei dem Erwerb des Besitzes nicht in gutem Glauben war oder wenn er den Besitz aufgegeben hat. [2] Im Übrigen finden die Vorschriften der §§ 986 bis 1003 entsprechende Anwendung.

Titel 5. Miteigentum

§§ 1008–1017 *(Vom Abdruck wurde abgesehen)*

Abschnitt 4 bis 8

§§ 1018–1296 *(Vom Abdruck wurde abgesehen)*

Buch 4. Familienrecht

§§ 1297–1921 *(Vom Abdruck wurde abgesehen)*

Buch 5. Erbrecht

§§ 1922–2385 *(Vom Abdruck wurde abgesehen)*

2. Einführungsgesetz zum Bürgerlichen Gesetzbuche

In der Fassung der Bekanntmachung vom 21. September 1994[1]
(BGBl. I S. 2494, ber. BGBl. 1997 I S. 1061)

FNA 400-1

zuletzt geänd. durch Art. 2 G zur Einführung einer Musterwiderrufsinformation für Verbraucherdarlehensverträge, zur Änd. der Vorschriften über das Widerrufsrecht bei Verbraucherdarlehensverträgen und zur Änd. des Darlehensvermittlungsrechts v. 24. 7. 2010 (BGBl. I S. 977)

–Auszug–

Erster und Zweiter Teil

Art. 1–54 *(Vom Abdruck wurde abgesehen)*

Dritter Teil. Verhältnis des Bürgerlichen Gesetzbuchs zu den Landesgesetzen[2]

Art. 55–112 *(Vom Abdruck wurde abgesehen)*

Art. 113 [Flurbereinigung] [1]Unberührt bleiben die landesgesetzlichen Vorschriften über die Zusammenlegung von Grundstücken, über die Gemein-

---

[1] Neubekanntmachung des EGBGB v. 18. 8. 1896 (RGBl. S. 604) in der ab 1. 10. 1994 geltenden Fassung.

[2] Beachte hierzu insbesondere folgende Ausführungsgesetze der Länder:
- **Baden-Württemberg:** Baden-Württembergisches AusführungsG zum BGB v. 26. 11. 1974 (GBl. S. 498), zuletzt geänd. durch G v. 4. 5. 2009 (GBl. S. 195)
- **Bayern:** G zur Ausführung des BGB und anderer Gesetze
- **Berlin:** AusführungsG zum BGB v. 20. 9. 1899 (PrGS S. 177), zuletzt geänd. durch G v. 18. 11. 2009 (GVBl. S. 674)
- **Brandenburg:** Brandenburgisches AusführungsG zum BGB (BbgAGBGB) v. 28. 7. 2000 (GVBl. I S. 114), geänd. durch G v. 18. 12. 2001 (GVBl. I S. 282)
- **Bremen:** AusführungsG zum BGB
- **Hamburg:** Hamburgisches AusführungsG zum BGB v. 1. 7. 1958 (HmbGVBl. S. 195), zuletzt geänd. durch G v. 14. 12. 2005 (HmbGVBl. S. 521)
- **Hessen:** Hessisches AusführungsG zum BGB (Hess. AGBGB) v. 18. 12. 1984 (GVBl. I S. 344), zuletzt geänd. durch G v. 26. 3. 2010 (GVBl. I S. 114)
- **Niedersachsen:** Niedersächsisches AusführungsG zum BGB v. 4. 3. 1971 (Nds. GVBl. S. 73), zuletzt geänd. durch G v. 6. 6. 2008 (Nds. GVBl. S. 210)
- **Nordrhein-Westfalen:** AusführungsG zum BGB v. 20. 9. 1899 (PrGS. NW. S. 105), zuletzt geänd. durch G v. 3. 5. 2005 (GV. NRW. S. 498)
- **Rheinland-Pfalz:** LandesG zur Ausführung des BGB v. 18. 11. 1976 (GVBl. S. 259), zuletzt geänd. durch G v. 15. 9. 2009 (GVBl. S. 333)
- **Saarland:** G zur Ausführung bundesrechtlicher Justizgesetze (AGJusG) v. 5. 2. 1997 (Amtsbl. S. 258), zuletzt geänd. durch G v. 19. 11. 2008 (Amtsbl. S. 1930)
- **Schleswig-Holstein:** AusführungsG zum BGB für das Land Schleswig-Holstein v. 27. 9. 1974 (GVOBl. Schl.-H. S. 357), zuletzt geänd. durch VO v. 16. 9. 2003 (GVOBl. Schl.-H. S. 503)

heitsteilung, die Regulierung der Wege, die Ordnung der gutsherrlich-bäuerlichen Verhältnisse sowie über die Ablösung, Umwandlung oder Einschrän-
kung von Dienstbarkeiten und Reallasten.[1] [2] Dies gilt insbesondere auch von
den Vorschriften, welche die durch ein Verfahren dieser Art begründeten
gemeinschaftlichen Angelegenheiten zum Gegenstand haben oder welche sich
auf den Erwerb des Eigentums, auf die Begründung, Änderung und Aufhebung von anderen Rechten an Grundstücken und auf die Berichtigung des
Grundbuchs beziehen.

Art. 114 [Staatliche Ablösungsrenten] Unberührt bleiben die landesgesetzlichen Vorschriften, nach welchen die dem Staat oder einer öffentlichen
Anstalt infolge der Ordnung der gutsherrlich-bäuerlichen Verhältnisse oder
der Ablösung von Dienstbarkeiten, Reallasten oder der Oberlehnsherrlichkeit
zustehenden Ablösungsrenten und sonstigen Reallasten zu ihrer Begründung
und zur Wirksamkeit gegenüber dem öffentlichen Glauben des Grundbuchs
nicht der Eintragung bedürfen.

Art. 115 [Belastungsverbote] Unberührt bleiben die landesgesetzlichen
Vorschriften, welche die Belastung eines Grundstücks mit gewissen Grund-
dienstbarkeiten oder beschränkten persönlichen Dienstbarkeiten oder mit
Reallasten untersagen oder beschränken, sowie die landesgesetzlichen Vorschriften, welche den Inhalt und das Maß solcher Rechte näher bestimmen.

Art. 116 [Überbau; Notweg] Die in den Artikeln 113 bis 115 bezeichneten landesgesetzlichen Vorschriften finden keine Anwendung auf die nach den
§§ 912, 916 und 917 des Bürgerlichen Gesetzbuchs zu entrichtenden Geld-
renten und auf die in den §§ 1021 und 1022 des Bürgerlichen Gesetzbuchs
bestimmten Unterhaltungspflichten.

Art. 117–121 *(Vom Abdruck wurde abgesehen)*

Art. 122 [Obstbäume] Unberührt bleiben die landesgesetzlichen Vorschriften, welche die Rechte des Eigentümers eines Grundstücks in Ansehung
der auf der Grenze oder auf dem Nachbargrundstück stehenden Obstbäume
abweichend von den Vorschriften des § 910 und des § 923 Abs. 2 des Bürgerlichen Gesetzbuchs bestimmen.

Art. 123 [Notweg] Unberührt bleiben die landesgesetzlichen Vorschriften,
welche das Recht des Notwegs zum Zwecke der Verbindung eines Grundstücks mit einer Wasserstraße oder einer Eisenbahn gewähren.

Art. 124 [Nachbarrecht; Eigentumsbeschränkungen] [1] Unberührt bleiben die landesgesetzlichen Vorschriften, welche das Eigentum an Grundstücken
zugunsten der Nachbarn noch anderen als den im Bürgerlichen Gesetzbuch
bestimmten Beschränkungen unterwerfen. [2] Dies gilt insbesondere auch von
den Vorschriften, nach welchen Anlagen sowie Bäume und Sträucher nur in
einem bestimmten Abstand von der Grenze gehalten werden dürfen.

---

[1] Durch das FlurbereinigungsG idF der Bek. v. 16. 3. 1976 (BGBl. I S. 546), zuletzt geänd. durch
G v. 19. 12. 2008 (BGBl. I S. 2794) ist das Recht der ländlichen Grundstücksumlegung neu geregelt
worden.

Art. 125–152 *(Vom Abdruck wurde abgesehen)*

Vierter Teil. Übergangsvorschriften

Art. 153–182 *(Vom Abdruck wurde abgesehen)*

Art. 183 [Waldgrundstück] Zugunsten eines Grundstücks, das zur Zeit des Inkrafttretens des Bürgerlichen Gesetzbuchs mit Wald bestanden ist, bleiben die landesgesetzlichen Vorschriften, welche die Rechte des Eigentümers eines Nachbargrundstücks in Ansehung der auf der Grenze oder auf dem Waldgrundstück stehenden Bäume und Sträucher abweichend von den Vorschriften des § 910 und des § 923 Abs. 2 und 3 des Bürgerlichen Gesetzbuchs bestimmen, bis zur nächsten Verjüngung des Waldes in Kraft.

Art. 184–218 *(Vom Abdruck wurde abgesehen)*

Fünfter Teil bis Siebter Teil

Art. 219–248 *(Vom Abdruck wurde abgesehen)*

Anlagen 1 bis 6
(Vom Abdruck wurde abgesehen)

3. Baden-Württembergisches Gesetz über das Nachbarrecht (Nachbarrechtsgesetz – NRG)

in der Fassung der Bekanntmachung vom 8. Januar 1996[1]

(GBl. S. 54)

BWGültV Sachgebiet 403

geänd. durch Art. 63 Verwaltungsstruktur-ReformG v. 1. 7. 2004 (GBl. S. 469)

1. Abschnitt. Gebäude

§ 1 Ableitung des Regenwassers und des Abwassers. Der Eigentümer eines Gebäudes hat das von seinem Gebäude abfließende Niederschlagswasser sowie Abwasser und andere Flüssigkeiten aus seinem Gebäude auf das eigene Grundstück so abzuleiten, daß der Nachbar nicht belästigt wird.

§ 2 Traufberechtigung bei baulichen Änderungen. [1] Ist der Eigentümer eines Gebäudes auf Grund einer Dienstbarkeit verpflichtet, das vom Gebäude des Nachbarn abfließende Niederschlagswasser durch seine eigenen Rinnen und Ablaufrohre abzuleiten, so darf eine Veränderung des Gebäudes, durch welche die Dienstbarkeit beeinträchtigt wird, nur in der Weise geschehen, daß der Nachbar an der Anbringung eigener Rinnen und Ablaufrohre nicht gehindert ist. [2] Dem Nachbarn sind die durch die Abänderung entstehenden Kosten zu ersetzen.

§ 3 Abstand von Lichtöffnungen. (1) Der Eigentümer eines Grundstücks kann verlangen, daß vor Lichtöffnungen in der Außenwand eines Nachbargebäudes, die einen Ausblick auf sein Grundstück gewähren, auf dem Nachbargrundstück Abstandsflächen eingehalten werden, die, rechtwinklig zur Außenwand und in Höhe der Lichtöffnung gemessen, eine Tiefe von mindestens 1,80 m haben und in der Breite auf jeder Seite mindestens 0,60 m über die Lichtöffnung hinausreichen.

(2) Das Verlangen nach Absatz 1 kann nicht gestellt werden für Lichtöffnungen, die verschlossen sind und nicht geöffnet werden können und entweder mit ihrer Unterkante mindestens 1,80 m über dem Fußboden des zu erhellenden Raumes liegen oder undurchsichtig sind.

(3) [1] Das Verlangen nach Absatz 1 kann nicht gestellt werden, wenn keine oder nur geringfügige Beeinträchtigungen zu erwarten sind oder das Vorhaben nach öffentlich-rechtlichen Vorschriften, insbesondere nach den §§ 5 und 6 der Landesbauordnung, zulässig ist. [2] Nach Ablauf von zwei Monaten seit Zugang der Benachrichtigung nach § 55 der Landesbauordnung ist das Verlangen ausgeschlossen. [3] Die Frist wird auch dadurch gewahrt, daß nach § 55 der Landesbauordnung Einwendungen oder Bedenken erhoben werden.

---

[1] Neubekanntmachung des NachbarrechtsG v. 14. 12. 1959 (GBl. S. 171) in der ab 1. 1. 1996 geltenden Fassung.

§ 4 Abstand von ausblickgewährenden Anlagen. (1) Der Eigentümer eines Grundstücks kann verlangen, daß vor Balkonen, Terrassen, Erkern, Galerien und sonstigen begehbaren Teilen eines Nachbarhauses, die einen Ausblick auf sein Grundstück gewähren, auf dem Nachbargrundstück Abstandsflächen eingehalten werden, die in der Tiefe mindestens 1,80 m über die Vorderkante und in der Breite auf jeder Seite mindestens 0,60 m über die Seitenkante der genannten Gebäudeteile hinausreichen.

(2) § 3 Abs. 3 findet entsprechende Anwendung.

§ 5 Lichtöffnungen und andere Gebäudeteile, die auf öffentliche Wege oder Plätze Ausblick gewähren. (1) Die in § 3 Abs. 1 genannten Lichtöffnungen und die in § 4 Abs. 1 genannten Gebäudeteile sind den Beschränkungen der §§ 3 und 4 nicht unterworfen, soweit sie auf einen öffentlichen Weg oder einen öffentlichen Platz, der an das Grundstück angrenzt, Ausblick gewähren.

(2) Verliert ein Weg oder Platz die Eigenschaft der Öffentlichkeit, so behalten die Eigentümer der angrenzenden Grundstücke das Recht auf Fortbestand von vorhandenen, in den § 3 Abs. 1 und § 4 Abs. 1 genannten Anlagen.

§ 6 Abstand schadendrohender und störender Anlagen. (1) Schadendrohende oder störende Anlagen dürfen nur in solcher Entfernung von der Grenze und nur unter solchen Vorkehrungen angebracht werden, daß sie den Nachbarn nicht schädigen.

(2) Anlagen im Sinne des Absatzes 1 sind insbesondere Lager für Chemikalien sowie im Freien gelegene Aborte, Treib- und Brennstoffbehälter, Waschkessel, und Backöfen, Bienenstöcke, Futtersilos, Düngerstätten, Jauchegruben und Ställe.

§ 7 Gebäudeabstände und Einfriedigungen bebauter Grundstücke im Außenbereich. (1) ¹Bei der Errichtung oder Veränderung eines Gebäudes im Außenbereich ist der Bauherr auf Verlangen des Nachbarn verpflichtet, zu Gunsten von Grundstücken, die durch landwirtschaftliche Betriebe im Sinne des § 201 des Baugesetzbuches landwirtschaftlich oder gartenbaulich genutzt werden (landwirtschaftliche Nutzung), mit jeder der Nachbargrenze zugewandten Außenwand einen mittleren Grenzabstand einzuhalten, welcher der Höhe der Außenwand entspricht; der Abstand ist senkrecht zur Außenwand zu messen. ²Der Abstand darf nirgends weniger als 2 m betragen.

(2) Für die Berechnung der Höhe der Außenwand gilt § 5 Abs. 4 Sätze 2 bis 4 und Abs. 5 der Landesbauordnung entsprechend.

(3) § 3 Abs. 3 Sätze 2 und 3 ist entsprechend anzuwenden.

(4) Der Bauherr ist auf Verlangen des Nachbarn verpflichtet, sein Grundstück einzufriedigen, soweit es zum Schutz des Nachbargrundstücks erforderlich ist und öffentlich-rechtliche Vorschriften nicht entgegenstehen.

§ 7 a Gründungstiefe. (1) Darf nach den baurechtlichen Vorschriften auf benachbarten Grundstücken unmittelbar an die gemeinsame Grundstücksgrenze gebaut werden, so kann der Eigentümer des Nachbargrundstücks vom Erstbauenden eine solche Ausführung der Gründung verlangen, daß bei der späteren Durchführung seines Bauvorhabens zusätzliche Baumaßnahmen vermieden werden.

(2) [1] Dem Erstbauenden sind die durch dieses Verlangen entstehenden Mehrkosten zu erstatten. [2] Das Verlangen ist dem Erstbauenden vor Erteilung der Baugenehmigung mitzuteilen. [3] Er kann unter Setzung einer angemessenen Frist einen Vorschuß oder eine Sicherheitsleistung verlangen. [4] Wird ein ausreichender Vorschuß oder eine Sicherheitsleistung innerhalb der Frist nicht geleistet, so entfällt die Verpflichtung des Erstbauenden.

(3) [1] Wird die weitergehende Gründung zum Vorteil des Erstbauenden ganz oder teilweise ausgenutzt, so entfällt insoweit die Erstattungspflicht nach Absatz 2. [2] Bereits erstattete Kosten können zurückverlangt werden.

§ 7 b Überbau. (1) [1] Darf nach den baurechtlichen Vorschriften unmittelbar an die gemeinsame Grundstücksgrenze gebaut werden, so hat der Eigentümer des Nachbargrundstücks in den Luftraum seines Grundstücks übergreifende untergeordnete Bauteile, die den baurechtlichen Vorschriften entsprechen, zu dulden, solange diese die Benutzung seines Grundstücks nicht oder nur unwesentlich beeinträchtigen. [2] Untergeordnete Bauteile sind insbesondere solche Bestandteile einer baulichen Anlage, die deren nutzbare Fläche nicht vergrößern.

(2) Darf an beiden Seiten unmittelbar an die gemeinsame Grundstücksgrenze gebaut werden, so haben die Eigentümer der benachbarten Grundstücke zu dulden, daß die Gebäude den baurechtlichen Vorschriften entsprechend durch übergreifende Bauteile angeschlossen werden.

(3) [1] Der Eigentümer des Gebäudes, von dem Bauteile übergreifen, hat dem Eigentümer des Nachbargebäudes den durch den Anschluß nach Absatz 2 entstandenen Schaden zu ersetzen. [2] Auf Verlangen des Berechtigten ist vor Beginn dieser Maßnahme eine Sicherheitsleistung in Höhe des voraussichtlich entstehenden Schadens zu leisten.

§ 7 c Hammerschlags- und Leiterrecht. (1) Kann eine nach den baurechtlichen Vorschriften zulässige bauliche Anlage nicht oder nur mit erheblichen besonderen Aufwendungen errichtet, geändert, unterhalten oder abgebrochen werden, ohne daß das Nachbargrundstück betreten wird oder dort Gerüste oder Geräte aufgestellt werden oder auf das Nachbargrundstück übergreifen, so haben der Eigentümer und der Besitzer des Nachbargrundstücks die Benutzung insoweit zu dulden, als sie zu diesen Zwecken notwendig ist.

(2) [1] Die Absicht, das Nachbargrundstück zu benutzen, muß dem Eigentümer und dem Besitzer zwei Wochen vor Beginn der Benutzung angezeigt werden. [2] Ist der im Grundbuch Eingetragene nicht Eigentümer, so genügt die Anzeige an den unmittelbaren Besitzer, es sei denn, daß der Anzeigende den wirklichen Eigentümer kennt. [3] Die Anzeige an den unmittelbaren Besitzer genügt auch, wenn der Aufenthalt des Eigentümers kurzfristig nicht zu ermitteln ist.

(3) [1] Der Eigentümer des begünstigten Grundstücks hat dem Eigentümer des Nachbargrundstücks den durch Maßnahmen nach Absatz 1 entstandenen Schaden zu ersetzen. [2] Auf Verlangen des Berechtigten ist vor Beginn der Benutzung eine Sicherheit in Höhe des voraussichtlich entstehenden Schadens zu leisten.

§ 7 d Benutzung von Grenzwänden. (1) Grenzt ein Gebäude unmittelbar an ein höheres, so hat der Eigentümer des höheren Gebäudes zu dulden, daß die Schornsteine und Lüftungsleitungen des niedrigeren Gebäudes an der Grenzwand seines Gebäudes befestigt werden, wenn dies zumutbar und die Höherführung zur Betriebsfähigkeit erforderlich ist.

(2) In den Fällen des Absatzes 1 hat der Eigentümer des höheren Gebäudes auch zu dulden, daß die Reinigung der Schornsteine und Lüftungsleitungen, soweit erforderlich, von seinem Gebäude aus vorgenommen wird und die hierfür nötigen Einrichtungen in oder an seinem Gebäude hergestellt und unterhalten werden.

(3) § 7 c Abs. 3 gilt entsprechend.

§ 7 e Leitungen. (1) [1] Wenn der Anschluß eines Grundstücks an eine Versorgungsleitung, eine Abwasserleitung oder einen Vorfluter ohne Benutzung eines fremden Grundstücks nicht oder nur unter erheblichen besonderen Aufwendungen oder nur in technisch unvollkommener Weise möglich ist, so hat der Eigentümer des fremden Grundstücks die Benutzung seines Grundstücks insoweit, als es zur Herstellung und Unterhaltung des Anschlusses notwendig ist, zu dulden und entgegenstehende Nutzungsarten zu unterlassen. [2] Überbaute Teile oder solche Teile des fremden Grundstücks, deren Bebauung nach den baurechtlichen Vorschriften zulässig ist, dürfen für den Anschluß nicht in Anspruch genommen werden. [3] Sind auf den fremden Grundstücken Versorgungs- oder Abwasserleitungen bereits vorhanden, so kann der Eigentümer gegen Erstattung der anteilmäßigen Herstellungskosten den Anschluß an diese Leitungen verlangen, wenn dies technisch möglich und zweckmäßig ist.

(2) Ergeben sich nach Verlegung der Leitung unzumutbare Beeinträchtigungen, so kann der Eigentümer des fremden Grundstücks verlangen, daß der Eigentümer des begünstigten Grundstücks auf seine Kosten Vorkehrungen trifft, die solche Beeinträchtigungen beseitigen.

(3) [1] Der Eigentümer des begünstigten Grundstücks hat dem Eigentümer des fremden Grundstücks den durch eine Maßnahme nach den Absätzen 1 und 2 oder durch Beschränkungen der Nutzung oder durch den Betrieb der Leitung entstandenen Schaden zu ersetzen. [2] Auf Verlangen des Berechtigten ist vor Beginn der Maßnahmen nach den Absätzen 1 und 2 eine Sicherheit in Höhe des voraussichtlich entstehenden Schadens zu leisten.

(4) Der Eigentümer eines beanspruchten Grundstücks kann gegen Erstattung der Mehrkosten eine solche Herstellung der Leitung verlangen, daß sein Grundstück ebenfalls angeschlossen werden kann.

(5) Die Kosten für die Unterhaltung gemeinsamer Leitungen nach Absatz 1 Satz 3 und Absatz 4 sind von den beteiligten Eigentümern gemeinsam zu tragen.

2. Abschnitt. Aufschichtungen und Gerüste

§ 8 [Aufschichtungen und Gerüste] (1) [1] Aufschichtungen von Holz, Steinen und dergleichen, Heu-, Stroh- und Komposthaufen sowie ähnliche Anlagen, die nicht über 2 m hoch sind, müssen 0,50 m von der Grenze entfernt bleiben. [2] Sind sie höher, so muß der Abstand um soviel über 0,50 m betragen, als ihre Höhe das Maß von 2 m übersteigt.

(2) Eine Entfernung von 0,50 m ist einzuhalten bei Gerüsten und ähnlichen Anlagen, sofern nicht die Beschaffenheit der Anlage eine größere Entfernung zur Abwendung eines Schadens erfordert.

(3) Diese Vorschriften gelten nicht für Baugerüste und für das nachbarliche Verhältnis der öffentlichen Wege und der Gewässer einerseits und der an sie grenzenden Grundstücke andererseits.

3. Abschnitt. Erhöhungen

§ 9 Abstände und Vorkehrungen bei Erhöhungen. (1) [1] Wer den Boden seines Grundstücks über die Oberfläche des Nachbargrundstücks erhöhen will, muß einen solchen Abstand von der Grenze einhalten oder solche Vorkehrungen treffen und unterhalten, daß eine Schädigung des Nachbargrundstücks durch Absturz oder Pressung des Bodens ausgeschlossen ist. [2] Diese Verpflichtung geht auf den späteren Eigentümer über.

(2) Welcher Abstand oder welche Vorkehrung zum Schutz des Nachbargrundstücks erforderlich ist, entscheidet sich unter Zugrundelegung der Vorschriften von § 10 Abs. 1 nach Lage des einzelnen Falls.

§ 10 Befestigung von Erhöhungen. (1) Bei Erhöhungen muß die erhöhte Fläche für die Regel entweder durch Errichtung einer Mauer von genügender Stärke oder durch eine andere gleich sichere Befestigung oder eine Böschung von nicht mehr als 45 Grad Steigung (alter Teilung) befestigt werden, wenn die Kante der erhöhten Fläche nicht den Abstand von der Grenze waagrecht gemessen einhält, der dem doppelten Höhenunterschied zwischen der Grenze und der Kante der Erhöhung gleichkommt.

(2) Die Außenseite der Mauer oder der sonstigen Befestigung oder der Fuß der Böschung müssen gegenüber Grundstücken, die landwirtschaftlich genutzt werden, einen Grenzabstand von 0,50 m einhalten; dies gilt nicht für Stützmauern für Weinberge.

4. Abschnitt. Einfriedigungen, Spaliervorrichtungen und Pflanzungen

1. Abstände

§ 11 Tote Einfriedigungen. (1) [1] Mit toten Einfriedigungen ist gegenüber Grundstücken, die landwirtschaftlich genutzt werden, ein Grenzabstand von 0,50 m einzuhalten. [2] Ist die tote Einfriedigung höher als 1,50 m, so vergrößert sich der Abstand entsprechend der Mehrhöhe, außer bei Drahtzäunen und Schranken.

(2) Gegenüber sonstigen Grundstücken ist mit toten Einfriedigungen – außer Drahtzäunen und Schranken – ein Grenzabstand entsprechend der Mehrhöhe einzuhalten, die über 1,50 m hinausgeht.

(3) Zäune, die von der Grenze nicht wenigstens 0,50 m abstehen, müssen so eingerichtet sein, daß ihre Ausbesserung von der Seite des Eigentümers des Zauns aus möglich ist.

(4) Freistehende Mauern mit einem geringeren Abstand von der Grenze als 0,50 m dürfen nicht gegen das Nachbargrundstück abgedacht werden.

§ 12 Hecken. (1) Mit Hecken bis 1,80 m Höhe ist ein Abstand von 0,50 m, mit höheren Hecken ein entsprechend der Mehrhöhe größerer Abstand einzuhalten.

(2) [1] Die Hecke ist bis zur Hälfte des nach Absatz 1 vorgeschriebenen Abstands zurückzuschneiden. [2] Das gilt nicht für Hecken bis zu 1,80 m Höhe, wenn das Nachbargrundstück innerhalb der im Zusammenhang bebauten Ortsteile oder im Geltungsbereich eines Bebauungsplans liegt und nicht landwirtschaftlich genutzt wird (Innerortslage).

(3) Der Besitzer der Hecke ist zu ihrer Verkürzung und zum Zurückschneiden der Zweige verpflichtet, jedoch nicht in der Zeit vom 1. März bis zum 30. September.

§ 13 Spaliervorrichtungen. Für Spaliervorrichtungen, die eine flächenartige Ausdehnung des Wachstums der Pflanzen bezwecken, gilt § 12 mit der Maßgabe, daß gegenüber Grundstücken in Innerortslage mit Spalieren bis zu 1,80 m Höhe kein Abstand und mit höheren Spalieren ein Abstand entsprechend der Mehrhöhe einzuhalten ist.

§ 14 Rebstöcke in Weinbergen. Mit Rebstöcken in Weinbergen ist ein Grenzabstand einzuhalten, der der Hälfte des Reihenabstandes entspricht, mindestens jedoch 0,75 m.

§ 15 Waldungen. (1) [1] Mit Waldungen ist ein Abstand von 8 m von der Grenze einzuhalten. [2] Bei Verjüngung von Waldungen, die bei Inkrafttreten dieses Gesetzes bereits bestehen, sowie in erklärten Waldlagen (§ 28 Abs. 1) ermäßigt sich der Abstand nach Satz 1 auf die Hälfte.

(2) Der vom Baumwuchs freizuhaltende Streifen kann bis auf 2 m Abstand von der Grenze mit Gehölzen bis zu 4 m Höhe und bis auf 1 m Abstand von der Grenze mit Gehölzen bis zu 2 m Höhe bepflanzt werden.

§ 16 Sonstige Gehölze. (1) Bei der Anpflanzung von Bäumen, Sträuchern und anderen Gehölzen sind unbeschadet der §§ 12 bis 15 folgende Grenzabstände einzuhalten:

1. a) mit Beerenobststräuchern und -stämmen, Rosen, Ziersträuchern und sonstigen artgemäß kleinen Gehölzen sowie mit Rebstöcken außerhalb eines Weinberges   0,50 m,

   b) mit Baumschul- und Weihnachtsbaumkulturen sowie mit Weidenpflanzungen, die jährlich genutzt werden,   1 m;

   die Gehölze dürfen die Höhe von 1,80 m nicht überschreiten, es sei denn, daß der Abstand nach Nummer 2 eingehalten wird;

2. mit Kernobst- und Steinobstbäumen auf schwach- und mittelstark wachsenden Unterlagen und anderen Gehölzen artgemäß ähnlicher Ausdehnung, mit Baumschul- und Weihnachtsbaumkulturen, soweit nicht in Nummer 1 aufgeführt, mit Forstsamenplantagen sowie mit Weidenpflanzungen, die nicht jährlich genutzt werden,   2 m;

die Gehölze dürfen die Höhe von 4 m nicht überschreiten, es sei denn, daß der Abstand nach Nummer 3 eingehalten wird;

3. mit Obstbäumen, soweit sie nicht in Nummer 2 oder 4 genannt sind, 3 m;

4. a) mit artgemäß mittelgroßen oder schmalen Bäumen wie Birken, Blaufichten, Ebereschen, Erlen, Robinien („Akazien"), Salweiden, Serbischen Fichten, Thujen, Weißbuchen, Weißdornen und deren Veredelungen, Zieräpfeln, Zierkirschen, Zierpflaumen und mit anderen Gehölzen artgemäß ähnlicher Ausdehnung sowie

   b) mit Obstbäumen auf stark wachsenden Unterlagen und veredelten Walnußbäumen 4 m;

5. mit großwüchsigen Arten von Ahornen, Buchen, Eichen, Eschen, Kastanien, Linden, Nadelbäumen, Pappeln, Platanen, unveredelten Walnußsämlingsbäumen sowie mit anderen Bäumen artgemäß ähnlicher Ausdehnung 8 m.

(2) [1] Die Abstände nach Absatz 1 Nr. 2 bis 4 Buchst. a ermäßigen sich gegenüber Grundstücken in Innerortslage auf die Hälfte. [2] Dies gilt nicht für Baumschul- und Weihnachtsbaumkulturen, Forstsamenplantagen sowie für geschlossene Bestände mit mehr als drei der in Absatz 1 Nr. 2 bis 4 Buchst. a angeführten Gehölze. [3] Einzeln stehende großwüchsige Bäume, ausgenommen Nadelbäume, dürfen gegenüber Grundstücken in Innerortslage mit einem Abstand von 6 m gepflanzt werden.

(3) Der Besitzer eines Gehölzes, das die nach Absatz 1 Nr. 1 und 2 zulässige Höhe überschritten hat, ist zur Verkürzung verpflichtet, jedoch nicht in der Zeit vom 1. März bis 30. September.

§ 17 Hopfenpflanzungen. [1] Mit Hopfenpflanzungen ist ein Abstand von 1,50 m von der Grenze einzuhalten. [2] Ist das Nachbargrundstück gleichfalls mit Hopfen bepflanzt, so ermäßigt sich der Abstand auf die Hälfte.

§ 18 Begünstigung von Weinbergen und Erwerbsgartenbaugrundstücken. [1] Gegenüber Weinbergen in erklärter Reblage (§ 28 Abs. 2) sowie gegenüber erwerbsgartenbaulich genutzten Grundstücken in erklärter Gartenbaulage (§ 28 Abs. 3) sind die Abstände nach § 11 Abs. 1, § 12 Abs. 1, §§ 13, 15, § 16 Abs. 1 Nr. 2 bis 5 und Abs. 2 sowie § 17 Satz 1 zu verdoppeln, soweit sich die Einfriedigung, Spaliervorrichtung oder Pflanzung an deren südlicher, östlicher oder westlicher Seite befindet. [2] Das gilt nicht für Obstgehölze und Baumschulbestände innerhalb des geschlossenen Wohnbezirks.

§ 19 Verhältnis zu landwirtschaftlich nicht genutzten Grundstücken.

(1) [1] Die Vorschriften der §§ 11 bis 17 gelten nicht gegenüber Grundstücken im Außenbereich, die Wald, Hutung, Heide oder Ödung sind oder die landwirtschaftlich oder gartenbaulich sonst nicht genutzt werden und nicht bebaut sind und auch nicht als Hofraum dienen. [2] Mit Wald gegenüber Wald ist aber ein Abstand von 1 m einzuhalten.

(2) Die in den §§ 11 bis 18 vorgeschriebenen Abstände vermindern sich gegenüber Grundstücken im Außenbereich um diejenige Entfernung, auf die

diese Grundstücke, von der Grenze an gerechnet, landwirtschaftlich oder gartenbaulich nicht genutzt, nicht bebaut sind und auch nicht als Hofraum dienen.

§ 20 Pflanzungen hinter geschlossenen Einfriedigungen. [1]Die §§ 12 bis 18 gelten nicht, wenn sich die Spaliervorrichtung oder die Pflanzung hinter einer geschlossenen Einfriedigung befindet, ohne diese zu überragen. [2]Als geschlossen gelten auch Einfriedigungen, bei denen die Zaunteile breiter sind als die Zwischenräume.

§ 21 Verhältnis zu Wegen, Gewässern und Eisenbahnen; Ufer- und Böschungsschutz. (1) [1]Die §§ 11 bis 18 gelten nicht für

1. das nachbarliche Verhältnis zwischen öffentlichen Straßen und Gewässern und den an sie grenzenden Grundstücken,
2. die auf Grund eines Flurbereinigungs- oder Zusammenlegungsplanes erfolgten Anpflanzungen, soweit sie sich im Flurbereinigungs- oder Zusammenlegungsgebiet auswirken.

[2]Bestehende Ausgleichs- oder Schadenersatzansprüche bleiben unberührt.

(2) Die Bestimmungen der §§ 11, 12 und 18 über tote Einfriedigungen und Hecken gelten nicht für das nachbarliche Verhältnis zwischen Grundstücken, die unmittelbar an den Schienenweg einer Eisenbahn grenzen einerseits und dem Schienenweg andererseits.

(3) Auf Einfriedigungen und Pflanzungen, die zum Uferschutz dienen oder die zum Schutz von Böschungen oder steilen Abhängen erforderlich sind, sind die §§ 11, 12, 16 und 18 nicht anzuwenden.

§ 22 Feststellung der Abstände. (1) Die Grenzabstände werden von der Mittelachse der der Grenze nächsten Stämme, Triebe oder Hopfenstangen bei deren Austritt aus dem Boden, bei Drahtanlagen von Hopfenpflanzungen aber von dem der Grenze nächsten oberen Ende der Steigdrähte ab waagrecht gemessen.

(2) [1]Im Verhältnis der durch öffentliche Wege oder durch Gewässer getrennten Grundstücke werden die Abstände von der Mitte des Weges oder Gewässers an gemessen. [2]Dies gilt nicht gegenüber Grundstücken in Innerortslage.

(3) [1]Ist die Einhaltung eines bestimmten Abstands von der Lage oder der Kulturart des Grundstücks oder des Nachbargrundstücks abhängig, so sind bei der Erneuerung einer Einfriedigung, Spaliervorrichtung oder Pflanzung für die Bemessung des Abstands die dann bestehenden Verhältnisse dieses Grundstücks maßgebend. [2]Dasselbe gilt, wenn in einer der Erneuerung gleichkommenden Weise die Einfriedigung oder Spaliervorrichtung ausgebessert oder die Pflanzung ergänzt wird.

2. Überragende Zweige und eingedrungene Wurzeln

§ 23 Überragende Zweige. (1) [1]Abweichend von § 910 Abs. 1 BGB kann der Besitzer eines Grundstücks die Beseitigung von herüberragenden Zweigen eines auf dem Nachbargrundstück stehenden Obstbaums nur bis zur Höhe von 3 m verlangen. [2] Die Höhe wird vom Boden bis zu den unteren Zweigspitzen in unbelaubtem Zustand gemessen.

(2) Die Beseitigung der Zweige kann auf die volle Höhe des Baumes verlangt werden, wenn das benachbarte Grundstück erwerbsgartenbaulich genutzt wird oder ein Hofraum ist oder die Zweige auf ein auf dem benachbarten Grundstück stehendes Gebäudes hereinragen oder den Bestand oder die Benutzung eines Gebäudes beeinträchtigen oder die Errichtung eines Gebäudes unmöglich machen oder erschweren.

(3) [1] Der Besitzer des Baumes ist zur Beseitigung der Zweige in der Zeit vom 1. März bis 30. September nicht verpflichtet. [2] Er hat die Beseitigung innerhalb einer dem Umfang der Arbeit entsprechenden Frist, jedenfalls aber innerhalb Jahresfrist vorzunehmen. [3] Die sofortige Beseitigung kann verlangt werden, wenn ein dringendes Bedürfnis vorliegt. [4] Wird die Beseitigung nicht innerhalb der in Satz 2 bestimmten Frist oder im Falle des Satzes 3 sofort bewirkt, so ist der Nachbar berechtigt, sie nach § 910 Abs. 1 Satz 2 BGB oder auf Kosten des Besitzers durchzuführen. [5] Im letzteren Fall gehören die abgeschnittenen Zweige dem Besitzer des Baumes.

§ 24 Eingedrungene Wurzeln. (1) Abweichend von § 910 Abs. 1 BGB ist der Besitzer eines Obstbaumguts oder eines Grundstücks der in § 19 Abs. 1 Satz 1 genannten Art, in das aus einem angrenzenden Obstbaumgut Wurzeln eines Obstbaums eingedrungen sind, zu deren Beseitigung nur insoweit befugt, als dies zur Herstellung und Unterhaltung eines Weges, eines Grabens, einer baulichen Anlage, eines Dräns oder einer sonstigen Leitung erforderlich ist.

(2) Die Beseitigung von sonstigen eingedrungenen Baumwurzeln ist bei einem Grundstück in Innerortslage nur dann zulässig, wenn durch die Wurzeln die Nutzung des Grundstücks wesentlich beeinträchtigt wird, insbesondere Arbeiten der in Absatz 1 genannten Art die Beseitigung erfordern.

§ 25 Bäume an öffentlichen Wegen. (1) [1] Abweichend von § 910 Abs. 1 BGB kann der Besitzer eines Grundstücks die Beseitigung herüberragender Zweige von Bäumen, die auf öffentlichen Wegen oder deren Zubehörden (Nebenwegen, Dämmen, Böschungen) oder nach polizeilicher Vorschrift in regelmäßiger Anordnung längs der Straße auf den angrenzenden Grundstücken gepflanzt sind, nur bis zur Höhe von 3 m verlangen. [2] Die Bestimmungen des § 23 Abs. 1 Satz 2, Abs. 2 und 3 gelten auch hier.

(2) Zur Beseitigung der in sein Grundstück eingedrungenen Wurzeln dieser Bäume ist der Besitzer des Grundstücks nur entsprechend § 24 Abs. 2 und nur dann befugt, wenn er dem Eigentümer des Baumes eine angemessene Frist zur Beseitigung der Wurzeln gesetzt hat und die Beseitigung nicht innerhalb der Frist erfolgte.

5. Abschnitt. Allgemeine Bestimmungen

§ 26 Verjährung. (1) [1] Beseitigungsansprüche nach diesem Gesetz verjähren in fünf Jahren. [2] Bei Pflanzungen beginnt der Lauf der Verjährungsfrist mit dem 1. Juli nach der Pflanzung. [3] Bei an Ort und Stelle gezogenen Gehölzen beginnt sie am 1. Juli des zweiten Entwicklungsjahres. [4] Bei späterer Veränderung der artgemäßen Ausdehnung des Gehölzes beginnt die Verjährung von neuem.

(2) [1] Die Berufung auf Verjährung ist ausgeschlossen, wenn die Anlage erneuert oder in einer der Erneuerung gleichkommenden Weise ausgebessert wird. [2] Dasselbe gilt, wenn eine Pflanzung erneuert oder ergänzt wird.

(3) Der Anspruch auf das Zurückschneiden der Hecken, auf Beseitigung herüberragender Zweige und eingedrungener Wurzeln sowie auf Verkürzung zu hoch gewachsener Gehölze ist der Verjährung nicht unterworfen.

§ 27 Vorrang von Festsetzungen im Bebauungsplan. [1] Enthält ein Bebauungsplan oder eine sonstige Satzung nach dem Baugesetzbuch oder dem *Maßnahmengesetz zum Baugesetzbuch*[1)] Festsetzungen über Böschungen, Aufschüttungen, Einfriedigungen, Hecken oder Anpflanzungen, so müssen hierfür die nach diesem Gesetz vorgeschriebenen Abstände insoweit nicht eingehalten werden, als es die Verwirklichung der planerischen Festsetzungen erfordert. [2] Dies gilt nicht gegenüber landwirtschaftlich genutzten Grundstücken.

§ 28 Erklärte Waldlage, erklärte Reblage und erklärte Gartenbaulage.

(1) Teile des Gemeindegebiets außerhalb des geschlossenen Wohnbezirks und des Bereichs des Bebauungsplans können durch Gemeindesatzung zur Waldlage erklärt werden (erklärte Waldlage), wenn ihre Aufforstung mit Rücksicht auf die Standortverhältnisse oder aus Gründen der Landeskultur zweckmäßig ist.

(2) Teile des Gemeindegebiets können durch Gemeindesatzung zur Reblage erklärt werden (erklärte Reblage), wenn sie für den Weinbau besonders geeignet sind.

(3) Teile des Gemeindegebiets können durch Gemeindesatzung zur Gartenbaulage erklärt werden (erklärte Gartenbaulage), wenn sie für den unter Verwendung ortsfester Kulturvorrichtungen betriebenen Erwerbsgartenbau besonders geeignet sind.

(4) Die Gemeinde hat vor der Erklärung nach den Absätzen 1, 2 oder 3 die untere Verwaltungsbehörde[2)] zu hören.

§ 29 Erlaß von Gemeindesatzungen. (1) [1] Die Gemeinde hat den Entwurf einer Satzung nach § 28 öffentlich bekanntzumachen. [2] Die Betroffenen können innerhalb eines Monats nach der Bekanntmachung Einwendungen erheben. [3] Hierauf ist in der öffentlichen Bekanntmachung hinzuweisen.

(2) Über die Einwendungen ist gleichzeitig mit dem endgültigen Beschluß über die Satzung zu entscheiden.

6. Abschnitt. Einwirkung von Verkehrsunternehmen

§ 30 [Einwirkung von Verkehrsunternehmen] Die Vorschrift des § 14 des Bundes-Immissionsschutzgesetzes wird auf Eisenbahn-, Schiffährts- und ähnliche Verkehrsunternehmungen erstreckt.

[1)] Aufgeh. mit Wirkung vom 1. 1. 1998.
[2)] Vgl. §§ 13 ff. LVG v. 14. 10. 2008 (GBl. S. 313).

7. Abschnitt. Übergangs- und Schlußbestimmungen

§ 31 Durch Zeitablauf entstandene Fensterschutzrechte. Hat im Geltungsbereich des badischen Ausführungsgesetzes zum Bürgerlichen Gesetzbuch der Eigentümer eines Gebäudes vor dem Inkrafttreten des Bürgerlichen Gesetzbuchs durch Zeitablauf das Recht erlangt, daß zum Schutz seiner Fenster Anlagen auf einem Nachbargrundstück einen bestimmten Abstand einhalten müssen, so gilt dieses Recht auch weiterhin als Grunddienstbarkeit.

§ 32 Alte Mauerrechte. Hat der Eigentümer eines Grundstücks vor dem Inkrafttreten des Bürgerlichen Gesetzbuchs auf Grund des Badischen Landrechtssatzes 663 von seinem Nachbarn verlangt, daß er zur Erbauung einer Scheidewand beitrage, so bleiben für das Recht und die Pflicht zur Errichtung derselben die bisherigen Vorschriften maßgebend.

§ 33 Bestehende Einfriedigungen, Spaliervorrichtungen, Pflanzungen und bauliche Anlagen. (1) [1]Für die Abstände von Einfriedigungen, Spaliervorrichtungen und Pflanzungen, die bei Inkrafttreten des Gesetzes bereits bestehen, bleiben die bisherigen Vorschriften maßgebend, soweit sie in der Beschränkung des Eigentümers weniger weit gehen als die Vorschriften dieses Gesetzes. [2]Dasselbe gilt für die Abstände von baulichen Anlagen, die bei Inkrafttreten des Gesetzes bestehen, mit deren Bau begonnen worden ist oder die genehmigt sind.

(2) [1]Wird die Einfriedigung, Spaliervorrichtung oder Pflanzung erneuert, so greifen die Bestimmungen dieses Gesetzes Platz. [2]Dasselbe gilt, wenn in einer der Erneuerung gleichkommenden Weise die Einfriedigung oder Spaliervorrichtung ausgebessert oder die Pflanzung ergänzt wird.

§ 34 Bäume von Waldgrundstücken. (1) Im Geltungsbereich des württembergischen Ausführungsgesetzes zum Bürgerlichen Gesetzbuch und zu anderen Reichsjustizgesetzen muß der Eigentümer eines Waldgrundstücks, in das Zweige und Wurzeln der Bäume und Sträucher eines anderen zur Zeit des Inkrafttretens des Bürgerlichen Gesetzbuchs bereits mit Wald bestandenen Grundstücks herüberragen, die Zweige und Wurzeln dulden.

(2) Die Beseitigung herüberragender Zweige von Bäumen und Sträuchern, die an dem südwestlichen, westlichen oder nordwestlichen Trauf von am 1. Januar 1894 bereits vorhandenen, rein oder vorwiegend mit Nadelholz bestockten Waldungen stehen, kann nicht verlangt werden, wenn hierdurch der Fortbestand der Bäume gefährdet würde, die zum Schutz des hinterliegenden Waldes erforderlich sind.

(3) In diesen Fällen finden die Bestimmungen der § 23 Abs. 2 und § 24 entsprechende Anwendung.

(4) Diese Vorschriften gelten nur, soweit nicht seit dem Inkrafttreten des Bürgerlichen Gesetzbuchs eine Verjüngung des Waldes stattgefunden hat und, wenn dies nicht der Fall war, bis zur nächsten Verjüngung.

§ 35 Überragende Zweige und eingedrungene Wurzeln von bestehenden Obstbäumen. Im Geltungsbereich des badischen Ausführungsgesetzes zum Bürgerlichen Gesetzbuch sind die Vorschriften der §§ 23 und 24 für bestehende Obstbäume nicht anzuwenden, wenn mit diesen nicht mindestens die Abstände dieses Gesetzes eingehalten werden.

§ 36 Verweisung auf aufgehobene Vorschriften. Soweit in Gesetzen und Verordnungen auf Vorschriften verwiesen ist, die durch dieses Gesetz aufgehoben werden, treten an ihre Stelle die entsprechenden Vorschriften dieses Gesetzes.

§ 37 Inkrafttreten. (nicht abgedruckt)[1]

---

[1] **Amtl. Anm.:** Diese Vorschrift betrifft das Inkrafttreten des Gesetzes in der ursprünglichen Fassung vom 14. Dezember 1959 (GBl. S. 171).

4. Bayerisches Gesetz zur Ausführung des Bürgerlichen Gesetzbuchs und anderer Gesetze (AGBGB)

Vom 20. September 1982
BayRS 400-1-J
zuletzt geänd. durch § 1 Nr. 90 Drittes AufhebungsG v. 7. 8. 2003 (GVBl S. 497)

–Auszug–

Erster Teil. Ausführung des Bürgerlichen Gesetzbuchs[1]

Erster bis sechster Abschnitt

Art. 1–42 *(Vom Abdruck wurde abgesehen)*

Siebter Abschnitt. Nachbarrecht

Art. 43 Fensterrecht. (1) [1]Sind Fenster weniger als 0,60 m von der Grenze eines Nachbargrundstücks entfernt, auf dem Gebäude errichtet sind oder das als Hofraum oder Hausgarten dient, so müssen sie auf Verlangen des Eigentümers dieses Grundstücks so eingerichtet werden, daß bis zur Höhe von 1,80 m über dem hinter ihnen befindlichen Boden weder das Öffnen noch das Durchblicken möglich ist. [2]Die Entfernung wird von dem Fuß der Wand, in der sich das Fenster befindet, unterhalb der zunächst an der Grenze befindlichen Außenkante der Fensteröffnung ab gemessen.

(2) Den Fenstern stehen Lichtöffnungen jeder Art gleich.

Art. 44 Balkone und ähnliche Anlagen. [1]Balkone, Erker, Galerien und ähnliche Anlagen, die weniger als 0,60 m von der Grenze eines Nachbargrundstücks abstehen, auf dem Gebäude errichtet sind oder das als Hofraum oder Hausgarten dient, müssen auf der dem Nachbargrundstück zugekehrten Seite auf Verlangen des Nachbarn mit einem der Vorschrift des Art. 43 entsprechenden Abschluß versehen werden. [2]Der Abstand wird bei vorspringenden Anlagen von dem zunächst an der Grenze befindlichen Vorsprung ab, bei anderen Anlagen nach Art. 43 Abs. 1 Satz 2 gemessen.

Art. 45 Besondere Vorschriften für Fenster, Balkone und ähnliche Anlagen. (1) [1]Art. 43 und 44 gelten auch zugunsten von Grundstücken, die einer öffentlichen Eisenbahnanlage dienen. [2]Die Fenster und andere Lichtöffnungen sowie der Abschluß der in Art. 44 bezeichneten Anlagen dürfen jedoch so eingerichtet werden, daß sie das Durchblicken gestatten.

(2) Für die zur Zeit des Inkrafttretens dieses Gesetzes bestehenden, begonnenen oder baurechtlich genehmigten Anlagen der in Art. 43 und 44 be-

---

[1] **Amtl. Anm.:** BGBl. FN 400-2

zeichneten Art sind die vor diesem Zeitpunkt geltenden Vorschriften weiterhin anzuwenden, soweit sie eine geringere Beschränkung festgelegt haben als die Art. 43 und 44 sowie Absatz 1.

Art. 46 Erhöhung einer Kommunmauer. (1) Werden zwei Grundstücke durch eine Mauer geschieden, zu deren Benutzung die Eigentümer der Grundstücke gemeinschaftlich berechtigt sind, so kann der Eigentümer des einen Grundstücks dem Eigentümer des anderen Grundstücks nicht verbieten, die Mauer ihrer ganzen Dicke nach zu erhöhen, wenn ihm nachgewiesen wird, daß durch die Erhöhung die Mauer nicht gefährdet wird.

(2) [1] Der Eigentümer des Grundstücks, von dem aus die Erhöhung erfolgt ist, kann dem Eigentümer des anderen Grundstücks die Benutzung des Aufbaus verbieten, bis ihm für die Hälfte oder, wenn nur ein Teil des Aufbaus benutzt werden soll, für den entsprechenden Teil der Baukosten Ersatz geleistet wird. [2] Ist der Bauwert geringer als der Betrag der Baukosten, so bestimmt sich der zu ersetzende Betrag nach dem Bauwert. [3] Die Ersatzleistung kann auch durch Hinterlegung oder durch Aufrechnung erfolgen. [4] Solange die Befugnis nach Satz 1 besteht, hat der Berechtigte den Mehraufwand zu tragen, den die Unterhaltung der Mauer infolge der Erhöhung verursacht.

(3) [1] Wird die Mauer zum Zweck der Erhöhung verstärkt, so ist die Verstärkung auf dem Grundstück anzubringen, dessen Eigentümer die Erhöhung unternimmt. [2] Der nach Absatz 2 von dem Eigentümer des anderen Grundstücks zu ersetzende Betrag erhöht sich um den entsprechenden Teil des Werts der zu der Verstärkung verwendeten Grundfläche. [3] Verlangt der Eigentümer des Grundstücks, auf dem die Verstärkung angebracht worden ist, die Ersatzleistung, so ist er verpflichtet, dem Eigentümer des anderen Grundstücks das Eigentum an der zu der Mauer verwendeten Grundfläche seines Grundstücks soweit zu übertragen, daß die neue Grenzlinie durch die Mitte der verstärkten Mauer geht; die Vorschriften über den Kauf sind anzuwenden.

(4) [1] Die Befugnis nach Absatz 2 Satz 1 erlischt durch Verzicht des Berechtigten. [2] Der Verzicht ist gegenüber dem Eigentümer des Nachbargrundstücks zu erklären. [3] Ist das Grundstück des Berechtigten mit dem Recht eines Dritten belastet, so gilt § 876 des Bürgerlichen Gesetzbuchs[1]) entsprechend. [4] Im Fall der Belastung mit einer Reallast, einer Hypothek, einer Grundschuld oder einer Rentenschuld ist der Verzicht dem Dritten gegenüber wirksam, wenn er erklärt wurde, bevor das Grundstück zugunsten des Dritten in Beschlag genommen worden ist.

Art. 47 Grenzabstand von Pflanzen. (1) Der Eigentümer eines Grundstücks kann verlangen, daß auf einem Nachbargrundstück nicht Bäume, Sträucher oder Hecken, Weinstöcke oder Hopfenstöcke in einer geringeren Entfernung als 0,50 m oder, falls sie über 2 m hoch sind, in einer geringeren Entfernung als 2 m von der Grenze seines Grundstücks gehalten werden.

(2) [1] Zugunsten eines Waldgrundstücks kann nur die Einhaltung eines Abstands von 0,50 m verlangt werden. [2] Das gleiche gilt, wenn Wein oder Hopfen auf einem Grundstück angebaut wird, in dessen Lage dieser Anbau nach den örtlichen Verhältnissen üblich ist.

---

[1]) **Amtl. Anm.:** BGBl. FN 400-2

Art. 48 Grenzabstand bei landwirtschaftlichen Grundstücken. (1) Gegenüber einem landwirtschaftlich genutzten Grundstück, dessen wirtschaftliche Bestimmung durch Schmälerung des Sonnenlichts erheblich beeinträchtigt werden würde, ist mit Bäumen von mehr als 2 m Höhe ein Abstand von 4 m einzuhalten.

(2) Die Einhaltung des in Absatz 1 bestimmten Abstands kann nur verlangt werden, wenn das Grundstück die bezeichnete wirtschaftliche Bestimmung schon zu der Zeit gehabt hat, zu der die Bäume die Höhe von 2 m überschritten haben.

Art. 49 Messung des Grenzabstands. Der Abstand nach Art. 47 und 48 wird von der Mitte des Stammes an der Stelle, an der dieser aus dem Boden hervortritt, bei Sträuchern und Hecken von der Mitte der zunächst an der Grenze befindlichen Triebe, bei Hopfenstöcken von der Hopfenstange oder dem Steigdraht ab gemessen.

Art. 50 Ausnahmen vom Grenzabstand. (1) [1] Art. 47 und 48 sind nicht auf Gewächse anzuwenden, die sich hinter einer Mauer oder einer sonstigen dichten Einfriedung befinden und diese nicht oder nicht erheblich überragen. [2] Sie gelten ferner nicht für Bepflanzungen, die längs einer öffentlichen Straße oder auf einem öffentlichen Platz gehalten werden, sowie für Bepflanzungen, die zum Uferschutz, zum Schutz von Abhängen oder Böschungen oder zum Schutz einer Eisenbahn dienen.

(2) Art. 48 Abs. 1 gilt auch nicht für Stein- und Kernobstbäume sowie Bäume, die sich in einem Hofraum oder einem Hausgarten befinden.

(3) [1] Im Fall einer Aufforstung kann die Einhaltung des in Art. 48 Abs. 1 bestimmten Abstands nicht verlangt werden, wenn die Aufforstung nach der Lage des aufzuforstenden Grundstücks der wirtschaftlichen Zweckmäßigkeit entspricht. [2] Im übrigen bleiben die besonderen Vorschriften über den Grenzabstand bei der Erstaufforstung unberührt.

Art. 51 Ältere Gewächse und Waldungen. (1) Für die bereits zur Zeit des Inkrafttretens des Bürgerlichen Gesetzbuchs[1] vorhandenen Bäume, Sträucher und Hecken sind die vor diesem Zeitpunkt geltenden Vorschriften weiterhin anzuwenden, soweit sie das Halten der Gewächse in einer geringeren als der nach Art. 47 bis 50 einzuhaltenden Entfernung von der Grenze des Nachbargrundstücks gestatten.

(2) [1] Bei einem Grundstück, das bereits zur Zeit des Inkrafttretens des Bürgerlichen Gesetzbuchs mit Wald bestanden war, gilt bis zur ersten Verjüngung des Waldes nach Inkrafttreten des Bürgerlichen Gesetzbuchs das gleiche auch für neue Bäume und Sträucher. [2] Auch nach der Verjüngung ist Art. 48 nicht anzuwenden.

(3) Der Eigentümer eines Waldgrundstücks ist verpflichtet, die Wurzeln eines Baums oder Strauchs, die von einem Nachbargrundstück eingedrungen sind, das bereits zur Zeit des Inkrafttretens des Bürgerlichen Gesetzbuchs mit Wald bestanden war, sowie die von einem solchen Grundstück herüberragen-

---

[1] **Amtl. Anm.:** BGBl. FN 400-2

den Zweige bis zur ersten Verjüngung des Waldes auf dem Nachbargrundstück nach Inkrafttreten des Bürgerlichen Gesetzbuchs zu dulden.

(4) [1] Dem Eigentümer eines anderen Grundstücks obliegt die Duldungspflicht nach Absatz 3 nur gegenüber den herüberragenden Zweigen, soweit diese mindestens 5 m vom Boden entfernt sind; die Entfernung wird bis zu den unteren Spitzen der Zweige gemessen. [2] Herüberragende Zweige, die weniger als 5 m vom Boden entfernt sind, müssen auf der westlichen, nordwestlichen, südwestlichen und südlichen Seite des mit Wald bestandenen Grundstücks geduldet werden, wenn durch ihre Beseitigung der Fortbestand eines zum Schutz des Waldes erforderlichen Baums oder Strauchs gefährdet oder die Ertragsfähigkeit des Waldbodens infolge des Eindringens von Wind und Sonne beeinträchtigt werden würde.

Art. 52 Verjährung der nachbarrechtlichen Ansprüche. (1) [1] Die sich aus Art. 43 bis 45 und 46 Abs. 1 ergebenden Ansprüche unterliegen nicht der Verjährung. [2] Der Anspruch auf Beseitigung eines die Art. 47 bis 50 und 51 Abs. 1 und 2 verletzenden Zustands verjährt in fünf Jahren. [3] Die Verjährung beginnt mit dem Schluss des Jahres, in dem

1. der Anspruch entstanden ist, und

2. der Eigentümer des Grundstücks von den den Anspruch begründenden Umständen Kenntnis erlangt oder ohne grobe Fahrlässigkeit erlangen müsste.

(2) Sind Ansprüche nach Absatz 1 Sätze 2 und 3 verjährt und werden die Gewächse durch neue ersetzt, so kann hinsichtlich der neuen Gewächse die Einhaltung des in Art. 47 bis 50 und 51 Abs. 1 und 2 vorgeschriebenen Abstands verlangt werden.

Art. 53 Erlöschen von Anwenderechten. (1) Eine im Zeitpunkt des Inkrafttretens des Bürgerlichen Gesetzbuchs[1] nach örtlichem Herkommen bestehende Befugnis, bei der Bestellung landwirtschaftlicher Grundstücke die Grenze eines Nachbargrundstücks zu überschreiten (Anwenderecht), erlischt mit dem Ablauf von zehn Jahren nach der letzten Ausübung oder durch Verzicht.

(2) [1] Die für die Verjährung geltenden Vorschriften der §§ 203, 204 Abs. 1 Nrn. 1, 4, 6 bis 9, 11 bis 14, Abs. 2 und 3, §§ 205 bis 207, 209 bis 213 des Bürgerlichen Gesetzbuchs sind entsprechend anzuwenden. [2] Ein Verzicht muß in öffentlich beglaubigter Form abgegeben werden; im übrigen gelten Art. 46 Abs. 4 Sätze 2 und 3 entsprechend.

Art. 54 Ausschluß von privatrechtlichen Ansprüchen bei Verkehrsunternehmen. § 14 des Bundes-Immissionsschutzgesetzes[2] gilt für Eisenbahn-, Dampfschiffahrts- und ähnliche Unternehmen, die dem öffentlichen Verkehr dienen, entsprechend.

---

[1] **Amtl. Anm.:** BGBl. FN 400-2
[2] **Amtl. Anm.:** BGBl. FN 2129-8

Achter bis elfter Abschnitt

Art. 55–71 *(Vom Abdruck wurde abgesehen)*

Zweiter Teil. Ausführung handelsrechtlicher Vorschriften

Art. 72–74 *(Vom Abdruck wurde abgesehen)*

Dritter Teil. Übergangs-, Änderungs- und Schlußvorschriften

Art. 75–80 *(Vom Abdruck wurde abgesehen)*

5. Berliner Nachbarrechtsgesetz (NachbG Bln)

Vom 28. September 1973

(GVBl. S. 1654)

BRV 403–6

zuletzt geänd. durch Art. I ÄndG v. 17. 12. 2009 (GVBl. S. 870)

Das Abgeordnetenhaus hat das folgende Gesetz beschlossen:

Erster Abschnitt. Allgemeine Vorschriften

§ 1 Nachbar, Erbbauberechtigter. (1) Nachbar im Sinne dieses Gesetzes ist der Eigentümer des an ein Grundstück angrenzenden Grundstücks.

(2) Im Falle der Belastung des Grundstücks mit einem Erbbaurecht tritt der Erbbauberechtigte an die Stelle des Grundstückseigentümers.

§ 2 Anwendungsbereich. (1) Die §§ 4 bis 35 gelten nur, soweit die Beteiligten keine von diesen Bestimmungen abweichenden Vereinbarungen treffen und zwingende öffentlich-rechtliche Vorschriften nicht entgegenstehen.

(2) Die in diesem Gesetz vorgesehene Schriftform ist nicht abdingbar.

§ 3 Verjährung. Die Verjährung von Ansprüchen nach diesem Gesetz richtet sich nach den Vorschriften des Bürgerlichen Gesetzbuches.

Zweiter Abschnitt. Nachbarwand

§ 4 Begriff der Nachbarwand. Nachbarwand ist die auf der Grenze zweier Grundstücke errichtete Wand, die den auf diesen Grundstücken errichteten oder zu errichtenden Bauwerken als Abschlußwand oder zur Unterstützung oder Aussteifung zu dienen bestimmt ist.

§ 5 Errichten und Beschaffenheit der Nachbarwand. (1) Eine Nachbarwand darf nur errichtet werden, wenn es die beiden Nachbarn schriftlich vereinbart haben.

(2) [1] Die Nachbarwand ist in einer solchen Bauart und Bemessung auszuführen, daß sie den Bauvorhaben beider Nachbarn genügt. [2] Der Erbauer braucht die Wand nur für einen Anbau herzurichten, der an sie keine höheren Anforderungen stellt als sein eigenes Bauvorhaben.

(3) [1] Erfordert keines der beiden Bauvorhaben eine dickere Wand als das andere, so darf die Nachbarwand höchstens mit der Hälfte ihrer notwendigen Dicke auf dem Nachbargrundstück errichtet werden. [2] Erfordert ein Bauvorhaben eine dickere Wand, so ist die Wand zu einem entsprechend größeren Teil auf diesem Grundstück zu errichten.

§ 6 Anbau an die Nachbarwand. (1) [1]Der Nachbar ist berechtigt, an die Nachbarwand anzubauen. [2]Anbau ist die Mitbenutzung der Wand als Abschlußwand oder zur Unterstützung oder Aussteifung des neuen Bauwerks.

(2) Setzt der Anbau eine tiefere Gründung der Nachbarwand voraus, so darf die Nachbarwand unterfangen oder der Boden im Bereich der Gründung der Nachbarwand verfestigt werden, wenn

1. es nach den allgemein anerkannten Regeln der Baukunst unumgänglich ist oder nur mit unzumutbar hohen Kosten vermieden werden könnte,

2. nur geringfügige Beeinträchtigungen des zuerst errichteten Bauwerks zu besorgen sind,

3. das Bauvorhaben öffentlich-rechtlich zulässig ist.

§ 7 Anzeige des Anbaus. (1) [1]Die Einzelheiten des geplanten Anbaus sind dem Eigentümer und dem in seinem Besitz berührten unmittelbaren Besitzer des zuerst bebauten Grundstücks einen Monat vor Beginn der Bauarbeiten schriftlich anzuzeigen. [2]Mit den Arbeiten darf erst nach Fristablauf begonnen werden.

(2) Die Anzeige an den unmittelbaren Besitzer des Grundstücks genügt, wenn die Person oder der Aufenthalt des Grundstückseigentümers nicht oder nur unter erheblichen Schwierigkeiten feststellbar ist oder die Anzeige an ihn im Ausland erfolgen müßte.

§ 8 Vergütung im Fall des Anbaus. (1) Der anbauende Nachbar hat dem Eigentümer des zuerst bebauten Grundstücks den halben Wert der Nachbarwand zu vergüten, soweit sie durch den Anbau genutzt wird.

(2) [1]Die Vergütung ermäßigt sich angemessen, wenn die besondere Bauart oder Bemessung der Nachbarwand nicht erforderlich oder nur für das zuerst errichtete Bauwerk erforderlich war. [2]Sie erhöht sich angemessen, wenn die besondere Bauart oder Bemessung der Nachbarwand nur für das später errichtete Bauwerk erforderlich war.

(3) [1]Steht die Nachbarwand mehr auf dem Nachbargrundstück, als in § 5 vorgesehen oder davon abweichend vereinbart ist, so ermäßigt sich die Vergütung um den Wert des zusätzlich überbauten Bodens, wenn nicht die in § 912 Abs. 2 oder § 915 des Bürgerlichen Gesetzbuches bestimmten Rechte ausgeübt werden. [2]Steht die Nachbarwand weniger auf dem Nachbargrundstück, als in § 5 vorgesehen oder davon abweichend vereinbart ist, so erhöht sich die Vergütung um den Wert des Bodens, den die Nachbarwand anderenfalls auf dem Nachbargrundstück zusätzlich benötigt hätte.

(4) [1]Die Vergütung wird mit der Fertigstellung des Anbaus im Rohbau fällig. [2]Bei der Berechnung des Wertes der Nachbarwand ist von den zu diesem Zeitpunkt üblichen Baukosten auszugehen. [3]Das Alter sowie der bauliche Zustand der Nachbarwand sind zu berücksichtigen. [4]Auf Verlangen ist Sicherheit in Höhe der voraussichtlichen Vergütung zu leisten; der Anbau darf dann erst nach Leistung der Sicherheit begonnen oder fortgesetzt werden.

§ 9 Abriß eines der Bauwerke. Wird nach erfolgtem Anbau eines der beiden Bauwerke abgerissen und nicht neu errichtet, so hat der Eigentümer des Grundstücks, auf dem das abgerissene Bauwerk stand, die durch den Abriß an der Nachbarwand entstandenen Schäden zu beseitigen und die Außenfläche des bisher gemeinsam genutzten Teils der Nachbarwand in einen für eine Außenwand geeigneten Zustand zu versetzen.

§ 10 Nichtbenutzen der Nachbarwand. (1) [1] Wird das spätere Bauwerk nicht an die Nachbarwand angebaut, obwohl das möglich wäre, so hat der anbauberechtigte Nachbar für die durch die Errichtung der Nachbarwand entstandenen Mehraufwendungen gegenüber den Kosten der Herstellung einer Grenzwand Ersatz zu leisten. [2] Hat die Nachbarwand von dem Grundstück des zuerst Bauenden weniger Baugrund benötigt als eine Grenzwand, so ermäßigt sich der Ersatzanspruch um den Wert des eingesparten Baugrundes. [3] Höchstens ist der Betrag zu erstatten, den der Eigentümer des Nachbargrundstücks im Falle des Anbaus zu zahlen hätte. [4] Der Anspruch wird mit der Fertigstellung des späteren Bauwerks im Rohbau fällig.

(2) Der anbauberechtigte Nachbar ist verpflichtet, die Fuge zwischen der Nachbarwand und seinem an die Nachbarwand herangebauten Bauwerk auf seine Kosten auszufüllen und zu verschließen.

§ 11 Beseitigen der Nachbarwand. (1) Solange und soweit noch nicht angebaut worden ist, darf der Eigentümer des zuerst bebauten Grundstücks die Nachbarwand beseitigen, wenn der anbauberechtigte Nachbar der Beseitigung nicht widerspricht.

(2) Die Absicht, die Nachbarwand zu beseitigen, ist anzuzeigen; § 7 gilt entsprechend.

(3) [1] Der Widerspruch des anbauberechtigten Nachbarn muß binnen eines Monats nach Zugang der Anzeige schriftlich erhoben werden. [2] Der Widerspruch ist unbeachtlich, wenn

1. der anbauberechtigte Nachbar nicht innerhalb von sechs Monaten nach Empfang der Anzeige einen Antrag auf Genehmigung eines Anbaus bei der Baugenehmigungsbehörde einreicht oder

2. die Ablehnung einer beantragten Baugenehmigung nicht mehr angefochten werden kann oder

3. von einer Baugenehmigung nicht innerhalb eines Jahres nach Erteilung Gebrauch gemacht wird.

(4) [1] Macht der Eigentümer des zuerst bebauten Grundstücks von seinem Recht zur Beseitigung Gebauch, so hat er dem Nachbarn für die Dauer der Nutzung des Nachbargrundstücks durch die Nachbarwand eine angemessene Vergütung zu leisten. [2] Beseitigt der Eigentümer des zuerst bebauten Grundstücks die Nachbarwand ganz oder teilweise, ohne hierzu nach den Absätzen 1 bis 3 berechtigt zu sein, so hat er dem Nachbarn Ersatz für den durch die völlige oder teilweise Beseitigung der Anbaumöglichkeit zugefügten Schaden zu leisten; der Anspruch wird mit der Fertigstellung des späteren Bauwerks im Rohbau fällig.

§ 12 Erhöhen und Verstärken der Nachbarwand. (1) [1] Jeder Grundstückseigentümer darf die Nachbarwand in voller Dicke auf seine Kosten erhöhen, wenn dadurch keine oder nur geringfügige Beeinträchtigungen des anderen Grundstücks zu erwarten sind. [2] Dabei darf der Höherbauende auf das Nachbardach einschließlich des Dachtragewerkes einwirken, soweit dies erforderlich ist; er hat auf seine Kosten das Nachbardach mit der erhöhten Wand ordnungsgemäß zu verbinden. [3] Für den erhöhten Teil der Nachbarwand gelten § 6 Abs. 1, §§ 7, 8, 9, 10 Abs. 2, § 11 Abs. 1 bis 3 und 4 Satz 2, entsprechend.

(2) Jeder Grundstückseigentümer darf die Nachbarwand auf seinem Grundstück auf seine Kosten verstärken.

(3) Setzen die Erhöhung oder die Verstärkung der Nachbarwand eine tiefere Gründung der Nachbarwand voraus, so gilt § 6 Abs. 2 entsprechend.

(4) Die Absicht, die Rechte nach den Absätzen 1 bis 3 auszuüben, ist anzuzeigen; § 7 gilt entsprechend.

§ 13 Schadensersatz bei Erhöhung und Verstärkung. [1] Schaden, der in Ausübung der Rechte nach § 6 Abs. 2 oder § 12 dem Eigentümer oder dem Nutzungsberechtigten des anderen Grundstücks entsteht, ist auch ohne Verschulden zu ersetzen. [2] Auf Verlangen ist Sicherheit in Höhe des voraussichtlichen Schadens zu leisten; das Recht darf dann erst nach Leistung der Sicherheit ausgeübt werden.

Dritter Abschnitt. Grenzwand

§ 14 Begriff. Grenzwand ist die unmittelbar an der Grenze zum Nachbargrundstück auf dem Grundstück des Erbauers errichtete Wand.

§ 15 Errichten einer Grenzwand. (1) Der Grundstückseigentümer, auf dessen Grundstück eine Grenzwand errichtet werden soll, hat dem Nachbarn die Bauart und Bemessung der beabsichtigten Wand einen Monat vor Baubeginn schriftlich anzuzeigen; § 7 Abs. 2 gilt entsprechend.

(2) [1] Der Nachbar kann innerhalb von einem Monat nach Zugang der Anzeige verlangen, die Grenzwand so zu gründen, daß bei der späteren Durchführung seines Bauvorhabens zusätzliche Baumaßnahmen vermieden werden. [2] Wird die Anzeige schuldhaft verspätet abgegeben oder unterlassen, so hat der Eigentümer des zur Bebauung vorgesehenen Grundstücks dem Nachbarn den daraus entstehenden Schaden zu ersetzen.

(3) [1] Die durch das Verlangen nach Absatz 2 Satz 1 entstehenden Mehrkosten sind zu erstatten. [2] In Höhe der voraussichtlich erwachsenden Mehrkosten ist auf Verlangen des Erbauers der Grenzwand innerhalb eines Monats Vorschuß zu leisten. [3] Der Anspruch auf die besondere Gründung erlischt, wenn der Vorschuß nicht fristgerecht geleistet wird.

(4) Soweit der Erbauer der Grenzwand die besondere Gründung auch zum Vorteil seines Bauwerks nutzt, beschränkt sich die Erstattungspflicht des Nachbarn auf den angemessenen Kostenanteil; darüber hinaus gezahlte Kosten können zurückgefordert werden.

§ 16 Errichten einer zweiten Grenzwand. (1) Wer eine Grenzwand neben einer schon vorhandenen Grenzwand errichtet, ist verpflichtet, die Fuge zwischen den Grenzwänden auf seine Kosten auszufüllen und zu verschließen.

(2) Der Erbauer der zweiten Grenzwand ist berechtigt, auf eigene Kosten durch übergreifende Abdeckungen einen Anschluß herzustellen; er hat den Anschluß auf seine Kosten zu unterhalten.

(3) Ist es zur Ausführung des Bauvorhabens erforderlich, die zweite Grenzwand tiefer als die zuerst errichtete Grenzwand zu gründen, so gilt § 6 Abs. 2 entsprechend.

(4) [1] Die Absicht, die Rechte nach den Absätzen 2 und 3 auszuüben, ist anzuzeigen; § 7 gilt entsprechend. [2] Für die Verpflichtung zum Schadensersatz gilt § 13 entsprechend.

§ 16 a Wärmeschutzüberbau der Grenzwand. (1) Der Eigentümer eines Grundstücks hat die Überbauung seines Grundstücks für Zwecke der Wärmedämmung zu dulden, wenn das zu dämmende Gebäude auf dem Nachbargrundstück bereits besteht.

(2) Im Falle des Wärmeschutzüberbaus ist der duldungsverpflichtete Nachbar berechtigt, die Beseitigung des Überbaus zu verlangen, wenn und soweit er selbst zulässigerweise an die Grenzwand anbauen will.

(3) [1] Der Begünstigte des Wärmeschutzüberbaus muss die Wärmedämmung in einem ordnungsgemäßen und funktionsgerechten Zustand erhalten. [2] Er ist zur baulichen Unterhaltung der wärmegedämmten Grenzwand verpflichtet.

(4) § 17 Absatz 3 gilt entsprechend.

(5) § 912 Absatz 2 des Bürgerlichen Gesetzbuches gilt entsprechend.

Vierter Abschnitt. Hammerschlags- und Leiterrecht

§ 17 Inhalt und Umfang. (1) Der Eigentümer und der Nutzungsberechtigte eines Grundstücks müssen dulden, daß ihr Grundstück einschließlich der Bauwerke von dem Nachbarn zur Vorbereitung und Durchführung von Bau-, Instandsetzungs- und Unterhaltungsarbeiten auf dem Nachbargrundstück vorübergehend betreten und benutzt wird, wenn und soweit

1. die Arbeiten anders nicht oder nur mit unverhältnismäßig hohen Kosten durchgeführt werden können,
2. die mit der Duldung verbundenen Nachteile oder Belästigungen nicht außer Verhältnis zu dem von dem Berechtigten erstrebten Vorteil stehen,
3. das Vorhaben öffentlich-rechtlich zulässig ist.

(2) Das Recht zur Benutzung umfaßt die Befugnis, auf oder über dem Grundstück Gerüste und Geräte aufzustellen sowie die zu den Arbeiten erforderlichen Baustoffe über das Grundstück zu bringen.

(3) [1] Das Recht ist so zügig und schonend wie möglich auszuüben. [2] Es darf nicht zur Unzeit geltend gemacht werden.

(4) [1] Die Absicht, die Rechte nach den Absätzen 1 und 2 auszuüben, ist anzuzeigen; § 7 gilt entsprechend. [2] Für die Verpflichtung zum Schadensersatz gilt § 13 entsprechend.

(5) Absatz 1 findet auf die Eigentümer öffentlicher Verkehrsflächen keine Anwendung.

§ 18 Nutzungsentschädigung. (1) [1] Wer ein Grundstück gemäß § 17 benutzt, hat für die Zeit der Benutzung eine Nutzungsentschädigung in Höhe der ortsüblichen Miete für die benutzten Bauwerksteile oder für einen dem benutzten unbebauten Grundstücksteil vergleichbaren Lagerplatz zu zahlen.

[2] Eine Benutzung unbebauter Grundstücksteile bis zur Dauer von zwei Wochen bleibt außer Betracht. [3] Die Nutzungsentschädigung ist jeweils zum Ende eines Kalendermonats fällig.

(2) Nutzungsentschädigung kann nicht verlangt werden, soweit nach § 17 Abs. 4 Ersatz für entgangene anderweitige Nutzung gefordert wird.

Fünfter Abschnitt. Höherführen von Schornsteinen, Lüftungsleitungen und Antennenanlagen

§ 19 (1) Der Eigentümer und der Nutzungsberechtigte eines Grundstücks müssen dulden, daß der Nachbar an ihrem höheren Gebäude Schornsteine, Lüftungsleitungen und Antennenanlagen seines angrenzenden niedrigeren Gebäudes befestigt, wenn

1. die Höherführung der Schornsteine und Lüftungsleitungen für deren Betriebsfähigkeit und die Höherführung der Antennenanlage für einen einwandfreien Empfang von Sendungen erforderlich ist,

2. Schornsteine, Lüftungsleitungen und Antennenanlagen anders nur mit erheblichen technischen Nachteilen oder mit unverhältnismäßig hohen Kosten höhergeführt werden können,

3. das betroffene Grundstück nicht erheblich beeinträchtigt wird,

4. die Erhöhung und Befestigung öffentlich-rechtlich zulässig ist.

(2) Der Eigentümer und der Nutzungsberechtigte des betroffenen Grundstücks müssen ferner dulden, daß

1. die höhergeführten Schornsteine, Lüftungsleitungen und Antennenanlagen von ihrem Grundstück aus unterhalten werden, wenn dies ohne Benutzung ihres Grundstücks nicht oder nur mit unverhältnismäßig hohen Kosten möglich ist,

2. die hierzu erforderlichen Anlagen auf diesem Grundstück angebracht werden; sie können den Berechtigten statt dessen darauf verweisen, an dem höheren Gebäude auf eigene Kosten außen eine Steigleiter anzubringen, wenn dadurch die Unterhaltungsarbeiten ermöglicht werden.

(3) Die Absätze 1 und 2 gelten für Antennenanlagen nicht, wenn dem Eigentümer des niedrigeren Gebäudes die Mitbenutzung der dazu geeigneten Antennenanlage des höheren Gebäudes gestattet wird.

(4) [1] Die Absicht, die Rechte nach den Absätzen 1 und 2 auszuüben, ist anzuzeigen; § 7 gilt entsprechend. [2] Keiner vorherigen Anzeige bedürfen kleinere Arbeiten zur Unterhaltung der Anlage; zur Unzeit brauchen sie nicht geduldet zu werden.

(5) Für die Verpflichtung zum Schadensersatz gilt § 13 entsprechend.

Sechster Abschnitt. Bodenerhöhungen

§ 20 [Bodenerhöhungen] Der Boden eines Grundstücks darf nicht über die Oberfläche des Nachbargrundstücks erhöht werden, es sei denn, es wird ein solcher Abstand zur Grundstücksgrenze eingehalten oder es werden solche Vorkehrungen getroffen und unterhalten, daß eine Schädigung des Nachbargrundstücks insbesondere durch Absturz, Abschwemmung oder Pressung des Bodens ausgeschlossen ist.

Siebenter Abschnitt. Einfriedung

§ 21 Einfriedungspflicht. Jeder Grundstückseigentümer kann von dem Nachbarn die Einfriedung nach folgenden Regeln verlangen:

1. Wenn Grundstücke unmittelbar nebeneinander an derselben Straße liegen, so hat jeder Grundstückseigentümer an der Grenze zum rechten Nachbargrundstück einzufrieden.

2. a) Rechtes Nachbargrundstück ist dasjenige, das von der Straße aus betrachtet rechts liegt.

   b) Liegt ein Grundstück zwischen zwei Straßen, so ist dasjenige Grundstück rechtes Nachbargrundstück, welches von derjenigen Straße aus betrachtet rechts liegt, an der sich der Haupteingang des Grundstücks befindet. Ist ein Haupteingang nicht feststellbar, so hat der Grundstückseigentümer auf Verlangen des Nachbarn zu bestimmen, welche Straße als diejenige Straße gelten soll, an der sich der Haupteingang befindet; § 264 Abs. 2 des Bürgerlichen Gesetzbuches gilt entsprechend. Durch Verlegung des Haupteinganges wird die Einfriedungspflicht ohne Zustimmung des Eigentümers des angrenzenden Grundstücks nicht verändert.

   c) Für Eckgrundstücke gilt Buchstabe a ohne Rücksicht auf die Lage des Haupteinganges.

3. Als Straßen gelten auch Wege, wenn solche an Stelle von Straßen für die Lage von Grundstücken maßgeblich sind.

4. Wenn an einer Grenze beide Nachbarn einzufrieden haben, so haben sie gemeinsam einzufrieden.

5. An Grenzen, für die durch Nummer 1 keine Einfriedungspflicht begründet wird, insbesondere an beiderseits rückwärtigen Grenzen, ist gemeinsam einzufrieden.

§ 22 Ausnahmen von der Einfriedungspflicht. (1) Eine Einfriedungspflicht besteht nicht, wenn und soweit die Grenze mit Gebäuden besetzt ist oder Einfriedungen nicht ortsüblich sind.

(2) Eine Einfriedungspflicht besteht ferner nicht für Grenzen zwischen Grundstücken und den an sie angrenzenden Flächen für die Land- und Forstwirtschaft, öffentlichen Verkehrsflächen, öffentlichen Grünflächen und Gewässern.

§ 23 Beschaffenheit. (1) [1] Es kann nur die Errichtung einer ortsüblichen Einfriedung oder, wenn keine Ortsüblichkeit feststellbar ist, eines etwa 1,25 m hohen Zaunes aus Maschendraht verlangt werden. [2] Können Nachbarn, die gemeinsam einzufrieden haben, sich nicht auf eine unter mehreren ortsüblichen Einfriedungen einigen, so ist ein Zaun der in Satz 1 bezeichneten Art zu errichten.

(2) Schreiben öffentlich-rechtliche Vorschriften eine andere Art der Einfriedung vor, so tritt diese an die Stelle der in Absatz 1 genannten Einfriedungsart.

(3) Bietet die Einfriedung gemäß Absatz 1 keinen angemessenen Schutz vor unzumutbaren Beeinträchtigungen, so hat auf Verlangen des Nachbarn derjenige, von dessen Grundstück die Beeinträchtigungen ausgehen, die Einfriedung im erforderlichen Umfang zu verstärken oder höher auszuführen.

§ 24 Standort. [1] Wer zur Einfriedung allein verpflichtet ist, hat die Einfriedung auf seinem Grundstück zu errichten. [2] Haben Nachbarn gemeinsam einzufrieden, so ist die Einfriedung auf der gemeinsamen Grenze zu errichten.

§ 25 Kosten der Errichtung. (1) Wer zur Einfriedung allein verpflichtet ist, hat die Kosten der Einfriedung zu tragen.

(2) [1] Haben Nachbarn gemeinsam einzufrieden, so tragen sie die Kosten der Errichtung der Einfriedung je zur Hälfte. [2] Ist bei gemeinsamer Einfriedung nur für eines der beiden Grundstücke eine Einfriedung nach § 23 Abs. 2 vorgeschrieben, so sind die Errichtungskosten einer Einfriedung nach § 23 Abs. 1 maßgebend; die Mehrkosten trägt der gemäß § 23 Abs. 2 verpflichtete Grundstückseigentümer. [3] Die bei einer Einfriedung nach § 23 Abs. 3 nach § 23 Abs. 1 oder 2 entstehenden Mehrkosten der Errichtung trägt der Nachbar, von dessen Grundstück die Beeinträchtigungen ausgehen.

§ 26 Benutzung und Kosten der Unterhaltung. (1) Wer zur Einfriedung allein verpflichtet ist, ist zur ausschließlichen Benutzung der Einfriedung berechtigt und hat die Kosten der Unterhaltung der Einfriedung zu tragen.

(2) Haben Nachbarn gemeinsam einzufrieden, so gilt für die gemeinsame Benutzung und Unterhaltung der Einfriedung auch dann die Regelung des § 922 des Bürgerlichen Gesetzbuches, wenn die Einfriedung ganz auf einem der Grundstücke errichtet ist.

Achter Abschnitt. Grenzabstände für Pflanzen

§ 27 Grenzabstände für Bäume und Sträucher. Der Eigentümer und der Nutzungsberechtigte eines Grundstücks haben mit Bäumen und Sträuchern folgende Mindestabstände von den Nachbargrundstücken einzuhalten:

1. mit Bäumen, und zwar
   a) mit stark wachsenden Bäumen, insbesondere der Rotbuche, der Linde, der Platane, der Roßkastanie, der Stieleiche, der Pappel, der Weißbirke, der Douglasfichte und dem Walnußbaum .... 3,00 m,
   b) mit Bäumen, die nicht unter Buchstabe a oder c fallen .. 1,50 m,
   c) mit nicht hochstämmigen Obstbäumen .... 1,00 m,
2. mit Sträuchern 0,50 m.

§ 28 Grenzabstände für Hecken. (1) Der Eigentümer und der Nutzungsberechtigte eines Grundstücks haben mit Hecken von den Nachbargrundstücken folgende Mindestabstände einzuhalten:

1. mit Hecken über 2 m Höhe .... 1,00 m,
2. mit Hecken bis zu 2 m Höhe .... 0,50 m.

(2) Absatz 1 gilt nicht für Hecken, die nach § 24 Satz 2 auf der Grenze gepflanzt werden.

§ 29 Ausnahmen von den Abstandsvorschriften. Die §§ 27 und 28 gelten nicht für

1. Anpflanzungen an den Grenzen zu Flächen für die Land- und Forstwirtschaft, zu öffentlichen Verkehrsflächen, zu öffentlichen Grünflächen und zu Gewässern,

2. Anpflanzungen auf öffentlichen Verkehrsflächen,

3. Anpflanzungen, die hinter einer geschlossenen Einfriedung vorgenommen werden und diese nicht überragen; als geschlossen gilt auch eine Einfriedung, deren Bauteile breiter sind als die Zwischenräume,

4. Wald.

§ 30 Berechnung des Abstandes. [1]Der Abstand wird von der Mitte des Baumstammes, des Strauches oder der Hecke bis zur Grenzlinie gemessen, und zwar an der Stelle, an der die Pflanze aus dem Boden tritt. [2]Bei Hecken, die aus mehreren Pflanzreihen bestehen, wird der Abstand von der Mitte der Reihe gemessen, die der Grenze am nächsten steht.

§ 31 Beseitigungsanspruch. [1]Wird der vorgeschriebene Mindestabstand nicht eingehalten, so kann der Nachbar die Beseitigung der Anpflanzung verlangen. [2]Der Eigentümer und der Nutzungsberechtigte des Grundstücks sind befugt, stattdessen die Anpflanzung auf ihrem Grundstück zurückzuschneiden, sofern auch auf diese Weise ein den Vorschriften dieses Gesetzes entsprechender Zustand hergestellt werden kann.

§ 32 Ausschluß des Beseitigungsanspruchs. [1]Der Anspruch nach diesem Gesetz auf Beseitigung von Anpflanzungen, die die vorgeschriebenen Mindestabstände nicht einhalten, ist ausgeschlossen, wenn der Nachbar nicht bis zum Ablauf des fünften auf das Anpflanzen folgenden Kalenderjahres Klage auf Beseitigung erhoben hat. [2]Für Hecken, die beim Anpflanzen den vorgeschriebenen Abstand einhalten, beginnt die Frist, wenn sie über die nach diesem Gesetz zulässige Höhe hinausgewachsen sind.

§ 33 Ersatzanpflanzungen. [1]Werden für Anpflanzungen, bei denen der Beseitigungsanspruch nach § 32 ausgeschlossen ist, Ersatzanpflanzungen vorgenommen, so gelten für die Ersatzanpflanzungen die §§ 27 bis 32. [2]Dies gilt nicht für die Ersetzung einzelner abgestorbener Heckenpflanzen einer geschlossenen Hecke.

§ 34 Nachträgliche Grenzänderungen. Die Rechtmäßigkeit des Abstandes einer Anpflanzung wird durch nachträgliche Grenzänderungen nicht berührt: § 33 gilt entsprechend.

§ 35 Wild wachsende Pflanzen. [1] Die Vorschriften dieses Abschnitts gelten für wild wachsende Pflanzen entsprechend. [2] Als Anpflanzen im Sinne des § 32 Satz 1 gilt die Erklärung des Grundstückseigentümers gegenüber dem Nachbarn, daß er die wild wachsende Pflanze nicht beseitigen wolle.

Neunter Abschnitt. Übergangs- und Schlußvorschriften

§ 36 Übergangsvorschriften. (1) Der Umfang von Rechten, die bei Inkrafttreten dieses Gesetzes bestehen, richtet sich unbeschadet der Vorschrift des Absatzes 2 nach diesem Gesetz.

(2) [1] Der Anspruch auf Beseitigung von Pflanzen, die bei Inkrafttreten des Gesetzes vorhanden sind und deren Grenzabstände den Vorschriften dieses Gesetzes nicht entsprechen, ist ausgeschlossen, wenn

1. *(aufgehoben)*

2. die Pflanzen dem bisherigen Recht entsprechen.

[2] § 33 gilt entsprechend.

(3) Ansprüche auf Zahlung auf Grund dieses Gesetzes bestehen nur, wenn das den Anspruch begründende Ereignis nach Inkrafttreten dieses Gesetzes eingetreten ist; anderenfalls behält es bei dem bisherigen Recht sein Bewenden.

§ 37 Außerkrafttreten von Vorschriften. [1] Das diesem Gesetz entgegenstehende oder gleichlautende Recht wird aufgehoben. [2] *(nicht wiedergegebene Aufhebungsvorschriften)*

§ 38 Inkrafttreten. Dieses Gesetz tritt am 1. Januar 1974 in Kraft.

6. Brandenburgisches Nachbarrechtsgesetz (BbgNRG)

Vom 28. Juni 1996

(GVBl. I S. 226)

Sa BbgLR 403–01

geänd. durch Art. 1 Erstes ÄndG v. 30. 11. 2007 (GVBl. I S. 193)

Der Landtag hat das folgende Gesetz beschlossen:

Abschnitt 1. Allgemeine Vorschriften

§ 1 Grundsatz. [1] Die Grundstücksnachbarn haben ihre nachbarlichen Beziehungen so zu gestalten, daß ihre individuellen und gemeinschaftlichen Interessen mit den Erfordernissen, die an ein gutes nachbarschaftliches Verhältnis zu stellen sind, übereinstimmen und gegenseitig keine Schäden oder vermeidbare Belästigungen aus der Nutzung der Grundstücke und Gebäude entstehen. [2] Zur Beilegung von Konflikten haben sie verantwortungsbewußt zusammenzuwirken.

§ 2 Nachbar, Erbbauberechtigter. (1) Nachbar im Sinne dieses Gesetzes ist der Eigentümer des an ein Grundstück angrenzenden Grundstücks.

(2) Im Falle der Belastung des Grundstücks mit einem Erbbaurecht tritt der Erbbauberechtigte an die Stelle des Grundstückseigentümers.

§ 3 Anwendungsbereich. (1) Die §§ 5 bis 31 und 33 bis 59 gelten nur, soweit die Nachbarn keine von diesen Bestimmungen abweichenden Vereinbarungen treffen oder zwingende öffentlich-rechtliche Vorschriften oder bestandskräftige Verwaltungsakte nicht entgegenstehen.

(2) Die in diesem Gesetz vorgesehene Schriftform ist nicht abdingbar.

§ 4 Verjährung. Die Verjährung von Ansprüchen nach diesem Gesetz richtet sich nach den Vorschriften des Bürgerlichen Gesetzbuchs.

Abschnitt 2. Nachbarwand

§ 5 Begriff der Nachbarwand. Nachbarwand ist die auf der Grenze zweier Grundstücke errichtete Wand, die den auf diesen Grundstücken errichteten Bauwerken als Abschlußwand oder zur Unterstützung oder Aussteifung dient.

§ 6 Errichten und Beschaffenheit der Nachbarwand. (1) Eine Nachbarwand darf nur errichtet werden, wenn die Errichtung baurechtlich zulässig ist und beide Nachbarn die Errichtung schriftlich vereinbart sowie grundbuchrechtlich gesichert haben.

(2) [1] Die Nachbarwand ist in einer solchen Bauart und Bemessung auszuführen, daß sie den Bauvorhaben beider Nachbarn genügt. [2] Der Erbauer

braucht die Wand nur für einen Anbau herzurichten, der an sie keine höheren Anforderungen stellt als sein eigenes Bauvorhaben.

(3) [1] Erfordert keines der beiden Bauvorhaben eine stärkere Wand als das andere, so darf die Nachbarwand höchstens mit der Hälfte ihrer notwendigen Stärke auf dem Nachbargrundstück errichtet werden. [2] Erfordert ein Bauvorhaben eine stärkere Wand, so ist die Wand zu einem entsprechend größeren Teil auf diesem Grundstück zu errichten.

§ 7 Anbau an die Nachbarwand. (1) [1] Der Nachbar ist berechtigt, an die Nachbarwand anzubauen. [2] Anbau ist die Mitbenutzung der Wand als Abschlußwand oder zur Unterstützung oder Aussteifung des neuen Bauwerks.

(2) Setzt der Anbau eine tiefere Gründung der Nachbarwand voraus, so darf die Nachbarwand unterfangen oder der Boden im Bereich der Gründung der Nachbarwand verfestigt werden, wenn

1. es nach den allgemein anerkannten Regeln der Baukunst unumgänglich ist oder nur mit unzumutbar hohen Kosten vermieden werden könnte,

2. nur geringfügige Beeinträchtigungen des zuerst errichteten Bauwerks zu besorgen sind und

3. das Bauvorhaben öffentlich-rechtlich zulässig oder zugelassen worden ist.

§ 8 Anzeige des Anbaus. (1) [1] Die Einzelheiten des geplanten Anbaus sind dem Eigentümer und dem in seinem Besitz berührten unmittelbaren Besitzer des zuerst bebauten Grundstücks zwei Monate vor Beginn der Bauarbeiten schriftlich anzuzeigen. [2] Mit den Arbeiten darf erst nach Fristablauf begonnen werden, sofern sich der Nachbar nicht mit einem früheren Termin schriftlich einverstanden erklärt hat.

(2) Die Anzeige an den unmittelbaren Besitzer des Grundstücks genügt, wenn die Person oder der Aufenthalt des Grundstückseigentümers nicht oder nur unter erheblichen Schwierigkeiten feststellbar ist oder die Anzeige an ihn im Ausland erfolgen müßte.

§ 9 Vergütung im Fall des Anbaus. (1) Der anbauende Nachbar hat dem Eigentümer des zuerst bebauten Grundstücks den halben Wert der Nachbarwand zu vergüten, soweit sie durch den Anbau genutzt wird.

(2) [1] Die Vergütung ermäßigt sich angemessen, wenn die besondere Bauart oder Bemessung der Nachbarwand nicht erforderlich oder nur für das zuerst errichtete Bauwerk erforderlich war. [2] Sie erhöht sich angemessen, wenn die besondere Bauart oder Bemessung der Nachbarwand nur für das später errichtete Bauwerk erforderlich war.

(3) [1] Steht die Nachbarwand mehr auf dem Nachbargrundstück, als in § 6 vorgesehen oder davon abweichend vereinbart ist, so ermäßigt sich die Vergütung um den Wert des zusätzlich überbauten Bodens, wenn nicht die in § 912 Abs. 2 oder § 915 des Bürgerlichen Gesetzbuchs bestimmten Rechte ausgeübt werden. [2] Steht die Nachbarwand weniger auf dem Nachbargrundstück, als in § 6 vorgesehen oder davon abweichend vereinbart ist, so erhöht sich die Vergütung um den Wert des Bodens, den die Nachbarwand anderenfalls auf dem Nachbargrundstück zusätzlich benötigt hätte.

(4) [1] Die Vergütung wird mit der Fertigstellung des Anbaus im Rohbau fällig. [2] Bei der Berechnung des Wertes der Nachbarwand ist von den zu diesem Zeitpunkt üblichen Baukosten auszugehen. [3] Das Alter sowie der bauliche Zustand der Nachbarwand sind zu berücksichtigen. [4] Auf Verlangen ist Sicherheit in Höhe der voraussichtlichen Vergütung zu leisten; der Anbau darf dann erst nach Leistung der Sicherheit begonnen oder fortgesetzt werden.

§ 10 Unterhaltung der Nachbarwand. (1) Bis zum Anbau fallen die Unterhaltungskosten der Nachbarwand dem Eigentümer des zuerst bebauten Grundstücks allein zur Last.

(2) Nach dem Anbau sind die Unterhaltungskosten für den gemeinsam genutzten Teil der Nachbarwand von beiden Nachbarn entsprechend dem Verhältnis ihrer Beteiligung gemäß § 6 Abs. 3 zu tragen.

§ 11 Abriß eines der Bauwerke. [1] Wird nach erfolgtem Anbau eines der beiden Bauwerke abgerissen und nicht neu errichtet, so hat der Eigentümer des Grundstücks, auf dem das abgerissene Bauwerk stand, die durch den Abriß an der Nachbarwand entstandenen Schäden zu beseitigen und die Außenfläche des bisher gemeinsam genutzten Teils der Nachbarwand in einen für eine Außenwand geeigneten Zustand zu versetzen. [2] Für den Teil der Nachbarwand, welcher auf dem nunmehr unbebauten Grundstück steht, ist eine Vergütung an den Eigentümer des unbebauten Grundstücks zu zahlen. [3] § 10 Abs. 1 gilt entsprechend.

§ 12 Nichtbenutzen der Nachbarwand. (1) [1] Wird das spätere Bauwerk nicht an die Nachbarwand angebaut, obwohl das möglich wäre, hat der anbauberechtigte Nachbar für die durch die Errichtung der Nachbarwand entstandenen Mehraufwendungen gegenüber den Kosten der Herstellung einer Grenzwand Ersatz zu leisten. [2] Hat die Nachbarwand von dem Grundstück des zuerst Bauenden weniger Baugrund benötigt als eine Grenzwand, so ermäßigt sich der Ersatzanspruch um den Wert des eingesparten Baugrunds. [3] Höchstens ist der Betrag zu erstatten, den der Eigentümer des Nachbargrundstücks im Falle des Anbaus zu zahlen hätte. [4] Der Anspruch wird mit der Fertigstellung des späteren Bauwerks im Rohbau fällig.

(2) Der anbauberechtigte Nachbar ist verpflichtet, die Fuge zwischen der Nachbarwand und seinem an die Nachbarwand herangebauten Bauwerk auf seine Kosten auszufüllen und zu verschließen.

§ 13 Beseitigen der Nachbarwand. (1) Solange und soweit noch nicht angebaut worden ist, darf der Eigentümer des zuerst bebauten Grundstücks die Nachbarwand beseitigen, wenn der anbauberechtigte Nachbar der Beseitigung nicht widerspricht.

(2) Die Absicht, die Nachbarwand zu beseitigen, ist anzuzeigen; § 8 gilt entsprechend.

(3) [1] Der Widerspruch des anbauberechtigten Nachbarn muß binnen zwei Monaten nach Zugang der Anzeige schriftlich erhoben werden. [2] Der Widerspruch wird unbeachtlich, wenn

1. der anbauberechtigte Nachbar nicht innerhalb von sechs Monaten nach Empfang der Anzeige einen Antrag auf Genehmigung eines Anbaus bei der Baugenehmigungsbehörde einreicht oder

2. die Ablehnung einer beantragten Baugenehmigung nicht mehr angefochten werden kann oder

3. von einer Baugenehmigung nicht innerhalb eines Jahres nach Erteilung Gebrauch gemacht wird.

(4) [1] Macht der Eigentümer des zuerst bebauten Grundstücks von seinem Recht zur Beseitigung Gebrauch, so hat er dem Nachbarn für die Dauer der Nutzung des Nachbargrundstücks durch die Nachbarwand eine angemessene Vergütung zu leisten. [2] Beseitigt der Eigentümer des zuerst bebauten Grundstücks die Nachbarwand ganz oder teilweise, ohne hierzu nach den Absätzen 1 bis 3 berechtigt zu sein, so hat er dem Nachbarn Ersatz für den durch die völlige oder teilweise Beseitigung der Anbaumöglichkeit zugefügten Schaden zu leisten; der Anspruch wird mit der Fertigstellung des späteren Bauwerks im Rohbau fällig.

§ 14 Erhöhen und Verstärken der Nachbarwand. (1) [1] Jeder Grundstückseigentümer darf die Nachbarwand in voller Stärke auf seine Kosten erhöhen, wenn dadurch keine oder nur geringfügige Beeinträchtigungen des anderen Grundstücks zu erwarten sind. [2] Dabei darf der Höherbauende auf das Nachbardach einschließlich des Dachtragewerkes einwirken, soweit dies erforderlich ist; er hat auf seine Kosten das Nachbardach mit der erhöhten Wand ordnungsgemäß zu verbinden. [3] Für den erhöhten Teil der Nachbarwand gelten § 7 Abs. 1, §§ 8, 9, 11, § 12 Abs. 2, § 13 Abs. 1 bis 3 und 4 Satz 2 entsprechend.

(2) Jeder Grundstückseigentümer darf die Nachbarwand auf seinem Grundstück auf seine Kosten verstärken.

(3) Setzt die Erhöhung oder die Verstärkung der Nachbarwand eine tiefere Gründung der Nachbarwand voraus, so gilt § 7 Abs. 2 entsprechend.

(4) Die Absicht, die Rechte nach den Absätzen 1 bis 3 auszuüben, ist anzuzeigen; § 8 gilt entsprechend.

§ 15 Schadensersatz bei Erhöhung und Verstärkung. [1] Schaden, der in Ausübung der Rechte nach § 7 Abs. 2 oder § 14 dem Eigentümer oder dem Nutzungsberechtigten des anderen Grundstücks entsteht, ist auch ohne Verschulden zu ersetzen. [2] Auf Verlangen ist Sicherheit in Höhe des voraussichtlichen Schadens zu leisten; das Recht darf dann erst nach Leistung der Sicherheit ausgeübt werden.

Abschnitt 3. Grenzwand

§ 16 Begriff. Grenzwand ist die unmittelbar an der Grenze zum Nachbargrundstück auf dem Grundstück des Erbauers errichtete Wand.

§ 17 Errichten einer Grenzwand. (1) Der Grundstückseigentümer, auf dessen Grundstück eine Grenzwand errichtet werden soll, hat dem Nachbarn die Bauart und Bemessung der beabsichtigten Wand zwei Monate vor Baubeginn schriftlich anzuzeigen; § 8 Abs. 2 gilt entsprechend.

(2) [1]Der Nachbar kann innerhalb von zwei Monaten nach Zugang der Anzeige verlangen, die Grenzwand so zu gründen, daß bei der späteren Durchführung seines Bauvorhabens zusätzliche Baumaßnahmen vermieden werden. [2]Verzichtet er auf dieses Recht, kann mit den Arbeiten bereits vor Fristablauf begonnen werden. [3]Wird die Anzeige schuldhaft verspätet abgegeben oder unterlassen, so hat der Eigentümer des zur Bebauung vorgesehenen Grundstücks dem Nachbarn den daraus entstehenden Schaden zu ersetzen.

(3) [1]Die durch das Verlangen nach Absatz 2 Satz 1 entstehenden Mehrkosten sind zu erstatten. [2]In Höhe der voraussichtlich erwachsenden Mehrkosten ist auf Verlangen des Erbauers der Grenzwand innerhalb eines Monats Vorschuß zu leisten. [3]Der Anspruch auf die besondere Gründung erlischt, wenn der Vorschuß nicht fristgerecht geleistet wird.

(4) Soweit der Erbauer der Grenzwand die besondere Gründung auch zum Vorteil seines Bauwerks nutzt, beschränkt sich die Erstattungspflicht des Nachbarn auf den angemessenen Kostenanteil; darüber hinaus gezahlte Kosten können zurückgefordert werden.

§ 18 Errichten einer zweiten Grenzwand. (1) Wer eine Grenzwand neben einer schon vorhandenen Grenzwand errichtet, ist verpflichtet, die Fuge zwischen den Grenzwänden auf seine Kosten auszufüllen und zu verschließen, falls dies den allgemeinen Regeln der Baukunst entspricht und der Baugestaltung nicht widerspricht.

(2) Der Erbauer der zweiten Grenzwand ist berechtigt, auf eigene Kosten durch übergreifende Abdeckungen einen Anschluß herzustellen; er hat den Anschluß auf seine Kosten zu unterhalten.

(3) Ist es zur Ausführung des Bauvorhabens erforderlich, die zweite Grenzwand tiefer als die zuerst errichtete Grenzwand zu gründen, so gilt § 7 Abs. 2 entsprechend.

(4) [1]Die Absicht, die Rechte nach den Absätzen 2 und 3 auszuüben, ist anzuzeigen; § 8 gilt entsprechend. [2]Für die Verpflichtung zum Schadensersatz gilt § 15 entsprechend.

§ 19 Einseitige Grenzwand. Der Eigentümer eines Grundstücks hat Bauteile, die in den Luftraum seines Grundstücks übergreifen, zu dulden, wenn

1. nach den öffentlich-rechtlichen Vorschriften auf dem Nachbargrundstück nur bis an die Grenze gebaut werden darf,

2. die übergreifenden Bauteile öffentlich-rechtlich zulässig oder zugelassen worden sind,

3. sie die Benutzung seines Grundstücks nicht oder nur unwesentlich beeinträchtigen und

4. sie nicht zur Vergrößerung der Nutzfläche dienen.

Abschnitt 4. Fenster- und Lichtrecht

§ 20 Inhalt und Umfang. (1) In oder an der Außenwand eines Gebäudes, die parallel oder in einem Winkel bis zu 60° zur Grenze des Nachbargrundstücks verläuft, dürfen Fenster, Türen oder zum Betreten bestimmte Bauteile wie Balkone und Terrassen nur mit schriftlicher Zustimmung des Eigentümers des Nachbargrundstücks angebracht werden, wenn ein geringerer Abstand als 3 m von dem grenznächsten Punkt der Einrichtung bis zur Grenze eingehalten werden soll.

(2) [1] Von einem Fenster oder einem zum Betreten bestimmten Bauteil, dem der Eigentümer des Nachbargrundstücks schriftlich zugestimmt hat oder das nach dem bisherigen Recht angebracht worden ist, müssen er und seine Rechtsnachfolger mit einem später errichteten Bauwerk mindestens 3 m Abstand einhalten. [2] Dies gilt nicht, wenn das später errichtete Bauwerk den Lichteinfall nicht oder nur geringfügig beeinträchtigt.

§ 21 Ausnahmen. Eine Zustimmung nach § 20 ist nicht erforderlich

1. für lichtdurchlässige Wandbauteile, wenn sie undurchsichtig, schalldämmend und gegen Feuereinwirkung widerstandsfähig sind,

2. für Außenwände gegenüber Grenzen zu öffentlichen Verkehrsflächen, zu öffentlichen Grünflächen und zu oberirdischen Gewässern von jeweils mehr als 2 m Breite,

3. soweit nach öffentlich-rechtlichen Vorschriften Fenster und Türen angebracht werden müssen und

4. wenn keine oder nur geringfügige Beeinträchtigungen zu erwarten sind.

§ 22 Ausschluß des Beseitigungsanspruchs. (1) Der Anspruch auf Beseitigung einer zustimmungsbedürftigen Einrichtung, die einen geringeren als den in § 20 vorgeschriebenen Abstand hat, ist ausgeschlossen, wenn nicht bis zum Ablauf des auf die Anbringung der Einrichtung folgenden Kalenderjahres Klage auf Beseitigung erhoben worden ist.

(2) Der Anspruch auf Beseitigung einer Einrichtung, die bei Inkrafttreten dieses Gesetzes vorhanden ist, ist ausgeschlossen, wenn

1. ihr Abstand dem bisherigen Recht entspricht oder

2. ihr Abstand nicht dem bisherigen Recht entspricht und nicht bis zum Ablauf des auf das Inkrafttreten dieses Gesetzes folgenden Kalenderjahres Klage auf Beseitigung erhoben worden ist.

(3) Wird das Gebäude, an dem sich die Einrichtung befand, oder das Bauwerk beseitigt, so gelten für einen Neubau die §§ 20 und 21.

Abschnitt 5. Hammerschlags- und Leiterrecht

§ 23 Inhalt und Umfang. (1) Der Eigentümer und der Nutzungsberechtigte eines Grundstücks müssen dulden, daß ihr Grundstück einschließlich der Bauwerke von dem Nachbarn oder von ihm Beauftragten zur Vorbereitung und Durchführung von Bau-, Instandsetzungs- und Unterhaltungsarbeiten auf dem Nachbargrundstück vorübergehend betreten und benutzt wird, wenn und soweit

1. die Arbeiten anders nicht oder nur mit unverhältnismäßig hohen Kosten durchgeführt werden können,

2. die mit der Duldung verbundenen Nachteile oder Belästigungen nicht außer Verhältnis zu dem von dem Berechtigten erstrebten Vorteil stehen und

3. das Vorhaben öffentlich-rechtlich zulässig oder zugelassen worden ist.

(2) Das Recht zur Benutzung umfaßt die Befugnis, auf oder über dem Grundstück Gerüste und Geräte aufzustellen sowie die zu den Arbeiten erforderlichen Baustoffe über das Grundstück zu bringen.

(3) [1] Das Recht ist so zügig und schonend wie möglich auszuüben. [2] Es darf nicht zur Unzeit geltend gemacht werden.

(4) [1] Die Absicht, die Rechte nach den Absätzen 1 und 2 auszuüben, ist anzuzeigen; § 8 gilt entsprechend. [2] Für die Verpflichtung zum Schadensersatz gilt § 15 entsprechend.

(5) Die Absätze 1 bis 4 finden auf die Eigentümer öffentlicher Verkehrsflächen keine Anwendung.

§ 24 Nutzungsentschädigung. (1) [1] Wer ein Grundstück gemäß § 23 benutzt, hat für die Zeit der Benutzung eine Nutzungsentschädigung in Höhe der ortsüblichen Miete für die benutzten Bauwerksteile oder für einen dem benutzten unbebauten Grundstücksteil vergleichbaren Lagerplatz zu zahlen. [2] Eine Benutzung unbebauter Grundstücksteile bis zur Dauer von zwei Wochen bleibt außer Betracht. [3] Die Nutzungsentschädigung ist jeweils zum Ende eines Kalendermonats fällig.

(2) Nutzungsentschädigung kann nicht verlangt werden, soweit nach § 23 Abs. 4 Ersatz für entgangene anderweitige Nutzung gefordert wird.

Abschnitt 6. Höherführen von Schornsteinen und Lüftungsleitungen

§ 25 [Duldungspflicht] (1) Der Eigentümer und der Nutzungsberechtigte eines Grundstücks müssen dulden, daß der Nachbar an ihrem höheren Gebäude Schornsteine und Lüftungsleitungen seines angrenzenden niedrigeren Gebäudes befestigt, wenn

1. die Höherführung der Schornsteine und Lüftungsleitungen für deren Betriebsfähigkeit erforderlich ist,

2. Schornsteine und Lüftungsleitungen anders nur mit erheblichen technischen Nachteilen oder mit unverhältnismäßig hohen Kosten höhergeführt werden können,

3. das betroffene Grundstück nicht erheblich beeinträchtigt wird und

4. die Erhöhung und Befestigung öffentlich-rechtlich zulässig oder zugelassen worden ist.

(2) Der Eigentümer und der Nutzungsberechtigte des betroffenen Grundstücks müssen ferner dulden, daß

1. die höhergeführten Schornsteine und Lüftungsleitungen von ihrem Grundstuck aus unterhalten werden, wenn dies ohne Benutzung ihres Grundstücks nicht oder nur mit unverhältnimäßig hohen Kosten möglich ist und

2. die hierzu erforderlichen Anlagen auf diesem Grundstück angebracht werden; sie können den Berechtigten statt dessen darauf verweisen, an dem höheren Gebäude auf eigene Kosten außen eine Steigleiter anzubringen, wenn dadurch die Unterhaltungsarbeiten ermöglicht werden.

(3) [1] Die Absicht, die Rechte nach den Absätzen 1 und 2 auszuüben, ist anzuzeigen; § 8 gilt entsprechend. [2] Keiner vorherigen Anzeige bedürfen kleinere Arbeiten zur Unterhaltung der Anlage; zur Unzeit brauchen sie nicht geduldet zu werden.

(4) Für die Verpflichtung zum Schadensersatz gilt § 15 entsprechend.

Abschnitt 7. Bodenerhöhungen, Aufschichtungen und sonstige Anlagen

§ 26 Bodenerhöhungen. (1) Der Boden eines Grundstücks darf nicht über die Geländeoberfläche des Nachbargrundstücks erhöht werden, es sei denn, es wird ein solcher Abstand zur Grundstücksgrenze eingehalten oder es werden solche Vorkehrungen getroffen und unterhalten, daß eine Schädigung des Nachbargrundstücks insbesondere durch Absturz, Abschwemmung oder Pressung des Bodens ausgeschlossen ist.

(2) Geländeoberfläche ist die natürliche Geländeoberfläche, soweit nicht gemäß § 9 Abs. 2 des Baugesetzbuches oder in der Baugenehmigung eine andere Geländeoberfläche festgesetzt ist.

§ 27 Aufschichtungen und sonstige Anlagen. (1) [1] Mit Aufschichtungen von Holz, Steinen, Stroh und dergleichen sowie sonstigen mit dem Grundstück nicht fest verbundenen Anlagen, die nicht über 1,50 m hoch sind, braucht kein Mindestabstand von der Grenze eingehalten zu werden. [2] Sind sie höher, so muß der Abstand um so viel über 0,50 m betragen, als ihre Höhe das Maß von 1,50 m übersteigt.

(2) Absatz 1 gilt nicht

1. für Baugerüste,

2. für Aufschichtungen und Anlagen, die eine Wand oder geschlossene Einfriedung nicht überragen, und

3. gegenüber Grenzen zu öffentlichen Verkehrsflächen, zu öffentlichen Grünflächen und zu oberirdischen Gewässern von mehr als 0,50 m Breite (Mittelwasserstand).

Abschnitt 8. Einfriedung

§ 28 Einfriedungspflicht. Jeder Grundstückseigentümer kann von dem Nachbarn die Einfriedung nach folgenden Regeln verlangen:

1. Wenn Grundstücke unmittelbar nebeneinander an derselben Straße liegen, so hat jeder Grundstückseigentümer an der Grenze zum rechten Nachbargrundstück einzufrieden.

2. a) Rechtes Nachbargrundstück ist das, das von der Straße aus betrachtet rechts liegt.

b) Liegt ein Grundstück zwischen zwei Straßen, so ist das Grundstück rechtes Nachbargrundstück, welches von der Straße aus betrachtet rechts liegt, an der sich der Haupteingang des Grundstücks befindet. Ist ein Haupteingang nicht feststellbar, so hat der Grundstückseigentümer auf Verlangen des Nachbarn zu bestimmen, welche Straße als die Straße gelten soll, an der sich der Haupteingang befindet; § 264 Abs. 2 des Bürgerlichen Gesetzbuchs gilt entsprechend. Durch Verlegung des Haupteingangs wird die Einfriedungspflicht ohne Zustimmung des Eigentümers des angrenzenden Grundstücks nicht verändert.

c) Für Eckgrundstücke gilt Buchstabe a ohne Rücksicht auf die Lage des Haupteingangs.

3. Als Straßen gelten auch Wege, wenn solche an Stelle von Straßen für die Lage von Grundstücken maßgeblich sind.

4. Wenn an einer Grenze beide Nachbarn einzufrieden haben, so haben sie gemeinsam einzufrieden.

5. An Grenzen, für die durch Nummer 1 keine Einfriedungspflicht begründet wird, insbesondere an beiderseits rückwärtigen Grenzen, ist gemeinsam einzufrieden.

§ 29 Anzeigepflicht. (1) Die Absicht, eine Einfriedung zu errichten, zu beseitigen, durch eine andere zu ersetzen oder wesentlich zu verändern, ist dem Nachbarn mindestens zwei Wochen vor Beginn der Arbeiten anzuzeigen; § 8 Abs. 2 gilt entsprechend.

(2) Die Anzeigepflicht besteht auch dann, wenn der Nachbar weder die Einfriedung verlangen kann noch zu den Kosten beizutragen hat.

§ 30 Ausnahmen von der Einfriedungspflicht. (1) Eine Einfriedungspflicht besteht nicht, wenn und soweit die Grenze mit Gebäuden besetzt ist oder Einfriedungen nicht ortsüblich sind.

(2) Eine Einfriedungspflicht besteht ferner nicht für Grenzen zwischen Grundstücken und den an sie angrenzenden Flächen für die Land- und Forstwirtschaft, öffentlichen Verkehrsflächen, öffentlichen Grünflächen und Gewässern.

§ 31 Einfriedungspflicht des Störers. Besteht keine Einfriedungspflicht nach § 30, so hat der Eigentümer eines bebauten oder gewerblich genutzten Grundstücks gleichwohl das Grundstück auf Verlangen des Eigentümers des Nachbargrundstücks einzufrieden, wenn

1. von seinem Grundstück unzumutbare Beeinträchtigungen des Nachbargrundstücks ausgehen, die durch eine Einfriedung verhindert oder gemildert werden können, und

2. die Einfriedung zulässig ist.

§ 32 Beschaffenheit. (1) [1]Es kann nur die Errichtung einer ortsüblichen Einfriedung oder, wenn keine Ortsüblichkeit feststellbar ist, eines etwa 1,25 hohen Zaunes aus Maschendraht verlangt werden. [2]Können Nachbarn, die gemeinsam einzufrieden haben, sich nicht auf eine unter mehreren ortsüblichen Einfriedungen einigen, so ist ein Zaun der in Satz 1 bezeichneten Art zu errichten.

(2) Schreiben öffentlich-rechtliche Vorschriften eine andere Art der Einfriedung vor, so tritt diese an die Stelle der in Absatz 1 genannten Einfriedungsart.

(3) Bietet die Einfriedung gemäß Absatz 1 keinen angemessenen Schutz vor unzumutbaren Beeinträchtigungen, so hat auf Verlangen des Nachbarn derjenige, von dessen Grundstück die Beeinträchtigungen ausgehen, die Einfriedung im erforderlichen Umfang zu verstärken oder höher auszuführen.

§ 33 Standort. [1] Wer zur Einfriedung allein verpflichtet ist, hat die Einfriedung auf seinem Grundstück zu errichten. [2] Haben Nachbarn gemeinsam einzufrieden, so ist die Einfriedung auf der gemeinsamen Grenze zu errichten.

§ 34 Kosten der Errichtung. (1) Wer zur Einfriedung allein verpflichtet ist, hat die Kosten der Einfriedung zu tragen.

(2) [1] Haben Nachbarn gemeinsam einzufrieden, so tragen sie die Kosten der Einfriedung je zur Hälfte. [2] Ist bei gemeinsamer Einfriedung nur für eines der beiden Grundstücke eine Einfriedung nach § 32 Abs. 2 vorgeschrieben, so sind die Kosten einer Einfriedung nach § 32 Abs. 1 maßgebend; die Mehrkosten trägt der gemäß § 32 Abs. 2 verpflichtete Grundstückseigentümer. [3] Die bei einer Einfriedung nach § 32 Abs. 3 gegenüber einer Einfriedung nach § 32 Abs. 1 oder 2 entstehenden Mehrkosten der Errichtung trägt der Nachbar, von dessen Grundstück die Beeinträchtigungen ausgehen.

§ 35 Benutzung und Kosten der Unterhaltung. (1) Wer zur Einfriedung allein verpflichtet ist, ist zur ausschließlichen Benutzung der Einfriedung berechtigt und hat die Kosten der Unterhaltung der Einfriedung zu tragen.

(2) Haben Nachbarn gemeinsam einzufrieden, so gilt für die gemeinsame Benutzung und Unterhaltung der Einfriedung auch dann die Regelung des § 922 des Bürgerlichen Gesetzbuchs, wenn die Einfriedung ganz auf einem der Grundstücke errichtet ist.

Abschnitt 9. Grenzabstände für Pflanzen

§ 36 Grenzabstände für Wald. Auf Waldgrundstücken sind gegenüber Nachbargrundstücken zumindest die Grenzabstände für Wald bei Verjüngung nach Maßgabe des Waldgesetzes des Landes Brandenburg einzuhalten.

§ 37 Grenzabstände für Bäume, Sträucher und Hecken. (1) [1] Mit Bäumen außerhalb des Waldes, Sträuchern und Hecken (Anpflanzungen) von über 2 m regelmäßiger Wuchshöhe ist ein solcher Abstand zum Nachbargrundstück einzuhalten, daß

1. bei Obstbäumen ein Abstand von 2 m,

2. bei sonstigen Bäumen ein Abstand von 4 m und

3. im übrigen für jeden Teil der Anpflanzung der Abstand mindestens ein Drittel seiner Höhe über dem Erdboden

beträgt. [2] Der Abstand wird waagerecht und rechtwinklig zur Grenze gemessen.

(2) Der doppelte Abstand ist gegenüber Grundstücken einzuhalten, die landwirtschaftlich oder erwerbsgärtnerisch genutzt oder zu diesem Zweck vorübergehend nicht genutzt werden.

§ 38 Ausnahmen von den Abstandsvorschriften. [1] § 37 gilt nicht für

1. Anpflanzungen, die hinter einer geschlossenen Einfriedung vorgenommen werden und diese nicht überragen; als geschlossen gilt auch eine Einfriedung, deren Bauteile breiter sind als die Zwischenräume;

2. Anpflanzungen auf öffentlichen Verkehrsflächen;

3. Anpflanzungen an den Grenzen zu öffentlichen Verkehrsflächen, zu öffentlichen Grünflächen und zu oberirdischen Gewässern von jeweils mehr als 4 m Breite;

4. Hecken, die nach § 33 auf der Grenze angepflanzt werden oder die das öffentliche Recht als Einfriedung vorschreibt.

[2] § 37 gilt ferner nicht, wenn das öffentliche Recht andere Grenzabstände vorschreibt.

§ 39 Beseitigungsanspruch. [1] Wird der vorgeschriebene Mindestabstand nicht eingehalten, so kann der Nachbar die Beseitigung der Anpflanzung verlangen. [2] Der Eigentümer und der Nutzungsberechtigte des Grundstücks sind befugt, statt dessen die Anpflanzung auf ihrem Grundstück zurückzuschneiden, sofern auch auf diese Weise ein den Vorschriften dieses Gesetzes entsprechender Zustand hergestellt werden kann. [3] Eine Beseitigung oder Zurückschneidung kann nur verlangt werden, soweit pflanzenschützende Vorschriften nicht berührt werden.

§ 40 Ausschluß des Beseitigungsanspruchs. [1] Der Anspruch nach diesem Gesetz auf Beseitigung von Anpflanzungen, die die vorgeschriebenen Mindestabstände nicht einhalten, ist ausgeschlossen, wenn der Nachbar nicht bis zum Ablauf des zweiten auf das Anpflanzen folgenden Kalenderjahres Klage auf Beseitigung erhoben hat. [2] Für Anpflanzungen, die zunächst die vorgeschriebenen Abstände einhalten, beginnt die Frist, wenn sie über die nach diesem Gesetz zulässige Höhe hinausgewachsen sind.

§ 41 Ersatzanpflanzungen. [1] Werden für Anpflanzungen, bei denen der Anspruch auf Beseitigung nach § 40 ausgeschlossen ist, Ersatzanpflanzungen oder Nachpflanzungen vorgenommen, so sind die nach diesem Gesetz vorgeschriebenen Abstände einzuhalten. [2] Dies gilt nicht für die Ersetzung einzelner abgestorbener Heckenpflanzen einer geschlossenen Hecke.

§ 42 Nachträgliche Grenzänderungen. Die Rechtmäßigkeit des Abstandes wird durch nachträgliche Grenzänderungen nicht berührt; § 41 gilt entsprechend.

§ 43 Wild wachsende Pflanzen. [1] Die Vorschriften dieses Abschnitts gelten für wild wachsende Pflanzen entsprechend. [2] Als Anpflanzen im Sinne des § 40 Satz 1 gilt die Erklärung des Grundstückseigentümers gegenüber dem Nachbarn, daß er die wild wachsende Pflanze nicht beseitigen wolle.

Abschnitt 10. Duldung von Leitungen

§ 44 Leitungen in Privatgrundstücken. (1) Der Eigentümer und die Nutzungsberechtigten eines Grundstücks müssen dulden, daß durch ihr Grundstück der Eigentümer und die Nutzungsberechtigten des Nachbargrundstücks auf eigene Kosten Versorgungs- und Abwasserleitungen hindurchführen, wenn

1. das Vorhaben bauplanungsrechtlich zulässig,

2. der Anschluß an das Versorgungs- und Entwässerungsnetz anders nicht möglich und

3. die damit verbundene Beeinträchtigung nicht erheblich

ist.

(2) [1] Ist das betroffene Grundstück an das Versorgungs- und Entwässerungsnetz bereits angeschlossen und reichen die vorhandenen Leitungen aus, um die Versorgung oder Entwässerung der beiden Grundstücke durchzuführen, so beschränkt sich die Verpflichtung nach Absatz 1 auf das Dulden des Anschlusses. [2] Im Falle des Anschlusses ist zu den Herstellungskosten des Teils der Leitungen, der nach dem Anschluß mitbenutzt werden soll, ein angemessener Beitrag und auf Verlangen Sicherheit in Höhe des voraussichtlichen Beitrags zu leisten. [3] In diesem Falle darf der Anschluß erst nach Leistung der Sicherheit vorgenommen werden.

(3) Bestehen mehrere Möglichkeiten der Durchführung, so ist die für das betroffene Grundstück schonendste zu wählen.

§ 45 Unterhaltung. (1) [1] Der Berechtigte hat die nach § 44 Abs. 1 verlegten Leitungen oder die nach § 44 Abs. 2 hergestellten Anschlußleitungen auf seine Kosten zu unterhalten. [2] Zu den Unterhaltungskosten der Teile der Leitungen, die von ihm mitbenutzt werden, hat er einen angemessenen Beitrag zu leisten.

(2) Zur Durchführung von Maßnahmen im Sinne des Absatzes 1 Satz 1 darf der Berechtigte oder der von ihm Beauftragte das betroffene Grundstück betreten.

§ 46 Schadensersatz und Anzeigepflicht. Für die Verpflichtungen zur Anzeige und zum Schadensersatz gelten § 8 Abs. 1 Satz 1 und § 15 entsprechend.

§ 47 Nachträgliche erhebliche Beeinträchtigung. (1) [1] Führen die nach § 44 Abs. 1 verlegten Leitungen oder die nach § 44 Abs. 2 hergestellten Anschlußleitungen nachträglich zu einer erheblichen Beeinträchtigung, so können der Eigentümer und die Nutzungsberechtigten des betroffenen Grundstücks von dem Berechtigten verlangen, daß er seine Leitungen beseitigt und die Beseitigung der Teile der Leitungen, die gemeinschaftlich genutzt werden, duldet. [2] Dieses Recht entfällt, wenn der Berechtigte die Beeinträchtigung so herabmindert, daß sie nicht mehr erheblich ist.

(2) Der Schaden, der durch die Maßnahmen nach Absatz 1 auf dem betroffenen Grundstück entsteht, ist zu ersetzen.

§ 48 Anschlußrecht des Duldungspflichtigen. (1) [1] Der Eigentümer und die Nutzungsberechtigten eines Grundstücks, das gemäß § 44 Abs. 1 in Anspruch genommen ist, sind berechtigt, ihrerseits an die verlegten Leitungen anzuschließen, wenn diese ausreichen, um die Versorgung oder Entwässerung der beiden Grundstücke durchzuführen. [2] § 44 Abs. 2 Satz 2 und § 45 Abs. 1 gelten entsprechend.

(2) [1] Soll ein auf dem betroffenen Grundstück errichtetes oder noch zu erstellendes Gebäude an die Leitungen angeschlossen werden, die der Eigentümer oder die Nutzungsberechtigten des Nachbargrundstücks nach § 44 Abs. 1 durch das Grundstück hindurchführen wollen, so können der Eigentümer und die Nutzungsberechtigten des betroffenen Grundstücks verlangen, daß die Leitungen in einer ihrem Vorhaben Rechnung tragenden und technisch vertretbaren Weise verlegt werden. [2] Die durch dieses Verlangen entstehenden Mehrkosten sind zu erstatten. [3] In Höhe der voraussichtlich erwachsenden Mehrkosten ist auf Verlangen binnen zwei Wochen Vorschuß zu leisten; der Anspruch nach Satz 1 erlischt, wenn der Vorschuß nicht fristgerecht geleistet wird.

§ 49 Leitungen in öffentlichen Straßen. Die §§ 44 bis 48 gelten nicht für die Verlegung von Leitungen in öffentlichen Straßen und in öffentlichen Grünflächen.

§ 50 Entschädigung. (1) [1] Für die Duldung der Rechtsausübung nach § 44 ist der Nachbar durch eine Geldrente zu entschädigen. [2] Die Rente ist jährlich im voraus zu entrichten.

(2) [1] Die Höhe der Rente ist nach Billigkeit zu bemessen. [2] Dabei sind die dem Berechtigten durch die Ausübung des Rechts zugute kommenden Einsparungen und der Umfang der Belästigung des Nachbarn angemessen zu berücksichtigen.

§ 51 Anschluß an Fernheizungen. Die Vorschriften dieses Abschnitts gelten entsprechend für den Anschluß eines Grundstücks an eine Fernheizung, sofern derjenige, der sein Grundstück anschließen will, einem Anschlußzwang unterliegt.

Abschnitt 11. Dachtraufe und Abwässer

§ 52 Niederschlagswasser. (1) Der Eigentümer und die Nutzungsberechtigten eines Grundstücks müssen ihre baulichen Anlagen so einrichten, daß

1. Niederschlagswasser nicht auf das Nachbargrundstück tropft oder auf dieses abgeleitet wird und

2. Niederschlagswasser, das auf das eigene Grundstück tropft oder abgeleitet ist, nicht auf das Nachbargrundstück übertritt.

(2) Absatz 1 findet keine Anwendung auf freistehende Mauern entlang öffentlicher Straßen und öffentlicher Grünflächen.

§ 53 Anbringen von Sammel- und Abflußeinrichtungen. (1) [1] Der Eigentümer und die Nutzungsberechtigten eines Grundstücks, die aus besonderem Rechtsgrund verpflichtet sind, das von den baulichen Anlagen eines Nachbargrundstücks tropfende oder abgeleitete oder von dem Nachbargrundstück übertretende Niederschlagswasser aufzunehmen, sind berechtigt, auf eigene Kosten besondere Sammel- und Abflußeinrichtungen an der baulichen Anlage des traufberechtigten Nachbarn anzubringen, wenn die damit verbundene Beeinträchtigung nicht erheblich ist. [2] Sie haben diese Einrichtungen zu unterhalten.

(2) Für die Verpflichtungen zur Anzeige und zum Schadensersatz gelten die §§ 8 und 15 entsprechend.

§ 54 Abwässer. Der Eigentümer und die Nutzungsberechtigten eines Grundstücks dürfen ihre baulichen Anlagen nicht so einrichten, daß Abwässer und andere Flüssigkeiten auf das Nachbargrundstück übertreten.

Abschnitt 12. Wild abfließendes Wasser

§ 55 Abfluß und Zufluß. (1) Wild abfließendes Wasser ist oberirdisch außerhalb eines Bettes abfließendes Quell- oder Niederschlagswasser.

(2) Der Eigentümer und die Nutzungsberechtigten eines Grundstücks dürfen nicht

1. den Abfluß wild abfließenden Wassers auf Nachbargrundstücke verstärken und

2. den Zufluß wild abfließenden Wassers von Nachbargrundstücken auf ihr Grundstück hindern,

wenn dadurch die Nachbargrundstücke erheblich beeinträchtigt werden.

(3) Der Eigentümer und die Nutzungsberechtigten eines Grundstücks dürfen den Abfluß von Niederschlagswasser von ihrem Grundstück auf Nachbargrundstücke mindern oder unterbinden.

§ 56 Wiederherstellung des früheren Zustands. (1) Haben Naturereignisse den Abfluß wild abfließenden Wassers von einem Grundstück auf ein Nachbargrundstück verstärkt oder den Zufluß wild abfließenden Wassers von einem Nachbargrundstück auf ein Grundstück gemindert oder unterbunden und wird dadurch das Nachbargrundstück erheblich beeinträchtigt, so müssen der Eigentümer und die Nutzungsberechtigten des Grundstücks die Wiederherstellung des früheren Zustands durch den Eigentümer und die Nutzungsberechtigten des beeinträchtigten Nachbargrundstücks dulden.

(2) [1] Die Wiederherstellung muß binnen drei Jahren vom Ende des Jahres ab, in dem die Veränderung eingetreten ist, durchgeführt werden. [2] Während der Dauer eines Rechtsstreits über die Verpflichtung zur Duldung der Wiederherstellung ist der Lauf der Frist für die Prozeßbeteiligten gehemmt.

§ 57 Schadensersatz. Schaden, der bei Ausübung des Rechts nach § 56 Abs. 1 auf dem betroffenen Grundstück entsteht, ist zu ersetzen; § 15 gilt entsprechend.

§ 58 Anzeigepflicht. Die Absicht, das Recht nach § 56 Abs. 1 auszuüben, ist zwei Wochen vor Beginn der Bauarbeiten anzuzeigen; § 8 gilt entsprechend.

§ 59 Wegfall der Verpflichtung zur Sicherheitsleistung und zur Anzeige. Ist die Ausübung des Rechts nach § 56 Abs. 1 zur Abwendung einer gegenwärtigen erheblichen Gefahr erforderlich, so entfällt die Verpflichtung zur Sicherheitsleistung und zur Anzeige.

§ 60 Veränderung des Grundwasserspiegels. (1) Der Eigentümer und die Nutzungsberechtigten eines Grundstücks dürfen auf dessen Untergrund mit physikalischen oder chemischen Mitteln nicht in einer Weise einwirken, daß der Grundwasserspiegel steigt oder sinkt und dadurch auf einem Nachbargrundstück erhebliche Beeinträchtigungen hervorgerufen werden.

(2) Erlaubnisse nach öffentlich-rechtlichen Vorschriften bleiben hiervon unberührt.

Abschnitt 13. Übergangs- und Schlußvorschriften

§ 61 Übergangsvorschriften. (1) Der Umfang von Rechten, die bei Inkrafttreten dieses Gesetzes bestehen, richtet sich unbeschadet der Vorschrift des Absatzes 2 nach diesem Gesetz.

(2) Der Anspruch auf Beseitigung von Pflanzen, die bei Inkrafttreten des Gesetzes vorhanden sind und deren Grenzabstände den Vorschriften dieses Gesetzes nicht entsprechen, ist ausgeschlossen, wenn

1. der Nachbar nicht innerhalb eines Jahres nach Inkrafttreten dieses Gesetzes Klage auf Beseitigung erhoben hat oder
2. die Pflanzen dem bisherigen Recht entsprechen.

(3) Ansprüche auf Zahlung aufgrund dieses Gesetzes bestehen nur, wenn das den Anspruch begründende Ereignis nach Inkrafttreten dieses Gesetzes eingetreten ist; anderenfalls behält es bei dem bisherigen Recht sein Bewenden.

§ 62 Inkrafttreten, Außerkrafttreten. (1) Dieses Gesetz tritt am Tage nach der Verkündung[1] in Kraft.

(2) Gleichzeitig treten, soweit sie als Landesrecht fortgelten,

1. die §§ 316 bis 322 des Zivilgesetzbuchs der Deutschen Demokratischen Republik vom 19. Juni 1975 (GBl. I Nr. 27 S. 465),
2. Erster Teil, Achter Titel §§ 125 bis 131, 133, 137 bis 140, 142 bis 144, 146 bis 148, 152, 153, 155, 156, 162 bis 167, 169 bis 174, 185, 186, Zweiundzwanzigster Titel §§ 55 bis 62 des Allgemeinen Landrechts für die Preußischen Staaten vom 5. Februar 1794,

außer Kraft.

---

[1] Verkündet am 3. 7. 1996.

7. Hamburgische Bauordnung (HBauO)

Vom 14. Dezember 2005

(HmbGVBl. S. 525, ber. S. 563)

BS Hbg 2131-20

zuletzt geänd. durch Art. 8 G zur Neuregelung des Hamburgischen Landesrechts auf dem Gebiet des Naturschutzes und der Landschaftspflege v. 11. 5. 2010 (HmbGVBl. S. 350)

–Auszug–

Der Senat verkündet das nachstehende von der Bürgerschaft beschlossene Gesetz:

Erster Teil. Allgemeine Vorschriften

§§ 1–3 *(Vom Abdruck wurde abgesehen)*

Zweiter Teil. Das Grundstück und seine Bebauung

§§ 4–10 *(Vom Abdruck wurde abgesehen)*

§ 11 Einfriedigungen. [1] Bauliche Einfriedigungen an der Grenze zu öffentlichen Wegen und Grünflächen sowie an der Grenze zu benachbarten Grundstücken in der Tiefe der Vorgärten sind bis zu einer Höhe von 1,50 m, vom eigenen Grund gemessen, zulässig. [2] Sie müssen durchbrochen sein. [3] Einfriedigungen von gewerblich genutzten Grundstücken dürfen dicht und bis zu 2,25 m hoch ausgeführt werden.

Dritter, Vierter Teil

§§ 12–57 *(Vom Abdruck wurde abgesehen)*

Fünfter Teil. Bauaufsichtsbehörden, Verfahren

Erster Abschnitt. Bauaufsichtsbehörden

§ 58 *(Vom Abdruck wurde abgesehen)*

Zweiter Abschnitt. Vorsorgende Überwachung

§§ 59–67 *(Vom Abdruck wurde abgesehen)*

§ 68 Bautechnische Nachweise und ihre Prüfung. (1) [1]Die Einhaltung der Anforderungen an die Standsicherheit, den Brandschutz einschließlich der hierfür bedeutsamen Anlagen der technischen Gebäudeausrüstung, den Wärmeschutz und die Energieeinsparung sowie an den Schallschutz und den Erschütterungsschutz ist für genehmigungs- und zustimmungsbedürftige Vorhaben nach näherer Maßgabe der Verordnung auf Grund § 81 Absatz 6 nachzuweisen (bautechnische Nachweise). [2]Zu den für den Brandschutz bedeutsamen Anlagen der technischen Gebäudeausrüstung gehören insbesondere Rauch- und Wärmeabzugsanlagen, Lüftungsanlagen und Starkstromanlagen sowie CO-Überwachungsanlagen, Brandmeldeanlagen, Alarmierungsanlagen, Feuerlöschanlagen, Schutzvorhänge, Wandhydranten, technische Anlagen zur Unterstützung des Funkverkehrs (Gebäudefunkanlagen) und eine Sicherheitsstromversorgung.

(2) Im vereinfachten Genehmigungsverfahren nach § 61 Absatz 1 bei

1. Wohngebäuden

   a) der Gebäudeklassen 2 und 3 mit Tiefgaragen,

   b) der Gebäudeklasse 3, die nicht freistehen,

   c) der Gebäudeklassen 4 und 5 und

   d) mit sonstigen Nutzungseinheiten nach § 61 Absatz 1 Nummer 1 von mehr als insgesamt 200 m²,

2. sonstigen Gebäuden, ausgenommen freistehende Gebäude mit Nutzungseinheiten von insgesamt nicht mehr als 200 m²,
   und im Baugenehmigungsverfahren nach § 62 werden die bautechnischen Nachweise zur Standsicherheit, zum Wärmeschutz, zur Energieeinsparung und zum Brandschutz einschließlich der Anforderungen an Rettungswege bauaufsichtlich geprüft. Die Bauaufsichtsbehörde kann bei Vorhaben von geringer sicherheitlicher Bedeutung auf eine Prüfung der bautechnischen Nachweise zur Standsicherheit verzichten.

(3) [1]Bei der Beseitigung von Gebäuden der Gebäudeklassen 3 bis 5 und baulichen Anlagen von mehr als 15 m Gesamthöhe wird die sichere Abbruchfolge bauaufsichtlich geprüft. [2]Sofern Gebäude der Gebäude klassen 3 bis 5 an das zu beseitigende Gebäude angrenzen, ist deren Standsicherheit ebenfalls bauaufsichtlich zu prüfen.

§§ 69–73 *(Vom Abdruck wurde abgesehen)*

Dritter Abschnitt. Bauaufsichtliche Maßnahmen, Bauüberwachung, Baulasten

§ 74 Inanspruchnahme von Nachbargrundstücken. (1) Die Grundeigentümerinnen und Grundeigentümer sind verpflichtet, das Betreten ihrer Grundstücke und das Aufstellen der erforderlichen Gerüste sowie die Vornahme von Arbeiten zu dulden, soweit dies zur Errichtung, Änderung oder Unterhaltung von Anlagen auf den Nachbargrundstücken erforderlich ist.

(2) Grenzt ein Gebäude unmittelbar an ein höheres Gebäude auf einem Nachbargrundstück, so hat die Eigentümerin oder der Eigentümer des höheren Gebäudes zu dulden, dass die erforderlichen Schornsteine und Lüftungs-

leitungen des niedrigeren Gebäudes an der Grenzwand des höheren Gebäudes befestigt und instand gehalten werden.

(3) [1] Wird ein Gebäude an ein niedrigeres Gebäude auf einem Nachbargrundstück angebaut, so hat die Eigentümerin oder der Eigentümer des neu errichteten höheren Gebäudes dafür zu sorgen, dass das Dach des vorhandenen niedrigeren Gebäudes dicht an die Wand des höheren Gebäudes angeschlossen wird. [2] Die Eigentümerin oder der Eigentümer des vorhandenen niedrigeren Gebäudes hat dabei zu dulden, dass der erforderliche dichte Anschluss auch durch übergreifende Bauteile hergestellt wird.

(4) Soll eine bauliche Anlage tiefer als eine bereits vorhandene angrenzende Nachbarbebauung gegründet werden, so hat die Eigentümerin oder der Eigentümer der bestehenden baulichen Anlage die Unterfangung zu dulden, wenn und soweit diese zur Erhaltung der Standsicherheit der bestehenden baulichen Anlage erforderlich ist.

(5) Kommt hinsichtlich der Absätze 1 bis 4 eine Einigung zwischen den Beteiligten nicht zustande, so kann die Bauaufsichtsbehörde die entsprechenden Anordnungen erlassen.

(6) [1] Die Bauherrin oder der Bauherr haben Arbeiten, die eine Duldungspflicht auslösen, mindestens zwei Wochen vor Ausführungsbeginn der Nachbarin oder dem Nachbarn mitzuteilen. [2] Die Mitteilung ist nicht erforderlich, wenn die Arbeiten zur Abwendung einer unmittelbaren Gefahr notwendig sind.

(7) [1] Die Bauherrin oder der Bauherr ist der Nachbarin oder dem Nachbarn zum Ersatz jeden Schadens verpflichtet, der aus Maßnahmen aus den Absätzen 1 bis 4 entsteht. [2] Auf Verlangen der Nachbarin oder des Nachbarn ist vor Beginn der Ausführung in Höhe des voraussichtlich entstehenden Schadens Sicherheit zu leisten; die Sicherheitsleistung ist nicht erforderlich, wenn die Arbeiten zur Abwendung einer unmittelbaren Gefahr notwendig sind.

§§ 74 a–79 *(Vom Abdruck wurde abgesehen)*

Sechster Teil. Ordnungswidrigkeiten, Rechtsverordnungen, Übergangs- und Schlussvorschriften

§§ 80–83 *(Vom Abdruck wurde abgesehen)*

Anlagen 1, 2
(vom Abdruck wurde abgesehen)

8. Hessisches Nachbarrechtsgesetz[1)]

Vom 24. September 1962

(GVBl. I S. 417)

GVBl. II 231-36

zuletzt geänd. durch Art. 1 G zur Änd. des Hessischen NachbarrechtsG und der Hessischen BauO v. 10. 12. 2009 (GVBl. I S. 631)

Erster Abschnitt. Nachbarwand

§ 1 Errichten einer Nachbarwand. (1) Nachbarwand ist die auf der Grenze zweier Grundstücke errichtete Wand, die den auf diesen Grundstücken errichteten oder zu errichtenden Bauwerken als Abschlußwand oder zur Unterstützung oder Aussteifung dient oder dienen soll.

(2) Der Eigentümer eines Grundstücks darf eine Nachbarwand errichten, wenn

1. die Bebauung seines und des benachbarten Grundstücks bis an die Grenze vorgeschrieben oder zugelassen ist und

2. der Eigentümer des benachbarten Grundstücks einwilligt.

§ 2 Beschaffenheit der Nachbarwand. [1]Die Nachbarwand ist in der Art und in der Dicke auszuführen, wie es notwendig ist, um den beabsichtigten Zweck zu erreichen. [2]Höchstens mit der Hälfte der hiernach gebotenen Dicke darf sie das angrenzende Grundstück in Anspruch nehmen.

§ 3 Anbau an die Nachbarwand. (1) [1]Der Eigentümer des Nachbargrundstücks ist berechtigt, an die Nachbarwand anzubauen. [2]Anbau ist die Mitbenutzung der Nachbarwand als Abschlußwand oder zur Unterstützung oder Aussteifung des neuen Bauwerks.

(2) [1]Der anbauende Eigentümer des Nachbargrundstücks ist zur Zahlung einer Vergütung in Höhe des halben Wertes der Nachbarwand, höchstens des halben Wertes einer Nachbarwand im Sinne des § 2 Satz 1 verpflichtet, soweit die Nachbarwand durch den Anbau genutzt ist. [2]Nimmt die Nachbarwand von dem angrenzenden Grundstück eine größere Bodenfläche in Anspruch, als § 2 Satz 2 vorsieht, so ist dies bei der Festsetzung der Vergütung angemessen zu berücksichtigen. [3]Für die Berechnung des Wertes der Nachbarwand und für die Fälligkeit der Vergütung ist der Zeitpunkt der Rohbauabnahme des Anbaus maßgebend. [4]Auf Verlangen ist Sicherheit in Höhe der voraussichtlich zu gewährenden Vergütung zu leisten; in solchem Falle darf der Anbau erst nach Leistung der Sicherheit begonnen oder fortgesetzt werden.

(3) [1]Bis zum Anbau an die Nachbarwand fallen die Unterhaltungskosten dem Eigentümer allein zur Last. [2]Nach dem Anbau sind die Unterhaltungskosten für den gemeinsam genutzten Teil der Nachbarwand von beiden

---

[1)] **Das Gesetz tritt mit Ablauf des 31. 12. 2014 außer Kraft**, vgl. § 49 Satz 2.

Grundstückseigentümern entsprechend dem Verhältnis ihrer Beteiligung gemäß Abs. 2 Satz 1 und 2 zu tragen.

§ 4 Nichtbenutzen der Nachbarwand. (1) [1]Wird das spätere Bauwerk nicht an die Nachbarwand angebaut, so hat der anbauberechtigte Eigentümer des Nachbargrundstücks für die durch die Errichtung der Nachbarwand entstandenen Mehraufwendungen gegenüber den Kosten der Herstellung einer Grenzwand (§ 8 Abs. 1) Ersatz zu leisten; dabei ist in angemessener Weise zu berücksichtigen, daß das Nachbargrundstück durch die Nachbarwand teilweise weiter genutzt wird. [2]Der zu erstattende Betrag darf jedoch nicht höher sein als der, den der Eigentümer des Nachbargrundstücks im Falle des Anbaus nach § 3 Abs. 2 Satz 1 bis 3 zu zahlen hätte. [3]Der Anspruch wird mit der Rohbauabnahme des späteren Bauwerks fällig.

(2) Der anbauberechtigte Eigentümer des Nachbargrundstücks ist ferner verpflichtet, die Fuge zwischen der Nachbarwand und seinem an die Nachbarwand herangebauten Bauwerk auf seine Kosten bündig mit der Außenfläche seines Bauwerks zu verdecken.

§ 5 Beseitigen der Nachbarwand. (1) Der Eigentümer der Nachbarwand ist berechtigt, die Nachbarwand ganz oder teilweise zu beseitigen, solange und soweit noch nicht angebaut ist.

(2) Das Recht nach Abs. 1 besteht nicht, wenn der anbauberechtigte Eigentümer des Nachbargrundstücks die Absicht, die Nachbarwand ganz oder teilweise durch Anbau zu nutzen, dem Eigentümer der Nachbarwand anzeigt und spätestens binnen 6 Monaten den erforderlichen Bauantrag bei der Bauaufsichtsbehörde einreicht.

(3) Abs. 2 ist nicht anwendbar, wenn der Eigentümer der Nachbarwand, bevor er eine Anzeige nach Abs. 2 erhalten hat, die Absicht, die Nachbarwand ganz oder teilweise zu beseitigen, dem Eigentümer des Nachbargrundstücks anzeigt und spätestens binnen 6 Monaten den erforderlichen Bauantrag bei der Bauaufsichtsbehörde einreicht.

(4) Gehen die Anzeigen nach Abs. 2 und 3 ihren Empfängern gleichzeitig zu, so hat die Anzeige nach Abs. 3 keine Rechtswirkung.

(5) [1]Macht der Eigentümer der Nachbarwand von seinem Beseitigungsrecht zulässigen Gebrauch, so hat er dem Eigentümer des Nachbargrundstücks für die Dauer der Nutzung des Nachbargrundstücks durch den hinübergebauten Teil der Nachbarwand eine angemessene Vergütung zu leisten. [2]Beseitigt der Eigentümer der Nachbarwand diese ganz oder teilweise, obwohl gemäß Abs. 2 ein Recht hierzu nicht besteht, so hat er dem anbauberechtigten Eigentümer des Nachbargrundstücks Ersatz für den durch die völlige oder teilweise Beseitigung der Anbaumöglichkeit zugefügten Schaden zu leisten; der Anspruch wird mit der Rohbauabnahme des späteren Bauwerks fällig.

§ 6 Erhöhen der Nachbarwand. [1]Jeder Grundstückseigentümer ist berechtigt, die Nachbarwand in voller Dicke auf seine Kosten zu erhöhen. [2]Für den erhöhten Teil der Nachbarwand gelten die §§ 3, 4 Abs. 2, sowie § 5 Abs. 1 bis 4 und Abs. 5 Satz 2 entsprechend.

§ 7 Verstärken der Nachbarwand. Jeder Grundstückseigentümer darf die Nachbarwand auf seinem Grundstück verstärken.

Zweiter Abschnitt. Grenzwand

§ 8 Anbau an eine Grenzwand. (1) Grenzwand ist die an der Grenze zum Nachbargrundstück auf dem Grundstück des Erbauers errichtete Wand.

(2) [1] Der Eigentümer des Nachbargrundstücks darf eine Grenzwand durch Anbau nutzen, wenn der Eigentümer der Grenzwand einwilligt. [2] Anbau ist die Mitbenutzung der Grenzwand als Abschlußwand oder zur Unterstützung oder Aussteifung des neuen Bauwerks.

(3) [1] Der anbauende Eigentümer des Nachbargrundstücks hat eine Vergütung in Höhe des halben Wertes der Grenzwand, soweit sie durch den Anbau genutzt ist, zu zahlen und ferner eine angemessene Vergütung dafür zu leisten, daß er den für die Errichtung einer eigenen Abschlußwand erforderlichen Baugrund einspart. [2] Für die Berechnung des Wertes der Grenzwand und für die Fälligkeit der Vergütung ist der Zeitpunkt der Rohbauabnahme des Anbaus maßgebend. [3] Auf Verlangen ist Sicherheit in Höhe der voraussichtlich zu gewährenden Vergütung zu leisten; in solchem Falle darf der Anbau erst nach Leistung der Sicherheit begonnen oder fortgesetzt werden.

(4) Nach dem Anbau sind die Unterhaltungskosten für den gemeinsam genutzten Teil der Grenzwand von den beiden Grundstückseigentümern zu gleichen Teilen zu tragen.

§ 9 Errichten einer zweiten Grenzwand. Steht auf einem Grundstück ein Bauwerk an der Grenze und wird später auf dem Nachbargrundstück an dieser Grenze ein Bauwerk errichtet, aber nicht an die Grenzwand angebaut, so ist dessen Erbauer verpflichtet, die Fuge zwischen den Grenzwänden auf seine Kosten bündig mit der Außenfläche des Bauwerks zu verdecken.

§ 10 Besondere Gründung. (1) [1] Auf Verlangen des Eigentümers des Nachbargrundstücks ist der Erbauer eines an der gemeinsamen Grenze zu errichtenden Bauwerks verpflichtet, eine solche Gründung vorzunehmen, daß bei der späteren Durchführung des Bauvorhabens des Eigentümers des Nachbargrundstücks zusätzliche Baumaßnahmen vermieden werden. [2] Der Eigentümer des Nachbargrundstücks kann das Verlangen nur bis zum Eingang des Bauantrags bei der Bauaufsichtsbehörde dem Bauherrn gegenüber stellen.

(2) [1] Die durch das Verlangen nach Abs. 1 entstehenden Mehrkosten sind zu erstatten. [2] In Höhe der voraussichtlich erwachsenden Mehrkosten ist auf Verlangen des Bauherrn binnen zwei Wochen Vorschuß zu leisten. [3] Der Anspruch auf die besondere Gründung erlischt, wenn der Vorschuß nicht fristgerecht geleistet wird.

(3) [1] Soweit der Bauherr die besondere Gründung auch zum Vorteil seines Bauwerks ausnutzt, beschränkt sich die Erstattungspflicht des Eigentümers des Nachbargrundstücks auf den angemessenen Kostenanteil. [2] Bereits gezahlte Kosten können zurückgefordert werden.

§ 10 a Wärmedämmung. (1) [1] Der Eigentümer und die Nutzungsberechtigten eines Grundstücks haben Bauteile, die auf ihr Grundstück übergreifen, zu dulden, wenn

1. es sich bei den übergreifenden Bauteilen um eine Wärmedämmung handelt, die über die Bauteilanforderungen der Energieeinsparverordnung vom 24. Juli 2007 (BGBl. I S. 1519), geändert durch Verordnung vom 29. April 2009 (BGBl. I S. 954), in der jeweils geltenden Fassung für bestehende Gebäude nicht hinausgeht,

2. eine vergleichbare Wärmedämmung auf andere Weise mit vertretbarem Aufwand nicht vorgenommen werden kann und

3. die übergreifenden Bauteile

   a) an einer vorhandenen einseitigen Grenzwand auf dem Nachbargrundstück angebracht werden,

   b) die Benutzung des betroffenen Grundstücks nicht oder nur geringfügig beeinträchtigen und

   c) öffentlich-rechtlichen Vorschriften nicht widersprechen.

[2] Die Duldungspflicht nach Satz 1 erstreckt sich auch auf die mit der Wärmedämmung zusammenhängenden notwendigen Änderungen von Bauteilen.

(2) Für die Verpflichtung zum Schadensersatz und zur Anzeige gelten die §§ 23 und 24 entsprechend mit der Maßgabe, dass die Frist zur Anzeige einen Monat beträgt und die Anzeige Art und Umfang der Baumaßnahme umfassen muss.

(3) [1] Dem Eigentümer des betroffenen Grundstücks ist ein angemessener Ausgleich in Geld zu leisten. [2] Sofern nichts anderes vereinbart wird, gelten § 912 Abs. 2 und die §§ 913 und 914 des Bürgerlichen Gesetzbuchs entsprechend.

§ 10 b Über die Grenze gebaute Wand. Die Vorschriften für die Grenzwand gelten entsprechend für eine über die Grenze hinausreichende Wand, die keine Nachbarwand im Sinne von § 1 Abs. 1 ist und zu deren Duldung der Eigentümer und die Nutzungsberechtigten des Nachbargrundstücks verpflichtet sind.

Dritter Abschnitt. Fenster- und Lichtrecht

§ 11 Umfang und Inhalt. (1) In oder an der Außenwand eines Gebäudes, die parallel oder in einem Winkel bis zu 60° zur Grenze des Nachbargrundstücks verläuft, dürfen Fenster oder Türen oder zum Betreten bestimmte Bauteile nur mit der Einwilligung des Eigentümers des Nachbargrundstücks angebracht werden, wenn die Fenster, die Türen oder die Bauteile von der Grenze einen geringeren Abstand als 2,5 m einhalten sollen.

(2) Die Einwilligung muß erteilt werden, wenn keine oder nur geringfügige Beeinträchtigungen zu erwarten sind.

§ 12 Ausnahmen. § 11 Abs. 1 gilt nicht,
1. soweit nach öffentlich-rechtlichen Vorschriften Fenster, Türen oder zum Betreten bestimmte Bauteile anzubringen sind;

2. für lichtdurchlässige, jedoch undurchsichtige und gegen Feuereinwirkung widerstandsfähige Wandbauteile;

3. für Außenwände gegenüber Grenzen zu öffentlichen Straßen, zu öffentlichen Grünflächen und zu Gewässern.

§ 13 Ausschluß des Beseitigungsanspruchs. Der Anspruch auf Beseitigung einer Einrichtung nach § 11 Abs. 1, die einen geringeren als den in § 11 Abs. 1 vorgeschriebenen Abstand einhält, ist ausgeschlossen,

1. wenn die Einrichtung bei Inkrafttreten dieses Gesetzes vorhanden ist und ihr Abstand dem bisherigen Recht entspricht oder

2. wenn der Nachbar nicht binnen einem Jahr nach dem Anbringen der Einrichtung Klage auf Beseitigung erhoben hat; diese Frist beginnt frühestens mit dem Inkrafttreten dieses Gesetzes.

Vierter Abschnitt. Einfriedung

§ 14 Einrichtung. (1) [1]Der Eigentümer eines bebauten oder gewerblich genutzen Grundstücks ist auf Verlangen des Eigentümers des Nachbargrundstücks verpflichtet, sein Grundstück einzufrieden, soweit die Grenze zum Nachbargrundstück nicht mit Gebäuden besetzt ist. [2]Sind beide Grundstücke bebaut oder gewerblich genutzt, so sind die Eigentümer der beiden Grundstücke gegenseitig verpflichtet, bei der Errichtung der Einfriedung mitzuwirken. [3]Stellt das Verlangen nach Satz 1 der Eigentümer eines Grundstücks, das weder bebaut noch gewerblich genutzt ist, aber innerhalb eines im Zusammenhang bebauten Ortsteils gelegen oder in einem Bebauungsplan als Bauland ausgewiesen ist, so ist er berechtigt, bei der Errichtung der Einfriedung mitzuwirken.

(2) Die Einfriedung ist im Falle des Abs. 1 Satz 1 – vorbehaltlich des § 16 Abs. 1 – entlang der Grenze, in den übrigen Fällen auf der Grenze zu errichten.

(3) Als gewerblich genutzt im Sinne des Abs. 1 Satz 1 gilt nicht ein Grundstück, das dem Erwerbsgartenbau dient.

§ 15 Beschaffenheit. [1]Die Einfriedung besteht aus einem ortsüblichen Zaun; läßt sich eine ortsübliche Einfriedung nicht feststellen, so besteht sie aus einem 1,2 m hohen Zaun aus verzinktem Maschendraht. [2]Schreiben öffentlich-rechtliche Vorschriften eine andere Art der Einfriedung vor, so tritt diese an die Stelle der in Satz 1 genannten Einfriedungsart.

§ 16 Abstand von der Grenze. (1) [1]Die Einfriedung muß von der Grenze eines Grundstücks, das außerhalb eines im Zusammenhang bebauten Ortsteils liegt und nicht in einem Bebauungsplan als Bauland ausgewiesen ist, 0,5 m zurückbleiben, auch wenn ein Verlangen nach § 14 Abs. 1 nicht gestellt worden ist. [2]Dies gilt nicht gegenüber Grundstücken, für die nach Lage, Beschaffenheit oder Größe eine Bearbeitung mit Gespann oder Schlepper nicht in Betracht kommt.

(2) Der Anspruch auf Beseitigung einer Einfriedung, die einen geringeren als den nach Abs. 1 vorgeschriebenen Abstand einhält, ist ausgeschlossen,

1. wenn die Einfriedung bei Inkrafttreten dieses Gesetzes vorhanden ist und ihr Abstand dem bisherigen Recht entspricht oder

2. wenn der Nachbar nicht binnen zwei Jahren nach der Errichtung Klage auf Beseitigung erhoben hat; diese Frist beginnt frühestens mit dem Inkrafttreten dieses Gesetzes.

(3) Wird eine Einfriedung, die einen geringeren als den nach Abs. 1 vorgeschriebenen Abstand einhält, durch eine andere ersetzt, so gilt Abs. 1. .

§ 17 Kosten der Errichtung. (1) In den Fällen des § 14 Abs. 1 Satz 2 und 3 tragen die beteiligten Grundstückseigentümer die Kosten der Errichtung der Einfriedung zu gleichen Teilen.

(2) Wird das an ein eingefriedetes Grundstück angrenzende Grundstück bebaut oder gewerblich genutzt, so ist der Eigentümer des angrenzenden Grundstücks, sofern eine Verpflichtung zur Übernahme anteiliger Errichtungskosten für ihn noch nicht entstanden ist, zur Zahlung einer Vergütung in Höhe der Hälfte der Kosten der Errichtung der Einfriedung unter angemessener Berücksichtigung der bisherigen Abnutzung verpflichtet; das gleiche gilt, wenn das angrenzende Grundstück in den im Zusammenhang bebauten Ortsteil einbezogen oder in einem Bebauungsplan als Bauland ausgewiesen wird, sofern der Eigentümer dieses Grundstücks oder sein Rechtsvorgänger die Errichtung der Einfriedung verlangt hatte.

(3) [1]Der Berechnung sind die Errichtungskosten einer Einfriedung im Sinne des § 15, höchstens die tatsächlichen Aufwendungen, einschließlich der Eigenleistungen, zugrunde zu legen. [2]Ist nur für eines der beiden Grundstücke eine Einfriedungsart nach § 15 Satz 2 vorgeschrieben, so sind der Berechnung die Errichtungskosten einer Einfriedung nach § 15 Satz 1, höchstens die tatsächlichen Aufwendungen, einschließlich der Eigenleistungen, zugrunde zu legen.

§ 18 Kosten der Unterhaltung. (1) Die Kosten der Unterhaltung der Einfriedung tragen die beteiligten Grundstückseigentümer je zur Hälfte, wenn für sie oder ihre Rechtsvorgänger die Verpflichtung zur Tragung von Errichtungskosten begründet worden ist.

(2) § 17 Abs. 3 gilt entsprechend.

§ 19 Ausnahmen. Die §§ 14 bis 18 gelten nicht für Einfriedungen zwischen Grundstücken und den an sie angrenzenden öffentlichen Straßen, öffentlichen Grünflächen und Gewässern.

Fünfter Abschnitt. Veränderung des Grundwasserspiegels

§ 20 [Veränderung des Grundwasserspiegels] Der Eigentümer und die Nutzungsberechtigten eines Grundstücks dürfen auf dessen Untergrund mit physikalischen oder chemischen Mitteln nicht in einer Weise einwirken, daß der Grundwasserspiegel steigt oder sinkt und dadurch auf einem Nachbargrundstück erhebliche Beeinträchtigungen hervorgerufen werden.

Sechster Abschnitt. Wild abfließendes Wasser

§ 21 Abfluß und Zufluß. (1) Wild abfließendes Wasser ist oberirdisch außerhalb eines Bettes abfließendes Quell- oder Niederschlagswasser.

(2) Der Eigentümer und die Nutzungsberechtigten eines Grundstücks dürfen nicht

1. den Abfluß wild abfließenden Wassers auf Nachbargrundstücke verstärken,

2. den Zufluß wild abfließenden Wassers von Nachbargrundstücken auf ihr Grundstück hindern,

wenn dadurch die Nachbargrundstücke erheblich beeinträchtigt werden.

(3) Der Eigentümer und die Nutzungsberechtigten eines Grundstücks dürfen den Abfluß von Niederschlagswasser von ihrem Grundstück auf Nachbargrundstücke mindern oder unterbinden.

§ 22 Wiederherstellung des früheren Zustandes. (1) Haben Naturereignisse den Abfluß wild abfließenden Wassers von einem Grundstück auf ein Nachbargrundstück verstärkt oder den Zufluß wild abfließenden Wassers von einem Nachbargrundstück auf ein Grundstück gemindert oder unterbunden und wird dadurch das Nachbargrundstück erheblich beeinträchtigt, so müssen der Eigentümer und die Nutzungsberechtigten des Grundstücks die Wiederherstellung des früheren Zustandes durch den Eigentümer und die Nutzungsberechtigten des beeinträchtigten Nachbargrundstücks dulden.

(2) [1] Die Wiederherstellung muß binnen drei Jahren vom Ende des Jahres ab, in dem die Veränderung eingetreten ist, durchgeführt werden. [2] Während der Dauer eines Rechtsstreits über die Verpflichtung zur Duldung der Wiederherstellung ist der Lauf der Frist für die Prozeßbeteiligten gehemmt.

§ 23 Schadensersatz. [1] Schaden, der bei Ausübung des Rechts auf dem betroffenen Grundstück entsteht, ist zu ersetzen. [2] Auf Verlangen ist Sicherheit in Höhe des voraussichtlichen Schadensbetrags zu leisten; in solchem Falle darf das Recht erst nach Leistung der Sicherheit ausgeübt werden.

§ 24 Anzeigepflicht. (1) Die Absicht, das Recht nach § 22 Abs. 1 auszuüben, ist zwei Wochen vor Beginn der Bauarbeiten dem Eigentümer und, soweit deren Rechtsstellung oder Besitzstand davon berührt wird, auch den Nutzungsberechtigten des betroffenen Grundstücks anzuzeigen.

(2) Ist der Duldungspflichtige, der nicht unmittelbarer Besitzer ist, nicht bekannt oder infolge Aufenthalts im Ausland nicht alsbald erreichbar und hat er auch keinen Vertreter bestellt, so genügt insoweit die Anzeige an den unmittelbaren Besitzer.

§ 25 Wegfall der Verpflichtung zur Sicherheitsleistung und zur Anzeige. Ist die Ausübung des Rechts nach § 22 Abs. 1 zur Abwendung einer gegenwärtigen erheblichen Gefahr erforderlich, so entfällt die Verpflichtung zur Sicherheitsleistung und zur Anzeige.

Siebenter Abschnitt. Dachtraufe

§ 26 Niederschlagswasser. (1) Der Eigentümer und die Nutzungsberechtigten eines Grundstücks müssen ihre baulichen Anlagen so einrichten, daß

1. Niederschlagswasser nicht auf das Nachbargrundstück tropft oder nach diesem abgeleitet wird,

2. Niederschlagswasser, das auf das eigene Grundstück tropft oder abgeleitet ist, nicht auf das Nachbargrundstück übertritt.

(2) Abs. 1 findet keine Anwendung auf freistehende Mauern entlang öffentlicher Straßen und öffentlicher Grünflächen.

§ 27 Anbringen von Sammel- und Abflußeinrichtungen. (1) [1]Der Eigentümer und die Nutzungsberechtigten eines Grundstücks, die aus besonderem Rechtsgrund verpflichtet sind, das von den baulichen Anlagen eines Nachbargrundstücks tropfende oder abgeleitete oder von dem Nachbargrundstück übertretende Niederschlagswasser aufzunehmen, sind berechtigt, auf eigene Kosten besondere Sammel- und Abflußeinrichtungen an der baulichen Anlage des traufberechtigten Nachbarn anzubringen, wenn die damit verbundene Beeinträchtigung nicht erheblich ist. [2]Sie haben diese Einrichtungen zu unterhalten.

(2) Für die Verpflichtungen zum Schadensersatz und zur Anzeige gelten die §§ 23 und 24 entsprechend.

Achter Abschnitt. Hammerschlags- und Leiterrecht

§ 28 Inhalt und Umfang. (1) Der Eigentümer und die Nutzungsberechtigten eines Grundstücks müssen dulden, daß ihr Grundstück von dem Eigentümer und den Nutzungsberechtigten des Nachbargrundstücks zwecks Errichtung, Veränderung, Unterhaltung oder Beseitigung einer baulichen Anlage betreten wird und daß auf oder über ihm Gerüste aufgestellt sowie die zu den Bauarbeiten erforderlichen Gegenstände über das Grundstück gebracht oder dort niedergelegt werden, wenn und soweit

1. das Vorhaben anders nicht zweckmäßig oder nur mit unverhältnismäßig hohen Kosten durchgeführt werden kann,

2. die mit der Duldung verbundenen Nachteile oder Belästigungen nicht außer Verhältnis zu dem von dem Berechtigten erstrebten Vorteil stehen und

3. das Vorhaben den baurechtlichen Vorschriften entspricht.

(2) [1]Das Recht ist mit tunlichster Schonung auszuüben. [2]Wird das betroffene Grundstück landwirtschaftlich oder gewerbsmäßig gärtnerisch genutzt, so darf das Recht nicht zur Unzeit geltend gemacht werden, wenn sich die Arbeiten unschwer auf einen späteren Zeitpunkt verlegen lassen.

(3) Abs. 1 findet auf die Eigentümer öffentlicher Straßen keine Anwendung.

§ 29 Schadensersatz und Anzeigepflicht. Für die Verpflichtung zum Schadensersatz und zur Anzeige gelten die §§ 23 bis 25 entsprechend.

Neunter Abschnitt. Duldung von Leitungen

§ 30 Leitungen in Privatgrundstücken. (1) Der Eigentümer und die Nutzungsberechtigten eines Grundstücks müssen dulden, daß durch ihr Grundstück der Eigentümer und die Nutzungsberechtigten des Nachbargrundstücks auf ihre Kostenversorgungs- und Abwasserleitungen hindurchführen, wenn

1. der Anschluß an das Versorgungs- und Entwässerungsnetz anders nicht zweckmäßig oder nur mit unverhältnismäßig hohen Kosten durchgeführt werden kann und

2. die damit verbundene Beeinträchtigung nicht erheblich ist.

(2) [1] Ist das betroffene Grundstück an das Versorgungs- und Entwässerungsnetz bereits angeschlossen und reichen die vorhandenen Leitungen aus, um die Versorgung oder Entwässerung der beiden Grundstücke durchzuführen, so beschränkt sich die Verpflichtung nach Abs. 1 auf das Dulden des Anschlusses. [2] Im Falle des Anschlusses ist zu den Herstellungskosten des Teils der Leitungen, der nach dem Anschluß mitbenutzt werden soll, ein angemessener Beitrag und auf Verlangen Sicherheit in Höhe des voraussichtlichen Beitrags zu leisten. [3] In solchem Falle darf der Anschluß erst nach Leistung der Sicherheit vorgenommen werden.

(3) Bestehen mehrere Möglichkeiten der Durchführung, so ist die für das betroffene Grundstück schonendste zu wählen.

§ 31 Unterhaltung. (1) [1] Der Berechtigte hat die nach § 30 Abs. 1 verlegten Leitungen oder die nach § 30 Abs. 2 hergestellten Anschlußleitungen auf seine Kosten zu unterhalten. [2] Zu den Unterhaltungskosten der Teile der Leitungen, die von ihm mitbenutzt werden, hat er einen angemessenen Beitrag zu leisten.

(2) Zur Durchführung von Maßnahmen im Sinne des Abs. 1 Satz 1 darf der Berechtigte das betroffene Grundstück betreten.

§ 32 Schadensersatz und Anzeigepflicht. Für die Verpflichtungen zum Schadensersatz und zur Anzeige gelten die §§ 23 bis 25 entsprechend.

§ 33 Nachträgliche erhebliche Beeinträchtigung. (1) [1] Führen die nach § 30 Abs. 1 verlegten Leitungen oder die nach § 30 Abs. 2 hergestellten Anschlußleitungen nachträglich zu einer erheblichen Beeinträchtigung, so können der Eigentümer und die Nutzungsberechtigten des betroffenen Grundstücks von dem Berechtigten verlangen, daß er seine Leitungen beseitigt und die Beseitigung der Teile der Leitungen, die gemeinschaftlich benutzt werden, duldet. [2] Dieses Recht entfällt, wenn der Berechtigte die Beeinträchtigung so herabmindert, daß sie nicht mehr erheblich ist.

(2) Schaden, der durch die Maßnahmen nach Abs. 1 auf dem betroffenen Grundstück entsteht, ist zu ersetzen.

§ 34 Anschlußrecht des Duldungspflichtigen. (1) [1] Der Eigentümer und die Nutzungsberechtigten eines Grundstücks, das gemäß § 30 Abs. 1 in Anspruch genommen ist, sind berechtigt, ihrerseits an die verlegten Leitungen anzuschließen, wenn diese ausreichen, um die Versorgung oder Entwässerung der beiden Grundstücke durchzuführen. [2] § 30 Abs. 2 Satz 2 und § 31 Abs. 1 gelten entsprechend.

(2) [1] Soll ein auf dem betroffenen Grundstück errichtetes oder noch zu erstellendes Gebäude an die Leitungen angeschlossen werden, die der Eigentümer oder die Nutzungsberechtigten des Nachbargrundstücks nach § 30 Abs. 1 durch das Grundstück hindurchführen wollen, so können der Eigentümer und die Nutzungsberechtigten des betroffenen Grundstücks verlangen, daß die Leitungen in einer ihrem Vorhaben Rechnung tragenden und technisch vertretbaren Weise verlegt werden. [2] Die durch dieses Verlangen entstehenden Mehrkosten sind zu erstatten. [3] In Höhe der voraussichtlich erwachsenden Mehrkosten ist auf Verlangen binnen zwei Wochen Vorschuß zu leisten; der Anspruch nach Satz 1 erlischt, wenn der Vorschuß nicht fristgerecht geleistet wird.

§ 35 Leitungen in öffentlichen Straßen. Die §§ 30 bis 34 gelten nicht für die Verlegung von Leitungen in öffentlichen Straßen und in öffentlichen Grünflächen.

Zehnter Abschnitt. Höherführen von Schornsteinen und Lüftungsschächten

§ 36 Inhalt und Umfang. (1) Der Eigentümer und die Nutzungsberechtigten eines Grundstücks müssen dulden, daß an ihrem Gebäude der Eigentümer und die Nutzungsberechtigten des angrenzenden niederen Gebäudes ihre Schornsteine und Lüftungsschächte befestigen, wenn

1. die Erhöhung der Schornsteine und Lüftungsschächte zur Erzielung der notwendigen Zug- und Saugwirkung erforderlich ist und

2. die Befestigung der höhergeführten Schornsteine und Lüftungsschächte anders nicht zweckmäßig oder nur mit unverhältnismäßig hohen Kosten durchgeführt werden kann.

(2) [1] Der Eigentümer und die Nutzungsberechtigten des betroffenen Grundstücks müssen ferner dulden, daß die höhergeführten Schornsteine und Lüftungsschächte des Nachbargebäudes von ihrem Grundstück aus unterhalten und gereinigt und die hierzu erforderlichen Einrichtungen angebracht werden, wenn diese Maßnahmen anders nicht zweckmäßig oder nur mit unverhältnismäßig hohen Kosten durchgeführt werden können. [2] Sie können aber den Berechtigten darauf verweisen, eine Steigleiter an ihrem Gebäude anzubringen und zu benutzen, wenn diese Lösung technisch zweckmäßig ist.

§ 37 Schadensersatz und Anzeigepflicht. [1] Für die Verpflichtungen zum Schadensersatz und zur Anzeige gelten die §§ 23 bis 25 entsprechend. [2] Die Anzeigepflicht entfällt auch, wenn die nach der Kehrordnung vorgeschriebene Reinigung durchgeführt werden soll.

Elfter Abschnitt. Grenzabstände für Pflanzen

§ 38 Grenzabstände für Bäume, Sträucher und einzelne Rebstöcke.

(1) Der Eigentümer und die Nutzungsberechtigten eines Grundstücks haben bei dem Anpflanzen von Bäumen, Sträuchern und einzelnen Rebstöcken von den Nachbargrundstücken – vorbehaltlich des § 40 – folgende Abstände einzuhalten:

1.   mit Allee- und Parkbäumen, und zwar

    a) sehr stark wachsenden Allee- und Parkbäumen, insbesondere dem Eschenahorn (Acer negundo), sämtlichen Lindenarten (Tilia), der Platane (Platanus acerifolia), der Roßkastanie (Aesculus hippocastanum), der Rotbuche (Fagus sylvatica), der Stieleiche (Quercus robur), ferner der Atlas- und Libanon-Zeder (Cedrus atlantica u. libani), der Douglasfichte (Pseudotsuga taxifolia), der Eibe (Taxus baccata), der österreichischen Schwarzkiefer (pinus nigra austriaca) .... 4 m,

    b) stark wachsenden Allee- und Parkbäumen, insbesondere der Mehlbeere (Sorbus intermedia), der Weißbirke (Betula pendula), der Weißerle (Alnus incana), ferner der Fichte oder Rottanne (Picea abies), der gemeinen Kiefer oder Föhre (Pinus sylvestris), dem abendländischen Lebensbaum (Thuja occidentalis) .... 2 m,

    c) allen übrigen Allee- und Parkbäumen .... 1,5 m,

2.   mit Obstbäumen, und zwar

    a) Walnußsämlingsbäumen .... 4 m,

    b) Kernobstbäumen, soweit sie auf stark wachsender Unterlage veredelt sind, sowie Süßkirschenbäumen und veredelten Walnußbäumen .... 2 m,

    c) Kernobstbäumen, soweit sie auf schwach wachsender Unterlage veredelt sind, sowie Steinobstbäumen, ausgenommen die Süßkirschenbäume .... 1,5 m,

3.   mit Ziersträuchern, und zwar

    a) stark wachsenden Ziersträuchern, insbesondere der Alpenrose (Rhododendron-Hybriden), dem Feldahorn (Acer campestre), dem Feuerdorn (Pyracantha coccinea), dem Flieder (Syringa vulgaris), dem Goldglöckchen (Forsythia intermedia), der rotblättrigen Haselnuß (Corylus avellana v. fuscorubra), den stark wachsenden Pfeifensträuchern – falscher Jasmin – (Philadelphus coronarius, satsumanus, zeyheri u.a.), ferner dem Wacholder (Juniperus communis) .... 1 m,

    b) allen übrigen Ziersträuchern .... 0,5 m,

4.   mit Beerenobststräuchern, und zwar

    a) Brombeersträuchern .... 1 m,

    b) allen übrigen Beerenobststräuchern .... 0,5 m,

5.   mit einzelnen Rebstöcken .... 0,5 m.

    (2) Abs. 1 gilt auch für wild gewachsene Pflanzen.

§ 39 Grenzabstände für lebende Hecken. (1) Der Eigentümer und die Nutzungsberechtigten eines Grundstücks haben bei dem Anpflanzen lebender Hecken von den Nachbargrundstücken – vorbehaltlich des § 40 – folgende Abstände einzuhalten:

1.	mit Hecken über	2	m Höhe	....	0,75 m,
2.	mit Hecken bis zu	2	m Höhe	....	0,50 m,
3.	mit Hecken bis zu	1,2	m Höhe	....	0,25 m.

(2) Abs. 1 gilt nicht für Hecken, die das öffentliche Recht als Einfriedung vorschreibt.

§ 40 Ausnahmen. (1) Die doppelten Abstände nach den §§ 38 und 39 sind einzuhalten gegenüber Grundstücken, die

1. dem Weinbau dienen,

2. landwirtschaftlich nutzbar sind oder dem Erwerbsgartenbau oder dem Kleingartenbau dienen und im Außenbereich (§ 19 Abs. 1 Nr. 3, § 35 Baugesetzbuch) liegen oder

3. durch Bebauungsplan der landwirtschaftlichen, erwerbsgärtnerischen oder kleingärtnerischen Nutzung vorbehalten sind.

(2) Die §§ 38 und 39 gelten nicht für

1. Anpflanzungen, die hinter einer Wand oder Mauer vorgenommen werden und diese nicht überragen,

2. Anpflanzungen an den Grenzen zu öffentlichen Straßen, zu öffentlichen Grünflächen und Gewässern,

3. Anpflanzungen auf öffentlichen Straßen.

(3) § 16 Abs. 4 und 5 des Hessischen Forstgesetzes in der Fassung vom 4. Juli 1978 (GVBl. I S. 424, 584), zuletzt geändert durch Gesetz vom 29. März 1988 (GVBl. I S. 130), bleibt unberührt.

§ 41 Berechnung des Abstandes. Der Abstand wird von der Mitte des Baumstammes, des Strauches oder des Rebstocks bis zur Grenzlinie gemessen, und zwar an der Stelle, an der der Baum, der Strauch oder der Rebstock aus dem Boden austritt.

§ 42 Grenzabstand im Weinbau. (1) Der Eigentümer und die Nutzungsberechtigten eines dem Weinbau dienenden Grundstücks haben bei dem Anpflanzen von Rebstöcken folgende Abstände einzuhalten:

1. gegenüber den parallel zu den Rebzeilen verlaufenden Grenzen die Hälfte des geringsten Zeilenabstandes, gemessen zwischen den Mittellinien der Rebzeilen, mindestens aber 0,75 m,

2. gegenüber den sonstigen Grenzen, gerechnet von dem äußersten Rebstock oder von der Verankerung, falls eine solche vorhanden ist, 0,5 m.

(2) Übersteigt die Gesamthöhe der Rebanlage 1,8 m (Rebschnittgärten, Weitraumanlage), so beträgt der Abstand nach Abs. 1 Nr. 1 mindestens 1,5 m.

§ 43[1] Beseitigungsanspruch, Anspruch auf Rückschnitt. (1) [1] Einzelne Bäume, Sträucher und Rebstöcke, die den Grenzabstand nach den §§ 38 und 40, und Hecken, die den Grenzabstand nach § 39 Abs. 1 Nr. 3 und § 40 nicht

---

[1] Gem. Art. 3 des G zur Änd. des Hess. NachbarrechtsG und des Hess. BauO v. 10. 12. 2009 (GVBl. I S. 631) gilt für Anpflanzungen, die bereits vor Inkrafttreten dieses G vorhanden waren, § 43 Abs. 1 Nr. 2 in der bis zu diesem Zeitpunkt geltenden Fassung.

einhalten, sind auf Verlangen des Nachbarn zu beseitigen. [2] Der Anspruch ist ausgeschlossen, wenn der Nachbar nicht bis zum Ablauf des dritten auf das Anpflanzen oder die Errichtung folgenden Kalenderjahres Klage auf Beseitigung erhoben hat. [3] Bei Bäumen, Sträuchern und Rebstöcken, die zunächst als Heckenbestandteil gezogen wurden, beginnt die Frist zu dem Zeitpunkt, zu dem die Anpflanzung das Erscheinungsbild einer Hecke verliert. [4] Bei wild gewachsenen Pflanzen beginnt die Frist zu dem Zeitpunkt, zu dem das Vorhandensein der Pflanzen für den Nachbarn erkennbar wird.

(2) [1] Hecken, die den Grenzabstand nach § 39 Abs. 1 Nr. 1 und 2 und § 40 nicht einhalten, sind auf Verlangen des Nachbarn auf die zur Einhaltung des Grenzabstandes erforderliche Höhe zurückzuschneiden. [2] Die Verpflichtung zum Rückschnitt muss nur in der Zeit vom 1. Oktober bis zum 15. März erfüllt werden. [3] Für den Anspruch auf Rückschnitt gilt Abs. 1 Satz 2 entsprechend mit der Maßgabe, dass die Frist zu dem Zeitpunkt beginnt, zu dem die Hecke den erforderlichen Abstand unterschreitet.

(3) [1] Werden für die in Abs. 1 Satz 1 genannten Anpflanzungen Ersatzanpflanzungen vorgenommen, so gelten die §§ 38 bis 42. [2] Werden in geschlossenen Obstanlagen einzelne Obstbäume nachgepflanzt, so bleibt der Abstand der anderen Obstbäume maßgebend.

§ 44 Nachträgliche Grenzänderungen. Die Rechtmäßigkeit des Abstandes einer Anpflanzung wird durch nachträgliche Grenzänderungen nicht berührt; jedoch gilt § 43 Abs. 3 entsprechend.

Zwölfter Abschnitt. Anwendungsbereich des Gesetzes

§ 45 [Anwendungsbereich des Gesetzes] Die §§ 1 bis 44 gelten nur, soweit öffentlich-rechtliche Vorschriften nicht entgegenstehen oder die Beteiligten nichts anderes vereinbaren.

Dreizehnter Abschnitt. Schlußbestimmungen

§ 46 Übergangsvorschriften. Der Umfang von Rechten, die bei Inkrafttreten dieses Gesetzes bestehen, richtet sich – unbeschadet des § 13, des § 16 Abs. 2 und des § 43 Abs. 1 – nach den Vorschriften dieses Gesetzes.

§ 47 *(nicht wiedergegebene Änderungsvorschrift)*

§ 48 *(nicht wiedergegebene Aufhebungsvorschrift)*

§ 49 Inkrafttreten, Außerkrafttreten. [1] Dieses Gesetz tritt am 1. November 1962 in Kraft. [2] Es tritt mit Ablauf des 31. Dezember 2014 außer Kraft.

9. Niedersächsisches Nachbarrechtsgesetz (NNachbG)

Vom 31. März 1967

(Nds. GVBl. S. 91)

GVBl. Sb 40400 01

zuletzt geänd.. durch Art. 1 G zur Änd. des Nds. NachbarrechtsG und des Nds. AGBGB v. 23. 2. 2006 (Nds. GVBl. S. 88)

Der Niedersächsische Landtag hat das folgende Gesetz beschlossen, das hiermit verkündet wird:

Erster Abschnitt. Allgemeine Vorschriften

§ 1 Begriff des Nachbarn. Nachbar im Sinne dieses Gesetzes ist nur der Eigentümer eines Grundstücks, im Falle des Erbbaurechts der Erbbauberechtigte.

§ 2 Verjährung. [1] Für die Verjährung von Ansprüchen nach diesem Gesetz gilt Abschnitt 5 des Buches 1 des Bürgerlichen Gesetzbuchs (BGB) entsprechend. [2] In den Fällen der §§ 54, 55 Abs. 1 Nr. 3 und Abs. 2 sowie des § 59 Abs. 2 Nr. 2 tritt die Verjährung jedoch nicht vor Ablauf der dort bestimmten Frist ein.

Zweiter Abschnitt. Nachbarwand

§ 3 Begriff der Nachbarwand. Nachbarwand ist eine auf der Grenze zweier Grundstücke errichtete Wand, die mit einem Teil ihrer Dicke auf dem Nachbargrundstück steht und den Bauwerken beider Grundstücke als Abschlußwand oder zur Unterstützung oder Aussteifung dient oder dienen soll.

§ 4 Einvernehmen mit dem Nachbarn. [1] Eine Nachbarwand darf nur im Einvernehmen mit dem Nachbarn errichtet werden. [2] Für die im Einvernehmen mit dem Nachbarn errichtete Nachbarwand gelten die §§ 5 bis 15.

§ 5 Beschaffenheit der Nachbarwand. (1) [1] Die Nachbarwand ist in einer solchen Bauart und Bemessung auszuführen, daß sie den Bauvorhaben beider Nachbarn genügt. [2] Ist nichts anderes vereinbart, so braucht der zuerst Bauende die Wand nur für einen Anbau herzurichten, der an die Bauart und Bemessung der Wand keine höheren Anforderungen stellt als sein eigenes Bauvorhaben. [3] Anbau ist die Mitbenutzung der Wand als Abschlußwand oder zur Unterstützung oder Aussteifung des neuen Bauwerkes.

(2) [1] Erfordert keins der beiden Bauvorhaben eine größere Dicke der Wand als das andere, so darf die Nachbarwand höchstens mit der Hälfte ihrer notwendigen Dicke auf dem Nachbargrundstück errichtet werden. [2] Erfordert der auf dem einen der Grundstücke geplante Bau eine dickere Wand, so ist die Wand mit einem entsprechend größeren Teil ihrer Dicke auf diesem Grundstück zu errichten.

§ 6 Ansprüche des Nachbarn. [1] Soweit die Nachbarwand dem § 5 Abs. 2 entspricht, hat der Nachbar keinen Anspruch auf Zahlung einer Vergütung (§ 912 BGB) oder auf Abkauf von Boden (§ 915 BGB). [2] Wird die Nachbarwand beseitigt, bevor angebaut ist, so kann der Nachbar für die Zeitspanne ihres Bestehens eine Vergütung gemäß § 912 BGB beanspruchen.

§ 7 Anbau an die Nachbarwand. (1) [1] Der Nachbar ist berechtigt, an die Nachbarwand nach den allgemein anerkannten Regeln der Baukunst anzubauen; dabei darf er in den Besitz des zuerst Bauenden an der Nachbarwand eingreifen. [2] Unterfangen der Nachbarwand ist nur entsprechend den Vorschriften des § 20 zulässig.

(2) [1] Der anbauende Nachbar hat dem Eigentümer des zuerst bebauten Grundstücks den halben Wert der Nachbarwand zu vergüten, soweit ihre Fläche zum Anbau genutzt wird. [2] Ruht auf dem zuerst bebauten Grundstück ein Erbbaurecht, so steht die Vergütung dem Erbbauberechtigten zu.

(3) Die Vergütung ermäßigt sich angemessen, wenn die besondere Bauart oder Bemessung der Wand nicht erforderlich oder nur für das zuerst errichtete Bauwerk erforderlich ist; sie erhöht sich angemessen, wenn die besondere Bauart oder Bemessung der Wand nur für das später errichtete Bauwerk erforderlich ist.

(4) [1] Steht die Nachbarwand mehr auf dem Grundstück des anbauenden Nachbarn, als in § 5 Abs. 2 vorgesehen ist, so kann dieser die Vergütung um den Wert des zusätzlich überbauten Bodens kürzen, wenn er nicht die in § 912 Abs. 2 oder in § 915 BGB bestimmten Rechte ausübt. [2] Steht die Nachbarwand weniger auf dem Nachbargrundstück, als in § 5 Abs. 2 vorgesehen ist, so erhöht sich die Vergütung um den Wert des Bodens, den die Wand andernfalls auf dem Nachbargrundstück zusätzlich benötigt hätte.

(5) [1] Die Vergütung wird fällig, wenn der Anbau im Rohbau hergestellt ist; sie steht demjenigen zu, der zu dieser Zeit Eigentümer (Erbbauberechtigter) ist. [2] Bei der Wertberechnung ist von den zu diesem Zeitpunkt üblichen Baukosten auszugehen und das Alter sowie der bauliche Zustand der Nachbarwand zu berücksichtigen. [3] Auf Verlangen ist Sicherheit in Höhe der voraussichtlich zu gewährenden Vergütung zu leisten, wenn mit einer Vergütung von mehr als 3 000 Euro zu rechnen ist; in einem solchen Falle darf der Anbau erst nach Leistung der Sicherheit begonnen oder fortgesetzt werden.

§ 8 Anzeige des Anbaues. (1) [1] Die Einzelheiten der geplanten Mitbenutzung der Wand sind zwei Monate vor Beginn der Bauarbeiten dem Eigentümer (Erbbauberechtigten) des zuerst bebauten Grundstücks anzuzeigen. [2] Mit den Arbeiten darf, wenn nichts anderes vereinbart wird, erst nach Fristablauf begonnen werden.

(2) Etwaige Einwendungen gegen den Anbau sollen unverzüglich erhoben werden.

(3) Ist der Aufenthalt des Eigentümers (Erbbauberechtigten) nicht bekannt oder ist er bei Aufenthalt im Ausland nicht alsbald erreichbar und hat er keinen Vertreter bestellt, so genügt statt der Anzeige an ihn die Anzeige an den unmittelbaren Besitzer.

§ 9 Abbruch an der Nachbarwand. Der geplante Abbruch eines der beiden Gebäude, denen die Nachbarwand dient, ist dem Nachbarn anzuzeigen; § 8 gilt entsprechend.

§ 10 Unterhaltung der Nachbarwand. (1) Bis zum Anbau fallen die Unterhaltungskosten der Nachbarwand dem Eigentümer des zuerst bebauten Grundstücks allein zur Last.

(2) [1] Nach dem Anbau sind die Unterhaltungskosten für den gemeinsam genutzten Teil der Wand von beiden Nachbarn zu gleichen Teilen zu tragen. [2] In den Fällen des § 7 Abs. 3 ermäßigt oder erhöht sich der Anteil des Anbauenden an den Unterhaltungskosten entsprechend der Anbauvergütung.

(3) [1] Wird eines der beiden Gebäude abgebrochen und nicht neu errichtet, so hat der Eigentümer des abgebrochenen Gebäudes die Außenfläche des bisher gemeinsam genutzten Teiles der Wand in einen für eine Außenwand geeigneten Zustand zu versetzen. [2] Bedarf die Wand gelegentlich des Gebäudeabbruches noch weiterer Instandsetzung, so sind die Kosten dafür gemäß Absatz 2 gemeinsam zu tragen. [3] Die künftige Unterhaltung der Wand obliegt dem Eigentümer des bestehen gebliebenen Gebäudes.

§ 11 Beseitigen der Nachbarwand vor dem Anbau. (1) [1] Der Eigentümer des zuerst bebauten Grundstücks darf die Nachbarwand nur mit Einwilligung des Nachbarn beseitigen. [2] Die Absicht, die Nachbarwand zu beseitigen, muß dem Nachbarn schriftlich erklärt werden. [3] Die Einwilligung gilt als erteilt, wenn der Nachbar dieser Erklärung nicht innerhalb von zwei Monaten schriftlich widerspricht. [4] Für die Erklärung gilt § 8 Abs. 3 entsprechend.

(2) Die Einwilligung gilt trotz Widerspruchs als erteilt, wenn

1. der Nachbar nicht innerhalb von sechs Monaten nach Empfang der Erklärung einen Bauantrag zur Errichtung eines Anbaus einreicht oder die bauaufsichtliche Zustimmung hierfür beantragt oder, falls das Vorhaben weder einer Baugenehmigung noch einer bauaufsichtlichen Zustimmung bedarf, die erforderlichen Unterlagen einreicht,

2. die Versagung der für die Errichtung eines Anbaus erforderlichen Baugenehmigung oder bauaufsichtlichen Zustimmung nicht mehr angefochten werden kann oder

3. nicht innerhalb eines Jahres nach Eintritt der Unanfechtbarkeit der Baugenehmigung oder der bauaufsichtlichen Zustimmung oder, falls das Vorhaben weder einer Baugenehmigung noch einer bauaufsichtlichen Zustimmung bedarf, nach Vorliegen der Bestätigung der Gemeinde nach § 69 a Abs. 5 Satz 1 der Niedersächsischen Bauordnung mit der Errichtung eines Anbaus begonnen wird.

(3) [1] Beseitigt der Erstbauende die Nachbarwand rechtswidrig ganz oder teilweise, so kann der anbauberechtigte Nachbar auch ohne Verschulden des Erstbauenden Schadensersatz verlangen. [2] Der Anspruch wird fällig, wenn das spätere Bauwerk im Rohbau hergestellt ist.

§ 12 Erhöhen der Nachbarwand. (1) [1] Jeder Nachbar darf die Nachbarwand auf seine Kosten erhöhen, wenn der andere Nachbar schriftlich einwilligt; bei der Erhöhung sind die allgemein anerkannten Regeln der Baukunst zu beachten. [2] Die Einwilligung muß erteilt werden, wenn keine oder nur geringfügige Beeinträchtigungen des eigenen Grundstücks zu erwarten sind. [3] Für den hinzugefügten oberen Teil der Nachbarwand gelten die Vorschriften des § 5 Abs. 1 und der §§ 7 bis 11.

(2) Der höher Bauende darf – soweit erforderlich – auf das Nachbardach einschließlich des Dachtragwerkes einwirken; er hat auf seine Kosten das Nachbardach mit der erhöhten Nachbarwand ordnungsgemäß zu verbinden.

(3) Wird die Nachbarwand nicht in voller Dicke erhöht, so ist die Erhöhung, wenn die Nachbarn nichts anderes vereinbart haben, auf der Mitte der Wand zu errichten.

§ 13 Verstärken der Nachbarwand. [1] Jeder Nachbar darf die Nachbarwand auf seinem Grundstück verstärken, soweit es nach den allgemein anerkannten Regeln der Baukunst zulässig ist. [2] Die Absicht der Verstärkung ist zwei Monate vor Beginn der Bauarbeiten anzuzeigen; § 8 gilt entsprechend.

§ 14 Schadensersatz. (1) [1] Schaden, der durch Ausübung des Rechtes nach § 13 dem Eigentümer des anderen Grundstücks oder den Nutzungsberechtigten entsteht, ist auch ohne Verschulden zu ersetzen. [2] Hat der Geschädigte den Schaden mitverursacht, so hängt die Ersatzpflicht sowie der Umfang der Ersatzleistung von den Umständen ab, insbesondere davon, inwieweit der Schaden vorwiegend von dem einen oder anderen Teil verursacht worden ist.

(2) Auf Verlangen ist Sicherheit in Höhe des möglichen Schadens zu leisten, wenn mit einem Schaden von mehr als 3 000 Euro zu rechnen ist; in einem solchen Falle darf das Recht erst nach Leistung der Sicherheit ausgeübt werden.

§ 15 Erneuerung einer Nachbarwand. [1] Wird eine Nachbarwand, neben der ein später errichtetes Bauwerk steht, abgebrochen und durch eine neue Wand ersetzt, so darf die neue Wand über die Grenze hinaus auf der alten Stelle errichtet werden. [2] Soll die neue Nachbarwand in Bauart oder Bemessung von der früheren abweichen, so sind die §§ 12 bis 14 entsprechend anzuwenden.

Dritter Abschnitt. Grenzwand

§ 16 Errichten einer Grenzwand. (1) [1] Wer an der Grenze zweier Grundstücke, jedoch ganz auf seinem Grundstück, eine Wand errichten will (Grenzwand), hat dem Nachbarn die Bauart und Bemessung der beabsichtigten Wand anzuzeigen. [2] § 8 Abs. 2 und 3 ist entsprechend anzuwenden. [3] Als Grenzwand gilt auch eine neben einer Nachbarwand oder neben einem Überbau geplante Wand.

(2) [1] Der Nachbar kann innerhalb eines Monats nach Zugang der Anzeige verlangen, die Grenzwand so zu gründen, daß zusätzliche Baumaßnahmen vermieden werden, wenn er später neben der Grenzwand ein Bauwerk errichtet oder erweitert. [2] Mit den Arbeiten darf, wenn nichts anderes vereinbart wird, erst nach Ablauf der Frist begonnen werden.

(3) [1] Die durch das Verlangen nach Absatz 2 entstehenden Mehrkosten sind zu erstatten. [2] In Höhe der voraussichtlich erwachsenden Mehrkosten ist auf

Verlangen des Bauherrn binnen zwei Wochen Vorschuß zu leisten. [3] Der Anspruch auf die besondere Gründung erlischt, wenn der Vorschuß nicht fristgerecht geleistet wird.

(4) Soweit der Bauherr die besondere Gründung innerhalb von fünf Jahren seit der Errichtung auch zum Vorteil seines Bauwerks ausnutzt, beschränkt sich die Erstattungspflicht des Nachbarn auf den angemessenen Kostenanteil; darüber hinaus gezahlte Kosten können zurückgefordert werden.

§ 17 Veränderung oder Abbruch einer Grenzwand. [1] Wer eine Grenzwand erhöhen, verstärken oder abbrechen will, hat die Einzelheiten dieser Baumaßnahme einen Monat vor Beginn der Arbeiten dem Nachbarn anzuzeigen. [2] § 8 ist entsprechend anzuwenden.

§ 18 Anbau an eine Grenzwand. (1) [1] Der Nachbar darf an eine Grenzwand nur anbauen (§ 5 Abs. 1 Satz 3), wenn der Eigentümer einwilligt. [2] Bei dem Anbau sind die allgemein anerkannten Regeln der Baukunst zu beachten.

(2) [1] Der anbauende Nachbar hat dem Eigentümer der Grenzwand eine Vergütung zu zahlen, soweit er sich nicht schon nach § 16 Abs. 3 an den Errichtungskosten beteiligt hat. [2] Auf diese Vergütung findet § 7 Abs. 2, 3 und 5 entsprechende Anwendung. [3] Die Vergütung erhöht sich um den Wert des Bodens, den der Anbauende gemäß § 5 Abs. 2 bei Errichtung einer Nachbarwand hätte zur Verfügung stellen müssen.

(3) Für die Unterhaltungskosten der Grenzwand gilt § 10 entsprechend.

§ 19 Anschluß bei zwei Grenzwänden. (1) [1] Wer eine Grenzwand neben einer schon vorhandenen Grenzwand errichtet, muß sein Bauwerk an das zuerst errichtete Bauwerk auf seine Kosten anschließen, soweit dies nach den allgemein anerkannten Regeln der Baukunst erforderlich oder für die Baugestaltung zweckmäßig ist. [2] Er hat den Anschluß auf seine Kosten zu unterhalten.

(2) Die Einzelheiten des beabsichtigten Anschlusses sind in der in § 16 Abs. 1 vorgeschriebenen Anzeige dem Eigentümer des zuerst bebauten Grundstücks mitzuteilen.

(3) Werden die Grenzwände gleichzeitig errichtet, so tragen die Nachbarn die Kosten des Anschlusses und seiner Unterhaltung zu gleichen Teilen.

§ 20 Unterfangen einer Grenzwand. (1) Der Nachbar darf eine Grenzwand nur unterfangen, wenn

1. dies zur Ausführung seines Bauvorhabens nach den allgemein anerkannten Regeln der Baukunst unumgänglich ist oder nur mit unzumutbar hohen Kosten vermieden werden könnte und

2. keine erhebliche Schädigung des zuerst errichteten Gebäudes zu besorgen ist.

(2) Für Anzeigepflicht und Schadensersatz gelten die §§ 8 und 14 entsprechend.

§ 21 Einseitige Grenzwand. Darf nur auf einer Seite unmittelbar an eine gemeinsame Grenze gebaut werden, so hat der Nachbar kleinere, nicht zum

Betreten bestimmte Bauteile, die in den Luftraum seines Grundstücks übergreifen, zu dulden, wenn sie die Benutzung seines Grundstücks nicht oder nur geringfügig beeinträchtigen.

§ 22 Über die Grenze gebaute Wand. [1] Die Bestimmungen über die Grenzwand gelten auch für eine über die Grenze hinausreichende Wand, wenn die Vorschriften über die Nachbarwand nicht anwendbar sind. [2] Stimmt der Erbauer einer solchen Wand auf Wunsch des Nachbarn einem Anbau zu, so gelten die Vorschriften über die Nachbarwand.

Vierter Abschnitt. Fenster- und Lichtrecht

§ 23 Umfang und Inhalt. (1) [1] In oder an der Außenwand eines Gebäudes, die parallel oder in einem Winkel bis zu 75° zur Grenze des Nachbargrundstücks verläuft, dürfen Fenster oder Türen, die von der Grenze einen geringeren Abstand als 2,5 m haben sollen, nur mit Einwilligung des Nachbarn angebracht werden. [2] Das gleiche gilt für Balkone und Terrassen.

(2) Von einem Fenster, dem der Nachbar zugestimmt hat, müssen er und seine Rechtsnachfolger mit später errichteten Gebäuden mindestens 2,5 m Abstand einhalten.

§ 24 Ausnahmen. Eine Einwilligung nach § 23 Abs. 1 ist nicht erforderlich
1. für lichtdurchlässige Bauteile, wenn sie undurchsichtig und schalldämmend sind,
2. für Außenwände an oder neben öffentlichen Straßen, öffentlichen Wegen und öffentlichen Plätzen (öffentlichen Straßen) sowie an oder neben Gewässern von mehr als 2,5 m Breite.

§ 25 Ausschluß des Beseitigungsanspruches. (1) Der Anspruch auf Beseitigung einer Einrichtung nach § 23 Abs. 1, die einen geringeren als den dort vorgeschriebenen Grenzabstand hat, ist ausgeschlossen,
1. wenn die Einrichtung bei Inkrafttreten dieses Gesetzes vorhanden ist und ihr Grenzabstand sowie ihre sonstige Beschaffenheit dem bisherigen Recht entspricht oder
2. wenn der Nachbar nicht spätestens im zweiten Kalenderjahr nach dem Anbringen der Einrichtung Klage auf Beseitigung erhoben hat; die Frist endet frühestens zwei Jahre nach Inkrafttreten dieses Gesetzes.

(2) Wird das Gebäude, an dem sich die Einrichtungen befanden, durch ein neues Gebäude ersetzt, so gelten die §§ 23 und 24.

Fünfter Abschnitt. Bodenerhöhungen

§ 26 [Bodenerhöhungen] [1] Wer den Boden seines Grundstücks über die Oberfläche des Nachbargrundstücks erhöht, muß einen solchen Grenzabstand einhalten oder solche Vorkehrungen treffen und unterhalten, daß eine Schädigung des Nachbargrundstücks durch Bodenbewegungen ausgeschlossen ist. [2] Die Verpflichtung geht auf den Rechtsnachfolger über.

Sechster Abschnitt. Einfriedung

§ 27 Einfriedungspflicht. (1) Grenzen bebaute oder gewerblich genutzte Grundstücke aneinander, so kann jeder Eigentümer eines solchen Grundstücks, sofern durch Einzelvereinbarung nichts anderes bestimmt ist, von den Nachbarn die Einfriedung nach folgenden Regeln verlangen:

1. Wenn Grundstücke unmittelbar nebeneinander an derselben Straße oder an demselben Wege liegen, so hat jeder Eigentümer an der Grenze zum rechten Nachbargrundstück einzufrieden. Rechtes Nachbargrundstück ist dasjenige, das von der Straße (dem Wege) aus betrachtet rechts liegt. Dies gilt auch für Eckgrundstücke, auch für solche, die an drei Straßen oder Wege grenzen.

2. Liegt ein Grundstück zwischen zwei Straßen oder Wegen, so ist dasjenige Grundstück rechtes Nachbargrundstück im Sinne von Nr. 1 Satz 2, welches an derjenigen Straße (demjenigen Wege) rechts liegt, an der (dem) sich der Haupteingang des Grundstückes befindet. Durch Verlegung des Haupteingangs wird die Einfriedungspflicht ohne Zustimmung des Nachbarn nicht verändert. Für Eckgrundstücke gilt Nr. 1 ohne Rücksicht auf die Lage des Haupteingangs.

3. Wenn an einer Grenze gemäß Nr. 2 in Verbindung mit Nr. 1 beide Nachbarn einzufrieden haben, so haben sie gemeinsam einzufrieden.

4. An Grenzen, auf die weder Nr. 1 noch Nr. 2 dieses Absatzes anwendbar ist, insbesondere an beiderseits rückwärtigen Grenzen, ist gemeinsam einzufrieden.

5. Soweit die Grenzen mit Gebäuden besetzt sind, besteht keine Einfriedungspflicht.

(2) [1] Soweit in einem Teil eines Ortes Einfriedungen nicht üblich sind, besteht keine Einfriedungspflicht. [2] § 29 Abs. 2 bleibt unberührt.

§ 28 Beschaffenheit der Einfriedung. (1) [1] Haben die Eigentümer eine Vereinbarung über die Art und Beschaffenheit der Einfriedung nicht getroffen, so kann eine ortsübliche Einfriedung verlangt werden. [2] Wenn sich für einen Teil eines Ortes keine andere Ortsübung feststellen läßt, kann ein bis zu 1,20 m hoher Zaun verlangt werden.

(2) [1] Die Einfriedung ist – vorbehaltlich des § 30 – auf dem eigenen Grundstück zu errichten. [2] Seitliche Zaunpfosten sollen dem eigenen Grundstück zugekehrt sein.

(3) Darf eine Einfriedung nach der Niedersächsischen Bauordnung in einer bestimmten Höhe an der Grenze errichtet werden, so kann nicht verlangt werden, daß die Einfriedung eine geringere Höhe einhält.

§ 29 Einfriedungspflicht des Störers. (1) Reicht eine den §§ 27 und 28 entsprechende ortsübliche Einfriedung nicht aus, um angemessenen Schutz vor unzumutbaren Beeinträchtigungen zu bieten, so hat derjenige, von dessen Grundstück die Beeinträchtigungen ausgehen, auf Verlangen des Nachbarn die Einfriedung zu verbessern, wenn dadurch die Beeinträchtigungen verhindert oder gemindert werden können.

(2) [1] Gehen von einem bebauten oder gewerblich genutzten Grundstück unzumutbare Beeinträchtigungen aus und ergibt sich aus § 27 keine Einfriedungspflicht, so hat der Eigentümer auf Verlangen des Nachbarn eine Einfriedung zu errichten, die dem Nachbargrundstück angemessenen Schutz gewährt. [2] Für unbebaute Grundstücke in Baulücken gilt das gleiche.

§ 30 Gemeinsame Einfriedung auf der Grenze. [1] Haben zwei Nachbarn gemeinsam einzufrieden und will keiner von ihnen die Einfriedung ganz auf seinem Grundstück errichten, so ist jeder von ihnen berechtigt, eine ortsübliche Einfriedung auf die Grenze zu setzen; der andere Nachbar ist berechtigt, bei der Errichtung der Einfriedung mitzuwirken. [2] Seitliche Zaunpfosten dürfen auf der Hälfte der Strecke dem Nachbargrundstück zugekehrt auf dieses gesetzt werden.

§ 31 Abstand von der Grenze. (1) [1] Die Einfriedung eines Grundstücks muß von der Grenze eines landwirtschaftlich genutzten Nachbargrundstücks auf Verlangen des Nachbarn 0,6 m zurückbleiben, wenn beide Grundstücke außerhalb eines im Zusammenhang bebauten Ortsteiles liegen und nicht in einem Bebauungsplan als Bauland ausgewiesen sind. [2] Der Geländestreifen vor der Einfriedung kann bei der Bewirtschaftung des landwirtschaftlich genutzten Grundstücks betreten und befahren werden.

(2) Die Verpflichtung nach Absatz 1 erlischt, wenn eines der beiden Grundstücke Teil eines im Zusammenhang bebauten Ortsteiles wird oder in einem Bebauungsplan als Bauland ausgwiesen wird.

§ 32 *(aufgehoben)*

§ 33 Ausschluß von Beseitigungsansprüchen. (1) [1] Der Anspruch auf Beseitigung einer Einfriedung, die einen geringeren als den in § 31 vorgeschriebenen Grenzabstand hat, ist ausgeschlossen,

1. wenn die Einfriedung bei Inkrafttreten dieses Gesetzes vorhanden ist und ihr Grenzabstand dem bisherigen Recht entspricht, oder
2. wenn der Nachbar nicht spätestens im zweiten Kalenderjahr nach Errichtung der Einfriedung Klage auf Beseitigung erhoben hat.

[2] Der Ausschluß gilt nicht, wenn die Einfriedung durch eine andere ersetzt wird.

(2) Absatz 1 ist entsprechend anzuwenden, wenn eine Einfriedung die Grenze überschreitet, ohne daß dies nach § 30 statthaft ist.

§ 34 Kosten. [1] Wer zur Einfriedung allein verpflichtet ist, hat die Kosten der Errichtung und der Unterhaltung der Einfriedung zu tragen. [2] Dies gilt auch, wenn die Einfriedung teilweise oder ganz auf dem Nachbargrundstück steht.

§ 35 Errichtungskosten in besonderen Fällen. (1) Haben zwei Nachbarn gemeinsam einzufrieden, so tragen sie – vorbehaltlich des Absatzes 4 – die Kosten je zur Hälfte.

(2) Entsteht die beiderseitige Einfriedungspflicht erst nach Errichtung der Einfriedung, so ist ein Beitrag zu den Errichtungskosten in Höhe des halben Zeitwertes der Einfriedung zu zahlen.

(3) Wird im Falle des § 27 Abs. 1 Nr. 1 oder Nr. 2 das linke Nachbargrundstück erst später bebaut oder gewerblich genutzt, so hat der linke Nachbar eine vom Erstbauenden an der gemeinsamen Grenze errichtete Einfriedung zum Zeitwert zu übernehmen.

(4) [1] Der Berechnung sind die tatsächlichen Aufwendungen einschließlich der Eigenleistungen zugrunde zu legen, in der Regel jedoch nur die Kosten einer ortsüblichen Einfriedung. [2] Höhere Kosten sind nur zu berücksichtigen, wenn eine aufwendigere Einfriedungsart erforderlich war; war die besondere Einfriedungsart nur für eines der beiden Grundstücke erforderlich, so treffen die Mehrkosten den Eigentümer dieses Grundstücks.

(5) Diese Vorschriften gelten auch, wenn die Einfriedung ganz auf einem der beiden Grundstücke errichtet ist.

§ 36 Benutzung und Unterhaltung der gemeinschaftlichen Einfriedung. (1) [1] Haben die Nachbarn die Errichtungskosten einer Einfriedung gemeinsam zu tragen oder hat ein Nachbar dem anderen später einen Beitrag zu den Errichtungskosten zu zahlen, so sind beide Nachbarn zur Benutzung der Einfriedung gemeinschaftlich berechtigt. [2] Für die gemeinschaftliche Benutzung und Unterhaltung gilt § 922 BGB.

(2) Dies gilt auch, wenn die Einfriedung ganz auf einem der beiden Grundstücke errichtet ist.

§ 37 Anzeigepflicht. (1) [1] Die Absicht, eine Einfriedung auf oder an der Grenze oder in weniger als 0,6 m Abstand von der Grenze zu errichten, zu beseitigen, durch eine andere zu ersetzen oder wesentlich zu verändern, ist dem Nachbarn einen Monat vorher anzuzeigen. [2] Bei einer Einfriedung von mehr als ortsüblicher Höhe ist die Anzeige bei einem Grenzabstand bis zu 1,5 m erforderlich.

(2) Die Anzeigepflicht besteht auch dann, wenn der Nachbar weder die Einfriedung verlangen kann noch zu den Kosten beizutragen braucht.

(3) Im übrigen ist § 8 entsprechend anzuwenden.

Siebenter Abschnitt. Wasserrechtliches Nachbarrecht

§ 38 Veränderung des Grundwassers. (1) Der Eigentümer eines Grundstücks und die Nutzungsberechtigten dürfen auf den Untergrund des Grundstücks nicht in einer Weise einwirken, daß der Grundwasserspiegel steigt oder sinkt oder die physikalische, chemische oder biologische Beschaffenheit des Grundwassers verändert wird, wenn dadurch die Benutzung eines anderen Grundstücks erheblich beeinträchtigt wird.

(2) Dies gilt nicht für Einwirkungen auf das Grundwasser

1. auf Grund einer Bewilligung nach dem Niedersächsischen Wassergesetz oder auf Grund eines alten Rechtes oder einer alten Befugnis, die in § 32 des Niedersächsischen Wassergesetzes aufrechterhalten sind, oder

2. durch einen Gewässerausbau, für den ein Planfeststellungsverfahren nach dem Niedersächsischen Wassergesetz durchgeführt worden ist, oder

3. durch eine Maßnahme, für die auf Grund des Bundesfernstraßengesetzes, des Niedersächsischen Straßengesetzes oder anderer Gesetze ein Planungsverfahren durchgeführt worden ist, oder

4. auf Grund eines bergrechtlichen Betriebsplanes.

(3) Beeinträchtigungen des Grundwassers als Folge einer erlaubnisfreien Benutzung nach § 136 Abs. 1 und 2 des Niedersächsischen Wassergesetzes müssen die Nachbarn ohne Entschädigung dulden.

(4) § 64 des Niedersächsischen Wassergesetzes bleibt unberührt.

§ 39 Wild abfließendes Wasser. (1) Wild abfließendes Wasser ist oberirdisch außerhalb eines Bettes abfließendes Quell- oder Niederschlagswasser.

(2) Der Eigentümer eines Grundstücks und die Nutzungsberechtigten dürfen nicht

1. den Abfluß wild abfließenden Wassers auf andere Grundstücke verstärken,

2. den Zufluß wild abfließenden Wassers von anderen Grundstücken auf ihr Grundstück verhindern,

wenn dadurch die anderen Grundstücke erheblich beeinträchtigt werden.

(3) Der Eigentümer und die Nutzungsberechtigten dürfen den Abfluß wild abfließenden Wassers von ihrem Grundstück auf andere Grundstücke mindern oder unterbinden.

§ 40 Hinderung des Zuflusses. [1] Anlagen, die den Zufluß wild abfließenden Wassers verhindern, können bestehen bleiben, wenn sie bei Inkrafttreten dieses Gesetzes rechtmäßig vorhanden sind. [2] Sie sind jedoch zu beseitigen, wenn der Eigentümer eines höher gelegenen Grundstücks das wild abfließende Wasser durch Anlagen auf seinem Grundstück nicht oder nur mit unverhältnismäßig hohen Kosten abführen kann.

§ 41 Wiederherstellung des früheren Zustandes. (1) Haben Naturereignisse Veränderungen der in § 39 Abs. 2 genannten Art bewirkt, so dürfen der Eigentümer des beeinträchtigten Grundstücks und die Nutzungsberechtigten den früheren Zustand des Grundstücks, auf dem die Veränderung eingetreten ist, auf ihre Kosten wieder herstellen und zu diesem Zweck das Grundstück betreten.

(2) [1] Das Recht nach Absatz 1 kann nur bis zum Ende des auf den Eintritt der Veränderung folgenden Kalenderjahres ausgeübt werden. [2] Während der Dauer eines Rechtsstreites über die Pflicht zur Duldung der Wiederherstellung ist der Lauf der Frist für die Prozeßbeteiligten gehemmt.

§ 42 Anzeigepflicht. (1) [1] Wer das Recht nach § 41 Abs. 1 ausüben will, hat einen Monat vor Beginn der Arbeiten dem Eigentümer des betroffenen Grundstücks und – wenn ihr Besitz berührt wird – auch den Nutzungsberechtigten die beabsichtigten Maßnahmen im einzelnen anzuzeigen. [2] Mit den Arbeiten darf, wenn nichts anderes vereinbart wird, erst nach Fristablauf begonnen werden.

(2) [1] Etwaige Einwendungen gegen die beabsichtigte Rechtsausübung sollen unverzüglich erhoben werden. [2] Werden Einwendungen erhoben, über die sich keine Einigung erzielen läßt, so darf in den Besitz des Nachbarn und der

Nutzungsberechtigten nicht ohne gerichtliche Entscheidung eingegriffen werden.

(3) Ist der Aufenthalt eines Duldungspflichtigen nicht bekannt oder ist er bei Aufenthalt im Ausland nicht alsbald erreichbar und ist auch kein Vertreter bestellt, so genügt statt der Anzeige an diesen Betroffenen die Anzeige an den unmittelbaren Besitzer oder an den Eigentümer.

(4) Die Absicht, das betroffene Grundstück zur Besichtigung oder wegen kleinerer Arbeiten zu betreten, braucht nur einen Tag vorher dem unmittelbaren Besitzer angezeigt zu werden.

§ 43 Schadensersatz. [1] Schaden, der bei Ausübung des Rechtes nach § 41 Abs. 1 dem Eigentümer oder den Nutzungsberechtigten des von der Rechtsausübung betroffenen Grundstücks entsteht, ist auch ohne Verschulden zu ersetzen. [2] § 14 ist entsprechend anzuwenden.

§ 44 Rechtsausübung im Notstand. Im Notstand (§ 904 BGB) entfällt die Verpflichtung zur Anzeige und zur Sicherheitsleistung.

Achter Abschnitt. Dachtraufe

§ 45 Traufwasser. (1) Der Eigentümer eines Grundstücks und die Nutzungsberechtigten müssen ihre baulichen Anlagen so einrichten, daß Traufwasser nicht auf das Nachbargrundstück tropft oder auf andere Weise dorthin gelangt.

(2) Absatz 1 findet keine Anwendung auf bei Inkrafttreten dieses Gesetzes vorhandene freistehende Mauern entlang öffentlichen Straßen und öffentlichen Grünflächen.

§ 46 Anbringen von Sammel- und Abflußeinrichtungen. (1) [1] Ist ein Grundstückseigentümer aus besonderem Rechtsgrund verpflichtet, Traufwasser aufzunehmen, das von den baulichen Anlagen eines Nachbargrundstücks tropft oder in anderer Weise auf das eigene Grundstück gelangt, so kann er auf seine Kosten besondere Sammel- und Abflußeinrichtungen auf dem Nachbargrundstück anbringen, wenn damit keine erhebliche Beeinträchtigung verbunden ist. [2] Er hat diese Einrichtungen zu unterhalten.

(2) Für Anzeigepflicht und Schadensersatz gelten die §§ 14, 42 und 44 entsprechend.

Neunter Abschnitt. Hammerschlags- und Leiterrecht

§ 47 Inhalt und Umfang. (1) [1] Der Eigentümer eines Grundstücks und die Nutzungsberechtigten müssen dulden, daß das Grundstück zur Vorbereitung und Durchführung von Bau- oder Instandsetzungsarbeiten auf dem Nachbargrundstück vorübergehend betreten und benutzt wird, wenn die Arbeiten anders nicht zweckmäßig oder nur mit unverhältnismäßig hohen Kosten ausgeführt werden können. [2] Diese Pflicht besteht gegenüber jedem, der nach eigenem Ermessen, insbesondere als Bauherr auf dem Nachbargrundstück solche Arbeiten ausführen läßt oder selbst ausführt. [3]Die Pflicht besteht nicht, wenn dem Verpflichteten unverhältnismäßig große Nachteile entstehen würden.

(2) Das Recht ist so schonend wie möglich auszuüben; es darf nicht zur Unzeit geltend gemacht werden, wenn sich die Arbeiten unschwer auf später verlegen lassen.

(3) Auf die Eigentümer öffentlicher Straßen sind die Absätze 1 und 2 nicht anzuwenden; für sie gilt das öffentliche Straßenrecht.

(4) Für Anzeigepflicht und Schadensersatz gelten die §§ 14, 42 und 44 entsprechend.

§ 48 Nutzungsentschädigung. (1) Wer ein Grundstück länger als zehn Tage gemäß § 47 benutzt, hat für die ganze Zeit der Benutzung eine Nutzungsentschädigung zu zahlen; diese ist so hoch wie die ortsübliche Miete für einen dem benutzten Grundstücksteil vergleichbaren gewerblichen Lagerplatz.

(2) Nutzungsentschädigung kann nicht verlangt werden, soweit nach § 47 Abs. 4 in Verbindung mit § 14 Ersatz für entgangene anderweitige Nutzung geleistet wird.

Zehnter Abschnitt. Höherführen von Schornsteinen

§ 49 [Höherführen von Schornsteinen] (1) Der Eigentümer eines Gebäudes und die Nutzungsberechtigten müssen dulden, daß der Nachbar an dem Gebäude Schornsteine und Lüftungsschächte eines angrenzenden niederen Gebäudes befestigt, wenn

1. deren Höherführung erforderlich ist und anders nur mit erheblichen technischen Nachteilen oder mit unverhältnismäßig hohen Kosten möglich wäre und

2. das betroffene Grundstück nicht erheblich beeinträchtigt wird.

(2) [1]Der Eigentümer und die Nutzungsberechtigten haben ferner zu dulden, daß höher geführte Schornsteine und Entlüftungsschächte vom betroffenen Grundstück aus unterhalten und gereinigt und die hierzu erforderlichen Einrichtungen auf dem betroffenen Grundstück angebracht werden, wenn diese Maßnahmen anders nicht zweckmäßig oder nur mit unverhältnismäßig hohen Kosten getroffen werden können. [2]Das Durchgehen durch das betroffene Gebäude braucht nicht geduldet zu werden, wenn der Berechtigte außen eine Steigleiter anbringen kann.

(3) Für Anzeigepflicht und Schadensersatz gelten die §§ 14, 42 und 44 entsprechend.

Elfter Abschnitt. Grenzabstände für Pflanzen, ausgenommen Waldungen

§ 50 Grenzabstände für Bäume und Sträucher. (1) Mit Bäumen und Sträuchern sind je nach ihrer Höhe mindestens folgende Abstände von den Nachbargrundstücken einzuhalten:

a) bis zu 1,2 m Höhe 0,25 m

b) bis zu 2 m Höhe 0,50 m

c) bis zu 3 m Höhe 0,75 m

d) bis zu 5 m Höhe 1,25 m

e) bis zu 15 m Höhe 3,00 m

f) über 15 m Höhe 8,00 m

(2) [1] Die in Absatz 1 bestimmten Abstände gelten auch für lebende Hecken, falls die Hecke nicht gemäß § 30 auf die Grenze gepflanzt wird. [2] Sie gelten auch für ohne menschliches Zutun gewachsene Pflanzen.

(3) Im Falle des § 31 ist der Abstand so zu bemessen, daß vor den Pflanzen ein Streifen von 0,6 m freibleibt.

(4) Die Absätze 1 bis 3 gelten auch für die Nutzungsberechtigten von Teilflächen eines Grundstücks in ihrem Verhältnis zueinander.

§ 51 Bestimmung des Abstandes. Der Abstand wird am Erdboden von der Mitte des Baumes oder des Strauches bis zur Grenze gemessen.

§ 52 Ausnahmen. (1) § 50 gilt nicht für

1. Anpflanzungen hinter einer Wand oder einer undurchsichtigen Einfriedung, wenn sie diese nicht überragen,

2. Anpflanzungen an den Grenzen zu öffentlichen Straßen und zu Gewässern,

3. Anpflanzungen auf öffentlichen Straßen und auf Uferböschungen.

(2) Im Außenbereich (§ 35 Abs. 1 des Baugesetzbuchs) genügt ein Grenzabstand von 1,25 m für alle Anpflanzungen über 3 m Höhe.

§ 53 Anspruch auf Beseitigen oder Zurückschneiden. (1) [1] Bäume, Sträucher oder Hecken mit weniger als 0,25 m Grenzabstand sind auf Verlangen des Nachbarn zu beseitigen. [2] Der Nachbar kann dem Eigentümer die Wahl lassen, die Anpflanzungen zu beseitigen oder durch Zurückschneiden auf einer Höhe bis zu 1,2 m zu halten.

(2) Bäume, Sträucher oder Hecken, welche über die im § 50 oder § 52 zugelassenen Höhen hinauswachsen, sind auf Verlangen des Nachbarn auf die zulässige Höhe zurückzuschneiden, wenn der Eigentümer sie nicht beseitigen will.

(3) Der Eigentümer braucht die Verpflichtung zur Beseitigung oder zum Zurückschneiden von Pflanzen nur in der Zeit vom 1. Oktober bis zum 15. März zu erfüllen.

§ 54 Ausschluß des Anspruches auf Beseitigen oder Zurückschneiden. (1) [1] Der Anspruch auf Beseitigung von Anpflanzungen mit weniger als 0,25 m Grenzabstand (§ 53 Abs. 1 Satz 1) ist ausgeschlossen, wenn der Nachbar nicht spätestens im fünften auf die Anpflanzung folgenden Kalenderjahr Klage auf Beseitigung erhebt. [2] Diese Anpflanzungen müssen jedoch, wenn sie über 1,2 m Höhe hinauswachsen, auf Verlangen des Nachbarn zurückgeschnitten werden.

(2) [1] Der Anspruch auf Zurückschneiden von Anpflanzungen (Absatz 1 Satz 2 und § 53 Abs. 2) ist ausgeschlossen, wenn die Anpflanzungen über die nach diesem Gesetz zulässige Höhe hinauswachsen und der Nachbar nicht spätestens im fünften darauffolgenden Kalenderjahr Klage auf Zurückschneiden erhebt. [2] Nach Ablauf der Ausschlussfrist kann der Nachbar vom Eigentümer jedoch verlangen, die Anpflanzung durch jährliches Beschneiden auf der jetzigen Höhe zu halten; im Fall der Klage auf Beschneiden ist die jetzige Höhe die Höhe im Zeitpunkt der Klageerhebung. [3] Der Klageerhebung steht die Bekanntgabe eines Antrags auf Durchführung eines Schlichtungsverfahrens vor dem Schiedsamt oder einer anderen Gütestelle, die Streitbeilegungen betreibt, gleich.

§ 55 Bei Inkrafttreten des Gesetzes vorhandene Pflanzen – Außenbereich. (1) Für Anpflanzungen, die bei Inkrafttreten dieses Gesetzes vorhanden sind und deren Grenzabstand dem bisherigen Recht entspricht, gelten folgende besondere Regeln:

1. Der Anspruch auf Beseitigung (§ 53 Abs. 1 Satz 1) ist ausgeschlossen.

2. Der Anspruch auf Zurückschneiden (§ 53 Abs. 2) ist ausgeschlossen, wenn die Anpflanzung bei Inkrafttreten des Gesetzes über 3 m hoch ist.

3. Anpflanzungen, die bei Inkrafttreten des Gesetzes nicht über 3 m hoch sind, jedoch über die nach § 50 Abs. 1 Buchst. a und b zulässigen Höhen von 1,2 m oder 2 m hinausgewachsen waren, sind auf Verlangen des Nachbarn durch Zurückschneiden auf derjenigen Höhe zu halten, die sie bei Inkrafttreten des Gesetzes hatten; der weitergehende Anspruch auf Zurückschneiden ist ausgeschlossen. § 54 Abs. 2 ist entsprechend anzuwenden.

(2) Absatz 1 gilt entsprechend für Anpflanzungen, deren Standort infolge Veränderung des Außenbereichs (§ 35 Abs. 1 des Baugesetzbuchs) aufhört, zum Außenbereich zu gehören.

(3) Entspricht der Grenzabstand von Anpflanzungen, die bei Inkrafttreten des Gesetzes vorhanden sind, nicht dem bisherigen Recht, so enden die in § 54 bestimmten Fristen frühestens zwei Jahre nach Inkrafttreten dieses Gesetzes.

§ 56 Ersatzanpflanzungen. Bei Ersatzanpflanzungen sind die in den §§ 50 und 52 Abs. 2 vorgeschriebenen Abstände einzuhalten; jedoch dürfen in geschlossenen Anlagen einzelne Bäume oder Sträucher nachgepflanzt werden und zur Höhe der übrigen heranwachsen.

§ 57 Nachträgliche Grenzänderungen. Die Rechtmäßigkeit des Abstandes und der Höhe einer Anpflanzung wird durch nachträgliche Grenzänderungen nicht berührt; jedoch gilt § 56 entsprechend.

Zwölfter Abschnitt. Grenzabstände für Waldungen

§ 58 Grenzabstände. (1) In Waldungen sind von den Nachbargrundstücken mit Ausnahme von Ödland, öffentlichen Straßen, öffentlichen Gewässern und anderen Waldungen folgende Abstände einzuhalten:

mit Gehölzen bis zu	2 m Höhe 1 m
mit Gehölzen bis zu	4 m Höhe 2 m
mit Gehölzen über	4 m Höhe 8 m.

(2) Werden Waldungen verjüngt, die bei Inkrafttreten dieses Gesetzes vorhanden sind, so genügt für die neuen Gehölze über 4 m Höhe der bisherige Grenzabstand derartiger Gehölze, jedoch ist mit ihnen mindestens 4 m Grenzabstand einzuhalten.

(3) Die §§ 51, 56 und 57 sind entsprechend anzuwenden.

§ 59 Beseitigungsanspruch. (1) Gehölze, die entgegen § 58 nicht den Mindestgrenzabstand von 1 m haben oder über die zulässige Höhe hinauswachsen, sind auf Verlangen des Nachbarn zu beseitigen.

(2) Der Anspruch auf Beseitigung ist ausgeschlossen,

1. wenn die Gehölze bei Inkrafttreten dieses Gesetzes rechtmäßig vorhanden waren oder

2. wenn nach Inkrafttreten dieses Gesetzes gepflanzte Gehölze über die zulässige Höhe hinauswachsen und der Nachbar nicht spätestens in dem fünften darauffolgenden Kalenderjahr Klage auf Beseitigung erhebt.

§ 60 Bewirtschaftung von Wald. Bei der Bewirtschaftung von Wald hat der Waldbesitzer auf die Bewirtschaftung benachbarter Waldgrundstücke Rücksicht zu nehmen, soweit dies im Rahmen ordnungsmäßiger Forstwirtschaft ohne unbillige Härten möglich ist.

Dreizehnter Abschnitt. Grenzabstände für Gebäude im Außenbereich

§ 61 Größe des Abstandes. (1) [1]Bei Errichtung oder Erhöhung eines Gebäudes im Außenbereich (§ 35 Abs. 1 des Baugesetzbuchs) ist von landwirtschaftlich oder erwerbsgärtnerisch genutzten Grundstücken ein Abstand von mindestens 2 m einzuhalten. [2]Ist das Gebäude höher als 4 m, so muß der Grenzabstand eines jeden Bauteiles mindestens halb so groß sein wie seine Höhe über dem Punkt der Grenzlinie, der diesem Bauteil am nächsten liegt.

(2) Teile des Bauwerks, die in den hiernach freizulassenden Luftraum hineinragen, sind nur mit Einwilligung des Nachbarn erlaubt; die Einwilligung muß erteilt werden, wenn keine oder nur geringfügige Beeinträchtigungen zu erwarten sind.

§ 62 Ausschluß des Beseitigungsanspruches. Der Anspruch auf Beseitigung eines Gebäudes, das einen geringeren als den in § 61 vorgeschriebenen Grenzabstand hat, ist ausgeschlossen,

1. wenn das Gebäude bei Inkrafttreten dieses Gesetzes vorhanden ist und sein Grenzabstand dem bisherigen Recht entspricht;
2. wenn der Nachbar nicht spätestens im zweiten Kalenderjahr nach der Errichtung oder Erhöhung des Gebäudes Klage auf Beseitigung erhoben hat; die Frist endet frühestens zwei Jahre nach Inkrafttreten dieses Gesetzes.

Vierzehnter Abschnitt. Schlußbestimmungen

§ 63 Übergangsvorschriften. (1) Der Umfang von Befugnissen, die bei Inkrafttreten dieses Gesetzes auf Grund des bisherigen Rechtes bestehen, richtet sich – unbeschadet der §§ 25, 33, 40, 55, 59 und 62 – nach den Vorschriften dieses Gesetzes.

(2) [1] Einzelvereinbarungen der Beteiligten werden durch dieses Gesetz nicht berührt. [2] Die nachbarrechtlichen Bestimmungen in Rezessen und Flurbereinigungsplänen treten außer Kraft, soweit sie diesem Gesetz widersprechen.

(3) Ansprüche auf Zahlung auf Grund der Vorschriften dieses Gesetzes bestehen nur, wenn das den Anspruch begründende Ereignis nach Inkrafttreten dieses Gesetzes eingetreten ist; andernfalls behält es bei dem bisherigen Recht sein Bewenden.

(4) [1] Geht die Verpflichtung, eine Einfriedung zu unterhalten, mit dem Inkrafttreten dieses Gesetzes von dem einen Nachbarn auf den anderen über, so ist die Einfriedung von dem bisher unterhaltspflichtigen Nachbarn innerhalb von zwei Jahren in ordnungsmäßigen Zustand zu versetzen. [2] Der bisher Verpflichtete kann sich auf den Übergang der Unterhaltungspflicht erst berufen, wenn er seiner Pflicht nach Satz 1 genügt hat.

(5) Geldansprüche, die am 1. Oktober 2006 noch nicht verjährt sind, verjähren nicht vor Ablauf der nach *§ 2 Abs. 2 des Niedersächsischen Nachbarrechtsgesetzes*[1] in der bis zu diesem Tage geltenden Fassung berechneten Frist.

§§ 64, 65 *(nicht wiedergegebene Änderungs- bzw. Aufhebungsvorschriften)*

§ 66 Inkrafttreten des Gesetzes. Dieses Gesetz tritt am 1. Januar 1968 in Kraft.

---

[1] § 2 Abs. 2 idF bis 30. 9. 2006 lautet wie folgt: „(2) Andere, auf Zahlung von Geld gerichtete Ansprüche nach diesem Gesetz verjähren in vier Jahren. Die §§ 198 bis 225 BGB sind anzuwenden. Die Verjährung beginnt mit dem Schluß des Jahres, in welchem der Anspruch entsteht.“

10. Nordrhein-Westfälisches Nachbarrechtsgesetz (NachbG NRW)

Vom 15. April 1969

(GV. NW. S. 190)

SGV. NRW. 40

zuletzt geänd. durch Art. 248 Zweites Befristungsgesetz - Zeitraum 1967 bis Ende 1986 v. 5. 4. 2005 (GV. NRW. S. 274)

Der Landtag hat das folgende Gesetz beschlossen, das hiermit verkündet wird:

I. Abschnitt. Grenzabstände für Gebäude

§ 1 Gebäude. (1) [1] Mit Außenwänden von Gebäuden ist ein Mindestabstand von 2 m und mit sonstigen, nicht zum Betreten bestimmten oberirdischen Gebäudeteilen ein Mindestabstand von 1 m von der Grenze einzuhalten. [2] Der Abstand ist waagerecht vom grenznächsten Punkt der Außenwand oder des Bauteils aus rechtswinklig zur Grenze zu messen.

(2) [1] Gebäude im Sinne dieses Gesetzes sind selbständig benutzbare überdachte bauliche Anlagen, die von Menschen betreten werden können und geeignet oder bestimmt sind, dem Schutz von Menschen, Tieren oder Sachen zu dienen. [2] Bauliche Anlagen sind mit dem Erdboden verbundene, aus Baustoffen und Bauteilen hergestellte Anlagen. [3] Eine Verbindung mit dem Erdboden besteht auch dann, wenn die Anlage durch eigene Schwere auf dem Boden ruht oder auf ortsfesten Bahnen begrenzt beweglich ist oder wenn die Anlage nach ihrem Verwendungszweck dazu bestimmt ist, überwiegend ortsfest benutzt zu werden.

(3) [1] In einem geringeren Abstand darf nur mit schriftlicher Einwilligung des Eigentümers des Nachbargrundstücks gebaut werden. [2] Die Einwilligung darf nicht versagt werden, wenn keine oder nur geringfügige Beeinträchtigungen zu erwarten sind.

§ 2 Ausnahmen. § 1 Abs. 1 Satz 1 gilt nicht

a) soweit nach öffentlich-rechtlichen Vorschriften an die Grenze gebaut werden muß;

b) für gemäß § 6 Abs. 11 der Bauordnung Nordrhein-Westfalen zulässige Garagen, überdachte Stellplätze, Gebäude mit Abstellräumen und Gewächshäuser sowie für überdachte Sitzplätze und oberirdische Nebenanlagen für die örtliche Versorgung und für den Wirtschaftsteil einer Kleinsiedlung;

c) gegenüber Grenzen zu öffentlichen Verkehrsflächen, zu öffentlichen Grünflächen und zu oberirdischen Gewässern von mehr als 3 m Breite (Mittelwasserstand);

d) wenn das Gebäude bei Inkrafttreten dieses Gesetzes öffentlich-rechtlich genehmigt ist und die Abstände dem bisherigen Recht entsprechen oder wenn an die Stelle eines solchen Gebäudes ein anderes tritt, mit dem der

Mindestgrenzabstand von 2 m nur in dem bisherigen Umfang unterschritten wird;

e) soweit nach den bei Inkrafttreten dieses Gesetzes geltenden öffentlich-rechtlichen Vorschriften anders gebaut werden muß.

§ 3 Ausschluß des Anspruchs. (1) [1] Der Anspruch auf Beseitigung eines Gebäudeteils, mit dem ein geringerer als der in § 1 Abs. 1 Satz 1 vorgeschriebene Abstand eingehalten wird, ist ausgeschlossen, wenn

a) der Eigentümer des Nachbargrundstücks den Bau- und den Lageplan über den Gebäudeteil, mit dem der Abstand unterschritten werden soll, erhalten und er nicht binnen drei Monaten schriftlich gegenüber dem Bauherrn, dessen Name und Anschrift aus dem Bauplan ersichtlich sein muß, die Einhaltung des Abstands verlangt hat;

b) der Eigentümer des bebauten Grundstücks, der Bauherr, der Architekt oder der Bauunternehmer den nach § 1 Abs. 1 Satz 1 vorgeschriebenen Abstand bei der Bauausführung weder vorsätzlich noch grob fahrlässig nicht eingehalten hat, es sei denn, daß der Eigentümer des Nachbargrundstücks sofort nach der Abstandsunterschreitung Widerspruch erhoben hat;

c) das Gebäude länger als drei Jahre in Gebrauch ist.
[2] Der Anspruch unterliegt nicht der Verjährung.

(2) [1] Der Eigentümer des bebauten Grundstücks hat dem Eigentümer des Nachbargrundstücks, der die Nichteinhaltung des Abstands nur aus den Gründen des Absatzes 1 Buchstabe b) oder c) hinnehmen muß, den durch die Verringerung der Nutzbarkeit des Nachbargrundstücks eingetretenen Schaden zu ersetzen. [2] Mindestens ist eine Entschädigung in Höhe der Nutzungsvorteile zu zahlen, die auf dem bebauten Grundstück durch die Abstandsunterschreitung entstehen. [3] Der Anspruch wird fällig, sobald die Abstandsunterschreitung hinzunehmen ist.

II. Abschnitt. Fenster- und Lichtrecht

§ 4 Umfang und Inhalt. (1) [1] In oder an der Außenwand eines Gebäudes, die parallel oder in einem Winkel bis zu 60° zur Grenze des Nachbargrundstücks verläuft, dürfen Fenster, Türen oder zum Betreten bestimmte Bauteile wie Balkone und Terrassen nur angebracht werden, wenn damit ein Mindestabstand von 2 m von der Grenze eingehalten wird. [2] Das gilt entsprechend für Dachfenster, die bis zu 45° geneigt sind.

(2) [1] Von einem Fenster, das

a) mit Einwilligung des Eigentümers des Nachbargrundstücks,

b) vor mehr als 3 Jahren im Rohbau oder

c) gemäß dem bisherigen Recht angebracht worden ist,

muß mit später errichteten Gebäuden ein Mindestabstand von 2 m eingehalten werden. [2] Dies gilt nicht, wenn das später errichtete Gebäude den Lichteinfall in das Fenster nicht oder nur geringfügig beeinträchtigt.

(3) Die Abstände sind waagerecht vom grenznächsten Punkt der Einrichtung oder des Gebäudes aus rechtwinklig zur Grenze zu messen.

(4) [1]Die Abstände dürfen nur mit schriftlicher Einwilligung des Eigentümers des Nachbargrundstücks unterschritten werden. [2]Die Einwilligung darf nicht versagt werden, wenn keine oder nur geringfügige Beeinträchtigungen zu erwarten sind.

(5) Lichtdurchlässige, jedoch undurchsichtige und gegen Feuer ausreichend widerstandsfähige Bauteile von Wänden, die weder auf noch unmittelbar an der Grenze errichtet sind, gelten nicht als Fenster.

§ 5 Ausnahmen. § 4 Abs. 1 und 2 gilt nicht

a) soweit nach öffentlich-rechtlichen Vorschriften anders gebaut werden muß;

b) gegenüber Grenzen zu öffentlichen Verkehrsflächen, zu öffentlichen Grünflächen und zu oberirdischen Gewässern von mehr als 3 m Breite (Mittelwasserstand);

c) für Stützmauern, Hauseingangstreppen, Kellerlichtschächte. Kellerrampen und Kellertreppen;

d) wenn die Einrichtung oder das Gebäude bei Inkrafttreten dieses Gesetzes öffentlich-rechtlich genehmigt ist und die Abstände dem bisherigen Recht entsprechen oder wenn an deren Stelle eine andere Einrichtung oder ein anderes Gebäude tritt, mit denen der Mindestgrenzabstand von 2 m nur in dem bisherigen Umfang unterschritten wird.

§ 6 Ausschluß des Beseitigungsanspruchs. Für den Ausschluß des Anspruchs auf Beseitigung einer der in § 4 Abs. 1 genannten Einrichtungen oder eines Gebäudes, mit denen ein geringerer als der vorgeschriebene Abstand (§ 4 Abs. 1, 2) eingehalten wird, gilt § 3 entsprechend.

III. Abschnitt. Nachbarwand

§ 7 Begriff. Nachbarwand ist die auf der Grenze zweier Grundstücke errichtete Wand, die den auf diesen Grundstücken errichteten oder zu errichtenden baulichen Anlagen als Abschlußwand oder zur Unterstützung oder Aussteifung dient oder dienen soll.

§ 8 Voraussetzungen der Errichtung. Der Eigentümer eines Grundstücks darf eine Nachbarwand errichten, wenn

1. die Bebauung seines und des benachbarten Grundstücks bis an die Grenze vorgeschrieben oder zugelassen ist und

2. der Eigentümer des Nachbargrundstücks schriftlich einwilligt.

§ 9 Beschaffenheit. (1) Die Nachbarwand ist in der für ihren Zweck erforderlichen Art und Dicke auszuführen.

(2) [1]Auf Verlangen des Eigentümers des Nachbargrundstücks ist der Erbauer einer Nachbarwand verpflichtet, die Wand in einer solchen Bauart zu errichten, daß bei der Bebauung des Nachbargrundstücks zusätzliche Baumaßnahmen vermieden werden. [2]Der Eigentümer des Nachbargrundstücks kann das Verlangen nur so lange dem Bauherrn gegenüber stellen, bis der Bauantrag eingereicht ist.

§ 10 Standort. [1]Erfordert keines der beiden Bauvorhaben eine größere Dicke der Wand als das andere, so darf die Nachbarwand höchstens mit der Hälfte ihrer notwendigen Dicke auf dem Nachbargrundstück errichtet werden. [2]Erfordert der auf dem einen der Grundstücke geplante Bau eine dickere Wand, so ist die Wand mit einem entsprechend größeren Teil ihrer Dicke auf diesem Grundstück zu errichten.

§ 11 Besondere Bauart. (1) [1]Erfordert die spätere bauliche Anlage eine besondere Bauart der Nachbarwand, insbesondere eine tiefere Gründung, so sind die dadurch entstehenden Mehrkosten dem Erbauer der Nachbarwand zu erstatten, sobald gegen diesen der Vergütungsanspruch des Bauunternehmers fällig wird. [2]In Höhe der voraussichtlich erwachsenden Mehrkosten ist auf Verlangen binnen zwei Wochen Vorschuß zu leisten. [3]Der Vorschuß ist bis zu seiner Verwendung mit 4% zugunsten des Zahlenden zu verzinsen. [4]Der Anspruch auf die besondere Bauart erlischt, wenn der Vorschuß nicht fristgerecht geleistet wird.

(2) [1]Soweit der Bauherr die besondere Bauart auch zum Vorteil seiner baulichen Anlage ausnutzt, beschränkt sich die Erstattungspflicht des Eigentümers des Nachbargrundstücks entsprechend. [2]Bereits erbrachte Leistungen können zurückgefordert werden.

§ 12 Anbau. (1) [1]Der Eigentümer des Nachbargrundstücks ist berechtigt, an die Nachbarwand anzubauen. [2]Anbau ist die Mitbenutzung der Nachbarwand als Abschlußwand oder zur Unterstützung oder Aussteifung der neuen baulichen Anlage.

(2) Der anbauende Eigentümer des Nachbargrundstücks ist zur Zahlung einer Vergütung in Höhe des halben Wertes der Nachbarwand verpflichtet, soweit sie durch den Anbau genutzt wird.

(3) [1]Die Vergütung wird mit der Fertigstellung des Anbaus im Rohbau fällig. [2]Bei der Berechnung des Wertes der Nachbarwand ist von den zu diesem Zeitpunkt üblichen Baukosten auszugehen. [3]Abzuziehen sind die durch eine besondere Bauart bedingten Mehrkosten; § 11 bleibt unberührt. [4]Das Alter, der bauliche Zustand und ein von § 10 abweichender Standort der Wand sind zu berücksichtigen. [5]Auf Verlangen ist Sicherheit in Höhe der voraussichtlich zu gewährenden Vergütung zu leisten; der Anbau darf dann erst nach Leistung der Sicherheit begonnen oder fortgesetzt werden. [6]Die Sicherheit kann in einer Bankbürgschaft bestehen.

§ 13 Nichtbenutzung der Nachbarwand. (1) [1]Wird die spätere bauliche Anlage nicht an die gemäß § 8 errichtete Nachbarwand angebaut, obwohl das möglich wäre, so hat der anbauberechtigte Eigentümer des Nachbargrundstücks für die durch die Errichtung der Nachbarwand entstandenen Mehraufwendungen gegenüber den Kosten der Herstellung einer Grenzwand (§ 19) Ersatz zu leisten. [2]Dabei ist zu berücksichtigen, daß das Nachbargrundstück durch die Nachbarwand teilweise weiter genutzt wird. [3]Höchstens ist der Betrag zu erstatten, den der Eigentümer des Nachbargrundstücks im Falle des Anbaus nach § 12 Abs. 2 und 3 zu zahlen hätte. [4]Der Anspruch wird mit der Fertigstellung der späteren baulichen Anlage im Rohbau fällig.

(2) [1] Der anbauberechtigte Eigentümer des Nachbargrundstücks ist ferner verpflichtet, den zwischen der Nachbarwand und seiner an die Nachbarwand herangebauten baulichen Anlage entstandenen Zwischenraum auf seine Kosten in geeigneter Weise so zu schließen, daß Schäden im Bereich des Zwischenraumes, insbesondere durch Gebäudebewegungen und Witterungseinflüsse, an der zuerst errichteten baulichen Anlage vermieden werden. [2] Die hierzu notwendigen Anschlüsse haben sich hinsichtlich der verwendeten Werkstone der vorhandenen baulichen Anlage anzupassen.

(3) [1] Ist der Anbau wegen einer Veränderung der Rechtslage unmöglich geworden, so hat der Eigentümer des Nachbargrundstücks lediglich die Hälfte des Betrages zu zahlen, der nach Absatz 1 zu zahlen gewesen wäre. [2] Absatz 2 gilt sinngemäß.

§ 14 Beseitigung der Nachbarwand. (1) Der Eigentümer der Nachbarwand ist berechtigt, die Nachbarwand ganz oder teilweise zu beseitigen, solange und soweit noch nicht angebaut ist.

(2) Das Recht zur Beseitigung besteht nicht, wenn der anbauberechtigte Eigentümer des Nachbargrundstücks die Absicht, die Nachbarwand ganz oder teilweise durch Anbau zu nutzen, dem Eigentümer der Nachbarwand schriftlich anzeigt und spätestens binnen sechs Monaten den erforderlichen Bauantrag einreicht.

(3) Das Recht zur Beseitigung bleibt jedoch bestehen, wenn der Eigentümer der Nachbarwand, bevor er eine Anzeige nach Absatz 2 erhalten hat, die Absicht, die Nachbarwand ganz oder teilweise zu beseitigen, dem Eigentümer des Nachbargrundstücks schriftlich anzeigt und spätestens binnen sechs Monaten den erforderlichen Antrag auf Genehmigung des Abbruchs einreicht.

(4) Gehen die Anzeigen nach Absätzen 2 und 3 ihren Empfängern gleichzeitig zu, so hat die Anzeige nach Absatz 3 keine Rechtswirkung.

(5) Macht der Eigentümer der Nachbarwand von seinem Recht zur Beseitigung Gebrauch, so hat er dem Eigentümer des Nachbargrundstücks

1. für die Dauer der Nutzung des Nachbargrundstücks durch den hinübergebauten Teil der Nachbarwand eine angemessene Vergütung zu leisten und

2. eine gemäß § 11 erbrachte Leistung zu erstatten und mit 4% vom Zeitpunkt der Zahlung an zu verzinsen; bereits gezahlte Zinsen sind anzurechnen.

(6) [1] Beseitigt der Eigentümer der Nachbarwand diese ganz oder teilweise, obwohl gemäß Absatz 2 ein Recht hierzu nicht besteht, so hat er dem anbauberechtigten Eigentümer des Nachbargrundstücks Ersatz für den durch die völlige oder teilweise Beseitigung der Anbaumöglichkeit zugefügten Schaden zu leisten. [2] Der Anspruch wird fällig, wenn die spätere bauliche Anlage in Gebrauch genommen wird.

§ 15 Erhöhen der Nachbarwand. (1) [1] Jeder Grundstückseigentümer darf die Nachbarwand in voller Dicke auf seine Kosten nach den allgemein anerkannten Regeln der Baukunst erhöhen, wenn dadurch keine oder nur geringfügige Beeinträchtigungen für den anderen Grundstückseigentümer zu erwarten sind. [2] Für den erhöhten Teil der Nachbarwand gelten die §§ 12, 13 Abs. 2 sowie § 14 Abs. 1 bis 4 und 6 entsprechend.

(2) Setzt die Erhöhung eine tiefere Gründung der Nachbarwand voraus, so darf diese unterfangen werden, wenn das

1. nach den allgemein anerkannten Regeln der Baukunst notwendig und

2. öffentlich-rechtlich zulässig ist.

§ 16 Anzeige. (1) Das Recht gemäß § 15 besteht nur, wenn die Absicht, das Recht auszuüben, dem Eigentümer und dem Nutzungsberechtigten des betroffenen Grundstücks mindestens einen Monat vor Beginn der Arbeiten schriftlich angezeigt worden ist.

(2) [1] Die Anzeige an einen der Genannten genügt, wenn der andere nicht bekannt, nur schwer feststellbar oder unbekannten Aufenthalts ist oder wenn er infolge Aufenthalts im Ausland nicht alsbald erreichbar ist und er auch keinen Vertreter bestellt hat. [2] Treffen diese Voraussetzungen sowohl für den Eigentümer als auch für den Nutzungsberechtigten zu, so genügt die Anzeige an den unmittelbaren Besitzer.

§ 17 Schadensersatz. [1] Schaden, der in Ausübung des Rechts gemäß § 15 den zur Duldung Verpflichteten entsteht, ist ohne Rücksicht auf Verschulden zu ersetzen. [2] Auf Verlangen ist in Höhe des voraussichtlichen Schadensbetrages Sicherheit zu leisten, die auch in einer Bankbürgschaft bestehen kann. [3] Dann darf das Recht erst nach Leistung der Sicherheit ausgeübt werden. [4] Eine Sicherheitsleistung kann nicht verlangt werden, wenn der voraussichtliche Schaden durch eine Haftpflichtversicherung gedeckt ist.

§ 18 Verstärken der Nachbarwand. [1] Jeder Grundstückseigentümer darf die Nachbarwand auf seinem Grundstück auf seine Kosten verstärken. [2] §§ 15 Abs. 2, 16 und 17 gelten entsprechend.

IV. Abschnitt. Grenzwand

§ 19 Begriff. Grenzwand ist die unmittelbar an der Grenze zum Nachbargrundstück auf dem Grundstück des Erbauers errichtete Wand.

§ 20 Anbau. (1) [1] Der Eigentümer des Nachbargrundstücks darf eine Grenzwand durch Anbau nutzen, wenn der Eigentümer der Grenzwand schriftlich einwilligt und der Anbau öffentlich-rechtlich zulässig ist. [2] Anbau ist die Mitbenutzung der Grenzwand als Abschlußwand oder zur Unterstützung oder Aussteifung der neuen baulichen Anlage.

(2) Der anbauende Eigentümer des Nachbargrundstücks hat eine Vergütung in Höhe des halben Wertes der Grenzwand, soweit sie durch den Anbau genutzt ist, zu zahlen und ferner eine Vergütung dafür zu leisten, daß er den für die Errichtung einer eigenen Grenzwand erforderlichen Baugrund einspart.

(3) [1] Die Vergütung wird mit der Fertigstellung des Anbaus im Rohbau fällig. [2] Bei der Berechnung des Wertes der Grenzwand ist von den zu diesem Zeitpunkt üblichen Baukosten auszugehen. [3] Abzuziehen sind die durch eine besondere Bauart bedingten Mehrkosten. [4] Das Alter und der bauliche Zustand der Wand sind zu berücksichtigen. [5] Auf Verlangen ist Sicherheit in Höhe der voraussichtlich zu gewährenden Vergütung zu leisten; der Anbau

darf dann erst nach Leistung der Sicherheit begonnen oder fortgesetzt werden. [6] Die Sicherheit kann in einer Bankbürgschaft bestehen.

(4) Nach dem Anbau sind die Unterhaltskosten für den gemeinsam genutzten Teil der Grenzwand von den beiden Grundstückseigentümern zu gleichen Teilen zu tragen.

§ 21 Besondere Gründung der Grenzwand. (1) Auf Verlangen des Eigentümers des Nachbargrundstücks hat der Erbauer die Grenzwand so zu gründen, daß bei der Bebauung des Nachbargrundstücks zusätzliche Baumaßnahmen vermieden werden.

(2) [1] Der Eigentümer des zur Bebauung vorgesehenen Grundstücks hat dem Eigentümer des Nachbargrundstücks unter Übersendung des Bau- und des Lageplans sowie unter Mitteilung des Namens und der Anschrift des Bauherrn schriftlich anzuzeigen, daß eine Grenzwand errichtet werden soll. [2] Die Anzeige an den Nutzungsberechtigten oder den unmittelbaren Besitzer des Nachbargrundstücks genügt, wenn dessen Eigentümer nicht bekannt, nur schwer feststellbar oder unbekannten Aufenthalts ist oder wenn er infolge Aufenthalts im Ausland nicht alsbald erreichbar ist und er auch keinen Vertreter bestellt hat. [3] Wird die Anzeige schuldhaft unterlassen, so hat der Eigentümer des zur Bebauung vorgesehenen Grundstücks dem Eigentümer des Nachbargrundstücks den daraus entstehenden Schaden zu ersetzen.

(3) Der Eigentümer des Nachbargrundstücks kann das Verlangen nach Absatz 1 nur innerhalb von zwei Monaten seit Erstattung der Anzeige dem Bauherrn gegenüber stellen.

(4) [1] Die durch das Verlangen nach Absatz 1 entstehenden Mehrkosten sind dem Bauherrn zu erstatten, sobald der Vergütungsanspruch des Bauunternehmers gegen den Bauherrn fällig wird. [2] In Höhe der voraussichtlich erwachsenden Mehrkosten ist auf Verlangen binnen zwei Wochen Vorschuß zu leisten. [3] Der Vorschuß ist bis zu seiner Verwendung mit 4% zugunsten des Zahlenden zu verzinsen. [4] Der Anspruch auf die besondere Gründung erlischt, wenn der Vorschuß nicht fristgerecht geleistet wird.

(5) [1] Soweit der Bauherr die besondere Gründung auch zum Vorteil seiner baulichen Anlage ausnutzt, beschränkt sich die Erstattungspflicht des Eigentümers des Nachbargrundstücks entsprechend. [2] Bereits erbrachte Leistungen können zurückgefordert werden.

§ 22 Errichten einer zweiten Grenzwand. (1) [1] Steht auf einem Grundstück eine bauliche Anlage unmittelbar an der Grenze und wird später auf dem Nachbargrundstück an dieser Grenze eine bauliche Anlage errichtet, aber ohne konstruktiven Verband angebaut, so ist deren Erbauer verpflichtet, den entstandenen Zwischenraum auf seine Kosten in geeigneter Weise so zu schließen, daß Schäden im Bereich des Zwischenraumes, insbesondere durch Gebäudebewegungen und Witterungseinflüsse, an der zuerst errichteten baulichen Anlage vermieden werden. [2] Die hierzu notwendigen Anschlüsse haben sich hinsichtlich der verwendeten Werkstoffe der vorhandenen baulichen Anlage anzupassen.

(2) Der Erbauer ist berechtigt, auf eigene Kosten durch übergreifende Bauteile einen den öffentlich-rechtlichen Vorschriften entsprechenden Anschluß an die bestehende bauliche Anlage herzustellen.

(3) Muß der Nachbar zur Ausführung seines Bauvorhabens seine Grenzwand tiefer als die zuerst errichtete Grenzwand gründen, so darf er diese unterfangen, wenn

1. dies nach den allgemein anerkannten Regeln der Baukunst notwendig und

2. das Bauvorhaben öffentlich-rechtlich zulässig ist.

(4) In den Fällen der Absätze 2 und 3 gelten §§ 16 und 17 entsprechend.

§ 23 Einseitige Grenzwand. Bauteile, die in den Luftraum eines Grundstücks übergreifen, sind zu dulden, wenn

1. nach den öffentlich-rechtlichen Vorschriften nur auf dem Nachbargrundstück bis an die Grenze gebaut werden darf,

2. die übergreifenden Bauteile öffentlich-rechtlich zulässig sind,

3. sie die Benutzung des anderen Grundstücks nicht oder nur unwesentlich beeinträchtigen und

4. sie nicht zur Vergrößerung der Nutzfläche dienen.

V. Abschnitt. Hammerschlags- und Leiterrecht

§ 24 Inhalt und Umfang. (1) Der Eigentümer und die Nutzungsberechtigten müssen dulden, daß ihr Grundstück einschließlich der baulichen Anlagen zum Zwecke von Bau- oder Instandsetzungsarbeiten auf dem Nachbargrundstück vorübergehend betreten und benutzt wird, wenn und soweit

1. die Arbeiten anders nicht zweckmäßig oder nur mit unverhältnismäßig hohen Kosten durchgeführt werden können,

2. die mit der Duldung verbundenen Nachteile oder Belästigungen nicht außer Verhältnis zu dem von dem Berechtigten erstrebten Vorteil stehen,

3. ausreichende Vorkehrungen zur Minderung der Nachteile und Belästigungen getroffen werden und

4. das Vorhaben öffentlich-rechtlichen Vorschriften nicht widerspricht.

(2) [1]Das Recht ist so schonend wie möglich auszuüben. [2]Es darf nicht zur Unzeit geltend gemacht werden.

(3) Für die Anzeige und die Verpflichtung zum Schadensersatz gelten die §§ 16 und 17 entsprechend.

(4) Absatz 1 findet auf die Eigentümer öffentlicher Verkehrsflächen keine Anwendung.

§ 25 Nutzungsentschädigung. (1) [1]Wer ein Grundstück länger als einen Monat gemäß § 24 benutzt, hat für die darüber hinausgehende Zeit der Benutzung eine Entschädigung in Höhe der ortsüblichen Miete für einen dem benutzten Grundstücksteil vergleichbaren Lagerplatz zu zahlen. [2]Die Entschädigung ist nach Ablauf je eines Monats fällig.

(2) Die Entschädigung kann nicht verlangt werden, soweit Ersatz für entgangene anderweitige Nutzung gefordert wird.

VI. Abschnitt. Höherführen von Schornsteinen, Lüftungsleitungen und Antennenanlagen

§ 26 Inhalt und Umfang. (1) Der Eigentümer und die Nutzungsberechtigten eines Grundstücks müssen dulden, daß an ihrem höheren Gebäude der Eigentümer und die Nutzungsberechtigten des angrenzenden niederen Gebäudes ihre Schornsteine, Lüftungsleitungen und Antennenanlagen befestigen, wenn

1. die Erhöhung der Schornsteine und Lüftungsleitungen für die notwendige Zug- und Saugwirkung und die Erhöhung der Antennenanlagen für einen einwandfreien Empfang von Sendungen erforderlich ist und

2. die Befestigung der höhergeführten Schornsteine, Lüftungsleitungen und Antennenanlagen anders nicht zweckmäßig oder nur mit unverhältnismäßig hohen Kosten durchgeführt werden kann.

(2) Der Eigentümer und die Nutzungsberechtigten des betroffenen Grundstücks müssen ferner dulden,

1. daß die unter den Voraussetzungen des Absatzes 1 höhergeführten und befestigten Schornsteine, Lüftungsleitungen und Antennenanlagen des Nachbargrundstücks von ihrem Grundstück aus unterhalten und gereinigt werden, soweit das erforderlich ist und

2. daß die hierzu notwendigen Einrichtungen angebracht werden.

(3) [1] Für die Anzeige und die Verpflichtung zum Schadensersatz gelten die §§ 16 und 17 entsprechend. [2] Die Absicht, notwendige Wartungs- und Reparaturarbeiten auszuführen, braucht nicht angezeigt zu werden. [3] Zur Unzeit brauchen diese Arbeiten nicht geduldet zu werden.

(4) Absätze 1 und 2 gelten für Antennenanlagen nicht, wenn dem Eigentümer und den Nutzungsberechtigten des niederen Gebäudes die Mitbenutzung der dazu geeigneten Antennenanlage des höheren Gebäudes gestattet wird.

VII. Abschnitt. Dachtraufe

§ 27 Niederschlagwasser. (1) Bauliche Anlagen sind so einzurichten, daß Niederschlagwasser nicht auf das Nachbargrundstück tropft, auf dieses abgeleitet wird oder übertritt.

(2) Absatz 1 findet keine Anwendung auf freistehende Mauern entlang öffentlicher Verkehrsflächen und öffentlicher Grünflächen.

§ 28 Anbringen von Sammel- und Abflußeinrichtungen. (1) [1] Der Eigentümer und die Nutzungsberechtigten eines Grundstücks, die aus besonderem Rechtsgrund verpflichtet sind, das von den baulichen Anlagen eines Nachbargrundstücks tropfende oder abgeleitete oder von dem Nachbargrundstück übertretende Niederschlagwasser aufzunehmen, sind berechtigt, auf eigene Kosten besondere Sammel- und Abflußeinrichtungen an der baulichen Anlage des traufberechtigten Nachbarn anzubringen, wenn die damit verbundene Beeinträchtigung nicht erheblich ist. [2] Sie haben diese Einrichtungen zu unterhalten.

(2) Für die Anzeige und die Verpflichtung zum Schadensersatz gelten die §§ 16 und 17 entsprechend.

VIII. Abschnitt. Abwässer

§ 29 [Schutz des Nachbargrundstücks] Bauliche Anlagen sind so einzurichten, daß Abwässer und andere Flüssigkeiten nicht auf das Nachbargrundstück übertreten.

IX. Abschnitt. Bodenerhöhungen, Aufschichtungen und sonstige Anlagen

§ 30 Bodenerhöhungen. (1) [1] Wer den Boden seines Grundstücks über die Oberfläche des Nachbargrundstücks erhöht, muß einen solchen Grenzabstand einhalten oder solche Vorkehrungen treffen und unterhalten, daß eine Schädigung des Nachbargrundstücks insbesondere durch Abstürzen oder Abschwemmen des Bodens ausgeschlossen ist. [2] Die Verpflichtung geht auf den Rechtsnachfolger über.

(2) Auf den Grenzabstand ist § 36 Abs. 2 Satz 1 und 2 Buchstabe b), Abs. 3 bis 5 sinngemäß anzuwenden.

§ 31 Aufschichtungen und sonstige Anlagen. (1) [1] Mit Aufschichtungen von Holz, Steinen, Stroh und dergleichen sowie sonstigen mit dem Grundstück nicht fest verbundenen Anlagen, die nicht über 2 m hoch sind, ist ein Mindestabstand von 0,50 m von der Grenze einzuhalten. [2] Sind sie höher, so muß der Abstand um so viel über 0,50 m betragen, als ihre Höhe das Maß von 2 m übersteigt.

(2) Absatz 1 gilt nicht

a) für Baugerüste;

b) für Aufschichtungen und Anlagen, die

   aa) eine Wand oder geschlossene Einfriedigung nicht überragen;

   bb) als Stützwand oder Einfriedigung dienen;

c) für gewerbliche Lagerplätze;

d) gegenüber Grenzen zu öffentlichen Verkehrsflächen, zu öffentlichen Grünflächen und zu oberirdischen Gewässern von mehr als 0,50 m Breite (Mittelwasserstand).

X. Abschnitt. Einfriedigungen

§ 32 Einfriedigungspflicht. (1) [1] Innerhalb eines im Zusammenhang bebauten Ortsteils ist der Eigentümer eines bebauten oder gewerblich genutzten Grundstücks auf Verlangen des Eigentümers des Nachbargrundstücks verpflichtet, sein Grundstück an der gemeinsamen Grenze einzufriedigen. [2] Sind beide Grundstücke bebaut oder gewerblich genutzt, so sind deren Eigentümer verpflichtet, die Einfriedigung gemeinsam zu errichten, wenn auch nur einer von ihnen die Einfriedigung verlangt. [3] Wirkt der Nachbar nicht binnen zwei Monaten nach schriftlicher Aufforderung bei der Errichtung mit, so kann der Eigentümer die Einfriedigung allein errichten; die in § 37 Abs. 1 geregelte Verpflichtung zur Tragung der Errichtungskosten wird dadurch nicht berührt.

(2) Stellt das Verlangen nach Absatz 1 Satz 1 der Eigentümer eines Grundstücks, das

a) weder bebaut noch gewerblich genutzt ist, aber innerhalb des im Zusammenhang bebauten Ortsteils liegt oder

b) in einem Bebauungsplan als Bauland festgesetzt ist,

so ist er berechtigt, bei der Errichtung der Einfriedigung mitzuwirken.

(3) Als gewerblich genutzt im Sinne der Absätze 1 und 2 gilt nicht ein Grundstück, das erwerbsgärtnerisch genutzt wird.

§ 33 Einfriedigungspflicht des Störers. Gehen unzumutbare Beeinträchtigungen von einem bebauten oder gewerblich genutzten Grundstück aus, so hat der Eigentümer dieses auf Verlangen des Eigentümers des Nachbargrundstücks insoweit einzufriedigen, als dadurch die Beeinträchtigungen verhindert oder, falls dies nicht möglich oder zumutbar ist, gemildert werden können.

§ 34 Ausnahmen. Eine Einfriedigungspflicht besteht nicht, wenn und soweit

a) die Grenze mit Gebäuden besetzt ist,

b) Einfriedigungen nicht zulässig sind oder

c) im Falle des § 32 in dem im Zusammenhang bebauten Ortsteil Einfriedigungen nicht üblich sind.

§ 35 Beschaffenheit. (1) [1] Die Einfriedigung muß ortsüblich sein. [2] Läßt sich eine ortsübliche Einfriedigung nicht feststellen, so ist eine etwa 1,20 m hohe Einfriedigung zu errichten. [3] Schreiben öffentlich-rechtliche Vorschriften eine andere Art der Einfriedigung vor, so tritt diese an die Stelle der in Satz 1 und 2 genannten Einfriedigungsart.

(2) Bietet die Einfriedigung gemäß Absatz 1 Satz 1 oder 2 keinen angemessenen Schutz vor Beeinträchtigungen, so hat auf Verlangen des Nachbarn derjenige, von dessen Grundstück die Beeinträchtigungen ausgehen, die Einfriedigung im erforderlichen Umfang auf seine Kosten stärker oder höher auszuführen.

§ 36 Standort der Einfriedigung. (1) [1] Die Einfriedigung ist auf der Grenze zu errichten, wenn sie

a) zwischen bebauten oder gewerblich genutzten Grundstücken oder

b) zwischen einem bebauten oder gewerblich genutzten und einem Grundstück der in § 32 Abs. 2 genannten Art liegt.

[2] In allen übrigen Fällen ist sie entlang der Grenze zu errichten.

(2) [1] Die Einfriedigung muß von der Grenze eines Grundstücks, das außerhalb eines im Zusammenhang bebauten Ortsteils liegt und nicht in einem Bebauungsplan als Bauland festgesetzt ist, 0,50 m zurückbleiben, auch wenn

ein Verlangen nach § 32 Abs. 1 Satz 1 oder § 33 nicht gestellt worden ist. [2] Dies gilt nicht gegenüber Grundstücken,

a) die in gleicher Weise wie das einzufriedigende bewirtschaftet werden oder

b) für die nach Lage, Beschaffenheit oder Größe eine Bearbeitung mit landwirtschaftlichem Gerät nicht in Betracht kommt.

(3) Absatz 2 Satz 1 gilt nicht, wenn die Einfriedigung bei Inkrafttreten dieses Gesetzes vorhanden ist und ihr Abstand dem bisherigen Recht entspricht.

(4) Der Anspruch auf Beseitigung einer Einfriedigung, die einen geringeren als den nach Absatz 2 vorgeschriebenen Abstand einhält, ist ausgeschlossen, wenn der Nachbar nicht binnen drei Jahren nach der Errichtung Klage auf Beseitigung erhoben hat.

(5) Wird eine Einfriedigung, mit der ein geringerer als der nach Absatz 2 vorgeschriebene Abstand eingehalten wird, durch eine andere ersetzt, so gilt Absatz 2.

(6) Ist die nicht auf der Grenze zu errichtende Einfriedigung eine Hecke, so sind die für Hecken geltenden Vorschriften des XI. Abschnitts anzuwenden.

§ 37 Kosten der Errichtung. (1) Die Kosten der Errichtung der Einfriedigung tragen die beteiligten Grundstückseigentümer in den Fällen des § 32 Abs. 1 Satz 2 und Abs. 2 zu gleichen Teilen.

(2) Der Eigentümer eines Grundstücks, für den eine Verpflichtung gemäß Absatz 1 nicht entsteht, hat eine Vergütung in Höhe des halben Wertes der Einfriedigung zu zahlen, wenn

a) das Grundstück bebaut oder gewerblich genutzt wird und es in dem im Zusammenhang bebauten Ortsteil liegt oder

b) das Grundstück in den im Zusammenhang bebauten Ortsteil hineingewachsen ist oder in einem Bebauungsplan als Bauland festgesetzt wird und der Eigentümer oder sein Rechtsvorgänger die Errichtung der Einfriedigung verlangt hatte.

(3) [1] Bei der Berechnung der Vergütung ist von den im Zeitpunkt der Fälligkeit üblichen Errichtungskosten einer Einfriedigung gemäß § 35 Abs. 1 auszugehen. [2] Ist gemäß § 35 Abs. 1 Satz 2 eine etwa 1,20 m hohe Einfriedigung zu errichten, so sind die Errichtungskosten für einen 1,20 m hohen Zaun aus wetterbeständigem Maschendraht maßgebend. [3] Ist nur für eines der beiden Grundstücke eine Einfriedigung nach § 35 Abs. 1 Satz 3 vorgeschrieben, so sind der Berechnung die Errichtungskosten einer Einfriedigung nach § 35 Abs. 1 Satz 1 oder Satz 2 zugrunde zu legen. [4] Sind die tatsächlichen Aufwendungen einschließlich der Eigenleistungen niedriger, so ist davon auszugehen. [5] Das Alter und der Zustand der Einfriedigung sind zu berücksichtigen.

(4) [1] Der Eigentümer des anderen Grundstücks darf, wenn die Voraussetzungen des Absatzes 2 vorliegen, die Einfriedigung auf die Grenze versetzen oder dort neu errichten. [2] Der Eigentümer des angrenzenden Grundstücks hat auch in diesem Falle nur eine Vergütung gemäß Absätzen 2 und 3 zu zahlen.

(5) Gehen von einem Grundstück unzumutbare Beeinträchtigungen des Nachbargrundstücks aus, die durch eine Einfriedigung verhindert oder gemildert werden können, und wird die Errichtung der Einfriedigung ausdrücklich nur aus diesen Gründen von dem Eigentümer des Nachbargrundstücks

verlangt, so ist er nicht verpflichtet, sich an den Kosten der Errichtung zu beteiligen.

§ 38 Kosten der Unterhaltung. (1) Die Kosten der Unterhaltung einer Einfriedigung tragen die beteiligten Grundstückseigentümer je zur Hälfte, wenn und sobald für sie oder ihre Rechtsvorgänger die Verpflichtung zur Tragung von Errichtungskosten begründet worden ist.

(2) § 37 Abs. 3 gilt entsprechend.

§ 39 Ausnahmen. Die §§ 32 bis 38 gelten nicht für Einfriedigungen zwischen Grundstücken und den an sie angrenzenden öffentlichen Verkehrsflächen, öffentlichen Grünflächen und oberirdischen Gewässern.

XI. Abschnitt. Grenzabstände für Pflanzen

§ 40 Grenzabstände für Wald. (1) [1] Auf Waldgrundstücken ist freizuhalten

a) zu benachbarten Waldgrundstücken, Ödländereien oder Heidegrundstücken

  1. ein Streifen von 1 m Breite von jedem Baumwuchs und
  2. ein weiterer Streifen von 2 m Breite von Nadelholz über 2 m Höhe mit Ausnahme der Lärche,

b) zu Wegen ein Streifen von 1 m Breite von Baumwuchs über 2 m Höhe,

c) zu benachbarten landwirtschaftlich, gärtnerisch oder durch Weinbau genutzten oder zu diesen Zwecken vorübergehend nicht genutzten Grundstücken

  1. ein Streifen von 1 m Breite von jedem Baumwuchs und
  2. ein weiterer Streifen von 3 m Breite von Baumwuchs über 2 m Höhe.

[2] Mit Pappelwald ist gegenüber den unter Buchstabe c) genannten Grundstücken ein Abstand von 6 m einzuhalten.

(2) [1] Mit erstmalig begründetem Wald ist zu benachbarten erwerbsgärtnerisch oder durch Weinbau genutzten oder zu diesen Zwecken vorübergehend nicht genutzten Grundstücken für die Dauer von 30 Jahren das Doppelte der in Absatz 1 Buchstabe c) vorgeschriebenen Abstände einzuhalten. [2] Für Pappelwald hat der Abstand in diesem Falle 8 m zu betragen.

(3) [1] Durch schriftlichen Vertrag, in dem die Katasterbezeichnungen der Grundstücke anzugeben sind, kann ein von Absatz 1 und 2 abweichender Abstand des Baumwuchses von der Grenze, jedoch kein geringerer Abstand als 1 m für einen in dem Vertrag festzulegenden Zeitraum vereinbart werden. [2] Wird ein Grundstück, auf das sich eine solche Vereinbarung bezieht, während der Dauer der Vereinbarung veräußert oder geht es durch Erbfolge oder in anderer Weise auf einen Rechtsnachfolger über, so tritt der Erwerber in die Rechte und Verpflichtungen aus der Vereinbarung ein.

§ 41 Grenzabstände für bestimmte Bäume, Sträucher und Rebstöcke. (1) Mit Bäumen außerhalb des Waldes, Sträuchern und Rebstöcken sind von den Nachbargrundstücken – vorbehaltlich des § 43 – folgende Abstände einzuhalten:

1. mit Bäumen außer den Obstgehölzen, und zwar

   a) stark wachsenden Bäumen, insbesondere der Rotbuche
   (Fagus silvatica) und sämtliche Arten der Linde (Tilia),
   der Platane (Platanus), der Roßkastanie (Aesculus), der
   Eiche (Quercus) und der Pappel (Populus)   4,00 m,

   b) allen übrigen Bäumen   2,00 m,

2. mit Ziersträuchern, und zwar

   a) stark wachsenden Ziersträuchern, insbesondere dem
   Feldahorn (Acer campestre), dem Flieder (Syringa vulgaris), dem Goldglöckchen (Forsythia intermedia), der
   Haselnuß (Corylus avellana), den Pfeifensträuchern –
   falscher Jasmin – (Philadelphus coronarius)   1,00 m,

   b) allen übrigen Ziersträuchern   0,50 m,

3. mit Obstgehölzen, und zwar

   a) Kernobstbäumen, soweit sie auf stark wachsender Unterlage veredelt sind, sowie Süßkirschbäumen, Walnußbäumen und Eßkastanienbäumen   2,00 m,

   b) Kernobstbäumen, soweit sie auf mittelstark wachsender
   Unterlage veredelt sind, sowie Steinobstbäumen, ausgenommen die Süßkirschbäume   1,50 m,

   c) Kernobstbäumen, soweit sie auf schwach wachsender
   Unterlage veredelt sind   1,00 m,

   d) Brombeersträuchern   1,00 m,

   e) allen übrigen Beerenobststräuchern   0,50 m,

4. mit Rebstöcken, und zwar

   a) in geschlossenen Rebanlagen, deren Gesamthöhe
   1,80 m übersteigt (Weitraumanlagen)   1,50 m,

   b) in allen übrigen geschlossen Rebanlagen   0,75 m,

   c) einzelnen Rebstöcken   0,50 m.

(2) [1] Ziersträucher und Beerenobststräucher dürfen in ihrer Höhe das Drei-
fache ihres Abstandes zum Nachbargrundstück nicht überschreiten. [2] Strauch-
triebe, die in einem geringeren als der Hälfte des vorgeschriebenen Abstandes
aus dem Boden austreten, sind zu entfernen.

§ 42 Grenzabstände für Hecken. [1] Es sind mit Hecken – vorbehaltlich des
§ 43 –

a)   über 2 m Höhe   1,00 m
     und

b)   bis zu 2 m Höhe   0,50 m

Abstand von der Grenze einzuhalten.[2] Das gilt nicht, wenn das öffentliche
Recht andere Grenzabstände vorschreibt.

§ 43 Verdoppelung der Abstände. Die doppelten Abstände nach den §§ 41 und 42, höchstens jedoch 6 m, sind einzuhalten gegenüber Grundstücken, die

a) landwirtschaftlich, gärtnerisch oder durch Weinbau genutzt oder zu diesen Zwecken vorübergehend nicht genutzt sind und im Außenbereich (§ 19 Abs. 2 des Bundesbaugesetzes) liegen oder

b) durch Bebauungsplan der landwirtschaftlichen, gärtnerischen oder weinbaulichen Nutzung vorbehalten sind.

§ 44 Baumschulen. Es sind mit Baumschulbeständen

a) über 2 m Höhe   2,00 m

b) bis zu 2 m Höhe   1,00 m

    und

c) bis zu 1 m Höhe   0,50 m

Abstand von der Grenze einzuhalten.

§ 45 Ausnahmen. (1) Die §§ 40 bis 44 gelten nicht für

a) Anpflanzungen an den Grenzen zu öffentlichen Verkehrsflächen, zu öffentlichen Grünflächen und zu oberirdischen Gewässern von mehr als 4 m Breite (Mittelwasserstand),

b) Anpflanzungen auf öffentlichen Verkehrsflächen,

c) Anpflanzungen, die hinter einer geschlossenen Einfriedigung vorgenommen werden und diese nicht überragen; als geschlossen im Sinne dieser Vorschrift gilt auch eine Einfriedigung, deren Bauteile breiter sind als die Zwischenräume,

d) Windschutzstreifen und ähnliche, dem gleichen Zweck dienende Hecken und Baumbestände außerhalb von Waldungen,

e) Anpflanzungen, die bei Inkrafttreten dieses Gesetzes vorhanden sind und deren Abstand dem bisherigen Recht entspricht,

f) die in einem auf Grund des Landschaftsgesetzes erlassenen rechtsverbindlichen Landschaftsplan vorgesehenen Anpflanzungen von Flurgehölzen, Hecken, Schutzpflanzungen, Alleen, Baumgruppen und Einzelbäumen.

(2) § 40 Abs. 1 Buchstabe a) Nr. 1 und 2 gilt nicht, soweit gemäß dem Forstrecht nach gemeinsamen Betriebsplänen unabhängig von den Eigentumsgrenzen gewirtschaftet wird.

(3) Wird für die in Absatz 1 Buchstabe e) genannten Anpflanzungen eine Ersatzanpflanzung vorgenommen, so gelten die §§ 40 bis 44 und 46.

(4) Absätze 1 und 2 gelten auch für Bewuchs, der durch Aussamung oder Auswuchs entstanden ist.

§ 46 Berechnung des Abstandes. [1]Der Abstand wird von der Mitte des Baumstammes, des Strauches oder des Rebstockes waagerecht und rechtwinklig zur Grenze gemessen, und zwar an der Stelle, an der der Baum, der Strauch oder der Rebstock aus dem Boden austritt. [2]Bei Hecken ist von der Seitenfläche aus zu messen.

§ 47 Ausschluß des Beseitigungsanspruchs. (1) [1] Der Anspruch auf Beseitigung einer Anpflanzung, mit der ein geringerer als der in den §§ 40 bis 44 und 46 vorgeschriebene Abstand eingehalten wird, ist ausgeschlossen, wenn der Nachbar nicht binnen sechs Jahren nach dem Anpflanzen Klage auf Beseitigung erhoben hat. [2] Der Anspruch unterliegt nicht der Verjährung.

(2) § 45 Abs. 3 und 4 gilt entsprechend.

§ 48 Nachträgliche Grenzänderungen. Die Rechtmäßigkeit des Abstandes wird durch nachträgliche Grenzänderungen nicht berührt; jedoch gilt § 45 Abs. 3 und 4 entsprechend.

XII. Abschnitt. Allgemeine Vorschriften

§ 49 Anwendungsbereich des Gesetzes. (1) [1] Die Vorschriften dieses Gesetzes gelten – unbeschadet von § 40 – nur, soweit die Beteiligten nichts anderes vereinbaren und eine solche Vereinbarung anderen Vorschriften nicht widerspricht. [2] Die in diesem Gesetz vorgeschriebene Schriftform kann nicht abbedungen werden.

(2) Öffentlich-rechtliche Vorschriften werden durch dieses Gesetz nicht berührt.

§ 50 Schutz der Nachbarrechte. Werden Vorschriften dieses Gesetzes verletzt, so kann der Eigentümer des Nachbargrundstücks, sofern dieses Gesetz keine Regelung trifft, Ansprüche auf Grund der Vorschriften des Bürgerlichen Gesetzbuchs geltend machen.

§ 51 *(aufgehoben)*

§ 52 Stellung des Erbbauberechtigten. Der Erbbauberechtigte tritt an die Stelle des Eigentümers des Grundstücks.

XIII. Abschnitt. Schlußbestimmungen

§ 53 Übergangsvorschriften. (1) Der Umfang von Rechten, die bei Inkrafttreten dieses Gesetzes bestehen, richtet sich – unbeschadet der §§ 2 Buchstabe d) und e), 5 Buchstabe d), 36 Abs. 3 und 45 Abs. 1 Buchstabe e) – nach den Vorschriften dieses Gesetzes.

(2) [1] Die Verjährung von Ansprüchen auf Schadensersatz und anderen, auf Geld gerichteten Ansprüchen nach diesem Gesetz, die am 1. Mai 2004 bestehen und noch nicht verjährt sind, richtet sich allein nach den Vorschriften des Bürgerlichen Gesetzbuchs. [2] Der Beginn der Verjährung bestimmt sich jedoch für die Zeit vor dem 1. Mai 2004 nach § 51 dieses Gesetzes in der bis zu diesem Tag geltenden Fassung. [3] Ist die Verjährungsfrist nach dem Bürgerlichen Gesetzbuch kürzer als nach § 51 dieses Gesetzes in der bis zum 1. Mai 2004 geltenden Fassung, so wird die kürzere Frist von dem 1. Mai 2004 an berechnet. [4] Läuft jedoch die in § 51 dieses Gesetzes in der bis zum 1. Mai 2004 geltenden Fassung bestimmte längere Frist früher als die im Bürgerlichen

Gesetzbuch bestimmte kürzere Frist ab, so ist die Verjährung mit dem Ablauf der längeren Frist vollendet.

§ 54 Außerkrafttreten von Vorschriften. [1] Die diesem Gesetz entgegenstehenden Vorschriften werden aufgehoben. [2] Namentlich werden folgende Vorschriften aufgehoben, soweit sie nicht bereits außer Kraft getreten sind:

1. Erster Teil, Achter Titel §§ 125 bis 131, 133, 137 bis 140, 142 bis 144, 146 bis 148, 152, 153, 155, 156, 162 bis 167, 169 bis 174, 185, 186, Zweiundzwanzigster Titel §§ 55 bis 62 des Allgemeinen Landrechts für die Preußischen Staaten vom 5. Februar 1794;
2. Artikel 23 §§ 1 bis 3 des Preußischen Ausführungsgesetzes zum Bürgerlichen Gesetzbuch vom 20. September 1899 (PrGS NW S. 105);
3. Artikel 671, 672 Abs. 1, 674 bis 681 des Rheinischen Bürgerlichen Gesetzbuchs (Code civil);
4. Gesetz über das forstliche Nachbarrecht vom 25. Juni 1962 (GV. NW. S. 371).

§ 55 [Inkrafttreten] (1) Dieses Gesetz tritt am 1. Juli 1969 in Kraft.

(2) Die Landesregierung berichtet dem Landtag bis zum 31. Dezember 2009 über die Notwendigkeit des Fortbestehens des Gesetzes.

11. Landesnachbarrechtsgesetz (LNRG) Rheinland-Pfalz

Vom 15. Juni 1970

(GVBl. S. 198)

BS Rh-Pf 403-1

geänd. durch Art. 1 Erstes ÄndG v. 21. 7. 2003 (GVBl. S. 209)

Der Landtag Rheinland-Pfalz hat das folgende Gesetz beschlossen:

Erster Abschnitt. Allgemeine Vorschriften

§ 1 Anwendungsbereich. (1) Die §§ 3 bis 52 dieses Gesetzes gelten nur, soweit die Beteiligten nichts anderes vereinbaren.

(2) [1] Rechte und Pflichten nach öffentlichem Recht werden durch dieses Gesetz nicht berührt. [2] Die Ausübung von Rechten nach diesem Gesetz ist nur zulässig, wenn die nach öffentlichem Recht zu erfüllenden Voraussetzungen gegeben sind.

§ 2 Nachbar und Nutzungsberechtigter. (1) [1] Nachbar im Sinne dieses Gesetzes ist der Eigentümer eines Grundstücks, im Falle der Belastung des Grundstücks mit einem Erbbaurecht der Erbbauberechtigte. [2] Soweit sich nach den Vorschriften dieses Gesetzes für den Eigentümer eines Grundstücks Rechte oder Pflichten ergeben, treffen diese bei einer Belastung des Grundstücks mit einem Erbbaurecht den Erbbauberechtigten.

(2) Rechte und Pflichten eines Nutzungsberechtigten nach diesem Gesetz entstehen nur für denjenigen Nutzungsberechtigten, dessen Besitzstand berührt wird.

Zweiter Abschnitt. Nachbarwand

§ 3 Grundsatz. (1) Nachbarwand ist die auf der Grenze zweier Grundstücke errichtete Wand, die den auf diesen Grundstücken errichteten oder zu errichtenden Gebäuden als Abschlußwand oder zur Unterstützung oder Aussteifung dient oder dienen soll.

(2) Eine Nachbarwand darf nur errichtet werden, wenn der Nachbar einwilligt.

(3) Für die mit Einwilligung des Nachbarn errichtete Nachbarwand gelten die Vorschriften der §§ 4 bis 12.

§ 4 Beschaffenheit der Nachbarwand. (1) [1] Die Nachbarwand ist in derjenigen Bauart und Bemessung, insbesondere in der Dicke und mit der Gründungstiefe auszuführen, daß sie den Zwecken beider Nachbarn genügt. [2] Der zuerst Bauende braucht die Wand nur für einen Anbau herzurichten, der an die Bauart und Bemessung der Wand keine höheren Anforderungen stellt als sein eigenes Gebäude.

(2) [1] Erfordert keines der beiden Gebäude eine größere Dicke der Wand als das andere, so darf die Nachbarwand höchstens mit der Hälfte ihrer notwendigen Dicke auf dem Nachbargrundstück errichtet werden. [2] Erfordert das auf einem der Grundstücke geplante Gebäude eine dickere Wand, so ist die Wand mit einem entsprechend größeren Teil ihrer Dicke auf diesem Grundstück zu errichten.

(3) [1] Soweit die Nachbarwand den Vorschriften des Absatzes 2 entspricht, hat der Nachbar keinen Anspruch auf Zahlung einer Vergütung (§ 912 des Bürgerlichen Gesetzbuchs - BGB -) oder auf Abkauf von Boden (§ 915 BGB). [2] Wird die Nachbarwand beseitigt, bevor angebaut ist, so kann der Nachbar für die Zeit ihres Bestehens eine Vergütung nach § 912 BGB beanspruchen.

§ 5 Anbau an die Nachbarwand. (1) [1] Der Nachbar ist berechtigt, an die Nachbarwand anzubauen. [2] Anbau ist die Mitbenutzung der Wand als Abschlußwand oder zur Unterstützung oder Aussteifung des neuen Gebäudes.

(2) Ein Unterfangen der Nachbarwand ist nur unter den Voraussetzungen des § 16 Abs. 1 zulässig.

§ 6 Anzeige des Anbaues. (1) [1] Die Einzelheiten des beabsichtigten Anbaues sind mindestens drei Monate vor Beginn der Bauarbeiten dem Eigentümer und dem Nutzungsberechtigten des zuerst bebauten Grundstücks anzuzeigen. [2] Mit den Arbeiten darf erst nach Fristablauf begonnen werden.

(2) Etwaige Einwendungen gegen den Anbau sind unverzüglich zu erheben.

(3) Ist jemand, dem Anzeige nach Absatz 1 zu machen ist, unbekannten Aufenthaltes oder bei einem Aufenthalt im Ausland nicht alsbald erreichbar und hat er keinen Vertreter bestellt, so genügt statt der Anzeige an diesen Betroffenen die Anzeige an den unmittelbaren Besitzer.

§ 7 Vergütung. (1) Der anbauende Nachbar hat dem Eigentümer des zuerst bebauten Grundstücks den halben Wert der Nachbarwand zu vergüten, soweit ihre Fläche zum Anbau genutzt wird.

(2) Die Vergütung ist angemessen herabzusetzen, wenn die besondere Bauart oder Bemessung der Wand nicht erforderlich oder nur für das zuerst errichtete Gebäude erforderlich ist; sie ist angemessen zu erhöhen, wenn die besondere Bauart oder Bemessung der Wand nur für das später errichtete Gebäude erforderlich ist.

(3) [1] Nimmt die Nachbarwand auf dem Grundstück des anbauenden Nachbarn eine größere Bodenfläche in Anspruch, als in § 4 Abs. 2 vorgesehen, so kann dieser die Vergütung um den Wert des zusätzlich überbauten Bodens kürzen, wenn er nicht die in § 912 Abs. 2 oder in § 915 BGB bestimmten Rechte ausübt. [2] Nimmt die Nachbarwand auf dem Grundstück des anbauenden Nachbarn eine geringere Bodenfläche in Anspruch, als in § 4 Abs. 2 vorgesehen, so erhöht sich die Vergütung um den Wert des Bodens, den die Wand andernfalls auf dem Grundstück des anbauenden Nachbarn zusätzlich benötigen würde.

(4) [1] Die Vergütung wird mit der Fertigstellung des Rohbaus des Anbaues fällig; sie steht demjenigen zu, der zu dieser Zeit Eigentümer ist. [2] Bei der

Wertberechnung ist von den zu diesem Zeitpunkt üblichen Baukosten auszugehen und das Alter sowie der bauliche Zustand der Nachbarwand zu
berücksichtigen. [3] Auf Verlangen ist Sicherheit in Höhe der voraussichtlich zu
gewährenden Vergütung zu leisten; in einem solchen Falle darf der Anbau erst
nach Leistung der Sicherheit begonnen oder fortgesetzt werden. [4] Die Sicherheit kann in einer Bankbürgschaft bestehen.

§ 8 Unterhaltung der Nachbarwand. (1) Bis zum Anbau fallen die Unterhaltungskosten der Nachbarwand dem Eigentümer des zuerst bebauten
Grundstücks allein zur Last.

(2) Nach dem Anbau sind die Unterhaltungskosten für den gemeinsam
genutzten Teil der Nachbarwand von beiden Nachbarn entsprechend dem
Verhältnis ihrer Beteiligung gemäß § 7 Abs. 1 bis 3 zu tragen.

(3) [1] Wird eines der beiden Gebäude abgebrochen und nicht neu errichtet,
so hat der Eigentümer des abgebrochenen Gebäudes die Außenfläche des
bisher gemeinsam genutzten Teiles der Wand in einen für eine Außenwand
geeigneten Zustand zu versetzen. [2] Bedarf die Wand gelegentlich des Gebäudeabbruches noch weiterer Instandsetzung, so sind die Kosten dafür gemäß
Absatz 2 gemeinsam zu tragen.

§ 9 Nichtbenutzen der Nachbarwand. (1) [1] Wird das später errichtete
Gebäude nicht an die Nachbarwand angebaut, so hat der anbauberechtigte
Nachbar für die durch Errichtung einer Nachbarwand entstandenen Mehraufwendungen gegenüber den Kosten einer Grenzwand Ersatz zu leisten.
[2] Dabei ist in angemessener Weise zu berücksichtigen, daß das Nachbargrundstück durch die Nachbarwand teilweise weiter genutzt wird.

(2) Hat die Nachbarwand von dem Grundstück des zuerst Bauenden weniger Bodenfläche benötigt als eine Grenzwand (§ 13), so ermäßigt sich der
Ersatz um den Wert der eingesparten Bodenfläche.

(3) Höchstens ist der Betrag zu erstatten, der im Falle des Anbaues zu zahlen
wäre.

(4) Im übrigen ist § 7 Abs. 4 Satz 1 entsprechend anzuwenden.

(5) Der anbauberechtigte Nachbar ist verpflichtet, die Dachfläche seines
Gebäudes auf seine Kosten dicht an die Nachbarwand anzuschließen.

§ 10 Beseitigen der Nachbarwand vor dem Anbau. (1) [1] Der Eigentümer des zuerst bebauten Grundstücks darf die Nachbarwand nur mit Einwilligung des Nachbarn beseitigen. [2] Die Absicht, die Nachbarwand zu beseitigen, muß dem Nachbarn schriftlich erklärt werden. [3] Die Einwilligung gilt als
erteilt, wenn der Nachbar dieser Erklärung nicht innerhalb von zwei Monaten
schriftlich widerspricht. [4] Für die Erklärung gilt § 6 Abs. 3 entsprechend.

(2) Die Einwilligung gilt trotz Widerspruchs als erteilt, wenn

1. der Nachbar nicht innerhalb von sechs Monaten nach Empfang der Erklärung bei der Gemeindeverwaltung einen Bauantrag zur Errichtung des
   Anbaues einreicht oder, falls dieses Vorhaben keiner Baugenehmigung bedarf, die erforderlichen Bauunterlagen vorlegt oder

2. die Versagung der für den Anbau erforderlichen Baugenehmigung nicht
   mehr angefochten werden kann oder

3. nicht innerhalb eines Jahres nach Vorliegen der für den Anbau erforderlichen baurechtlichen Zulässigkeitsvoraussetzungen mit dessen Ausführung begonnen wird.

(3) [1] Beseitigt der Erbauer der Nachbarwand diese ganz oder teilweise, ohne hierzu nach den Absätzen 1 und 2 berechtigt zu sein, so kann der anbauberechtigte Nachbar ohne Rücksicht auf Verschulden Ersatz für den ihm durch die völlige oder teilweise Beseitigung der Anbaumöglichkeit zugefügten Schaden verlangen. [2] Der Anspruch wird mit der Fertigstellung des Rohbaus des späteren Gebäudes fällig.

§ 11 Erhöhen der Nachbarwand. (1) [1] Jeder Nachbar ist berechtigt, die Nachbarwand auf seine Kosten zu erhöhen. [2] Für den hinzugefügten oberen Teil der Nachbarwand gelten die §§ 4 bis 10 entsprechend.

(2) Der höher Bauende darf auf das Nachbardach einschließlich des Dachtragewerks einwirken, soweit dies erforderlich ist; er hat auf seine Kosten das Nachbardach mit der erhöhten Nachbarwand ordnungsgemäß zu verbinden.

§ 12 Gründungstiefe. (1) [1] Soll eine Nachbarwand errichtet werden, so kann der Nachbar von ihrem Erbauer bis zur Erteilung der Baugenehmigung verlangen, daß dieser die Gründung so tief legt, wie es erforderlich ist, um bei Errichtung eines baurechtlich zulässigen Gebäudes auf dem Nachbargrundstück die Nachbarwand zu benutzen. [2] Er hat ihm in diesem Falle die entstandenen Mehrkosten zu erstatten. [3] Auf Verlangen ist binnen zwei Wochen Vorschuß in Höhe der voraussichtlichen Mehrkosten zu leisten. [4] Der Anspruch auf tiefere Gründung erlischt, wenn der Vorschuß nicht fristgerecht geleistet wird.

(2) [1] Der Erbauer der Nachbarwand kann verlangen, daß der Nachbar innerhalb angemessener Frist die tiefere Gründung selbst ausführt. [2] Nach Ablauf dieser Frist gilt das Verlangen auf tiefere Gründung nach Absatz 1 als nicht gestellt.

(3) [1] Soweit die tiefere Gründung zum Vorteil des zur Bebauung vorgesehenen Grundstücks ausgenutzt wird, beschränkt sich die Erstattungspflicht des Nachbarn auf die Hälfte der entstandenen Mehrkosten; darüber hinaus bereits erbrachte Leistungen können zurückgefordert werden. [2] Absatz 2 ist nicht anzuwenden.

Dritter Abschnitt. Grenzwand

§ 13 Errichten der Grenzwand. (1) Grenzwand ist die unmittelbar an der Grenze zum Nachbargrundstück, jedoch ausschließlich auf dem Grundstück des Erbauers errichtete Wand.

(2) [1] Wer eine Grenzwand errichten will, hat dem Nachbarn die Bauart, Bemessung und Gründung der beabsichtigten Wand anzuzeigen. [2] Ist der Nachbar für den Erbauer der Grenzwand nicht alsbald erreichbar, so genügt eine Anzeige an den unmittelbaren Besitzer des Nachbargrundstücks.

(3) [1] Der Nachbar kann innerhalb eines Monats nach Zugang der Anzeige eine solche Gründung der Grenzwand verlangen, daß zusätzliche Baumaßnahmen vermieden werden, wenn er später neben der Grenzwand ein Gebäude errichtet oder erweitert. [2] Mit den Arbeiten zur Errichtung der Grenzwand darf erst nach Ablauf der Frist begonnen werden.

(4) [1] Die nach Absatz 3 entstehenden Mehrkosten sind zu erstatten. [2] In Höhe der voraussichtlich erwachsenden Mehrkosten ist auf Verlangen binnen zwei Wochen Vorschuß zu leisten; der Anspruch auf besondere Gründung erlischt, wenn der Vorschuß nicht fristgerecht geleistet wird.

(5) Soweit die besondere Gründung auch zum Vorteil des zuerst errichteten Gebäudes ausgenutzt wird, beschränkt sich die Erstattungspflicht des Nachbarn auf den angemessenen Kostenanteil; darüber hinaus bereits erbrachte Leistungen können zurückgefordert werden.

(6) Die Absätze 2 bis 5 gelten nicht, wenn Garagen oder andere eingeschoßige Nebengebäude ohne Aufenthaltsräume an der Grenze errichtet werden sollen.

§ 14 Anbau an eine Grenzwand. (1) Der Nachbar darf eine Grenzwand durch Anbau (§ 5 Abs. 1 Satz 2) nutzen, wenn der Eigentümer einwilligt.

(2) [1] Der anbauende Nachbar hat eine Vergütung zu zahlen, soweit er sich nicht schon nach § 13 Abs. 4 an den Baukosten beteiligt hat. [2] Auf diese Vergütung ist § 7 Abs. 1, 2 und Abs. 4 Satz 1 entsprechend anzuwenden. [3] Die Vergütung erhöht sich um den Wert des Bodens, den der Anbauende gemäß § 4 Abs. 2 bei Errichtung einer Nachbarwand hätte zur Verfügung stellen müssen.

(3) Für die Unterhaltungskosten der Grenzwand gilt § 8 entsprechend.

§ 15 Anschluß bei zwei Grenzwänden. (1) [1] Wer eine Grenzwand neben einer schon vorhandenen Grenzwand errichtet, hat sie auf seine Kosten an das zuerst errichtete Gebäude dicht anzuschließen. [2] Er hat den Anschluß auf seine Kosten zu unterhalten.

(2) Die Einzelheiten des beabsichtigten Anschlußes sind in der nach § 13 Abs. 2 vorgeschriebenen Anzeige dem Nachbarn mitzuteilen.

(3) Werden die Grenzwände gleichzeitig errichtet, so tragen die Nachbarn die Kosten des Anschlußes und seiner Unterhaltung zu gleichen Teilen.

§ 16 Unterfangen einer Grenzwand. (1) Muß der Nachbar zur Errichtung seines Gebäudes seine Grenzwand tiefer als die zuerst errichtete Grenzwand gründen, so darf er diese unterfangen, wenn keine erhebliche Schädigung des zuerst errichteten Gebäudes zu besorgen ist und das Unterfangen nur mit unzumutbar hohen Kosten vermieden werden könnte.

(2) Für die Verpflichtung zur vorherigen Anzeige der Rechtsausübung und zum Schadensersatz gelten die §§ 6 und 19 entsprechend.

Vierter Abschnitt. Hochführen von Schornsteinen, Lüftungsschächten und Antennenanlagen

§ 17 Inhalt und Umfang. (1) Der Eigentümer und der Nutzungsberechtigte eines Grundstücks müssen dulden, daß der Nachbar an dem Gebäude Schornsteine, Lüftungsschächte und Antennenanlagen seines angrenzenden niedrigeren Gebäudes befestigt, wenn

1. die Höherführung der Schornsteine und Lüftungsschächte zur Betriebsfähigkeit oder die Erhöhung der Antennenanlage für einen einwandfreien Empfang von Sendungen erforderlich ist und

2. die Befestigung der höher geführten Schornsteine, Lüftungsschächte und Antennenanlagen ohne Inanspruchnahme des Nachbargebäudes nur mit erheblichen technischen Nachteilen oder unverhältnismäßig hohen Kosten möglich wäre und

3. das betroffene Grundstück nicht erheblich beeinträchtigt wird.

(2) [1] Der Eigentümer und der Nutzungsberechtigte des betroffenen Grundstückes müssen ferner dulden,

1. daß die höher geführten Schornsteine, Lüftungsschächte und Antennenanlagen des Nachbargrundstücks von ihrem Grundstück aus unterhalten und gereinigt werden und

2. daß die hierfür notwendigen Einrichtungen auf ihrem Grundstück angebracht werden,

wenn diese Maßnahmen anders nicht zweckmäßig und nur mit unverhältnismäßig hohen Kosten getroffen werden können. [2] Sie können die Berechtigten darauf verweisen, an ihrem Gebäude außen eine Steigleiter anzubringen und zu benutzen, wenn dies den notwendigen Zugang für die nach Satz 1 vorzunehmenden Arbeiten ermöglicht.

(3) Absätze 1 und 2 gelten für Antennenanlagen nicht, wenn dem Eigentümer und dem Nutzungsberechtigten des niedrigeren Gebäudes Mitbenutzung einer dazu geeigneten Antennenanlage des höheren Gebäudes gestattet wird.

§ 18 Anzeigepflicht. [1] Für die Verpflichtung zur vorherigen Anzeige der Rechtsausübung gilt § 6 entsprechend. [2] Keiner vorherigen Anzeige bedürfen jedoch die vorgeschriebenen Tätigkeiten des Schornsteinfegers, notwendige Besichtigungen der Anlage durch den Berechtigten, sowie kleinere Arbeiten, die den Verpflichteten nicht belästigen.

§ 19 Schadensersatz. (1) [1] Schaden, der bei Ausübung der Rechte nach § 17 dem Eigentümer oder dem Nutzungsberechtigten des Nachbargrundstücks entsteht, ist ohne Rücksicht auf Verschulden zu ersetzen. [2] Hat der Geschädigte den Schaden mitverursacht, so richtet sich die Ersatzpflicht sowie der Umfang der Ersatzleistung nach den Umständen, insbesondere danach, inwieweit der Schaden überwiegend von dem einen oder dem anderen Teil verursacht worden ist.

(2) [1] Auf Verlangen ist Sicherheit in Höhe des möglichen Schadens zu leisten. [2] In diesem Falle darf das Recht erst nach Leistung der Sicherheit ausgeübt werden. [3] Die Sicherheit kann in einer Bankbürgschaft bestehen.

§ 20 Entschädigung. (1) [1] Für die Duldung der Rechtsausübung nach § 17 ist der Nachbar durch eine Geldrente zu entschädigen. [2] Die Rente ist jährlich im voraus zu entrichten.

(2) [1] Die Höhe der Rente ist nach Billigkeit zu bemessen. [2] Dabei sind die dem Berechtigten durch die Ausübung des Rechts zugute kommenden Einsparungen und der Umfang der Belästigung des Nachbarn angemessen zu berücksichtigen.

Fünfter Abschnitt. Hammerschlags- und Leiterrecht

§ 21 Inhalt und Umfang. (1) Der Eigentümer und der Nutzungsberechtigte müssen dulden, daß ihr Grundstück zwecks Errichtung, Veränderung, Reinigung, Unterhaltung oder Beseitigung einer baulichen Anlage auf dem Nachbargrundstück vorübergehend betreten wird und daß auf oder über dem Grundstück Leitern oder Gerüste aufgestellt sowie die zu den Bauarbeiten erforderlichen Gegenstände über das Grundstück gebracht werden, wenn und soweit

1. das Vorhaben anders nicht zweckmäßig oder nur mit unverhältnismäßig hohen Kosten durchgeführt werden kann und

2. die mit der Duldung verbundenen Nachteile und Belästigungen nicht außer Verhältnis zu dem von dem Berechtigten erstrebten Vorteil stehen.

(2) Das Recht ist mit möglichster Schonung des Nachbargrundstücks auszuüben; es darf nicht zur Unzeit geltend gemacht werden.

§ 22 Anzeigepflicht. [1] Die Absicht, das Nachbargrundstück zu benutzen, ist mindestens zwei Wochen vor Beginn der Benutzung dem Eigentümer und dem Nutzungsberechtigten dieses Grundstücks anzuzeigen. [2] § 6 Abs. 3 findet entsprechende Anwendung.

§ 23 Schadensersatz. [1] Der bei der Ausübung des Rechts auf dem Nachbargrundstück entstehende Schaden ist ohne Rücksicht auf Verschulden zu ersetzen. [2] Auf Verlangen ist Sicherheit in Höhe des voraussichtlichen Schadensbetrages zu leisten; in einem solchen Falle darf das Recht erst nach Leistung der Sicherheit ausgeübt werden. [3] Die Sicherheit kann in einer Bankbürgschaft bestehen.

§ 24 Gefahr im Verzuge. Ist die Ausübung des Rechts nach § 21 zur Abwendung einer gegenwärtigen erheblichen Gefahr erforderlich, so entfällt die Verpflichtung zur Anzeige nach § 22 und zur Sicherheitsleistung nach § 23 Satz 2.

§ 25 Entschädigung. (1) Wer ein Grundstück länger als zwei Wochen gemäß § 21 benutzt, hat für die ganze Zeit der Benutzung eine angemessene Entschädigung zu zahlen; diese ist in der Regel so hoch wie die ortsübliche Miete für einen dem benutzten Grundstücksteil vergleichbaren gewerblichen Lagerplatz.

(2) Auf die nach Absatz 1 zu zahlende Entschädigung sind Schadensersatzleistungen nach § 23 für entgangene anderweitige Nutzung anzurechnen.

Sechster Abschnitt. Duldung von Leitungen

§ 26 Duldungspflicht. (1) Der Eigentümer und der Nutzungsberechtigte müssen dulden, daß durch ihr Grundstück Wasserversorgungs- oder Abwasserleitungen zu einem Nachbargrundstück hindurchgeführt werden, wenn

1. der Anschluß an das Wasserversorgungs- oder Entwässerungsnetz anders nicht zweckmäßig oder nur mit unverhältnismäßig hohen Kosten durchgeführt werden kann und

2. die damit verbundene Beeinträchtigung nicht erheblich ist.

(2) [1] Ist das betroffene Grundstück an das Wasserversorgungs- und Entwässerungsnetz bereits angeschloßen und reichen die vorhandenen Leitungen zur Versorgung oder Entwässerung beider Grundstücke aus, so beschränkt sich die Verpflichtung nach Absatz 1 auf das Dulden des Anschlusses. [2] Im Falle des Anschlusses ist zu den Herstellungskosten des Teils der Leitungen, der nach dem Anschluß mitbenutzt werden soll, ein angemessener Beitrag und auf Verlangen Sicherheit in Höhe des voraussichtlichen Beitrages zu leisten. [3] In diesem Falle dürfen die Arbeiten erst nach Leistung der Sicherheit vorgenommen werden. [4] Die Sicherheit kann in einer Bankbürgschaft bestehen.

(3) Bestehen technisch mehrere Möglichkeiten der Durchführung, so ist die für das betroffene Grundstück schonendste zu wählen.

§ 27 Unterhaltung der Leitungen. [1] Der Berechtigte hat die nach § 26 verlegten Leitungen oder Anschlußleitungen auf seine Kosten zu unterhalten. [2] Zu den Unterhaltungskosten der Teile der Leitungen, die von ihm mitbenutzt werden, hat er einen angemessenen Beitrag zu leisten.

§ 28 Anzeigepflichten und Schadensersatz. (1) Für die Verpflichtungen des Berechtigten zur Anzeige und zum Schadensersatz gelten die §§ 22 und 23 entsprechend.

(2) Der Duldungspflichtige hat dem Berechtigten anzuzeigen, wenn er auf seinem Grundstück Veränderungen vornehmen will, die wesentliche Auswirkungen auf die Benutzung oder Unterhaltung der verlegten Leitungen haben könnten.

§ 29 Anschlußrecht des Duldungspflichtigen. (1) [1] Der Eigentümer und der Nutzungsberechtigte eines Grundstücks, das nach § 26 in Anspruch genommen wird, sind berechtigt, ihrerseits an die verlegten Leitungen anzuschließen, wenn diese ausreichen, um die Wasserversorgung oder die Entwässerung beider Grundstücke sicherzustellen. [2] § 26 Abs. 2 Satz 2 und §§ 27, 28 gelten entsprechend.

(2) [1] Soll ein auf dem betroffenen Grundstück errichtetes oder noch zu erstellendes Gebäude an die Leitungen angeschlossen werden, die der Eigentümer oder der Nutzungsberechtigte eines anderen Grundstücks nach § 26 durch das Grundstück hindurchführen wollen, so können der Eigentümer und der Nutzungsberechtigte des betroffenen Grundstücks verlangen, daß die Leitungen so verlegt werden, daß ihr Grundstück ebenfalls angeschlossen werden kann. [2] Die entstehenden Mehrkosten sind zu erstatten. [3] In Höhe der voraussichtlich erwachsenden Mehrkosten ist auf Verlangen binnen zwei Wochen Vorschuß zu leisten; der Anspruch nach Satz 1 erlischt, wenn der Vorschuß nicht fristgerecht geleistet wird.

§ 30 Betretungsrecht. (1) Der Eigentümer und der Nutzungsberechtigte müssen dulden, daß ihr Grundstück zwecks Verlegung, Änderung, Unterhaltung oder Beseitigung einer Wasserversorgungs- oder Abwasserleitung auf einem anderen Grundstück betreten wird, daß über das Grundstück die zu den Arbeiten erforderlichen Gegenstände gebracht werden und daß Erdaushub vorübergehend dort gelagert wird, wenn

1. das Vorhaben anders nicht zweckmäßig oder nur mit unverhältnismäßig hohen Kosten durchgeführt werden kann und

2. die mit der Duldung verbundenen Nachteile und Belästigungen nicht außer Verhältnis zu dem von dem Berechtigten erstrebten Vorteil stehen.

(2) Die Vorschriften der §§ 22 bis 25 gelten entsprechend.

§ 31 Nachträgliche erhebliche Beeinträchtigungen. (1) [1]Führen die nach § 26 Abs. 1 verlegten Leitungen oder die nach § 26 Abs. 2 hergestellten Anschlußleitungen nachträglich zu einer erheblichen Beeinträchtigung, so können der Eigentümer und der Nutzungsberechtigte des betroffenen Grundstücks von dem Berechtigten verlangen, daß er seine Leitungen beseitigt und die Beseitigung der Teile der Leitungen, die gemeinschaftlich genutzt werden, duldet. [2]Dieses Recht entfällt, wenn der Berechtigte die Beeinträchtigung so herabmindert, daß sie nicht mehr erheblich ist.

(2) Schaden, der durch Maßnahmen nach Absatz 1 auf dem *troffenen*[1]) Grundstück entsteht, ist ohne Rücksicht auf Verschulden zu ersetzen.

§ 32 Entschädigung. (1) [1]Für die Duldung der Rechtsausübung nach § 26 ist der Nachbar durch eine Geldrente zu entschädigen. [2]Die Rente ist jährlich im voraus zu entrichten.

(2) [1]Die Höhe der Rente ist nach Billigkeit zu bemessen. [2]Dabei sind die dem Berechtigten durch die Ausübung des Rechts zugute kommenden Einsparungen und der Umfang der Belästigung des Nachbarn angemessen zu berücksichtigen.

§ 33 Anschluß an Fernheizungen. Die Vorschriften dieses Abschnitts gelten entsprechend für den Anschluß eines Grundstücks an eine Fernheizung, sofern derjenige, der sein Grundstück anschließen will, einem Anschlußzwang unterliegt.

Siebenter Abschnitt. Fenster- und Lichtrecht

§ 34 Inhalt und Umfang. (1) In oder an der Außenwand eines Gebäudes, die parallel oder in einem Winkel bis zu 60° (alte Teilung) zur Grenze des Nachbargrundstücks verläuft, dürfen Fenster oder Türen, die von der Grenze keinen größeren Abstand als 2,50 m haben sollen, nur angebracht werden, wenn der Nachbar seine Einwilligung erteilt hat.

(2) [1]Hat der Nachbar die nach Absatz 1 erforderliche Einwilligung zum Anbringen eines Fensters erteilt, so muß er mit später zu errichtenden baulichen Anlagen einen Abstand von 2 m von diesem Fenster einhalten. [2]Dies gilt nicht, wenn die später errichtete bauliche Anlage den Lichteinfall in das Fenster nicht oder nur geringfügig beeinträchtigt oder wenn die Einhaltung eines geringeren Abstandes baurechtlich geboten ist.

---

[1]) Muss wohl lauten: „betroffenen".

(3) [1] Absatz 2 Satz 1 gilt nur, wenn die Einwilligung schriftlich erteilt ist. [2] Die Unterzeichnung der Bauunterlagen genügt nicht.

(4) [1] Absatz 1 gilt entsprechend für Balkone, Terrassen und ähnliche Bauteile, die einen Ausblick zum Nachbargrundstück gewähren. [2] Der Abstand wird vom grenznächsten Punkt des Bauteils gemessen.

§ 35 Ausnahmen. Eine Einwilligung nach § 34 ist nicht erforderlich

1. soweit die Anbringung der Fenster, Türen oder Bauteile (§ 34 Abs. 4) baurechtlich geboten ist,
2. für Lichtöffnungen, die nicht geöffnet werden können und entweder mit ihrer Unterkante mindestens 1,80 m über dem Fußboden des zu erhellenden Raumes liegen oder undurchsichtig sind,
3. für Lichtschächte und Öffnungen, die unterhalb der angrenzenden Erdoberfläche liegen,
4. für Fenster oder andere Öffnungen zur Belichtung oder Belüftung von Ställen in Dorfgebieten,
5. für Außenwände gegenüber Grenzen zu öffentlichen Verkehrsflächen, Grünflächen und Gewässern, wenn die Flächen oder Gewässer mindestens 3 m breit sind.

§ 36 Ausschluß des Beseitigungsanspruchs. Der Anspruch auf Beseitigung einer Einrichtung im Sinne des § 34, die einen geringeren als den dort vorgeschriebenen Abstand einhält, ist ausgeschlossen, wenn der Nachbar nicht innerhalb von zwei Jahren nach dem Anbringen Klage auf Beseitigung erhoben hat.

Achter Abschnitt. Dachtraufe

§ 37 Ableitung des Niederschlagswassers. (1) Der Eigentümer und der Nutzungsberechtigte eines Grundstücks müssen ihre baulichen Anlagen so einrichten, daß Niederschlagswasser nicht auf das Nachbargrundstück tropft, auf dieses abgeleitet wird oder übertritt.

(2) Absatz 1 findet keine Anwendung auf freistehende Mauern entlang öffentlicher Straßen, Grünflächen und Gewässer, es sei denn, daß die Zuführung des Wassers zu wesentlichen Beeinträchtigungen führt oder dadurch Dritte gefährdet werden.

§ 38 Anbringen von Sammel- und Abflußeinrichtungen. (1) [1] Wer aus besonderem Rechtsgrund verpflichtet ist, Niederschlagswasser aufzunehmen, das von den baulichen Anlagen eines Nachbargrundstücks tropft oder in anderer Weise auf sein Grundstück gelangt, darf auf seine Kosten besondere Sammel- und Abflußeinrichtungen auf dem Nachbargrundstück anbringen, wenn damit keine erhebliche Beeinträchtigung verbunden ist. [2] Er hat diese Einrichtungen zu unterhalten.

(2) Für die Verpflichtung zur vorherigen Anzeige der Rechtsausübung und zum Schadensersatz gelten die §§ 6 und 19 entsprechend.

Neunter Abschnitt. Einfriedungen

§ 39 Einfriedungspflicht. (1) Innerhalb eines im Zusammenhang bebauten Ortsteiles ist der Eigentümer eines Grundstückes auf Verlangen des Nachbarn verpflichtet, sein Grundstück einzufrieden, wenn dies zum Schutze des Nachbargrundstücks vor wesentlichen Beeinträchtigungen erforderlich ist, die von dem einzufriedenden Grundstück ausgehen.

(2) [1] Soweit baurechtlich nichts anderes vorgeschrieben ist oder gefordert wird, richtet sich die Art der Einfriedung nach der Ortsübung. [2] Läßt sich eine ortsübliche Einfriedung nicht feststellen, so gilt ein 1,2 m hoher Zaun aus festem Maschendraht als ortsüblich. [3] Reicht die nach Satz 1 oder 2 vorgeschriebene Art der Einfriedung nicht aus, um dem Nachbargrundstück angemessenen Schutz vor Beeinträchtigungen zu bieten, so hat der zur Einfriedung Verpflichtete die Einfriedung in dem erforderlichen Maße zu verstärken oder zu erhöhen.

§ 40 Kosten der Einfriedung. (1) Wer zur Einfriedung seines Grundstückes verpflichtet ist, hat die hierzu erforderlichen Einrichtungen auf seinem eigenen Grundstück anzubringen und zu unterhalten.

(2) [1] Sind zwei Nachbarn an einem Grenzabschnitt nach § 39 gegenseitig zur Einfriedung verpflichtet, so kann jeder von ihnen verlangen, daß eine gemeinsame Einfriedung auf die Grenze gesetzt wird. [2] Die Nachbarn haben die Kosten der Errichtung und der Unterhaltung der Einfriedung je zur Hälfte zu tragen. [3] Als Kosten sind die tatsächlichen Aufwendungen einschließlich der Eigenleistungen zu berechnen, in der Regel jedoch nicht mehr als die Kosten einer ortsüblichen Einfriedung (§ 39 Abs. 2 Satz 1). [4] Höhere Kosten sind nur zu berücksichtigen, wenn eine aufwendigere Art der Einfriedung erforderlich oder vorgeschrieben war; war die besondere Einfriedungsart nur für eines der Grundstücke erforderlich oder vorgeschrieben, so hat der Eigentümer dieses Grundstücks die Mehrkosten allein zu tragen.

§ 41 Anzeigepflicht. (1) Die Absicht, eine Einfriedung zu errichten, zu beseitigen, durch eine andere zu ersetzen oder wesentlich zu verändern, ist dem Nachbarn mindestens zwei Wochen vor Beginn der Arbeiten anzuzeigen.

(2) Die Anzeigepflicht besteht auch dann, wenn der Nachbar weder die Einfriedung verlangen kann noch zu den Kosten beizutragen hat.

(3) Ist der Nachbar für denjenigen, der eine Einfriedung errichten will, nicht alsbald erreichbar, so genügt eine Anzeige an den unmittelbaren Besitzer des Nachbargrundstücks.

§ 42 Grenzabstand von Einfriedungen. (1) [1] Einfriedungen müssen von der Grenze eines landwirtschaftlich genutzten Grundstücks, das außerhalb eines im Zusammenhang bebauten Ortsteils liegt und nicht in einem Bebauungsplan als Bauland ausgewiesen ist, auf Verlangen des Nachbarn 0,5 m zurückbleiben. [2] Dies gilt nicht gegenüber Grundstücken, für die nach Lage, Beschaffenheit oder Größe eine Bearbeitung mit Gespann oder Schlepper nicht in Betracht kommt. [3] Von der Grenze eines Wirtschaftsweges (§ 1 Abs. 5 des Landesstraßengesetzes) müssen Einfriedungen 0,5 m zurückbleiben.

(2) [1] Der Anspruch auf Beseitigung einer Einfriedung, die einen geringeren Abstand als 0,5 m einhält, ist ausgeschlossen, wenn der Nachbar nicht innerhalb von zwei Jahren nach dem Anbringen Klage auf Beseitigung erhoben hat. [2] Dies gilt nicht im Falle des Absatzes 1 Satz 3.

(3) [1] Wird eine Einfriedung, die einen geringeren Abstand als 0,5 m einhält, durch eine andere ersetzt, so ist Absatz 1 anzuwenden. [2] Dies gilt auch, wenn die Einfriedung in einer der Erneuerung gleichkommenden Weise ausgebessert wird.

Zehnter Abschnitt. Bodenerhöhungen

§ 43 Grundsatz. [1] Wer den Boden seines Grundstücks über die Oberfläche des Nachbargrundstücks erhöht, muß einen solchen Abstand von der Grenze einhalten oder solche Vorkehrungen treffen und unterhalten, daß eine Schädigung des Nachbargrundstücks insbesondere durch Absturz oder Pressung des Bodens ausgeschlossen ist. [2] Die Verpflichtung geht auf den Rechtsnachfolger über.

Elfter Abschnitt. Grenzabstände für Pflanzen

§ 44 Grenzabstände für Bäume, Sträucher und einzelne Rebstöcke. Eigentümer und Nutzungsberechtigte eines Grundstücks haben mit Bäumen, Sträuchern und einzelnen Rebstöcken von den Nachbargrundstücken - vorbehaltlich des § 46 - folgende Abstände einzuhalten:

1. mit Bäumen (ausgenommen Obstbäume), und zwar
   a) sehr stark wachsenden Bäumen mit artgemäß ähnlicher Ausdehnung wie Bergahorn (Acer pseudoplatanus), Sommerlinde (Tilia platyphyllos), Pappelarten (Populus), Platane (Platanus x acerifolia), Roßkastanie (Aesculus hippocastanum), Stieleiche (Quercus robur), ferner Douglasfichte (Pseudotsuga taxifolia), Fichte (Picea abies), österreichische Schwarzkiefer (Pinus nigra austriaca), Atlaszeder (Cedrus atlantica) 4 m,
   b) stark wachsenden Bäumen mit artgemäß ähnlicher Ausdehnung wie Hainbuche (Carpinus betulus), Vogelbeere (Sorbus aucuparia), Weißbirke (Betula pendula), Zierkirsche (Prunus serrulata), Kiefer (Pinus sylvestris), Lebensbaum (Thuja occidentalis) 2 m,
   c) allen übrigen Bäumen 1,5 m;
2. mit Obstbäumen, und zwar
   a) Walnußsämlingen 4 m,
   b) Kernobstbäumen, auf stark wachsenden Unterlagen veredelt, sowie Süßkirschenbäumen und veredelten Walnußbäumen 2 m,
   c) Kernobstbäumen, auf schwach wachsenden Unterlagen veredelt, sowie Steinobstbäumen, ausgenommen Süßkirschenbäume 1,5 m;
3. mit Sträuchern (ausgenommen Beerenobststräuchern), und zwar
   a) stark wachsenden Sträuchern mit artgemäß ähnlicher Ausdehnung wie Alpenrose (Rhododendron-Hybriden), Haselnuß (Corylus avellana), Fel-

senmispel (Cotoneaster bullata), Flieder (Syringa vulgaris), Goldglöckchen (Forsythia x intermedia), Wacholder (Juniperus communis) 1 m,

b) allen übrigen Sträuchern 0,5 m;

4. mit Beerenobststräuchern, und zwar

a) Brombeersträuchern 1,0 m,

b) allen übrigen Beerenobststräuchern 0,5 m;

5. mit einzelnen Rebstöcken 0,5 m;

6. mit Baumschulbeständen 1,0 m,

wobei die Gehölze mit Ausnahme der Baumschulbestände von Sträuchern
und Beerenobststräuchern die Höhe von 2 m nicht überschreiten dürfen, es
sei denn, daß die Abstände nach Nummern 1 oder 2 eingehalten werden,

7. mit Weihnachtsbaumpflanzungen 1,0 m,

wobei die Gehölze die Höhe von 2 m nicht überschreiten dürfen, es sei denn,
daß die Abstände nach Nummer 1 eingehalten werden.

§ 45 Grenzabstände für Hecken.[1] Eigentümer und Nutzungsberechtigte
eines Grundstücks haben mit Hecken gegenüber den Nachbargrundstücken -
vorbehaltlich des § 46 - folgende Abstände einzuhalten:

1. mit Hecken bis zu 1,0 m Höhe 0,25 m,

2. mit Hecken bis zu 1,5 m Höhe 0,50 m,

3. mit Hecken bis zu 2,0 m Höhe 0,75 m,

4. mit Hecken über 2,0 m Höhe einen um das Maß der Mehrhöhe größeren
   Abstand als 0,75 m.

§ 46 Ausnahmen. (1) Die doppelten Abstände nach den §§ 44 und 45, in
den Fällen des § 44 Nr. 1 Buchst. a und Nr. 2 Buchst. a jedoch die 1/2
fachen Abstände mit Ausnahme der Abstände für die Pappelarten (Populus),
sind einzuhalten gegenüber Grundstücken, die

1. dem Weinbau dienen,

2. landwirtschaftlich, erwerbsgärtnerisch oder kleingärtnerisch genutzt werden, sofern nicht durch Bebauungsplan eine andere Nutzung festgelegt ist,
   oder durch Bebauungsplan dieser Nutzung vorbehalten sind.

(2) Die §§ 44 und 45 gelten nicht für

1. Anpflanzungen, die hinter einer undurchsichtigen Einfriedung vorgenommen werden und diese nicht überragen,

2. Anpflanzungen an den Grenzen zu öffentlichen Grünflächen und zu Gewässern,

3. Anpflanzungen zum Schutze von erosions- oder rutschgefährdeten Böschungen oder steilen Hängen,

---

[1] Bei Anwendung des § 45 in der Fassung des Artikels 1 Nr. 8 des am 6. 8. 2003 in Kraft
getretenen Landesgesetzes vom 21. 7. 2003 (GVBl. S. 209) ist dessen Artikel 2 Abs. 1 zu beachten,
der wie folgt lautet:

„(1) Die vor dem In-Kraft-Treten dieses Gesetzes angepflanzten Hecken, die am Tage des In-
Kraft-Tretens dieses Gesetzes den nach Artikel 1 Nr. 8 (§ 45 Nr. 4) vorgeschriebenen Grenzabstand
nicht einhalten, sind bis zu der an diesem Tage erreichten Höhe zu dulden, wenn ihr Grenzabstand
bis zu diesem Tage rechtmäßig war."

4. Anpflanzungen gegenüber Grundstücken außerhalb des geschlossenen Baugebietes, die geringwertiges Weideland (Hutung) oder Heide sind oder die
landwirtschaftlich oder gartenbaulich nicht genutzt werden, nicht bebaut
sind und auch nicht als Hofraum oder als Wirtschaftsweg dienen.

§ 47 Berechnung des Abstandes. Der Abstand wird von der Mitte des
Baumstammes, des Strauches, der Hecke oder des Rebstocks bis zur Grenzlinie gemessen, und zwar an der Stelle, an der die Pflanze aus dem Boden
austritt.

§ 48 Grenzabstände im Weinbau. (1) Der Eigentümer und der Nutzungsberechtigte eines dem Weinbau dienenden Grundstücks haben bei der
Anpflanzung von Rebstöcken folgende Abstände von der Grundstücksgrenze
einzuhalten:

1. gegenüber den parallel zu den Rebzeilen verlaufenden Grenzen die Hälfte
   des geringsten Zeilenabstandes, gemessen zwischen den Mittellinien der
   Rebzeilen, mindestens aber 0,75 m,
2. gegenüber den sonstigen Grenzen, gerechnet vom äußersten Rebstock oder
   der äußersten Verankerung der Erziehungsvorrichtung an, mindestens 1 m.

(2) Absatz 1 gilt nicht für die Anpflanzung von Rebstöcken an Grundstücksgrenzen, die durch Stützmauern gebildet werden, sowie in den in § 46
Abs. 2 genannten Fällen.

§ 49 Grenzabstände für Wald. (1) Wird ein Wald neu begründet oder
verjüngt, so sind gegenüber Nachbargrundstücken folgende Abstände einzuhalten:

1. gegenüber dem Weinbau dienenden Grundstücken 10 m,
2. gegenüber öffentlichen Verkehrsflächen und Wirtschaftswegen 3 m,
3. gegenüber sonstigen Grundstücken, die nicht mit Wald bepflanzt sind,
   bei Neubegründung 6 m,
   und bei Verjüngung 4 m,
4. gegenüber Grundstücken, die mit Wald bepflanzt sind 2 m.

(2) Absatz 1 gilt nicht gegenüber Grundstücken im Sinne von § 46 Abs. 2
Nr. 3 und 4.

(3) Der nach Absatz 1 freizuhaltende Streifen kann mit Laubgehölzen bepflanzt werden, deren natürlicher Wuchs bei einem Grenzabstand bis zu 3 m
die Höhe von 6 m und bei einem Grenzabstand bis zu 1 m die Höhe von 2 m
nicht überschreitet.

§ 50 Abstände von Spaliervorrichtungen und Pergolen. (1) Mit Spaliervorrichtungen und Pergolen, die eine flächenmäßige Ausdehnung der
Pflanzen bezwecken, und die nicht höher als 2 m sind, ist ein Abstand von
0,50 m, und, wenn sie höher als 2 m sind, ein um das Maß der Mehrhöhe
größerer Abstand als 0,50 m von der Grenze einzuhalten.

(2) Absatz 1 gilt nicht in den in § 46 Abs. 2 genannten Fällen.

§ 51 Anspruch auf Beseitigung oder Zurückschneiden. (1) [1] Einzelne
Bäume, Sträucher, Rebstöcke sowie Spaliervorrichtungen und Pergolen, die

den vorgeschriebenen Grenzabstand nicht einhalten, sind auf Verlangen des Nachbarn zu beseitigen. [2] Das gilt auch für Hecken mit einem geringeren Grenzabstand als 0,25 m.

(2) [1] Hecken, die die aufgrund ihres Abstands zum Nachbargrundstück zulässige Höhe überschreiten, sind auf Verlangen des Nachbarn zurückzuschneiden. [2] Die Verpflichtung zum Zurückschneiden muß nur in der Zeit vom 1. Oktober bis zum 15. März erfüllt werden.

(3) [1] Der Anspruch aus Absatz 1 ist ausgeschlossen, wenn der Nachbar nicht bis zum Ablauf des fünften auf das Anpflanzen oder die Errichtung folgenden Kalenderjahres Klage auf Beseitigung erhoben hat. [2] Bei Bäumen, Sträuchern und Rebstöcken, die zunächst als Heckenbestandteil gezogen wurden, beginnt die Frist zu dem Zeitpunkt, zu dem die Anpflanzung das Erscheinungsbild einer Hecke verliert.

(4) Für den Anspruch aus Absatz 2 gilt Absatz 3 Satz 1 entsprechend, mit der Maßgabe, daß die Frist zu dem Zeitpunkt beginnt, zu dem die Höhe der Hecke das nach diesem Gesetz zulässige Maß überschreitet.

(5) Die Absätze 3 und 4 gelten nicht für Anpflanzungen und Anlagen an der Grenze eines Wirtschaftsweges.

(6) Werden die in den Absätzen 1 und 2 genannten Anpflanzungen und Anlagen ersetzt, so gelten die §§ 44 bis 50.

§ 52 Nachträgliche Grenzänderungen. Die Rechtmäßigkeit des Abstands einer Anpflanzung oder Anlage wird durch nachträgliche Grenzänderungen nicht berührt; § 51 Abs. 6 ist entsprechend anzuwenden.

Zwölfter Abschnitt. Verjährung

§ 53 Verjährung.[1] (1) Schadensersatzansprüche und andere, auf Zahlung von Geld gerichtete Ansprüche nach diesem Gesetz unterliegen in Bezug auf die Verjährung den Vorschriften des Bürgerlichen Gesetzbuchs.

(2) Im Übrigen unterliegen die Ansprüche nach diesem Gesetz nicht der Verjährung.

---

[1] Bei Anwendung des § 53 in der Fassung des Artikels 1 Nr. 14 des am 6. 8. 2003 in Kraft getretenen Landesgesetzes vom 21. 7. 2003 (GVBl. S. 209) ist dessen Artikel 2 Abs. 2 zu beachten, der wie folgt lautet:„(2) Die Verjährung der vor dem In-Kraft-Treten dieses Gesetzes bestehenden und nicht verjährten Ansprüche nach dem Nachbarrechtsgesetz für Rheinland-Pfalz vom 15. Juni 1970 (GVBl. S. 198) bestimmt sich nach dessen § 53 Abs. 1 und 2; hiervon abweichend verjähren Schadensersatzansprüche, die nicht auf einer Verletzung des Lebens, des Körpers oder der Gesundheit beruhen, spätestens mit Ablauf des zehnten Jahres nach dem In-Kraft-Treten dieses Gesetzes.“
§ 53 Abs. 1 u. 2 des Nachbarrechtsgesetzes für Rheinland-Pfalz vom 15. 6. 1970 (GVBl. S. 198) lautet wie folgt:„(1) Ansprüche auf Schadensersatz nach diesem Gesetz verjähren in drei Jahren von dem Zeitpunkt an, in welchem der Verletzte von dem Schaden und der Person des Ersatzpflichtigen Kenntnis erlangt, ohne Rücksicht auf diese Kenntnis in dreißig Jahren von der Vornahme der Handlung an.(2) Andere, auf Zahlung von Geld gerichtete Ansprüche nach diesem Gesetz verjähren in vier Jahren. Die §§ 198 bis 225 des Bürgerlichen Gesetzbuches sind anzuwenden. Die Verjährung beginnt mit dem Schluss des Jahres, in welchem der Anspruch entsteht.“

Dreizehnter Abschnitt. Schlußbestimmungen

§ 54 Übergangsvorschriften. (1) Der Anspruch auf Beseitigung von Einrichtungen im Sinne des § 34, von Einfriedungen und von Pflanzen, die bei Inkrafttreten dieses Gesetzes vorhanden sind und deren Grenzabstände den Vorschriften dieses Gesetzes nicht entsprechen, ist ausgeschlossen, wenn sie dem bisherigen Recht entsprechen oder wenn der Nachbar nicht innerhalb von zwei Jahren nach Inkrafttreten dieses Gesetzes Klage auf Beseitigung erhoben hat.

(2) Der Umfang von Rechten, die bei Inkrafttreten dieses Gesetzes auf Grund des bisherigen Rechts bestehen, richtet sich nach den Vorschriften dieses Gesetzes.

(3) Ansprüche auf Zahlung von Geld auf Grund der Vorschriften dieses Gesetzes bestehen nur, wenn das den Anspruch begründende Ereignis nach Inkrafttreten dieses Gesetzes eingetreten ist; andernfalls behält es bei dem bisherigen Recht sein Bewenden.

§ 55 (Aufhebungsbestimmung)

§ 56 Inkrafttreten. Dieses Gesetz tritt am 1. Januar 1971 in Kraft.

12. Saarländisches Nachbarrechtsgesetz

Vom 28. Februar 1973

(Amtsbl. S. 210)

BS Saar Nr. 403-2

zuletzt geänd. durch Art. 3 Abs. 23 Bau-NeuordnungsG v. 18. 2. 2004 (Amtsbl. S. 822)

Der Landtag des Saarlandes hat folgendes Gesetz beschlossen, das hiermit verkündet wird:

Erster Abschnitt. Allgemeine Vorschriften

§ 1 Anwendungsbereich. Die §§ 3 bis 56 dieses Gesetzes gelten nur, soweit öffentlich-rechtliche Vorschriften nicht entgegenstehen oder die Beteiligten nichts anderes vereinbaren.

§ 2 Nachbar und Nutzungsberechtigter. (1) Nachbar im Sinne dieses Gesetzes ist der Eigentümer eines Grundstücks, im Falle der Belastung des Grundstücks mit einem Erbbaurecht der Erbbauberechtigte.

(2) Rechte und Pflichten eines Nutzungsberechtigten nach diesem Gesetz entstehen nur für denjenigen Nutzungsberechtigten, dessen Besitzstand berührt wird.

Zweiter Abschnitt. Nachbarwand

§ 3 Grundsatz. (1) Nachbarwand ist die auf der Grenze zweier Grundstücke errichtete Wand, die den auf diesen Grundstücken errichteten oder zu errichtenden Gebäuden als Abschlußwand oder zur Unterstützung oder Aussteifung dient oder dienen soll.

(2) Eine Nachbarwand darf nur errichtet werden, wenn der Nachbar einwilligt.

(3) Für die mit Einwilligung oder Genehmigung des Nachbarn errichtete Nachbarwand gelten die Vorschriften der §§ 4 bis 14.

§ 4 Beschaffenheit und Standort der Nachbarwand. (1) [1] Die Nachbarwand ist in derjenigen Bauart und Bemessung, insbesondere in der Dicke und mit der Gründungstiefe auszuführen, daß sie den Zwecken beider Nachbarn genügt. [2] Der zuerst Bauende braucht die Wand nur für einen Anbau herzurichten, der an die Bauart und Bemessung der Wand keine höheren Anforderungen stellt als sein eigenes Gebäude.

(2) [1] Erfordert keines der beiden Gebäude eine größere Dicke der Wand als das andere, so darf die Nachbarwand höchstens mit der Hälfte ihrer notwendigen Dicke auf dem Nachbargrundstück errichtet werden. [2] Erfordert das auf einem der Grundstücke geplante Gebäude eine dickere Wand, so ist die Wand

140

mit einem entsprechend größeren Teil ihrer Dicke auf diesem Grundstück zu errichten.

(3) [1] Soweit die Nachbarwand den Vorschriften des Absatzes 2 entspricht, hat der Nachbar keinen Anspruch auf Zahlung einer Vergütung (§ 912 BGB) oder auf Abkauf von Boden (§ 915 BGB). [2] Wird die Nachbarwand beseitigt, bevor angebaut ist, so kann der Nachbar für die Zeit ihres Bestehens eine Vergütung nach § 912 BGB beanspruchen.

§ 5 Tiefere Gründung. (1) [1] Soll eine Nachbarwand errichtet werden, so kann der Nachbar von ihrem Erbauer bis zur Einreichung des Bauantrages verlangen, daß dieser die Gründung so tief legt, wie es erforderlich ist, um bei Errichtung eines baurechtlich zulässigen Gebäudes auf dem Nachbargrundstück die Nachbarwand zu benutzen. [2] Er hat ihm in diesem Falle die entstandenen Mehrkosten zu erstatten. [3] Auf Verlangen ist binnen zwei Wochen Vorschuß in Höhe der voraussichtlichen Mehrkosten zu leisten. [4] Der Anspruch auf tiefere Gründung erlischt, wenn der Vorschuß nicht fristgerecht geleistet wird.

(2) [1] Soweit die tiefere Gründung zum Vorteil des zunächst zur Bebauung vorgesehenen Grundstücks ausgenutzt wird, beschränkt sich die Erstattungspflicht des Nachbarn auf die Hälfte der entstandenen Mehrkosten. [2] Darüber hinaus bereits erbrachte Leistungen können zurückgefordert werden.

§ 6 Anbau an die Nachbarwand. (1) [1] Der Nachbar ist berechtigt, an die Nachbarwand anzubauen. [2] Anbau ist die Mitbenutzung der Wand als Abschlußwand oder zur Unterstützung oder Aussteifung eines auf dem Nachbargrundstück errichteten Gebäudes.

(2) Ein Unterfangen der Nachbarwand ist nur entsprechend der Vorschrift des § 18 zulässig.

§ 7 Anzeige des Anbaues. (1) [1] Die Einzelheiten des beabsichtigten Anbaues sind mindestens drei Monate vor Beginn der Bauarbeiten dem Eigentümer und dem Nutzungsberechtigten des zuerst bebauten Grundstücks anzuzeigen. [2] Mit den Arbeiten darf erst nach Fristablauf begonnen werden.

(2) Etwaige Einwendungen gegen den Anbau sind unverzüglich zu erheben.

(3) Ist jemand, dem Anzeige nach Absatz 1 zu machen ist, unbekannten Aufenthalts oder bei einem Aufenthalt im Ausland nicht alsbald erreichbar und hat er keinen Vertreter bestellt, so genügt statt der Anzeige an diesen Betroffenen die Anzeige an den unmittelbaren Besitzer.

§ 8 Vergütung. (1) Der anbauende Nachbar hat dem Eigentümer des zuerst bebauten Grundstücks den halben Wert der Nachbarwand zu vergüten, soweit ihre Fläche zum Anbau genutzt wird.

(2) [1] Die Vergütung ermäßigt sich, wenn die besondere Bauart oder Bemessung der Wand nicht oder nur für das zuerst errichtete Gebäude erforderlich ist. [2] Sie erhöht sich, wenn die besondere Bauart oder Bemessung der Wand nur für das später errichtete Gebäude erforderlich ist.

(3) [1] Nimmt die Nachbarwand auf dem Grundstück des anbauenden Nachbarn eine größere Bodenfläche in Anspruch, als in § 4 Abs. 2 vorgesehen, so kann dieser die Vergütung um den Wert des zusätzlich überbauten Bodens kürzen, wenn er nicht die in § 912 Abs. 2 oder in § 915 BGB bestimmten Rechte ausübt. [2] Nimmt die Nachbarwand auf dem Grundstück des anbauenden Nachbarn eine geringere Bodenfläche in Anspruch, als in § 4 Abs. 2 vorgesehen, so erhöht sich die Vergütung um den Wert des Bodens, den die Wand andernfalls auf dem Nachbargrundstück zusätzlich benötigen würde.

(4) [1] Die Vergütung wird zwei Wochen nach der Erstattung der Anzeige der Fertigstellung des Rohbaus nach § 79 der Landesbauordnung (LBO) vom 18. Februar 2004 (Amtsbl. S. 822) in der jeweils geltenden Fassung fällig; sie steht demjenigen zu, der zu dieser Zeit Eigentümer ist. [2] Bei der Wertberechnung ist von den zu diesem Zeitpunkt üblichen Baukosten auszugehen und das Alter sowie der bauliche Zustand der Nachbarwand zu berücksichtigen. [3] Auf Verlangen ist Sicherheit in Höhe der voraussichtlich zu gewährenden Vergütung zu leisten; in einem solchen Falle darf der Anbau erst nach Leistung der Sicherheit begonnen oder fortgesetzt werden. [4] Die Sicherheit kann in einer Bankbürgschaft bestehen.

§ 9 Unterhaltung der Nachbarwand. (1) Bis zum Anbau fallen die Unterhaltungskosten der Nachbarwand dem Eigentümer des zuerst bebauten Grundstücks allein zur Last.

(2) Nach dem Anbau sind die Unterhaltungskosten für den gemeinsam genutzten Teil der Nachbarwand von beiden Nachbarn entsprechend dem Verhältnis ihrer Beteiligung gemäß § 8 Abs. 1 und 2 zu tragen.

(3) [1] Wird eines der beiden Gebäude abgebrochen und nicht neu errichtet, hat der Eigentümer des Grundstücks, auf dem das abgebrochende Gebäude stand, die durch den Abbruch entstandenen Schäden zu beseitigen und die Außenfläche des bisher gemeinsam genutzten Teiles der Wand auf seine Kosten in einen für eine Außenwand geeigneten Zustand zu versetzen. [2] Die Kosten der künftigen Unterhaltung fallen dem anderen Grundstückseigentümer allein zur Last.

§ 10 Nichtbenutzung der Nachbarwand für ein später errichtetes Gebäude. (1) [1] Wird das später errichtete Gebäude nicht an die Nachbarwand angebaut, obwohl das möglich wäre, so hat der anbauberechtigte Nachbar für die durch die Errichtung der Nachbarwand entstandenen Mehraufwendungen gegenüber den Kosten einer Grenzwand Ersatz zu leisten. [2] Dabei ist in angemessener Weise zu berücksichtigen, daß das Nachbargrundstück durch die Nachbarwand teilweise weiter genutzt wird.

(2) Hat die Nachbarwand von dem Grundstück des zuerst Bauenden weniger Bodenfläche benötigt als eine Grenzwand (§ 15), so ermäßigt sich der Ersatz um den Wert der eingesparten Bodenfläche.

(3) Höchstens ist der Betrag zu erstatten, der im Falle des Anbaues zu zahlen wäre.

(4) Im übrigen ist § 8 Abs. 4 Satz 1 entsprechend anzuwenden.

(5) Der anbauberechtigte Nachbar ist verpflichtet, die Dachfläche seines Gebäudes auf seine Kosten dicht an die Nachbarwand anzuschließen.

§ 11 Beseitigung der Nachbarwand vor dem Anbau. (1) [1] Der Eigentümer des zuerst bebauten Grundstücks darf die Nachbarwand nur mit Einwilligung des Nachbarn beseitigen. [2] Die Absicht, die Nachbarwand zu beseitigen, muß dem Nachbarn schriftlich erklärt werden. [3] Die Einwilligung gilt als erteilt, wenn der Nachbar dieser Erklärung nicht innerhalb von zwei Monaten schriftlich widerspricht. [4] Für die Erklärung gilt § 7 Abs. 3 entsprechend.

(2) Die Einwilligung gilt trotz Widerspruchs als erteilt, wenn

a) der Nachbar nicht innerhalb von sechs Monaten nach Empfang der Erklärung einen Antrag auf Genehmigung eines Anbaues bei der Bauaufsichtsbehörde einreicht
oder

b) wenn die Ablehnung einer beantragten Baugenehmigung nicht mehr angefochten werden kann
oder

c) wenn von einer Baugenehmigung nicht innerhalb eines Jahres nach Erteilung Gebrauch gemacht wird.

(3) [1] Beseitigt der Erbauer der Nachbarwand diese ganz oder teilweise, ohne hierzu nach den Absätzen 1 und 2 berechtigt zu sein, so kann der anbauberechtigte Nachbar ohne Rücksicht auf Verschulden Ersatz für den ihm durch die völlige oder teilweise Beseitigung der Anbaumöglichkeit zugefügten Schaden verlangen. [2] Der Anspruch wird zwei Wochen nach der Erstattung der Anzeige der abschließenden Fertigstellung nach § 79 der Landesbauordnung (LBO) vom 18. Februar 2004 (Amtsbl. S. 822) in der jeweils geltenden Fassung fällig.

§ 12 Erhöhen der Nachbarwand. (1) [1] Jeder Nachbar darf die Nachbarwand auf seine Kosten nach den allgemein anerkannten Regeln der Baukunst erhöhen, wenn dadurch keine erhebliche Beeinträchtigung für den anderen Nachbarn zu erwarten ist. [2] Für den erhöhten Teil der Nachbarwand gelten die §§ 4 bis 11 entsprechend.

(2) Der höher Bauende darf, soweit erforderlich, auf das Nachbardach einschließlich des Dachtragwerks einwirken; er hat auf seine Kosten das Nachbardach mit der erhöhten Nachbarwand ordnungsgemäß zu verbinden.

§ 13 Verstärken der Nachbarwand. [1] Jeder Grundstückseigentümer darf die Nachbarwand auf seinem Grundstück auf seine Kosten verstärken, soweit es nach den allgemein anerkannten Regeln der Baukunst zulässig ist. [2] Die Absicht der Verstärkung ist mindestens zwei Monate vor Beginn der Bauarbeiten anzuzeigen. [3] Im übrigen gilt § 7 entsprechend.

§ 14 Schadensersatz. (1) Schaden, der bei Ausübung eines Rechts gemäß den §§ 12 und 13 dem Eigentümer oder dem Nutzungsberechtigten entsteht, ist ohne Rücksicht auf Verschulden zu ersetzen.

(2) Auf Verlangen ist in Höhe des voraussichtlichen Schadensbetrages Sicherheit zu leisten, die auch in einer Bankbürgschaft bestehen kann; in einem solchen Falle darf das Recht erst nach Leistung der Sicherheit ausgeübt werden.

Dritter Abschnitt. Grenzwand

§ 15 Errichten der Grenzwand. (1) Grenzwand ist die unmittelbar an der Grenze zum Nachbargrundstück, jedoch ausschließlich auf dem Grundstück des Erbauers errichtete Wand.

(2) [1] Wer eine Grenzwand errichten will, hat dem Nachbarn die Bauart, Bemessung und Gründung der beabsichtigten Wand anzuzeigen. [2] § 7 Abs. 2 und 3 gilt entsprechend.

(3) [1] Der Nachbar kann innerhalb eines Monats nach Zugang der Anzeige eine solche Gründung der Grenzwand verlangen, daß zusätzliche Baumaßnahmen vermieden werden, wenn er später neben der Grenzwand ein Gebäude errichtet oder erweitert. [2] Mit den Arbeiten zur Errichtung der Grenzwand darf erst nach Ablauf der Frist begonnen werden.

(4) [1] Die nach Absatz 3 entstehenden Mehrkosten sind zu erstatten. [2] In Höhe der voraussichtlich erwachsenden Mehrkosten ist auf Verlangen binnen zwei Wochen Vorschuß zu leisten. [3] Der Anspruch auf besondere Gründung erlischt, wenn der Vorschuß nicht fristgerecht geleistet wird.

(5) [1] Soweit die besondere Gründung auch zum Vorteil des zuerst errichteten Gebäudes ausgenutzt wird, beschränkt sich die Erstattungspflicht des Nachbarn auf den angemessenen Kostenanteil. [2] Darüber hinaus bereits erbrachte Leistungen können zurückgefordert werden.

(6) Die Absätze 2 bis 5 gelten nicht, wenn Garagen oder andere eingeschossige Nebengebäude ohne Aufenthaltsräume an der Grenze errichtet werden sollen.

§ 16 Anbau an eine Grenzwand. (1) Der Nachbar darf eine Grenzwand durch Anbau (§ 6 Abs. 1 Satz 2) nutzen, wenn der Eigentümer einwilligt.

(2) [1] Der anbauende Nachbar hat eine Vergütung zu zahlen, soweit er sich nicht schon nach § 15 Abs. 4 an den Baukosten beteiligt hat. [2] Auf diese Vergütung ist § 8 Abs. 1, 2 und 4 entsprechend anzuwenden. [3] Die Vergütung erhöht sich um den Wert des Bodens, den der Anbauende gemäß § 4 Abs. 2 bei Errichtung einer Nachbarwand hätte zur Verfügung stellen müssen.

(3) Für die Unterhaltungskosten der Grenzwand gilt § 9 entsprechend.

§ 17 Anschluß bei zwei Grenzwänden. (1) [1] Wer eine Grenzwand neben einer schon vorhandenen Grenzwand errichtet, ohne anzubauen, hat sie auf seine Kosten an das zuerst errichtete Gebäude dicht anzuschließen. [2] Er ist berechtigt, durch übergreifende Bauteile einen den öffentlich-rechtlichen Vorschriften entsprechenden Anschluß an das bestehende Bauwerk herzustellen. [3] Er hat den Anschluß auf seine Kosten zu unterhalten.

(2) Die Einzelheiten des beabsichtigten Anschlusses sind in der nach § 15 Abs. 2 vorgeschriebenen Anzeige dem Nachbarn mitzuteilen.

(3) Werden die Grenzwände gleichzeitig errichtet, tragen die Nachbarn die Kosten des Anschlusses und seiner Unterhaltung zu gleichen Teilen.

§ 18 Unterfangen einer Grenzwand. (1) Muß der Nachbar zur Errichtung seines Gebäudes seine Grenzwand tiefer als die zuerst errichtete Grenzwand gründen, so darf er diese unterfangen, wenn keine erhebliche Schädigung des zuerst errichteten Gebäudes zu besorgen ist und das Unterfangen nur mit unzumutbar hohen Kosten vermieden werden könnte.

(2) Für die Verpflichtung zur Anzeige und zum Schadensersatz gelten die §§ 7 und 14 entsprechend.

§ 19 Einseitige Grenzwand. Darf nur auf einer Seite unmittelbar an eine gemeinsame Grenze gebaut werden, so hat der Nachbar kleinere, nicht zum Betreten bestimmte Bauteile, die in den Luftraum seines Grundstücks übergreifen, zu dulden, wenn sie die Benutzung seines Grundstücks nicht oder nur geringfügig beeinträchtigen.

§ 20 Über die Grenze gebaute Wand. [1] Die Bestimmungen über die Grenzwand gelten auch für eine über die Grenze hinausreichende Wand, wenn die Vorschriften über die Nachbarwand nicht anwendbar sind. [2] Stimmt der Erbauer einer solchen Wand auf Wunsch des Nachbarn einem Anbau zu, so gelten die Vorschriften über die Nachbarwand.

Vierter Abschnitt. Hochführen von Schornsteinen, Lüftungsschächten und Antennenanlagen

§ 21 Inhalt und Umfang. (1) Der Eigentümer und der Nutzungsberechtigte eines Grundstücks müssen dulden, daß der Nachbar an dem Gebäude Schornsteine, Lüftungsschächte und Antennenanlagen seines angrenzenden niedrigeren Gebäudes befestigt, wenn

1. die Höherführung der Schornsteine und Lüftungsschächte zur Betriebsfähigkeit oder die Erhöhung der Antennenanlagen für einen einwandfreien Empfang von Sendungen erforderlich ist und

2. die Befestigung der höhergeführten Schornsteine, Lüftungsschächte und Antennenanlagen ohne Inanspruchnahme des Nachbargebäudes nur mit erheblichen technischen Nachteilen oder unverhältnismäßig hohen Kosten möglich wäre und

3. das betroffene Grundstück nicht erheblich beeinträchtigt wird.

(2) [1] Der Eigentümer und der Nutzungsberechtigte des betroffenen Grundstückes müssen ferner dulden:

1. daß die höhergeführten Schornsteine, Lüftungsschächte und Antennenanlagen des Nachbargrundstücks von ihrem Grundstück aus unterhalten und gereinigt werden und

2. daß die hierfür notwendigen Einrichtungen auf ihrem Grundstück angebracht werden,

wenn diese Maßnahmen anders nicht zweckmäßig und nur mit unverhältnismäßig hohen Kosten getroffen werden können.

[2] Sie können den Berechtigten darauf verweisen, an ihrem Gebäude außen eine Steigleiter anzubringen und zu benutzen, wenn dies den notwendigen Zugang für die nach Satz 1 vorzunehmenden Arbeiten ermöglicht.

(3) Absätze 1 und 2 gelten für Antennenanlagen nicht, wenn dem Eigentümer und dem Nutzungsberechtigten des niedrigeren Gebäudes die Mitbenut-

zung einer dazu geeigneten Antennenanlage des höheren Gebäudes gestattet
wird.

§ 22 Anzeigepflicht und Schadensersatz. (1) [1] Für die Verpflichtung zur
vorherigen Anzeige der Rechtsausübung gilt § 7 entsprechend. [2] Keiner vorherigen Anzeige bedürfen jedoch die vorgeschriebenen Tätigkeiten des
Schornsteinfegers, notwendige Besichtigungen der Anlage durch den Berechtigten sowie kleinere Arbeiten, die den Verpflichteten nicht beeinträchtigen.

(2) Für die Verpflichtung zum Schadensersatz gilt § 14 entsprechend.

§ 23 Nutzungsentschädigung. (1) [1] Für die Duldung der Rechtsausübung
nach § 21 ist der Nachbar durch eine Geldrente zu entschädigen. [2] Die Rente
ist jährlich im voraus zu entrichten.

(2) [1] Die Höhe der Rente ist nach Billigkeit zu bemessen. [2] Dabei sind die
dem Berechtigten durch die Ausübung des Rechts zugute kommenden Einsparungen und der Umfang der Beeinträchtigung des Nachbarn angemessen
zu berücksichtigen.

Fünfter Abschnitt. Hammerschlags- und Leiterrecht

§ 24 Inhalt und Umfang. (1) Der Eigentümer und der Nutzungsberechtigte eines Grundstücks müssen dulden, daß ihr Grundstück einschließlich der
Bauwerke von dem Eigentümer oder dem Nutzungsberechtigten des Nachbargrundstücks zur Vorbereitung und Durchführung von Bau-, Instandset-
zungs- und Unterhaltungsarbeiten auf dem Nachbargrundstück vorübergehend betreten und benutzt wird, wenn und soweit

1. die Arbeiten anders nicht zweckmäßig oder nur mit unverhältnismäßig
   hohen Kosten durchgeführt werden können,

2. die mit der Duldung verbundenen Nachteile oder Belästigungen nicht
   außer Verhältnis zu dem von dem Berechtigten erstrebten Vorteil stehen,

3. das Vorhaben öffentlich-rechtlichen Vorschriften nicht widerspricht.

(2) Das Recht zur Benutzung umfaßt die Befugnis, auf oder über dem
Grundstück Gerüste aufzustellen sowie die zu den Arbeiten erforderlichen
Geräte und Baustoffe über das Grundstück zu bringen und dort niederzule-
gen.

(3) [1] Das Recht ist so schonend wie möglich auszuüben. [2] Es darf nicht zur
Unzeit geltend gemacht werden.

(4) Absatz 1 findet auf den Eigentümer öffentlicher Verkehrsflächen keine
Anwendung.

§ 25 Anzeigepflicht und Schadensersatz. (1) [1] Die Absicht, das Nachbargrundstück zu benutzen, ist mindestens zwei Wochen vor Beginn der Benutzung dem Eigentümer und dem Nutzungsberechtigten dieses Grundstücks
anzuzeigen. [2] § 7 Abs. 3 findet entsprechende Anwendung.

(2) Für die Verpflichtung zum Schadensersatz gilt § 14 entsprechend.

(3) Ist die Ausübung des Rechtes nach § 24 zur Abwendung einer gegenwärtigen erheblichen Gefahr erforderlich, so entfällt die Verpflichtung zur Anzeige gemäß Absatz 1 und zur Sicherheitsleistung nach § 14 Abs. 2.

§ 26 Nutzungsentschädigung. (1) [1] Wer ein Grundstück länger als zwei Wochen gemäß § 24 benutzt, hat für die ganze Zeit der Benutzung eine Nutzungsentschädigung zu zahlen. [2] Diese ist so hoch wie die ortsübliche Miete für einen dem benutzten Grundstücksteil vergleichbaren gewerblichen Lagerplatz. [3] Die Entschädigung ist nach dem Ablauf von je zwei Wochen fällig.

(2) Nutzungsentschädigung kann nicht verlangt werden, soweit nach § 25 Abs. 2 Ersatz für entgangene anderweitige Nutzung gefordert wird.

Sechster Abschnitt. Duldung von Leitungen

§ 27 Duldungspflicht. (1) Der Eigentümer und der Nutzungsberechtigte müssen dulden, daß durch ihr Grundstück Wasserversorgungs- oder Abwasserleitungen zu einem Nachbargrundstück hindurchgeführt werden, wenn

1. der Anschluß an das Wasserversorgungs- oder Entwässerungsnetz anders nicht zweckmäßig oder nur mit erheblichen Mehrkosten durchgeführt werden kann und

2. der zu erwartende Nutzen den Schaden des Betroffenen erheblich übersteigt.

(2) [1] Ist das betroffene Grundstück an das Wasserversorgungs- und Entwässerungsnetz bereits angeschlossen und reichen die vorhandenen Leitungen zur Versorgung oder Entwässerung beider Grundstücke aus, so beschränkt sich die Verpflichtung nach Absatz 1 auf das Dulden des Anschlusses. [2] Im Falle des Anschlusses ist zu den Herstellungskosten des Teils der Leitungen, der nach dem Anschluß mitbenutzt werden soll, ein angemessener Beitrag und auf Verlangen Sicherheit in Höhe des voraussichtlichen Beitrages zu leisten. [3] In diesem Falle dürfen die Arbeiten erst nach Leistung der Sicherheit vorgenommen werden. [4] Die Sicherheit kann in einer Bankbürgschaft bestehen.

(3) Bestehen technisch mehrere Möglichkeiten der Durchführung, so ist die für das betroffene Grundstück schonendste zu wählen.

§ 28 Unterhaltung von Leitungen. [1] Der Berechtigte hat die nach § 27 verlegten Leitungen oder Anschlußleitungen auf seine Kosten zu unterhalten. [2] Zu den Unterhaltungskosten der Teile der Leitungen, die von ihm mitbenutzt werden, hat er einen angemessenen Beitrag zu leisten.

§ 29 Anzeigepflicht und Schadensersatz. (1) Für die Verpflichtungen des Berechtigten zur Anzeige und zum Schadensersatz gilt § 25 Abs. 1 und 2 entsprechend.

(2) Der Duldungspflichtige hat dem Berechtigten anzuzeigen, wenn er auf seinem Grundstück Veränderungen vornehmen will, die wesentliche Auswirkungen auf die Benutzung oder Unterhaltung der verlegten Leitungen haben könnten.

§ 30 Anschlußrecht des Duldungspflichtigen. (1) [1] Der Eigentümer und der Nutzungsberechtigte eines Grundstücks, das nach § 27 in Anspruch genommen wird, sind berechtigt, ihrerseits an die verlegten Leitungen anzuschließen, wenn diese ausreichen, um die Wasserversorgung oder die Entwässerung beider Grundstücke sicherzustellen. [2] § 27 Abs. 2 Satz 2 bis 4 und §§ 28 und 29 gelten entsprechend.

(2) [1] Soll ein auf dem in Anspruch genommenen Grundstück errichtetes oder noch zu erstellendes Gebäude an die Leitungen angeschlossen werden, die der Eigentümer oder der Nutzungsberechtigte eines anderen Grundstücks nach § 27 durch das Grundstück hindurchführen wollen, so können der Eigentümer und der Nutzungsberechtigte des betroffenen Grundstücks verlangen, daß die Leitungen so verlegt werden, daß ihr Grundstück ebenfalls angeschlossen werden kann. [2] Die entstehenden Mehrkosten sind zu erstatten. [3] In Höhe der voraussichtlich erwachsenden Mehrkosten ist auf Verlangen binnen zwei Wochen Vorschuß zu leisten; der Anspruch nach Satz 1 erlischt, wenn der Vorschuß nicht fristgerecht geleistet wird.

§ 31 Betretungsrecht. (1) Der Eigentümer und der Nutzungsberechtigte müssen dulden, daß ihr Grundstück zwecks Verlegung, Änderung, Unterhaltung oder Beseitigung einer Wasserversorgungs- oder Abwasserleitung auf einem anderen Grundstück betreten wird, daß über das Grundstück die zu den Arbeiten erforderlichen Gegenstände gebracht werden und daß Erdaushub vorübergehend dort gelagert wird, wenn

1. das Vorhaben anders nicht zweckmäßig oder nur mit erheblichen Mehrkosten durchgeführt werden kann und

2. die mit der Duldung verbundenen Nachteile und Belästigungen nicht den von dem Berechtigten erstrebten Vorteil erheblich übersteigen.

(2) Die §§ 25 und 26 gelten entsprechend.

§ 32 Nachträgliche erhebliche Beeinträchtigungen. (1) [1] Führen die nach § 27 Abs. 1 verlegten Leitungen oder die nach § 27 Abs. 2 hergestellten Anschlußleitungen nachträglich zu einer erheblichen Beeinträchtigung, so können der Eigentümer und der Nutzungsberechtigte des betroffenen Grundstücks von dem Berechtigten verlangen, daß er seine Leitungen beseitigt und die Beseitigung der Teile der Leitungen, die gemeinschaftlich genutzt werden, duldet. [2] Dieses Recht entfällt, wenn der Berechtigte die Beeinträchtigung so herabmindert, daß sie nicht mehr erheblich ist.

(2) Schaden, der durch Maßnahmen nach Absatz 1 auf dem betroffenen Grundstück entsteht, ist ohne Rücksicht auf Verschulden zu ersetzen.

§ 33 Nutzungsentschädigung. (1) [1] Für die Duldung der Rechtsausübung nach § 27 ist der Nachbar durch eine Geldrente zu entschädigen. [2] Die Rente ist jährlich im voraus zu entrichten.

(2) [1] Die Höhe der Rente ist nach Billigkeit zu bemessen. [2] Dabei sind die dem Berechtigten durch die Ausübung des Rechts zugute kommenden Einsparungen und der Umfang der Beeinträchtigung des Nachbarn angemessen zu berücksichtigen.

§ 34 Anschluß an Fernheizungen. Die Vorschriften dieses Abschnitts gelten entsprechend für den Anschluß eines Grundstücks an eine Fernheizung, sofern derjenige, der sein Grundstück anschließen will, einem Anschlußzwang unterliegt.

Siebenter Abschnitt. Fenster- und Lichtrecht

§ 35 Inhalt und Umfang. (1) In oder an der Außenwand eines Gebäudes, die parallel oder in einem Winkel bis zu 75° zur Grenze des Nachbargrundstücks verläuft, dürfen Fenster, Türen oder zum Betreten bestimmte Bauteile wie Balkone und Terrassen nur mit schriftlicher Zustimmung des Eigentümers des Nachbargrundstücks angebracht werden, wenn ein geringerer Abstand als 2,0 m von dem grenznächsten Punkt der Einrichtung bis zur Grenze eingehalten werden soll.

(2) Die Zustimmung muß erteilt werden, wenn keine oder nur geringfügige Beeinträchtigungen zu erwarten sind.

(3) [1] Von einem Fenster oder einem zum Betreten bestimmten Bauteil, dem der Eigentümer des Nachbargrundstücks schriftlich zugestimmt hat, müssen er und seine Rechtsnachfolger mit einem später errichteten Bauwerk mindestens 2,0 m Abstand einhalten. [2] Dies gilt nicht, wenn das später errichtete Bauwerk den Lichteinfall nicht oder nur geringfügig beeinträchtigt.

§ 36 Ausnahmen. Eine Zustimmung nach § 35 ist nicht erforderlich

1. soweit die Anbringung der Fenster, Türen oder Bauteile (§ 35 Abs. 1) baurechtlich geboten ist,
2. für Lichtöffnungen, die nicht geöffnet werden können und entweder mit ihrer Unterkante mindestens 1,80 m über dem Fußboden des zu erhellenden Raumes liegen oder undurchsichtig sind,
3. für Lichtschächte und Öffnungen, die unterhalb der angrenzenden Erdoberfläche liegen,
4. für Außenwände gegenüber Grenzen zu öffentlichen Verkehrsflächen, Grünflächen und Gewässern, wenn die Flächen oder Gewässer mindestens 3 m breit sind.

§ 37 Ausschluß des Beseitigungsanspruchs. Der Anspruch auf Beseitigung einer Einrichtung im Sinne des § 35, die einen geringeren als den dort vorgeschriebenen Abstand einhält, ist ausgeschlossen, wenn der Nachbar nicht innerhalb von zwei Jahren nach dem Anbringen Klage auf Beseitigung erhoben hat.

Achter Abschnitt. Wasserrechtliches Nachbarrecht

§ 38 Wild abfließendes Wasser. (1) Wild abfließendes Wasser ist oberirdisch außerhalb eines Bettes abfließendes Quell- oder Niederschlagswasser.

(2) Der Eigentümer eines Grundstücks und die Nutzungsberechtigten dürfen nicht

1. den Abfluß wild abfließenden Wassers auf andere Grundstücke verstärken,
2. den Zufluß wild abfließenden Wassers von anderen Grundstücken auf ihr
   Grundstück verhindern,

wenn dadurch die anderen Grundstücke erheblich beeinträchtigt werden.

(3) Der Eigentümer und die Nutzungsberechtigten dürfen den Abfluß wild
abfließenden Wassers von ihrem Grundstück auf andere Grundstücke mindern
oder unterbinden.

§ 39 Wiederherstellung des früheren Zustandes. (1) Haben Naturereignisse Veränderungen der in § 38 Abs. 2 genannten Art bewirkt, so dürfen der
Eigentümer des beeinträchtigten Grundstücks und die Nutzungsberechtigten
den früheren Zustand des Grundstücks, auf dem die Veränderung eingetreten
ist, auf ihre Kosten wiederherstellen und zu diesem Zweck das Grundstück
betreten.

(2) [1] Das Recht nach Absatz 1 kann nur bis zum Ende des auf den Eintritt
der Veränderung folgenden Kalenderjahres ausgeübt werden. [2] Während der
Dauer eines Rechtsstreits über die Pflicht zur Duldung der Wiederherstellung
ist der Lauf der Frist für die Prozeßbeteiligten gehemmt.

§ 40 Anzeigepflicht und Schadensersatz. Für die Verpflichtungen des
Berechtigten zur Anzeige und zum Schadensersatz gilt § 25 entsprechend.

Neunter Abschnitt. Dachtraufe

§ 41 Ableitung des Niederschlagswassers. (1) Der Eigentümer und der
Nutzungsberechtigte eines Grundstücks müssen ihre baulichen Anlagen so
einrichten, daß Niederschlagswasser nicht auf das Nachbargrundstück tropft,
auf dieses abgeleitet wird oder übertritt.

(2) Absatz 1 findet keine Anwendung auf freistehende Mauern entlang
öffentlicher Straßen, Grünflächen und Gewässer, es sei denn, daß die Zuführung des Wassers zu wesentlichen Beeinträchtigungen führt oder dadurch
Dritte gefährdet werden.

§ 42 Anbringen von Sammel- und Abflußeinrichtungen. (1) [1] Wer aus
besonderem Rechtsgrund verpflichtet ist, Niederschlagswasser aufzunehmen,
das von den baulichen Anlagen eines Nachbargrundstücks tropft oder in
anderer Weise auf sein Grundstück gelangt, darf auf seine Kosten besondere
Sammel- und Abflußeinrichtungen auf dem Nachbargrundstück anbringen,
wenn damit keine erhebliche Beeinträchtigung verbunden ist. [2] Er hat diese
Einrichtungen zu unterhalten.

(2) Für die Verpflichtung zur vorherigen Anzeige und zum Schadensersatz
gelten die §§ 7 und 14 entsprechend.

Zehnter Abschnitt. Einfriedungen

§ 43 Einfriedungspflicht. (1) Innerhalb eines im Zusammenhang bebauten Ortsteiles ist der Eigentümer eines Grundstücks auf Verlangen des Nach-

barn verpflichtet, sein Grundstück einzufrieden, wenn dies zum Schutze des Nachbargrundstücks vor wesentlichen Beeinträchtigungen erforderlich ist, die von dem einzufriedenden Grundstück ausgehen.

(2) [1] Soweit baurechtlich nichts anderes vorgeschrieben ist oder gefordert wird, richtet sich die Art der Einfriedung nach der Ortsübung. [2] Läßt sich eine ortsübliche Einfriedung nicht feststellen, so gilt ein 1,2 m hoher Zaun aus festem Maschendraht als ortsüblich. [3] Reicht die nach Satz 1 oder 2 vorgeschriebene Art der Einfriedung nicht aus, um dem Nachbargrundstück angemessenen Schutz vor Beeinträchtigungen zu bieten, so hat der zur Einfriedung Verpflichtete die Einfriedung in dem erforderlichen Maße zu verstärken oder zu erhöhen.

§ 44 Kosten der Einfriedung. (1) Wer zur Einfriedung seines Grundstücks verpflichtet ist, hat die hierzu erforderlichen Einrichtungen auf seinem eigenen Grundstück anzubringen und zu unterhalten.

(2) [1] Sind zwei Nachbarn an einem Grenzabschnitt nach § 43 gegenseitig zur Einfriedung verpflichtet, so kann jeder von ihnen verlangen, daß eine gemeinsame Einfriedung auf die Grenze gesetzt wird. [2] Die Nachbarn haben die Kosten der Errichtung und der Unterhaltung der Einfriedung je zur Hälfte zu tragen. [3] Als Kosten sind die tatsächlichen Aufwendungen einschließlich der Eigenleistungen zu berechnen, in der Regel jedoch nicht mehr als die Kosten einer ortsüblichen Einfriedung (§ 43 Abs. 2 Satz 1). [4] Höhere Kosten sind nur zu berücksichtigen, wenn eine aufwendigere Art der Einfriedung erforderlich oder vorgeschrieben war; war die besondere Einfriedungsart nur für eines der Grundstücke erforderlich oder vorgeschrieben, so hat der Eigentümer dieses Grundstücks die Mehrkosten allein zu tragen.

(3) [1] Entsteht nachträglich auch für den Eigentümer des nicht eingefriedeten Grundstücks die Einfriedungspflicht gemäß § 43 Abs. 1, so ist er verpflichtet, an den Eigentümer des eingefriedeten Grundstücks die Hälfte der Kosten der Errichtung der Einfriedung unter angemessener Berücksichtigung der bisherigen Abnutzung sowie der künftigen Unterhaltung zu zahlen. [2] Absatz 2 Satz 3 und 4 gilt entsprechend.

§ 45 Anzeigepflicht. (1) Die Absicht, eine Einfriedung zu errichten, zu beseitigen, durch eine andere zu ersetzen oder wesentlich zu verändern, ist dem Nachbarn mindestens zwei Wochen vor Beginn der Arbeiten anzuzeigen.

(2) Die Anzeigepflicht besteht auch dann, wenn der Nachbar weder die Einfriedung verlangen kann noch zu den Kosten beizutragen hat.

(3) Im übrigen ist § 7 entsprechend anzuwenden.

§ 46 Grenzabstand von Einfriedungen. (1) [1] Einfriedungen müssen von der Grenze eines landwirtschaftlich genutzten Grundstücks, das außerhalb eines im Zusammenhang bebauten Ortsteils liegt und nicht in einem Bebauungsplan als Bauland ausgewiesen ist, auf Verlangen des Nachbarn 0,5 m zurückbleiben. [2] Dies gilt nicht gegenüber Grundstücken, für die nach Lage, Beschaffenheit oder Größe eine Bearbeitung mit Gespann oder Schlepper nicht in Betracht kommt, oder die in gleicher Weise wie das einzufriedende Grundstück bewirtschaftet werden. [3] Von der Grenze eines Wirtschaftsweges müssen Einfriedungen 0,5 m zurückbleiben.

(2) [1] Der Anspruch auf Beseitigung einer Einfriedung, die einen geringeren Abstand als 0,5 m einhält, ist ausgeschlossen, wenn der Nachbar nicht innerhalb von zwei Jahren nach dem Anbringen Klage auf Beseitigung erhoben hat. [2] Dies gilt nicht im Falle des Absatzes 1 Satz 3.

(3) [1] Wird eine Einfriedung, die einen geringeren Abstand als 0,5 m einhält, durch eine andere ersetzt, so ist Absatz 1 anzuwenden. [2] Dies gilt auch, wenn die Einfriedung in einer der Erneuerung gleichkommenden Weise ausgebessert wird.

Elfter Abschnitt. Bodenerhöhungen

§ 47 Bodenerhöhungen. [1] Wer den Boden seines Grundstücks über die Oberfläche des Nachbargrundstücks erhöht, muß einen solchen Abstand von der Grenze einhalten oder solche Vorkehrungen treffen und unterhalten, daß eine Schädigung des Nachbargrundstücks insbesondere durch Absturz oder Pressung des Bodens ausgeschlossen ist. [2] Die Verpflichtung geht auf den Rechtsnachfolger über.

Zwölfter Abschnitt. Grenzabstände für Pflanzen

§ 48 Grenzabstände für Bäume, Sträucher und einzelne Rebstöcke. Eigentümer und Nutzungsberechtigte eines Grundstücks haben mit Bäumen, Sträuchern und einzelnen Rebstöcken von den Nachbargrundstücken – vorbehaltlich des § 50 – folgende Abstände einzuhalten:

1. mit Bäumen (ausgenommen Obstbäume), und zwar
   a) sehr stark wachsenden Bäumen mit artgemäß ähnlicher Ausdehnung wie
      Bergahorn (Acer Pseudoplatanus), Sommerlinde (Tilia platyphyllos), Pappelarten (Populus), Platane (Platanus acerifolia), Roßkastanie (Aesculus hippocastanum), Stieleiche (Quercus robur), ferner Douglasfichte (Pseudotsuga taxifolia), Fichte (Picea abies), österreichische Schwarzkiefer (Pinus nigra austriaca), Atlaszeder (Cedrus atlantica)   4 m,
   b) stark wachsenden Bäumen mit artgemäß ähnlicher Ausdehnung wie
      Hainbuche (Carpinus betulus), Vogelbeere (Sorbus aucuparia), Weißbirke (Betula pendula), Zierkirsche (Prunus serrulata), Kiefer (Pinus sylvestris), Lebensbaum (Thuja occidentalis)   2 m,
   c) allen übrigen Bäumen   1,5 m;
2. mit Obstbäumen, und zwar
   a) Walnußsämlingen   4 m,
   b) Kernobstbäumen, auf stark wachsenden Unterlagen veredelt, sowie Süßkirschenbäumen und veredelten Walnußbäumen   2 m,

    c)   Kernobstbäumen, auf schwach wachsenden Unterlagen veredelt, sowie Steinobstbäumen ausgenommen Süßkirschenbäume   1,5 m;

3. mit Sträuchern (ausgenommen Beerenobststräuchern), und zwar

    a)   stark wachsenden Sträuchern mit artgemäß ähnlicher Ausdehnung wie
    Alpenrose (Rhododendron-Hybriden), Haselnuß (Coryplus avellana), Felsenmispel (Cotoneaster bullata), Flieder (Syringa vulgaris), Goldglöckchen (Forsythia intermedia), Wacholder (Juniperus communis)   1 m,

    b)   allen übrigen Sträuchern   0,5 m;

4. mit Beerenobststräuchern, und zwar

    a)   Brombeersträuchern   1,0 m,

    b)   allen übrigen Beerenobststräuchern   0,5 m;

5. mit einzelnen Rebstöcken   0,5 m;

6. mit Baumschulbeständen   1,0 m,

    wobei die Gehölze mit Ausnahme der Baumschulbestände von Sträuchern und Beerenobststräuchern die Höhe von 2 m nicht überschreiten dürfen, es sei denn, daß die Abstände nach Nummern 1 oder 2 eingehalten werden;

7. mit Weihnachtsbaumpflanzungen   1,0 m,

    wobei die Gehölze die Höhe von 2 m nicht überschreiten dürfen, es sei denn, daß die Abstände nach Nummer 1 eingehalten werden.

§ 49 Grenzabstände für Hecken. (1) Der Eigentümer und der Nutzungsberechtigte eines Grundstücks haben mit Hecken gegenüber den Nachbargrundstücken – vorbehaltlich des § 50 – folgende Abstände einzuhalten:

1. mit Hecken über 1,5 m Höhe   0,75 m,

2. mit Hecken bis zu 1,5 m Höhe   0,50 m,

3. mit Hecken bis zu 1,0 m Höhe   0,25 m.

(2) Hecken im Sinne des Absatzes 1 sind Schnitt- und Formhecken, und zwar auch dann, wenn sie im Einzelfall nicht geschnitten werden.

§ 50 Ausnahmen. (1) Die doppelten Abstände nach den §§ 48 und 49, in den Fällen des § 48 Nr. 1 a und Nr. 2 a jedoch die eineinhalbfachen Abstände mit Ausnahme der Abstände für die Pappelarten (Populus), sind einzuhalten gegenüber Grundstücken, die

1. dem Weinbau dienen,

2. landwirtschaftlich, erwerbsgärtnerisch oder kleingärtnerisch genutzt werden, sofern nicht durch Bebauungsplan eine andere Nutzung festgelegt ist oder durch Bebauungsplan dieser Nutzung vorbehalten sind.

(2) Die §§ 48 und 49 gelten nicht für

1. Anpflanzungen, die hinter einer undurchsichtigen Einfriedung vorgenommen werden und diese nicht überragen,

2. Anpflanzungen an den Grenzen zu öffentlichen Verkehrsflächen, zu öffentlichen Grünflächen und zu Gewässern,

3. Anpflanzungen zum Schutze von erosions- oder rutschgefährdeten Böschungen oder steilen Hängen,

4. Anpflanzungen gegenüber Grundstücken, die außerhalb eines im Zusammenhang bebauten Ortsteils liegen und nicht in einem Bebauungsplan als Bauland ausgewiesen sind, die geringwertiges Weideland (Hutung) oder Heide sind oder die landwirtschaftlich oder gartenbaulich nicht genutzt werden, nicht bebaut sind und auch nicht als Hofraum dienen.

§ 51 Berechnung des Abstandes. Der Abstand wird von der Mitte des Baumstammes, des Strauches, der Hecke oder des Rebstockes bis zur Grenzlinie gemessen, und zwar an der Stelle, an der die Pflanze aus dem Boden austritt.

§ 52 Grenzabstände im Weinbau. (1) Der Eigentümer und der Nutzungsberechtigte eines dem Weinbau dienenden Grundstücks haben bei der Anpflanzung von Rebstöcken folgende Abstände von der Grundstücksgrenze einzuhalten:

1. gegenüber den parallel zu den Rebzeilen verlaufenden Grenzen die Hälfte des geringsten Zeilenabstands, gemessen zwischen den Mittellinien der Rebzeilen, mindestens aber 0,75 m bei Zeilenbreiten bis zu 2 m und 1,40 m bei Zeilenbreiten von über 2 m,

2. gegenüber den sonstigen Grenzen, gerechnet vom äußersten Rebstock oder der äußersten Verankerung der Erziehungsvorrichtung an, mindestens 1 m.

(2) Absatz 1 gilt nicht für die Anpflanzung von Rebstöcken an Grundstücksgrenzen, die durch Stützmauern gebildet werden, sowie in den in § 50 Abs. 2 genannten Fällen.

§ 53 Grenzabstände für Wald. (1) Wird ein Wald neu begründet oder verjüngt, so sind gegenüber Nachbargrundstücken folgende Abstände einzuhalten:

1.	gegenüber dem Weinbau dienenden Grundstücken	10 m,
2.	gegenüber öffentlichen Verkehrsflächen und Wirtschaftswegen	3 m,
3.	gegenüber sonstigen Grundstücken, die nicht mit Wald bepflanzt sind, bei Neubegründung	6 m,
	und bei Verjüngung	4 m,
4.	gegenüber Grundstücken, die mit Wald bepflanzt sind	2 m.

(2) Absatz 1 gilt nicht gegenüber Grundstücken im Sinne von § 50 Abs. 2 Nr. 3 und 4.

(3) Der nach Absatz 1 freizuhaltende Streifen kann mit Laubgehölzen bepflanzt werden, deren natürlicher Wuchs bei einem Grenzabstand bis zu 3 m die Höhe von 6 m und bei einem Grenzabstand bis zu 1 m die Höhe von 2 m nicht überschreitet.

§ 54 Abstände von Spaliervorrichtungen und Pergolen. (1) Mit Spaliervorrichtungen und Pergolen, die eine flächenmäßige Ausdehnung der Pflanzen bezwecken, und die nicht höher als 2 m sind, ist ein Abstand von

0,50 m, und, wenn sie höher als 2 m sind, ein um das Maß der Mehrhöhe größerer Abstand von der Grenze einzuhalten.

(2) Absatz 1 gilt nicht in den in § 50 Abs. 2 genannten Fällen.

§ 55 Ausschluß des Beseitigungsanspruchs. (1) [1] Der Anspruch auf Beseitigung von Anpflanzungen, Spaliervorrichtungen und Pergolen, die geringere als die in den §§ 48 bis 54 vorgeschriebenen Abstände einhalten, ist ausgeschlossen, wenn der Nachbar nicht innerhalb von fünf Jahren nach dem Anpflanzen oder der Herstellung Klage auf Beseitigung erhoben hat. [2] Dies gilt nicht für Anpflanzungen an der Grenze eines Wirtschaftsweges.

(2) Werden für die in Absatz 1 genannten Anpflanzungen Ersatzpflanzungen vorgenommen, so gelten die §§ 48 bis 54.

§ 56 Nachträgliche Grenzänderungen. Die Rechtmäßigkeit des Abstandes einer Anpflanzung wird durch nachträgliche Grenzänderungen nicht berührt; § 55 Abs. 2 ist entsprechend anzuwenden.

Dreizehnter Abschnitt. Verjährung

§ 57 Verjährung. (1) Ansprüche auf Schadensersatz nach diesem Gesetz verjähren in drei Jahren von dem Zeitpunkt an, in welchem der Verletzte von dem Schaden und der Person des Ersatzpflichtigen Kenntnis erlangt, ohne Rücksicht auf diese Kenntnis in dreißig Jahren von der Vornahme der Handlung an.

(2) [1] Andere, auf Zahlung von Geld gerichtete Ansprüche nach diesem Gesetz verjähren in vier Jahren. [2] Die §§ 198 bis 225 des Bürgerlichen Gesetzbuches sind anzuwenden. [3] Die Verjährung beginnt mit dem Schluß des Jahres, in welchem der Anspruch entsteht.

(3) Im übrigen unterliegen die Ansprüche nach diesem Gesetz nicht der Verjährung.

Vierzehnter Abschnitt. Schlußbestimmungen

§ 58 Übergangsvorschriften. (1) Vor Inkrafttreten dieses Gesetzes errichtete Wände sind Nachbarwände im Sinne dieses Gesetzes, wenn die Wände

1. den Voraussetzungen des § 3 Abs. 1 entsprechen und der Nachbar ihrer Errichtung zugestimmt hat
   oder

2. gemäß Artikel 653 bis 662 Code civil oder gemäß den §§ 29 und 30 des Baugesetzes vom 19. Juli 1955 (Amtsbl. S. 1159) errichtet worden sind.

(2) Der Anspruch auf Beseitigung von Einrichtungen im Sinne des § 35, von Einfriedungen und Pflanzen, die bei Inkrafttreten dieses Gesetzes vorhanden sind und deren Grenzabstände den Vorschriften dieses Gesetzes nicht entsprechen, ist ausgeschlossen, wenn sie dem bisherigen Recht entsprechen oder wenn der Nachbar nicht innerhalb von zwei Jahren nach Inkrafttreten dieses Gesetzes Klage auf Beseitigung erhoben hat.

(3) Der Umfang von Rechten, die bei Inkrafttreten dieses Gesetzes auf Grund des bisherigen Rechts bestehen, richtet sich nach den Vorschriften dieses Gesetzes.

(4) Ansprüche auf Zahlung von Geld auf Grund der Vorschriften dieses Gesetzes bestehen nur, wenn das den Anspruch begründende Ereignis nach Inkrafttreten dieses Gesetzes eingetreten ist; andernfalls behält es bei dem bisherigen Recht sein Bewenden.

§§ 59, 60 *(aufgehoben)*

§ 61 Inkrafttreten. Dieses Gesetz tritt am 1. Januar 1974 in Kraft.

13. Sächsisches Nachbarrechtsgesetz (SächsNRG)

Vom 11. November 1997

(SächsGVBl. S. 582)

BS Sachsen 33–2

geänd. durch Art. 3 G zur Anpassung landesrechtl. Verjährungsvorschriften v. 8. 12. 2008 (SächsGVBl. S. 940)

Der Sächsische Landtag hat am 16. Oktober 1997 das folgende Gesetz beschlossen:

Erster Abschnitt. Allgemeine Bestimmungen

§ 1 Nachbar und Eigentümer. (1) [1] Nachbar im Sinne dieses Gesetzes ist der Eigentümer eines Grundstücks, das zu dem Grundstück des verpflichteten Eigentümers in einem engen örtlichen Zusammenhang steht. [2] Eigentümer im Sinne der folgenden Vorschriften ist der verpflichtete Eigentümer eines Grundstücks.

(2) An die Stelle des Eigentümers oder Nachbarn treten

1. der Erbbauberechtigte im Fall der Belastung des Grundstücks mit einem Erbbaurecht und

2. der Nutzer aufgrund eines in die Sachenrechtsbereinigung nach dem Gesetz zur Änderung sachenrechtlicher Bestimmungen (Sachenrechtsänderungsgesetz – SachenRÄndG) vom 21. September 1994 (BGBl. I S. 2457) einbezogenen Rechtsverhältnisses.

§ 2 Nachbarliche Rücksicht. [1] Rechte aus diesem Gesetz dürfen nur unter Rücksichtnahme auf die berechtigten Interessen des Eigentümers oder Nachbarn ausgeübt werden. [2] Sie dürfen nicht zur Unzeit geltend gemacht werden.

§ 3 Verhältnis zu anderen Vorschriften. [1] Die §§ 4 bis 30 gelten nur, soweit der Eigentümer und der Nachbar keine von diesen Bestimmungen abweichenden Vereinbarungen treffen und öffentlich-rechtliche Vorschriften nicht entgegenstehen. [2] Vereinbarungen binden den Rechtsnachfolger nur im Falle der Gesamtrechtsnachfolge oder soweit die sich aus ihnen ergebenden Rechte im Grundbuch eingetragen sind.

Zweiter Abschnitt. Einfriedungen

§ 4 Einfriedungsrecht. [1] Jeder Nachbar darf sein Grundstück einfrieden. [2] Ortsübliche Einfriedungen dürfen auch auf der Grenze errichtet werden. [3] Eine Einfriedung darf bei Grundstücksgrenzen zu dem Gemeingebrauch dienenden Flächen nicht auf der Grenze vorgenommen werden. [4] Die Vorschriften des Dritten Abschnittes bleiben unberührt.

§ 5 Kosten. (1) Wer eine Einfriedigung errichtet, trägt die Herstellungs- und Unterhaltungskosten.

(2) [1]Die Kosten für die Unterhaltung einer ortsüblichen Einfriedung auf der Grenze tragen der Eigentümer und der Nachbar zu gleichen Teilen. [2]Die Kosten der Unterhaltung vorhandener Einfriedungen zu dem Gemeingebrauch dienenden Flächen trägt jeder Nachbar selbst. [3]Die Eigentümer von landwirtschaftlich (§ 201 Baugesetzbuch) genutzten Grundstücken und Waldflächen sind nicht zur Tragung von Kosten der Unterhaltung von Einfriedungen verpflichtet.

§ 6 Kostentragungspflicht des Störers. Reicht eine ortsübliche Einfriedung nicht aus, um angemessenen Schutz vor unzumutbaren Beeinträchtigungen durch eine nicht ortsübliche Benutzung des anderen Grundstücks zu bieten, so kann der Nachbar von dem Eigentümer die Erstattung der Mehrkosten der Herstellung und Unterhaltung der Einfriedung verlangen, die für die Verhinderung oder Verminderung der Beeinträchtigungen erforderlich sind.

§ 7 Abstand von der Grenze. (1) [1]Eine Einfriedung muß von der Grenze eines landwirtschaftlich genutzten Grundstücks des Nachbarn 0,6 m zurückbleiben, wenn beide Grundstücke außerhalb eines im Zusammenhang bebauten Ortsteils liegen und nicht in einem Bebauungsplan als Baugebiet ausgewiesen sind. [2]Der Geländestreifen vor der Einfriedung darf bei der Bewirtschaftung des Grundstücks des Nachbarn betreten und befahren werden.

(2) Die Verpflichtung nach Absatz 1 erlischt, wenn eines der beiden Grundstücke Teil eines im Zusammenhang bebauten Ortsteils oder in einem Bebauungsplan als Bauland ausgewiesen wird.

§ 8 *(aufgehoben)*

Dritter Abschnitt. Grenzabstände für Pflanzen

§ 9 Grenzabstände für Bäume und Sträucher. (1) Der Nachbar kann vom Eigentümer verlangen, daß Bäume, Sträucher oder Hecken innerhalb eines im Zusammenhang bebauten Ortsteils mindestens 0,5 m oder, falls sie über 2 m hoch sind, mindestens 2 m von der Grundstücksgrenze des Nachbarn entfernt sind.

(2) Außerhalb eines im Zusammenhang bebauten Ortsteils genügt ein Grenzabstand von im für alle Anpflanzungen.

(3) § 25 des Waldgesetzes für den Freistaat Sachsen (SächsWaldG) vom 10. April 1992 (SächsGVBl. S. 137) bleibt unberührt.

§ 10 Grenzabstand zu landwirtschaftlichen Grundstücken. Ist das Grundstück des Nachbarn landwirtschaftlich genutzt, ist zu diesem mindestens ein Abstand von 0,75 m oder, falls die Bäume, Sträucher oder Hecken über 2 m hoch sind, ein Abstand von mindestens 3 m einzuhalten, wenn der Schattenwurf die wirtschaftliche Bestimmung des Grundstücks erheblich beeinträchtigen würde.

§ 11 Grenzabstände im Weinbau. (1) Der Nachbar kann vom Eigentümer eines dem Weinbau dienenden Grundstücks bei der Anpflanzung von Rebstöcken die Beachtung folgender Abstände von der Grenze seines Grundstücks verlangen:

1. gegenüber den parallel zu den Rebzeilen verlaufenden Grenzen die Hälfte des geringsten Zeilenabstandes, gemessen zwischen den Mittellinien der Rebzeilen, mindestens aber 0,75 m,
2. gegenüber den sonstigen Grenzen, gerechnet vom äußersten Rebstock oder der äußersten Verankerung der Erziehungsvorrichtung an, mindestens 1 m.

(2) Absatz 1 gilt nicht für die Anpflanzung von Rebstöcken an Grundstücksgrenzen, die durch Stützmauern gebildet werden.

§ 12 Ausnahmen. Die §§ 9 bis 11 gelten nicht für

1. Anpflanzungen an den Grenzen zu dem Gemeingebrauch dienenden Flächen,
2. Anpflanzungen im öffentlichen Straßenraum und an Uferböschungen,
3. Anpflanzungen hinter einer Wand oder einer undurchsichtigen Einfriedung, wenn sie diese nicht überragen.

§ 13 Bestimmung des Abstandes. Abstand nach diesem Abschnitt ist die kürzeste waagerechte Entfernung zwischen der Grenze und der Mitte des Baumstammes, des Strauches oder der Hecke an der Stelle, an der die Pflanze aus dem Boden austritt.

§ 14 Anspruch auf Beseitigung. (1) Der Nachbar kann verlangen, daß Bäume, Sträucher oder Hecken, die über die nach §§ 9 oder 10 zulässigen Höhen hinauswachsen, nach Wahl des Eigentümers zurückgeschnitten oder beseitigt werden.

(2) Der Eigentümer braucht das Zurückschneiden und die Beseitigung von Pflanzen nicht in der Zeit vom 1. März bis zum 30. September vorzunehmen.

§ 15 *(aufgehoben)*

§ 16 Bestandsschutz. [1] Die Rechtmäßigkeit des Grenzabstandes von Bäumen, Sträuchern, Hecken und Rebstöcken wird durch nachträgliche Grundstücksteilungen, rechtmäßige Änderungen der Grundstücksgrenze oder Grenzfeststellungen nicht berührt. [2] Sie richtet sich bei nachträglichen Grenzfeststellungen nach dem bisher angenommenen Grenzverlauf.

Vierter Abschnitt. Bodenerhöhungen und Aufschichtungen

§ 17 Bodenerhöhungen. Der Nachbar kann verlangen, daß der Eigentümer eines Grundstücks, dessen Oberfläche künstlich erhöht wurde, geeignete Vorkehrungen trifft, die eine durch diese Erhöhung verursachte Gefährdung des Grundstücks des Nachbarn ausschließen.

§ 18 Grenzabstand von Aufschichtungen. (1) [1] Der Nachbar kann verlangen, daß Aufschichtungen von Holz, Steinen, Heu, Stroh, Kompost und ähnlichen Stoffen mindestens 0,5 m von der Grenze entfernt sind. ²Sind die Aufschichtungen höher als 2 m, so muß der Abstand um soviel über 0,5 m betragen, als ihre Höhe 2 m übersteigt; in Wohngebieten darf eine Aufschichtung nicht höher sein als 2 m.

(2) Als Abstand gemäß Absatz 1 gilt die kürzeste Entfernung von der Grenze zur Aufschichtung.

(3) Diese Vorschriften gelten nicht für Grundstücksgrenzen zu dem Gemeingebrauch dienenden Flächen.

Fünfter Abschnitt. Duldung von Leitungen

§ 19 Duldungspflicht. (1) Der Nachbar darf Wasserversorgungs- oder Abwasserleitungen zu seinem Grundstück durch das Grundstück des Eigentümers führen, wenn

1. der Anschluß an das Wasserversorgungs- oder Entwässerungsnetz anders nicht oder nur mit unverhältnismäßig hohen Kosten durchgeführt werden kann und

2. die damit verbundene Beeinträchtigung des Eigentümers zumutbar ist.

(2) ¹Der Eigentümer ist berechtigt, sein Grundstück an die verlegten Leitungen anzuschließen, wenn diese ausreichen, um die Wasserversorgung oder die Entwässerung beider Grundstücke sicherzustellen. ²Der Eigentümer kann verlangen, daß die Leitungen so verlegt werden, daß sein Grundstück ebenfalls angeschlossen werden kann; dadurch entstehende Mehrkosten hat er dem Nachbarn zu erstatten.

§ 20 Unterhaltung der Leitungen. ¹Der Nachbar hat die nach § 19 Abs. 1 verlegten Leitungen, der Eigentümer die nach § 19 Abs. 2 verlegten Anschlußleitungen jeweils auf eigene Kosten zu unterhalten. ²Zu den Unterhaltungskosten der Teile der Leitungen, die vom Eigentümer nach § 19 Abs. 2 mitbenutzt werden, hat dieser einen angemessenen Beitrag zu leisten.

§ 21 Betretungsrecht. Der Eigentümer hat zu dulden, daß der Nachbar das Grundstück des Eigentümers zur Verlegung, Änderung, Unterhaltung oder Beseitigung einer Wasserversorgungs- oder Abwasserleitung betritt, die zu den Arbeiten erforderlichen Gegenstände über dieses transportiert und Erdaushub vorübergehend dort lagert, wenn und soweit

1. das Vorhaben anders nicht oder nur mit unverhältnismäßig hohen Kosten durchgeführt werden kann und

2. die mit der Duldung verbundenen Nachteile und Belästigungen des Eigentümers nicht außer Verhältnis zu dem vom Nachbarn erstrebten Vorteil stehen.

§ 22 Nachträgliche erhebliche Beeinträchtigungen. ¹Führen die nach § 19 Abs. 1 verlegten Leitungen nachträglich zu einer erheblichen Beeinträchtigung, so kann der Eigentümer verlangen, daß der Nachbar die Beeinträchtigung beseitigt. ²Führt die gemeinschaftliche Nutzung der Leitungen nach § 19 Abs. 2 zu einer erheblichen Beeinträchtigung, so kann der Eigentümer verlangen, daß der Nachbar die Beseitigung der Beeinträchtigung duldet.

§ 23 Anschluß an andere Leitungen. Die Bestimmungen dieses Abschnitts gelten entsprechend für

1. Gas- und Elektrizitätsleitungen,

2. Fernmeldelinien und

3. Einrichtungen zur Versorgung mit Fernwärme, sofern derjenige, der sein Grundstück anschließen will, einem Anschlußzwang unterliegt.

Sechster Abschnitt. Sonstige Nachbarschaftsrechte

§ 24 Hammerschlags-, Leiter- und Schaufelschlagrecht. (1) Der Eigentümer hat zu dulden, daß der Nachbar zur Errichtung, Veränderung, Reinigung, Unterhaltung oder Beseitigung einer baulichen Anlage auf seinem Grundstück das Grundstück des Eigentümers vorübergehend betritt, darauf oder darüber Leitern oder Gerüste aufstellt sowie die zu den Bauarbeiten erforderlichen Gegenstände über das Grundstück des Eigentümers transportiert, wenn und soweit die Voraussetzungen des § 21 vorliegen.

(2) [1] Der Eigentümer hat zu dulden, daß der Nachbar für die Dauer der nach Absatz 1 durchzuführenden Arbeiten Sand, Schlamm oder anderen Erdaushub auf dem Grundstück des Eigentümers lagert, wenn und soweit die Voraussetzungen des § 21 vorliegen. [2] Nach Abschluß der Arbeiten ist dieser von dem Nachbarn unverzüglich zu entfernen.

§ 25 Ableitung des Niederschlagswassers. (1) Die baulichen Anlagen eines Grundstücks müssen so eingerichtet sein, daß abgeleitetes Niederschlagswasser nicht auf das Grundstück des Nachbarn übertritt.

(2) Absatz 1 findet keine Anwendung auf freistehende Mauern an dem Gemeingebrauch dienenden Flächen.

§ 26 Hochführen von Schornsteinen, Lüftungsschächten und Antennen. (1) Grenzt ein Gebäude unmittelbar an ein höheres, so hat der Eigentümer des höheren Gebäudes zu dulden, daß der Nachbar Schornsteine, Lüftungsschächte und Antennenanlagen befestigt, wenn dies für deren Betriebsfähigkeit erforderlich ist und der Eigentümer nicht unverhältnismäßig beeinträchtigt wird.

(2) Der Eigentümer hat ferner zu dulden, daß

1. die höhergeführten Schornsteine, Lüftungsschächte und Antennenanlagen von seinem Grundstück aus unterhalten oder gereinigt werden oder

2. die hierfür erforderlichen Einrichtungen auf seinem Grundstück angebracht werden,

wenn diese Maßnahmen anders nicht oder nur mit unverhältnismäßig hohen Kosten getroffen werden können.

(3) Die Absätze 1 und 2 gelten nicht, soweit der Eigentümer dem Nachbarn die Mitbenutzung einer eigenen geeigneten Anlage gestattet.

Siebenter Abschnitt. Gemeinsame Bestimmungen

§ 27 Anzeigepflicht. (1) [1]Die Ausübung der Rechte aus § 21, § 24 oder § 26 Abs. 2 ist dem Eigentümer spätestens einen Monat, die Ausübung der Rechte aus § 4, § 19 Abs. 1 und § 26 Abs. 1 ist dem Eigentümer spätestens zwei Monate vor Durchführung der geplanten Maßnahme anzuzeigen. [2]Die Ausübung des Rechts aus § 19 Abs. 2 ist dem Nachbarn spätestens einen Monat vor Durchführung der Arbeiten anzuzeigen. [3]Die vorgeschriebenen Tätigkeiten des Bezirksschornsteinfegermeisters, notwendige Besichtigungen zu duldender Anlagen sowie kleinere Arbeiten, die den Eigentümer nicht belästigen, bedürfen keiner Anzeige nach Satz 1.

(2) Die Anzeige muß schriftlich erfolgen und detaillierte Angaben zu Art und Umfang der geplanten Rechtsausübung enthalten.

(3) [1]Etwaige Einwendungen gegen die beabsichtigte Rechtsausübung sollen unverzüglich erhoben werden. [2]Sie sind schriftlich geltend zu machen.

(4) Ist der Aufenthalt des Eigentümers und seines Vertreters nicht bekannt oder sind diese nur mit unverhältnismäßig hohem Aufwand alsbald erreichbar, so genügt die Anzeige an den unmittelbaren Besitzer oder in den Fällen des § 1 Abs. 2 an denjenigen, der im Grundbuch als Eigentümer eingetragen ist.

(5) § 904 des Bürgerlichen Gesetzbuches (BGB) bleibt unberührt.

§ 28 Schadensersatz. (1) [1]Ein Schaden, der dem Eigentümer durch Ausübung der Rechte des Nachbarn nach § 4, § 7 Abs. 1 Satz 2, § 19 Abs. 1, § 21, 24 oder § 26 Abs. 1 oder 2 oder aufgrund Geltendmachung seines eigenen Anspruchs nach § 22 entsteht, ist von dem Nachbarn zu ersetzen. [2]Hat der Eigentümer den Schaden mitverursacht, so hängt die Ersatzpflicht sowie der Umfang der Ersatzleistung von den Umständen ab, insbesondere davon, inwieweit der Schaden vorwiegend von dem einen oder anderen Teil verursacht worden ist; in dem Fall des § 22 gilt die Geltendmachung des Anspruches durch den Eigentümer nicht als Mitverschulden.

(2) Absatz 1 gilt entsprechend für einen Schaden, der dem Nachbarn durch Ausübung des Rechts aus § 19 Abs. 2 entsteht.

§ 29 Entschädigung. [1]Für die Duldung der Rechtsausübung nach § 7 Abs. 1 Satz 2, § 19 Abs. 1, §§ 21, 24 oder § 26 Abs. 1 und 2 hat der Nachbar den Eigentümer nach Billigkeit zu entschädigen. [2]Dabei sind die dem Nachbarn durch die Ausübung des Rechts zugute kommenden Einsparungen und der Umfang der Belästigung des Eigentümers angemessen zu berücksichtigen. [3]Bei dauernder Duldungspflicht ist eine Rente jährlich im voraus zu entrichten.

§ 30 *(aufgehoben)*

§ 31 Verjährung. (1) Ansprüche auf Schadensersatz und andere Ansprüche nach diesem Gesetz, die auf Zahlung von Geld gerichtet sind, sowie Ansprüche aus § 14 Abs. 1 verjähren in drei Jahren.

(2) [1]Absatz 1 gilt auch für Ansprüche auf Beseitigung einer Einfriedung, die einen geringeren als den in § 7 Abs. 1 vorgeschriebenen Grenzabstand hat.

[2] Wird die in Satz 1 genannte Einfriedung durch eine andere ersetzt, beginnt die Verjährung des Beseitigungsanspruchs erneut.

(3) Die Vorschriften des Bürgerlichen Gesetzbuches hinsichtlich Beginn, Hemmung, Ablaufhemmung und Neubeginn der Verjährung gelten entsprechend.

Achter Abschnitt. Schlußbestimmungen

§ 32 Übergangsbestimmungen. (1) Einrichtungen und Pflanzen, die bei Inkrafttreten dieses Gesetzes dem bisherigen Recht entsprechen, sind nach Maßgabe des bisherigen Rechts weiter zu dulden.

(2) Nach diesem Gesetz können Ansprüche im Hinblick auf Einrichtungen und Pflanzen, die bei Inkrafttreten dieses Gesetzes dem bisherigen Recht nicht entsprochen haben, aber bis zum 2. Oktober 1990 von staatlichen Stellen geduldet wurden, nicht vor Ablauf von zwei Jahren ab Inkrafttreten geltend gemacht werden, es sei denn, dem Eigentümer war im Zeitpunkt der Errichtung die Rechtslage bekannt.

§ 32a Überleitungsvorschrift. Artikel 229 § 6 des Einführungsgesetzes zum Bürgerlichen Gesetzbuche in der Fassung der Bekanntmachung vom 21. September 1994 (BGBl. I S. 2494, 1997 I S. 1061), das zuletzt durch Artikel 2 des Gesetzes vom 23. Oktober 2008 (BGBl. I S. 2022) geändert worden ist, ist in der jeweils geltenden Fassung mit der Maßgabe entsprechend anzuwenden, dass an die Stelle des 1. Januar 2002 der 1. Januar 2009 und an die Stelle des 31. Dezember 2001 der 31. Dezember 2008 tritt.

§ 33 Außerkrafttreten von Bestimmungen. Soweit privates Nachbarrecht über den 2. Oktober 1990 hinaus als Landesrecht fortgegolten hat, wird dieses hiermit aufgehoben.

§ 34 Inkrafttreten. Dieses Gesetz tritt am 1. Januar 1998 in Kraft.

14. Nachbarschaftsgesetz (NbG) des Landes Sachsen-Anhalt

Vom 13. November 1997

(GVBl. LSA S. 958)

BS LSA 40.8

zuletzt geänd. durch Art. 6 G zur Anpassung landesrechtl. Verjährungsvorschriften v. 18. 5. 2010
(GVBl. LSA S. 340)

Abschnitt 1. Allgemeine Vorschriften

§ 1 Grundsätze. (1) Die nachbarschaftlichen Rechtsbeziehungen im räumlichen Einwirkungsbereich der Grundstücksbenutzungen bestimmen sich nach dem Bürgerlichen Gesetzbuch und nach diesem Gesetz.

(2) Nachbar oder Nachbarin im Sinne dieses Gesetzes ist

1. der Eigentümer oder die Eigentümerin eines Grundstücks,

2. im Falle der Belastung des Grundstücks mit einem Erbbaurecht statt dessen der oder die Erbbauberechtigte,

3. der Inhaber oder die Inhaberin eines fortbestehenden selbständigen Gebäudeeigentums oder dinglichen Nutzungsrechts nach Artikel 233 § 4 Abs. 1 des Einführungsgesetzes zum Bürgerlichen Gesetzbuch.

(3) Soweit dies besonders bestimmt ist, gelten Rechte und Pflichten nach diesem Gesetz auch für diejenigen, die ein fremdes Grundstück auf Grund sonstiger Berechtigung ganz oder teilweise besitzen und in ihrem Besitz berührt sind.

§ 2 Anwendungsbereich. (1) Die §§ 5 bis 43 dieses Gesetzes gelten nur, soweit die Beteiligten keine von diesen Vorschriften abweichenden Vereinbarungen treffen oder zwingende öffentlich-rechtliche Vorschriften oder bestandskräftige Verwaltungsakte nicht entgegenstehen.

(2) Ist in diesem Gesetz die Schriftform vorgesehen, darf davon nicht abgewichen werden.

§ 3 Anzeige von Vorhaben, Einwendungen. (1) [1] Ist nach diesem Gesetz ein Vorhaben anzuzeigen, so ist die Anzeige an den Nachbarn oder die Nachbarin und an den unmittelbaren Besitzer oder die unmittelbare Besitzerin des Grundstücks zu richten. [2] Die Anzeige an den unmittelbaren Besitzer oder die unmittelbare Besitzerin genügt, wenn der Aufenthalt des Nachbarn oder der Nachbarin nur unter unverhältnismäßigen Schwierigkeiten feststellbar ist oder die Anzeige im Ausland erfolgen müßte und im Inland niemand zum Empfang von Erklärungen bevollmächtigt ist.

(2) [1] Soweit nichts anderes bestimmt ist, ist das Vorhaben schriftlich unter Mitteilung der näheren Einzelheiten seines Inhalts und seiner Durchführung spätestens acht Wochen vor Beginn der Bauarbeiten oder sonstigen Maßnahmen anzuzeigen. [2] Einwendungen gegen das Vorhaben sind unverzüglich zu

erheben. [3] Mit den Bauarbeiten oder sonstigen Maßnahmen darf vor Fristablauf nur begonnen werden, wenn sich der Nachbar oder die Nachbarin und der unmittelbare Besitzer oder die unmittelbare Besitzerin mit dem früheren Beginn einverstanden erklärt haben.

§ 4 Verjährung. (1) Ansprüche auf Schadensersatz sowie andere Ansprüche nach diesem Gesetz, die auf Zahlung von Geld gerichtet sind, verjähren in drei Jahren.

(2) Die Vorschriften des Bürgerlichen Gesetzbuches hinsichtlich Beginn, Hemmung, Ablaufhemmung, Neubeginn und Rechtsfolgen der Verjährung gelten entsprechend.

(3) Artikel 229 § 6 des Einführungsgesetzes zum Bürgerlichen Gesetzbuche ist mit der Maßgabe entsprechend anzuwenden, dass an die Stelle des 1. Januar 2002 der 1. Juni 2010 und an die Stelle des 31. Dezember 2001 der 31. Mai 2010 tritt.

(4) Im Übrigen unterliegen die Ansprüche nach diesem Gesetz nicht der Verjährung, soweit in diesem Gesetz nichts anderes bestimmt ist.

Abschnitt 2. Nachbarwand

§ 5 Errichtung. (1) Nachbarwand ist die auf der Grenze zweier Grundstücke errichtete Wand, die den auf diesen Grundstücken errichteten oder zu errichtenden Gebäuden als Abschlußwand oder zur Unterstützung oder Aussteifung dient oder dienen soll.

(2) [1] Eine Nachbarwand darf nur errichtet werden, wenn der Nachbar oder die Nachbarin in ihre Errichtung, ihre Anordnung auf den Grundstücken und in ihre Bauart und Bemessung, insbesondere ihre Höhe, Stärke und Gründungstiefe, schriftlich einwilligt. [2] Die Einwilligung ist unwiderruflich.

§ 6 Anbau, Anzeige. (1) [1] Der Nachbar oder die Nachbarin ist berechtigt, an die Nachbarwand anzubauen. [2] Anbau ist die Mitbenutzung der Wand als Abschlußwand oder zur Unterstützung oder Aussteifung des neuen Gebäudes.

(2) Die Einzelheiten des beabsichtigten Anbaues sind dem Nachbarn oder der Nachbarin und dem unmittelbaren Besitzer oder der unmittelbaren Besitzerin des zuerst bebauten Grundstücks unter Beifügung des Bauantrages und der Bauvorlagen anzuzeigen; im übrigen gilt § 3.

(3) [1] Schäden, die in Ausübung des Rechts nach Absatz 1 dem Nachbarn, der Nachbarin, dem unmittelbaren Besitzer oder der unmittelbaren Besitzerin des zuerst bebauten Grundstücks entstehen, sind ohne Rücksicht auf Verschulden zu ersetzen. [2] Auf Verlangen ist Sicherheit in Höhe des voraussichtlichen Schadens zu leisten; das Recht darf dann erst nach Leistung der Sicherheit ausgeübt werden.

§ 7 Vergütung. (1) [1] Wer anbaut, hat dem Nachbarn oder der Nachbarin, die die Nachbarwand errichtet haben, beziehungsweise deren Rechtsnachfolgern ihren halben Wert zu vergüten. [2] Dabei ist von den im Zeitpunkt der Errichtung üblichen Baukosten auszugehen und das Alter sowie der bauliche Zustand der Nachbarwand zu berücksichtigen.

(2) Die Vergütung ermäßigt sich angemessen, wenn die besondere Bauart oder Bemessung der Wand nicht erforderlich oder nur für das zuerst errichtete Bauwerk erforderlich ist; sie ist angemessen zu erhöhen, wenn die besondere Bauart oder Bemessung im Hinblick auf Interessen des anbauenden Nachbarn oder der anbauenden Nachbarin gewählt worden ist.

(3) Die Vergütung wird mit der Rohbauabnahme des Anbaues fällig.

§ 8 Erhöhen. (1) [1]Jeder Nachbar oder jede Nachbarin darf die Nachbarwand auf eigene Kosten nach den allgemein anerkannten Regeln der Baukunst erhöhen, wenn dadurch keine erhebliche Beeinträchtigung für den anderen Nachbarn oder die andere Nachbarin zu erwarten ist. [2]Das Vorhaben ist entsprechend § 6 Abs. 2 anzuzeigen.

(2) [1]Wer höher baut, darf, soweit erforderlich, auf das Nachbardach einschließlich des Dachtragwerks einwirken. [2]Das Nachbardach ist auf Kosten des oder der Einwirkenden mit der erhöhten Nachbarwand ordnungsgemäß zu verbinden.

(3) [1]Für den erhöhten Teil der Nachbarwand gelten § 6 Abs. 1, §§ 7, 9 und 10 entsprechend. [2]Für Schäden, die in Ausübung des Rechts nach Absatz 1 und 2 entstehen, gilt § 6 Abs. 3 entsprechend.

§ 9 Beseitigung vor dem Anbau. (1) Solange und soweit noch nicht angebaut worden ist, darf die Nachbarwand vom Erbauer oder von der Erbauerin beziehungsweise deren Rechtsnachfolgern beseitigt werden, wenn der Nachbar oder die Nachbarin der Beseitigung nicht widerspricht.

(2) Die Absicht, die Nachbarwand zu beseitigen, ist anzuzeigen; § 6 Abs. 2 gilt entsprechend.

(3) [1]Der Widerspruch des Nachbarn oder der Nachbarin muß binnen acht Wochen nach Zugang der Anzeige schriftlich erhoben werden. [2]Der Widerspruch wird unbeachtlich, wenn

1. der Nachbar oder die Nachbarin nicht innerhalb von sechs Monaten nach Empfang der Anzeige einen Antrag auf Genehmigung des Anbaues bei der Baugenehmigungsbehörde einreicht oder

2. der Antrag auf Erteilung der Baugenehmigung bestandskräftig abgelehnt ist oder

3. von der Baugenehmigung nicht innerhalb eines Jahres nach Erteilung Gebrauch gemacht wird.

(4) Beseitigen der Erbauer oder die Erbauerin der Nachbarwand beziehungsweise deren Rechtsnachfolger diese ganz oder teilweise, ohne hierzu nach den Absätzen 1 bis 3 berechtigt zu sein, so ist dem anbauberechtigten Nachbarn oder der anbauberechtigten Nachbarin Ersatz für den durch die völlige oder teilweise Beseitigung der Anbaumöglichkeit zugefügten Schaden zu leisten; der Anspruch entsteht mit der Fertigstellung des Rohbaus des späteren Bauwerks.

§ 10 Unterhaltung, Abbruch. (1) Bis zum Anbau an die Nachbarwand fallen die Unterhaltungskosten ihrem Erbauer oder ihrer Erbauerin beziehungsweise deren Rechtsnachfolgern allein zur Last.

(2) Nach dem Anbau tragen beide Seiten die Unterhaltungskosten für den gemeinsam genutzten Teil der Nachbarwand zu gleichen Teilen.

(3) [1] Wird eines der beiden Gebäude abgebrochen und nicht neu errichtet, sind der Bauherr oder die Bauherrin beziehungsweise deren Rechtsnachfolger verpflichtet, die durch den Abbruch entstandenen Schäden zu beseitigen und die Außenfläche des bisher gemeinsam genutzten Teiles der Wand auf eigene Kosten in einen für eine Außenwand geeigneten Zustand zu versetzen. [2] Die Kosten der künftigen Unterhaltung fallen dem anderen Nachbarn oder der anderen Nachbarin allein zur Last.

Abschnitt 3. Grenzwand

§ 11 Begriff. Grenzwand ist die unmittelbar an der Grenze zum benachbarten Grundstück, jedoch ausschließlich auf dem Grundstück des Erbauers oder der Erbauerin errichtete Wand.

§ 12 Errichtung einer ersten Grenzwand. (1) [1] Wer eine Grenzwand errichten will, hat dies dem Nachbarn oder der Nachbarin anzuzeigen. [2] § 6 Abs. 2 gilt entsprechend.

(2) [1] Der Nachbar oder die Nachbarin kann innerhalb von acht Wochen nach Zugang der Anzeige eine solche Gründung der Grenzwand verlangen, daß bei der späteren Durchführung des eigenen Bauvorhabens erschwerende Baumaßnahmen, wie insbesondere ein Unterfangen der zuerst gebauten Wand, vermieden werden. [2] Mit den Arbeiten zur Errichtung der Grenzwand darf erst nach Ablauf der Frist begonnen werden.

(3) [1] Der Nachbar oder die Nachbarin hat die nach Absatz 2 entstehenden Mehrkosten zu erstatten. [2] In Höhe der voraussichtlich erwachsenden Mehrkosten ist auf Verlangen binnen vier Wochen Vorschuß oder Sicherheit zu leisten; der Anspruch auf besondere Gründung erlischt, wenn der Vorschuß oder eine Sicherheit nicht fristgerecht geleistet wird.

(4) Soweit der Erbauer oder die Erbauerin der Grenzwand beziehungsweise deren Rechtsnachfolger die besondere Gründung auch zum Vorteil des eigenen Gebäudes nutzen, beschränkt sich die Erstattungspflicht des Nachbarn oder der Nachbarin auf den angemessenen Kostenanteil; darüber hinaus bereits erbrachte Leistungen können zurückgefordert werden.

§ 13 Anbau. (1) [1] Der Nachbar oder die Nachbarin darf eine Grenzwand durch Anbau (§ 6 Abs. 1 Satz 2) nutzen, wenn ihr Erbauer oder ihre Erbauerin beziehungsweise deren Rechtsnachfolger schriftlich einwilligen. [2] Die Einwilligung ist unwiderruflich. [3] Für die Pflicht zur Anzeige des Vorhabens und die Pflicht, Schadensersatz zu leisten, gilt § 6 Abs. 2 und 3 entsprechend.

(2) Wer ohne eigene Grenzwand anbaut, hat dem Nachbarn oder der Nachbarin eine angemessene Vergütung entsprechend seiner Kostenersparnis zu zahlen.

(3) Nach dem Anbau tragen beide Seiten die Unterhaltungskosten der Grenzwand zu gleichen Teilen.

§ 14 Errichtung einer zweiten Grenzwand. (1) Wenn eine Grenzwand neben einer schon vorhandenen Grenzwand errichtet werden soll, gilt für die Pflicht zur Anzeige des Vorhabens und zur Schadensersatzleistung § 6 Abs. 2 und 3 entsprechend.

(2) [1] Der Nachbar oder die Nachbarin hat auf eigene Kosten die zweite Grenzwand dicht anzuschließen und erforderlichenfalls eine Fuge zwischen den Grenzwänden auszufüllen und zu verschließen. [2] Er oder sie darf auf eigene Kosten durch übergreifende Abdeckungen einen Anschluß an das bestehende Gebäude herstellen. [3] Der Anschluß ist von ihm oder ihr zu unterhalten. [4] Werden die Grenzwände gleichzeitig errichtet, tragen beide Seiten die Kosten des Anschlusses zu gleichen Teilen.

(3) [1] Muß der Nachbar oder die Nachbarin zur Ausführung des Bauvorhabens die eigene Grenzwand tiefer als die zuerst errichtete Grenzwand gründen, so darf er oder sie diese auf eigene Kosten unterfangen, wenn das nach den allgemein anerkannten Regeln der Baukunst unumgänglich ist oder nur mit unverhältnismäßig hohen Kosten vermieden werden könnte und keine erhebliche Schädigung des zuerst errichteten Gebäudes zu erwarten ist. [2] Für die Verpflichtung zum Schadensersatz und zur Leistung von Sicherheit gilt § 6 Abs. 3 entsprechend.

§ 15 Abbruch eines Gebäudes. [1] Wird nach Errichtung eines Anbaues oder einer zweiten Grenzwand eines der beiden Gebäude abgerissen, so gilt § 10 Abs. 3 entsprechend. [2] Für die Pflicht zur Anzeige gilt § 6 Abs. 2 entsprechend.

§ 16 Übergreifende Bauteile. Bauteile, die in den Luftraum eines anderen Grundstücks übergreifen, sind zu dulden, wenn

1. nach den öffentlich-rechtlichen Vorschriften nur auf dem benachbarten Grundstück bis an die Grenze gebaut werden darf,

2. die übergreifenden Bauteile öffentlich-rechtlich zulässig sind,

3. sie die Benutzung des anderen Grundstücks nicht oder nur unwesentlich beeinträchtigen und

4. sie nicht zur Vergrößerung der Nutzfläche des Bauwerks dienen.

Abschnitt 4. Bodenveränderungen

§ 17 Verbot der Schädigung des benachbarten Grundstücks. (1) Der Boden eines Grundstücks darf nicht über die Geländeoberfläche des benachbarten Grundstücks erhöht oder vertieft (§ 909 BGB) werden, es sei denn, es wird ein solcher Abstand zur Grundstücksgrenze eingehalten oder es werden solche Vorkehrungen getroffen und unterhalten, daß eine Schädigung des benachbarten Grundstücks insbesondere durch Absturz, Abschwemmung oder Pressung des Bodens ausgeschlossen ist.

(2) Geländeoberfläche ist die natürliche Geländeoberfläche, soweit nicht gemäß § 9 Abs. 2 des Baugesetzbuches oder in der Baugenehmigung eine andere Geländeoberfläche festgesetzt ist.

Abschnitt 5. Hammerschlags- und Leiterrecht

§ 18 Inhalt und Umfang. (1) Der Nachbar oder die Nachbarin und der unmittelbare Besitzer oder die unmittelbare Besitzerin eines Grundstücks müssen dulden, daß ihr Grundstück einschließlich der Bauwerke zur Vorbereitung und Durchführung von Bau-, Instandsetzungs- und Unterhaltungsarbeiten auf dem benachbarten Grundstück vorübergehend betreten und benutzt wird, wenn und soweit

1. die Arbeiten anders nur mit unverhältnismäßig hohen Kosten und Erschwerungen durchgeführt werden könnten,

2. die mit der Duldung verbundenen Nachteile oder Belästigungen nicht außer Verhältnis zu dem von der berechtigten Person erstrebten Vorteil stehen und

3. das Vorhaben öffentlich-rechtlich zulässig ist.

(2) Das Recht zur Benutzung umfaßt auch die Befugnis, auf oder über dem Grundstück Gerüste und Geräte aufzustellen sowie die zu den Arbeiten erforderlichen Baustoffe über das Grundstück zu bringen.

(3) [1] Art, Umfang und voraussichtliche Dauer der Benutzung des benachbarten Grundstücks sind mindestens vier Wochen vor Beginn der Benutzung dem Nachbarn oder der Nachbarin und dem unmittelbaren Besitzer oder der unmittelbaren Besitzerin schriftlich anzuzeigen. [2] Satz 1 gilt nicht, wenn die Ausübung des Rechts zur Abwendung einer gegenwärtigen erheblichen Gefahr notwendig ist.

(4) [1] Das Recht ist so zügig und schonend wie möglich auszuüben. [2] Es darf nicht zur Unzeit geltend gemacht werden.

§ 19 Nutzungsentschädigung. [1] Wer ein Grundstück länger als zwei Wochen gemäß § 18 benutzt, hat an den unmittelbaren Besitzer oder die unmittelbare Besitzerin für die ganze Zeit der Benutzung eine Nutzungsentschädigung in Höhe der ortsüblichen Miete für die benutzten Bauwerksteile oder für einen dem benutzten unbebauten Grundstücksteil vergleichbaren Lagerplatz zu zahlen. [2] Die Nutzungsentschädigung ist jeweils zum Ende eines Kalendermonats fällig. [3] § 20 bleibt unberührt.

§ 20 Schadensersatz. [1] Ein bei der Ausübung des Rechts auf dem benachbarten Grundstück entstehender Schaden ist ohne Rücksicht auf Verschulden zu ersetzen. [2] Auf Verlangen ist Sicherheit in Höhe des voraussichtlichen Schadens zu leisten; das Recht darf dann erst nach Leistung der Sicherheit ausgeübt werden.

Abschnitt 6. Höherführen von Abgasanlagen, Lüftungsleitungen und Antennenanlagen

§ 21 Duldungspflichten. (1) Der Nachbar oder die Nachbarin und der unmittelbare Besitzer oder die unmittelbare Besitzerin müssen dulden, daß an ihrem höheren Gebäude der andere Nachbar oder die andere Nachbarin und der unmittelbare Besitzer oder die unmittelbare Besitzerin des angrenzenden niedrigeren Gebäudes ihre Abgasanlagen, Lüftungsleitungen und Antennen-anlagen befestigen, wenn

1. die Höherführung der Abgasanlagen und Lüftungsleitungen für deren Be-triebsfähigkeit erforderlich ist und sie anders nur mit erheblichen tech-nischen Nachteilen oder unverhältnismäßig hohen Kosten höhergeführt werden könnten,

2. die Antennenanlage für einen einwandfreien Empfang von Sendungen erforderlich ist,

3. das betroffene Grundstück nicht erheblich beeinträchtigt wird und

4. die Erhöhung und Befestigung öffentlich-rechtlich zulässig ist.

(2) Der Nachbar oder die Nachbarin und der unmittelbare Besitzer oder die unmittelbare Besitzerin müssen ferner dulden, daß

1. die höhergeführten Abgasanlagen, Lüftungsleitungen und Antennenanlagen von ihrem Grundstück aus unterhalten werden, wenn dies ohne Benutzung ihres Grundstücks nicht oder nur mit unverhältnismäßig hohen Kosten möglich ist und

2. die hierzu erforderlichen Anlagen auf ihrem Grundstück angebracht wer-den; sie können die berechtigte Person darauf verweisen, an dem höheren Gebäude auf eigene Kosten außen eine Steigleiter anzubringen, wenn dadurch die Unterhaltungsarbeiten ermöglicht werden.

(3) Absätze 1 und 2 gelten für Antennenanlagen nicht, wenn der berechtig-ten Person die Mitbenutzung einer dazu geeigneten Antennenanlage des höheren Gebäudes gestattet wird.

(4) Die Absicht, die Rechte nach den Absätzen 1 und 2 auszuüben, ist dem Nachbarn oder der Nachbarin und dem unmittelbaren Besitzer oder der unmittelbaren Besitzerin anzuzeigen; im übrigen gilt § 3.

(5) Für die Verpflichtung zum Schadensersatz gilt § 20 entsprechend.

Abschnitt 7. Einfriedung der Grundstücke

§ 22 Einfriedungspflicht. (1) Auf Verlangen des Nachbarn oder der Nach-barin ist ein Grundstück einzufrieden, wenn dies zum Schutze des benach-barten Grundstücks vor nicht nur unwesentlichen Beeinträchtigungen, die von dem anderen Grundstück ausgehen, erforderlich ist.

(2) [1] Für die Beschaffenheit der Einfriedung gilt § 23. [2] Bietet eine dem § 23 entsprechende Einfriedung keinen angemessenen Schutz vor nicht hin-zunehmenden Beeinträchtigungen, so ist sie in dem erforderlichen Umfang zu verstärken, zu erhöhen oder zu vertiefen.

§ 23 Anforderungen an Grundstückseinfriedungen. [1] Wird ein Grund-stück eingefriedet, so muß die Einfriedung ortsüblich sein. [2] Läßt sich eine ortsübliche Einfriedung nicht feststellen, so darf ein bis 2,0 Meter hoher Zaun errichtet werden. [3] Schreiben öffentlich-rechtliche Vorschriften eine andere Art der Einfriedung vor, so tritt diese nach Art und Ausmaß an die Stelle der in Satz 1 und 2 bezeichneten Einfriedung.

§ 24 Standort der Einfriedung. (1) Eine Einfriedung ist an der Grenze zum benachbarten Grundstück zu errichten.

(2) [1] Von der Grenze eines landwirtschaftlich genutzten Grundstücks, das außerhalb eines im Zusammenhang bebauten Ortsteils liegt und nicht in einem Bebauungsplan als Bauland ausgewiesen ist, müssen Einfriedungen auf Verlangen des Nachbarn oder der Nachbarin 0,5 Meter zurückbleiben. [2] Dies gilt nicht gegenüber Grundstücken, für die nach Lage, Größe oder sonstiger Beschaffenheit eine den Grenzabstand erfordernde Art der Bodenbearbeitung nicht in Betracht kommt.

(3) Die Einfriedung darf auf die Grenze gesetzt werden,

a) wenn der Nachbar oder die Nachbarin einwilligt,

b) in den Fällen des § 25.

§ 25 Gemeinsame Einfriedung. [1] Sind Nachbarn an einem Grenzabschnitt nach § 22 gegenseitig zur Einfriedung verpflichtet, so können sie voneinander verlangen, daß eine gemeinsame Einfriedung auf die Grenze gesetzt wird. [2] Die Kosten der Errichtung und Unterhaltung der gemeinsamen Einfriedung sind von beiden Seiten je zur Hälfte zu tragen.

§ 26 Ausnahmen. [1] §§ 22 bis 25 gelten nicht für die Eigentümer oder Eigentümerinnen und unmittelbaren Besitzer oder unmittelbaren Besitzerinnen von öffentlichen Verkehrsflächen, öffentlichen Grünflächen und oberirdischen Gewässern. [2] Sie gelten auch nicht für Inhaber oder Inhaberinnen eines Erbbaurechts an öffentlichen Verkehrsflächen oder öffentlichen Grünflächen.

§ 27 Anzeigepflicht. (1) Die Absicht, eine Einfriedung zu errichten, zu beseitigen, durch eine andere zu ersetzen oder wesentlich zu verändern, ist dem Nachbarn oder der Nachbarin und dem unmittelbaren Besitzer oder der unmittelbaren Besitzerin der angrenzenden Grundstücke unter Mitteilung der Einzelheiten des Vorhabens mindestens vier Wochen vor Beginn der Arbeiten schriftlich anzuzeigen; im übrigen gilt § 3.

(2) Die Anzeigepflicht besteht auch dann, wenn die andere Seite weder die Einfriedung verlangen kann noch zu den Kosten beizutragen hat.

§ 28 Beseitigungsanspruch. [1] Der Anspruch auf Änderung oder Beseitigung einer Einfriedung, die den §§ 22 bis 24 nicht entspricht, ist ausgeschlossen, wenn der Nachbar oder die Nachbarin nicht binnen Jahresfrist Klage erhoben hat. [2] Die Frist beginnt mit dem Schluß des Kalenderjahres der Errichtung oder, wenn eine solche Einfriedung erneuert wird, ihrer Erneuerung.

Abschnitt 8. Wasserrechtliches Nachbarschaftsrecht

§ 29 Veränderung des Grundwasserspiegels. (1) Der Nachbar oder die Nachbarin und der unmittelbare Besitzer oder die unmittelbare Besitzerin eines Grundstücks dürfen auf dessen Untergrund nicht in einer Weise einwirken, daß der Grundwasserspiegel steigt oder sinkt; soweit dadurch auf einem benachbarten Grundstück erhebliche Beeinträchtigungen hervorgerufen werden.

(2) Bewilligungen und Planfeststellungen nach öffentlich-rechtlichen Vorschriften bleiben hiervon unberührt.

§ 30 Wild abfließendes Wasser. (1) Wild abfließendes Wasser ist oberirdisch außerhalb eines Bettes abfließendes Quell- oder Niederschlagswasser.

(2) Der Nachbar oder die Nachbarin und der unmittelbare Besitzer oder die unmittelbare Besitzerin eines Grundstücks dürfen nicht

1. den Abfluß wild abfließenden Wassers auf andere Grundstücke verstärken,

2. den Zufluß wild abfließenden Wassers von anderen Grundstücken auf ihr Grundstück verhindern,

wenn dadurch die anderen Grundstücke erheblich beeinträchtigt werden.

(3) Der Nachbar oder die Nachbarin und der unmittelbare Besitzer oder die unmittelbare Besitzerin dürfen den Abfluß wild abfließenden Wassers von ihrem Grundstück auf andere Grundstücke mindern oder unterbinden.

§ 31 Hinderung des Zuflusses. [1] Anlagen, die den Zufluß wild abfließenden Wassers verhindern (§ 30 Abs. 2 Nr. 2), können bestehen bleiben, wenn sie bei Inkrafttreten dieses Gesetzes rechtmäßig vorhanden sind. [2] Sie sind jedoch zu beseitigen, wenn der Nachbar oder die Nachbarin das wild abfließende Wasser durch Anlagen auf dem höher gelegenen Grundstück nicht oder nur mit unverhältnismäßig hohen Kosten abführen kann.

§ 32 Wiederherstellung des früheren Zustandes. (1) [1] Haben Überschwemmungen oder ähnliche Naturereignisse erhebliche Veränderungen des Abflusses oder Zuflusses (§ 30 Abs. 2) bewirkt, so darf der Nachbar oder die Nachbarin und der unmittelbare Besitzer oder die unmittelbare Besitzerin des beeinträchtigten Grundstücks den früheren Zustand des anderen Grundstücks, auf dem die Veränderungen eingetreten sind, auf eigene Kosten wiederherstellen. [2] Die Genannten und deren Beauftragte dürfen zu diesem Zweck das Grundstück betreten und die erforderlichen Arbeiten durchführen.

(2) [1] Das Recht nach Absatz 1 kann nur bis zum Ende des auf den Eintritt der Veränderung folgenden Kalenderjahres ausgeübt werden. [2] Während der Dauer eines Rechtsstreits über die Pflicht zur Duldung der Wiederherstellung ist der Lauf der Frist für die Prozeßbeteiligten gehemmt.

(3) [1] Die Absicht, das Recht nach Absatz 1 auszuüben, ist dem Nachbarn oder der Nachbarin und dem unmittelbaren Besitzer oder der unmittelbaren Besitzerin schriftlich unter Angabe der im einzelnen beabsichtigten Maßnahmen mindestens vier Wochen vor Beginn der Arbeiten anzuzeigen. [2] Die Absicht, das betroffene Grundstück zur Besichtigung oder wegen geringfügiger Arbeiten zu betreten, braucht nur drei Tage zuvor dem unmittelbaren Besitzer oder der unmittelbaren Besitzerin angezeigt zu werden. [3] Im übrigen gilt § 3.

(4) [1] Schäden, die bei Ausübung des Rechts nach Absatz 1 entstehen, sind ohne Rücksicht auf Verschulden zu ersetzen. [2] Hat die geschädigte Person den Schaden mitverursacht, so hängt die Ersatzpflicht sowie der Umfang der Ersatzleistung von den Umständen ab, insbesondere davon, inwieweit der

Schaden vorwiegend von dem einen oder anderen Teil verursacht worden ist. [3] Auf Verlangen ist Sicherheit in Höhe des möglichen Schadens zu leisten, wenn mit einem Schaden von mehr als 1000 Euro zu rechnen ist; in einem solchen Falle darf das Recht erst nach Leistung der Sicherheit ausgeübt werden.

(5) Ist die Ausübung des Rechts nach Absatz 1 zur Abwendung einer gegenwärtigen erheblichen Gefahr erforderlich, brauchen bei der Anzeige nach Absatz 3 die dort bestimmten Fristen nicht eingehalten zu werden.

Abschnitt 9. Traufwasser, Abwässer

§ 33 Störungsverbot. Der Nachbar oder die Nachbarin und der unmittelbare Besitzer oder die unmittelbare Besitzerin eines Grundstücks haben bauliche Anlagen so einzurichten, daß Traufwasser, Abwässer oder andere Flüssigkeiten nicht auf das benachbarte Grundstück übertreten.

Abschnitt 10. Grenzabstände für Pflanzen

§ 34 Grenzabstände für Bäume, Sträucher und einzelne Rebstöcke. (1) Mit Bäumen, Sträuchern und einzelnen Rebstöcken sind je nach ihrer Höhe mindestens folgende Abstände von den benachbarten Grundstücken einzuhalten:

a) bis zu	1,50 Meter Höhe	0,50 Meter
b) bis zu	3 Meter Höhe	1 Meter
c) bis zu	5 Meter Höhe	1,25 Meter
d) bis zu	15 Meter Höhe	3 Meter
e) über	15 Meter Höhe	6 Meter.

(2) [1] Die in Absatz 1 bestimmten Abstände gelten auch für Hecken, falls die Hecke nicht gemäß § 24 Abs. 3 auf der Grenze gepflanzt wird. [2] Sie gelten auch für ohne menschliches Zutun gewachsene Pflanzen.

(3) [1] An Grenzen zu landwirtschaftlich genutzten Grundstücken ist ein Streifen von 0,5 Meter von Anpflanzungen freizuhalten. [2] Dies gilt nicht gegenüber Grundstücken, für die nach Lage, Größe oder sonstiger Beschaffenheit eine den Grenzabstand erfordernde Art der Bodenbearbeitung nicht in Betracht kommt.

§ 35 Ausnahmen. (1) § 34 gilt nicht für

1. Anpflanzungen hinter einer Wand oder einer undurchsichtigen Einfriedung, wenn sie diese nicht oder nicht erheblich überragen,

2. Anpflanzungen an den Grenzen zu öffentlichen Verkehrsflächen, zu öffentlichen Grünflächen und Gewässern,

3. Anpflanzungen auf öffentlichen Straßen und auf Uferböschungen.

(2) [1] Außerhalb der im Zusammenhang bebauten Ortsteile genügt ein Grenzabstand von 1 Meter für alle Anpflanzungen. [2] § 38 bleibt unberührt.

§ 36 Berechnung des Abstandes. Der Abstand wird in der gedachten Waagerechten von der Mitte des Baumstammes, des Strauches, der Hecke oder des Rebstocks bis zur Grenze gemessen, und zwar an der Stelle, an der die Pflanze aus dem Boden austritt.

§ 37 Grenzabstände im Weinbau. (1) Bei der Anpflanzung von Rebstöcken auf einem dem Weinbau dienenden Grundstück sind folgende Abstände von der Grundstücksgrenze einzuhalten:

1. gegenüber den parallel zu den Rebzeilen verlaufenden Grenzen die Hälfte des geringsten Zeilenabstandes, gemessen zwischen den Mittellinien der Rebzeilen, mindestens aber 0,75 Meter;

2. gegenüber den sonstigen Grenzen, gerechnet vom äußersten Rebstock oder der äußersten Verankerung der Erziehungsvorrichtung an, mindestens 1 Meter.

(2) Absatz 1 gilt nicht für die Anpflanzung von Rebstöcken an Grundstücksgrenzen, die durch Stützmauern gebildet werden, sowie in den in § 35 Abs. 1 genannten Fällen.

§ 38 Grenzabstände für Wald. (1) Mit Wald sind von den benachbarten Grundstücken mit Ausnahme von Ödland, öffentlichen Verkehrsflächen, öffentlichen Grünflächen, Gewässern und anderem Wald folgende Abstände einzuhalten:

1. mit Gehölzen, die erfahrungsgemäß bis zu 2 Meter Höhe erreichen können, 1 Meter,

2. mit Gehölzen, die erfahrungsgemäß bis zu 4 Meter Höhe erreichen können, 2 Meter,

3. mit Gehölzen, die erfahrungsgemäß über 4 Meter Höhe erreichen können, 8 Meter.

(2) § 36 ist entsprechend anzuwenden.

§ 39 Beseitigung, Zurückschneiden. (1) [1]Der Nachbar oder die Nachbarin und der unmittelbare Besitzer oder die unmittelbare Besitzerin können die Beseitigung oder das Zurückschneiden einer Anpflanzung verlangen, die den vorgeschriebenen Mindestabstand nicht einhält. [2]Beseitigung kann nicht verlangt werden, wenn die Anpflanzung zurückgeschnitten und auf diese Weise ein den Vorschriften dieses Gesetzes entsprechender Zustand hergestellt werden kann; in diesem Fall kann nur verlangt werden, die Anpflanzung zurückzuschneiden.

(2) [1]Das Beseitigen oder Zurückschneiden kann nur verlangt werden, soweit zwingende naturschutzrechtliche Vorschriften nicht entgegenstehen. [2]In der Zeit vom 1. März bis zum 30. September braucht nicht zurückgeschnitten zu werden.

§ 40 Ausschluß des Anspruchs auf Beseitigung und auf Zurückschneiden. (1) Der Anspruch nach diesem Gesetz auf Beseitigung von Anpflanzungen, die die vorgeschriebenen Mindestabstände nicht einhalten, ist ausgeschlossen, wenn nicht bis zum Ablauf des fünften Kalenderjahres, das auf das Jahr folgt, in dem die Anpflanzungen die nach diesem Gesetz zulässige

Höhe ununterbrochen überschritten haben, Klage auf Beseitigung erhoben worden ist.

(2) Der Anspruch auf Zurückschneiden von Anpflanzungen ist ausgeschlossen, wenn die Anpflanzungen über die nach diesem Gesetz zulässige Höhe hinauswachsen und nicht spätestens bis zum Ablauf des zehnten auf die ununterbrochene Überschreitung folgenden Kalenderjahres Klage auf Zurückschneiden erhoben worden ist.

§ 41 Ersatzanpflanzungen. [1] Werden für Anpflanzungen, bei denen der Anspruch auf Beseitigung nach § 40 Abs. 1 ausgeschlossen ist, Ersatzanpflanzungen oder Nachpflanzungen vorgenommen, so sind die nach diesem Gesetz vorgeschriebenen Abstände einzuhalten. [2] Jedoch dürfen in geschlossenen Anlagen einzelne Bäume, Sträucher oder Rebstöcke und in einer geschlossenen Hecke einzelne abgestorbene Heckenpflanzen nachgepflanzt werden und zur Höhe der übrigen heranwachsen.

§ 42 Nachträgliche Änderungen. (1) Die Rechtmäßigkeit des Abstandes und der Höhe einer Anpflanzung wird durch nachträgliche Grundstücksteilungen oder Grenzfeststellungen nicht berührt; jedoch gilt § 41 entsprechend.

(2) Bei Änderungen der Nutzungsart eines Grundstücks gilt Absatz 1 entsprechend.

Abschnitt 11. Schlußvorschriften

§ 43 Übergangsvorschriften und Bestandsschutz. (1) Der Umfang von Rechten, die bei Inkrafttreten dieses Gesetzes auf Grund des bisherigen Rechts bestehen, richtet sich nach den Vorschriften dieses Gesetzes.

(2) Vor Inkrafttreten dieses Gesetzes errichtete Wände sind Nachbarwände im Sinne dieses Gesetzes, wenn sie den Voraussetzungen des § 5 Abs. 1 entsprechen und der Nachbar oder die Nachbarin ihrer Errichtung zugestimmt hat.

(3) [1] Der Anspruch auf Beseitigung von Einfriedungen und Anpflanzungen, die bei Inkrafttreten dieses Gesetzes vorhanden sind und den Vorschriften dieses Gesetzes nicht entsprechen, ist ausgeschlossen, wenn sie mit dem bisherigen Recht vereinbar sind. [2] Für Wald ist auch der Anspruch auf Zurückschneiden ausgeschlossen.

(4) Ansprüche auf Zahlung von Geld auf Grund der Vorschriften dieses Gesetzes bestehen nur, wenn das den Anspruch begründende Ereignis nach Inkrafttreten dieses Gesetzes eingetreten ist; andernfalls behält es bei dem bisherigen Recht sein Bewenden.

§ 44 Außerkrafttreten von Vorschriften. Das diesem Gesetz entgegenstehende oder gleichlautende Recht wird aufgehoben.

§ 45 Inkrafttreten. Dieses Gesetz tritt am 1. Januar 1998 in Kraft.

15. Nachbarrechtsgesetz für das Land Schleswig-Holstein (NachbG Schl.-H.)

Vom 24. Februar 1971

(GVOBl. Schl.-H. S. 54)

GS Schl.-H. II, Gl.Nr. 403-6

zuletzt geänd. durch Art. 4 VerjährungsrechtsanpassungsG v. 15. 2. 2005 (GVOBl. Schl.-H. S. 168)

Der Landtag hat das folgende Gesetz beschlossen:

Abschnitt I. Allgemeine Vorschriften

§ 1 Geltungsbereich. (1) Die §§ 4 bis 43 gelten nur, soweit zwingende öffentlich-rechtliche Vorschriften nicht entgegenstehen oder die Beteiligten nichts anderes vereinbaren.

(2) Die in diesem Gesetz vorgeschriebene Schriftform kann nicht abgedungen werden.

§ 2 Erbbauberechtigter. Ist ein Grundstück mit einem Erbbaurecht belastet, so tritt der Erbbauberechtigte an die Stelle des Eigentümers, soweit sich nach diesem Gesetz Rechte oder Pflichten für den Eigentümer eines Grundstücks ergeben.

§ 3 Verjährung. (1) Für die Verjährung der auf Zahlung gerichteten Ansprüche nach diesem Gesetz gelten die §§ 195, 197 Abs. 1 Nr. 3 bis 5 und Abs. 2, §§ 199, 201 bis 207 und 209 bis 217 des Bürgerlichen Gesetzbuches entsprechend.

(2) Für Ansprüche auf Schadensersatz nach diesem Gesetz ist darüber hinaus § 852 des Bürgerlichen Gesetzbuches entsprechend anzuwenden.

Abschnitt II. Nachbarwand

§ 4 Nachbarwand und Anbau. (1) [1] Nachbarwand ist die auf der Grenze zweier Grundstücke von dem Eigentümer des einen Grundstücks mit schriftlicher Zustimmung des Eigentümers des anderen Grundstücks errichtete Wand, die den auf diesen Grundstücken errichteten oder zu errichtenden Bauwerken als Abschlußwand oder zur Unterstützung oder Aussteifung zu dienen bestimmt ist. [2] Baut der Eigentümer des anderen Grundstücks an die Nachbarwand an, gilt seine schriftliche Zustimmung als erteilt.

(2) Anbau an die Nachbarwand ist ihre Mitbenutzung als Abschlußwand oder zur Unterstützung oder Aussteifung eines auf dem Nachbargrundstück errichteten Bauwerks.

176

§ 5 Beschaffenheit der Nachbarwand. (1) [1] Die Nachbarwand ist in einer solchen Bauart und Bemessung auszuführen, daß sie den Bauvorhaben beider Grundstückseigentümer genügt. [2] Ist nichts anderes vereinbart, so braucht der Erbauer die Wand nur für einen Anbau herzurichten, der an die Bauart und Bemessung der Wand keine höheren Anforderungen stellt als sein eigenes Bauvorhaben.

(2) [1] Erfordert keines der beiden Bauvorhaben eine dickere Wand als das andere, so darf die Nachbarwand höchstens mit der Hälfte ihrer notwendigen Dicke auf dem Nachbargrundstück errichtet werden. [2] Erfordert das Bauvorhaben auf dem zuerst bebauten Grundstück eine dickere Wand, so muß die Nachbarwand mindestens mit einem entsprechend größeren Teil ihrer Dicke auf dem zuerst bebauten Grundstück errichtet werden. [3] Erfordert das Bauvorhaben auf dem Nachbargrundstück eine dickere Wand, so darf die Nachbarwand höchstens mit einem entsprechend größeren Teil ihrer Dicke auf dem Nachbargrundstück errichtet werden.

§ 6 Anbau an die Nachbarwand. (1) [1] Der Eigentümer des Nachbargrundstücks ist berechtigt, an die Nachbarwand anzubauen. [2] Für ein Unterfangen der Nachbarwand gilt § 14 Abs. 3 und 4 entsprechend.

(2) Der anbauende Eigentümer des Nachbargrundstücks hat dem Eigentümer des zuerst bebauten Grundstücks den halben Wert der Nachbarwand zu vergüten, soweit sie durch den Anbau genutzt wird.

(3) [1] Die Vergütung ermäßigt sich angemessen, wenn die besondere Bauart oder Bemessung der Nachbarwand nicht erforderlich oder nur für das zuerst errichtete Bauwerk erforderlich war. [2] Sie erhöht sich angemessen, wenn die besondere Bauart oder Bemessung der Nachbarwand nur für das später errichtete Bauwerk erforderlich war.

(4) Steht die Nachbarwand mehr auf dem Nachbargrundstück, als in § 5 Abs. 2 vorgesehen oder davon abweichend vereinbart ist, so ermäßigt sich die Vergütung um den Wert des zusätzlich überbauten Bodens, wenn nicht die in § 912 Abs. 2 oder § 915 des Bürgerlichen Gesetzbuchs bestimmten Rechte ausgeübt werden.

(5) [1] Die Vergütung wird mit der Fertigstellung des Anbaus im Rohbau fällig. [2] Bei der Berechnung des Wertes der Nachbarwand ist von den zu diesem Zeitpunkt üblichen Baukosten auszugehen. [3] Das Alter und der bauliche Zustand der Nachbarwand sind zu berücksichtigen. [4] Auf Verlangen ist Sicherheit in Höhe der voraussichtlich zu gewährenden Vergütung zu leisten; der Anbau darf dann erst nach Leistung der Sicherheit begonnen oder fortgesetzt werden.

§ 7 Anzeige des Anbaus. (1) [1] Die Einzelheiten des geplanten Anbaus sind spätestens zwei Monate vor Beginn der Bauarbeiten dem Eigentümer und, soweit dessen Besitz davon berührt wird, auch dem Nutzungsberechtigten des zuerst bebauten Grundstücks schriftlich anzuzeigen. [2] Mit den Arbeiten darf erst nach Fristablauf begonnen werden.

(2) Ist der Aufenthalt des Eigentümers und des Nutzungsberechtigten nicht bekannt oder haben sie ihren Wohnsitz oder gewöhnlichen Aufenthalt im Ausland, so genügt die Anzeige an den unmittelbaren Besitzer.

§ 8 Unterhaltung der Nachbarwand. (1) Bis zum Anbau fallen die Unterhaltungskosten der Nachbarwand dem Eigentümer des zuerst bebauten Grundstücks alleine zur Last.

(2) [1] Nach dem Anbau sind die Unterhaltungskosten für den gemeinsam genutzten Teil der Nachbarwand von beiden Grundstückseigentümern zu gleichen Teilen zu tragen. [2] In den Fällen des § 6 Abs. 3 ermäßigt oder erhöht sich der Anteil des Anbauenden entsprechend der Anbauvergütung.

(3) [1] Wird eines der beiden Bauwerke abgebrochen und nicht neu errichtet, so hat der Eigentümer des Grundstücks, auf dem das abgebrochene Bauwerk stand, die durch den Abbruch entstandenen Schäden zu beseitigen und die Außenfläche des bisher gemeinsam genutzten Teiles der Nachbarwand in einen für eine Außenwand geeigneten Zustand zu versetzen. [2] Die Kosten der künftigen Unterhaltung fallen dem anderen Grundstückseigentümer alleine zur Last.

§ 9 Beseitigung der Nachbarwand. (1) Der Eigentümer des zuerst bebauten Grundstücks ist berechtigt, die Nachbarwand ganz oder teilweise zu beseitigen, solange und soweit noch nicht angebaut ist.

(2) Der anbauberechtigte Eigentümer des Nachbargrundstücks kann die Unterlassung der Beseitigung verlangen, wenn er die Absicht, die Nachbarwand ganz oder teilweise durch Anbau zu nutzen, dem Eigentümer des zuerst bebauten Grundstücks schriftlich anzeigt und spätestens innerhalb von sechs Monaten den erforderlichen Bauantrag bei der Bauaufsichtsbehörde einreicht.

(3) Absatz 2 ist nicht anwendbar, wenn der Eigentümer des zuerst bebauten Grundstücks, bevor er eine Anzeige nach Absatz 2 erhalten hat, die Absicht, die Nachbarwand ganz oder teilweise zu beseitigen, dem anbauberechtigten Eigentümer des Nachbargrundstücks schriftlich angezeigt hat und spätestens innerhalb von sechs Monaten den erforderlichen Antrag auf Abbruchgenehmigung bei der Bauaufsichtsbehörde einreicht.

(4) [1] Macht der Eigentümer des zuerst bebauten Grundstücks von seinem Beseitigungsrecht Gebrauch, so hat er dem anbauberechtigten Eigentümer des Nachbargrundstücks für die Dauer der Nutzung des Nachbargrundstücks eine Vergütung nach § 912 Abs. 2 des Bürgerlichen Gesetzbuchs zu zahlen. [2] Beseitigt der Eigentümer des zuerst bebauten Grundstücks die Nachbarwand ganz oder teilweise, obwohl er nach Absatz 2 zur Unterlassung verpflichtet ist, so hat er dem anbauberechtigten Eigentümer des Nachbargrundstücks Ersatz für den durch die völlige oder teilweise Beseitigung der Anbaumöglichkeit zugefügten Schaden zu leisten; der Anspruch wird fällig, wenn das spätere Bauwerk im Rohbau fertiggestellt ist.

§ 10 Veränderung der Nachbarwand. (1) [1] Jeder Grundstückseigentümer darf die Nachbarwand in voller Dicke auf seine Kosten erhöhen, wenn dadurch keine oder nur geringfügige Beeinträchtigungen für den anderen Grundstückseigentümer zu erwarten sind. [2] Dabei darf der höher Bauende auf das Nachbardach einschließlich des Dachtragewerks einwirken, soweit dies erforderlich ist; er hat auf seine Kosten das Nachbardach mit der erhöhten Nachbarwand so zu verbinden, daß Schäden durch Gebäudebewegungen und Witterungseinflüsse vermieden werden. [3] Für den erhöhten Teil der Nachbarwand gelten die §§ 6 bis 8 sowie 9 Abs. 1 bis 3 und Abs. 4 Satz 2 entsprechend.

(2) [1] Die Absicht, das Recht nach Absatz 1 auszuüben, ist anzuzeigen; § 7 gilt entsprechend. [2] Schaden, der bei Ausübung des Rechts nach Absatz 1 dem Eigentümer oder dem Nutzungsberechtigten des anderen Grundstücks entsteht, ist auch ohne Verschulden zu ersetzen. [3] Auf Verlangen ist Sicherheit in Höhe des voraussichtlichen Schadens zu leisten; das Recht nach Absatz 1 darf dann erst nach Leistung der Sicherheit ausgeübt werden.

(3) Jeder Grundstückseigentümer darf die Nachbarwand auf seinem Grundstück verstärken.

Abschnitt III. Grenzwand

§ 11 Grenzwand und Anbau. (1) Grenzwand ist die unmittelbar an der Grenze zum Nachbargrundstück auf dem Grundstück des Erbauers errichtete Wand.

(2) Anbau an die Grenzwand ist ihre Mitbenutzung als Abschlußwand oder zur Unterstützung oder Aussteifung des neuen Bauwerks.

§ 12 Errichten der Grenzwand. (1) Der Grundstückseigentümer, der eine Grenzwand errichten will, hat dem Eigentümer des Nachbargrundstücks die Bauart und Bemessung der beabsichtigten Wand schriftlich anzuzeigen; § 7 Abs. 2 gilt entsprechend.

(2) [1] Der Eigentümer des Nachbargrundstücks kann innerhalb von zwei Monaten nach Zugang der Anzeige verlangen, die Grenzwand so zu gründen, daß bei der späteren Durchführung seines Bauvorhabens zusätzliche Baumaßnahmen vermieden werden. [2] Mit der Errichtung der Grenzwand darf erst nach Fristablauf begonnen werden.

(3) [1] Die durch das Verlangen nach Absatz 2 entstehenden Mehrkosten sind zu erstatten. [2] In Höhe der voraussichtlich erwachsenden Mehrkosten ist auf Verlangen des Erbauers der Grenzwand innerhalb von zwei Wochen Vorschuß zu leisten. [3] Der Anspruch auf die besondere Gründung erlischt, wenn der Vorschuß nicht fristgerecht geleistet wird.

(4) Soweit der Erbauer der Grenzwand die besondere Gründung auch zum Vorteil seines Bauwerks nutzt, beschränkt sich die Erstattungspflicht des Eigentümers des Nachbargrundstücks auf den angemessenen Kostenanteil; darüber hinaus gezahlte, Kosten können zurückgefordert werden.

§ 13 Anbau an die Grenzwand. (1) Der Eigentümer des Nachbargrundstücks darf eine Grenzwand durch Anbau nutzen, wenn der Eigentümer des Grundstücks, auf dem die Grenzwand errichtet ist, schriftlich zustimmt.

(2) [1] Der anbauende Eigentümer des Nachbargrundstücks hat dem Eigentümer des Grundstücks, auf dem die Grenzwand errichtet ist, eine Vergütung zu zahlen, soweit er nicht schon nach § 12 Abs. 3 zu den Baukosten beizutragen hat; er hat ferner eine angemessene Vergütung dafür zu leisten, daß er den für die Errichtung einer eigenen Grenzwand erforderlichen Baugrund einspart. [2] § 6 Abs. 2 und Abs. 3 Satz 1 sowie Abs. 5 gilt entsprechend.

(3) Für die Unterhaltungskosten der Grenzwand gilt § 8 entsprechend.

§ 14 Errichten einer zweiten Grenzwand. (1) Wer eine Grenzwand neben einer schon vorhandenen Grenzwand errichtet, ist verpflichtet, die Fuge zwischen den Grenzwänden auf seine Kosten bündig mit den Außenflächen der Bauwerke zu verdecken.

(2) Der Erbauer der zweiten Grenzwand ist berechtigt, auf eigene Kosten durch übergreifende Bauteile einen den öffentlich-rechtlichen Vorschriften entsprechenden Anschluß an das bestehende Bauwerk herzustellen; er hat den Anschluß auf seine Kosten zu unterhalten.

(3) Muß der Eigentümer des Nachbargrundstücks zur Ausführung seines Bauvorhabens seine Grenzwand tiefer als die zuerst errichtete Grenzwand gründen, so darf er diese auf eigene Kosten unterfangen, wenn

1. dies nach den allgemein anerkannten Regeln der Baukunst unumgänglich ist oder nur mit unverhältnismäßig hohen Kosten vermieden werden könnte,

2. keine erhebliche Schädigung des zuerst errichteten Bauwerks zu besorgen ist und

3. das Bauvorhaben öffentlich-rechtlich zulässig ist.

(4) Für die Ausübung der Rechte nach Absatz 2 und 3 gilt § 10 Abs. 2 entsprechend.

§ 15 Einseitige Grenzwand. Der Eigentümer und der Nutzungsberechtigte eines Grundstücks haben Bauteile, die in den Luftraum ihres Grundstücks übergreifen, zu dulden, wenn

1. nach öffentlich-rechtlichen Vorschriften nur auf dem Nachbargrundstück bis an die Grenze gebaut werden darf,

2. die übergreifenden Bauteile öffentlich-rechtlichen Vorschriften nicht widersprechen,

3. sie die Benutzung seines Grundstücks nicht oder nur geringfügig beeinträchtigen und

4. sie nicht zur Vergrößerung der Nutzfläche dienen, insbesondere nicht zum Betreten bestimmt sind.

§ 16 Über die Grenze gebaute Wand. Die Vorschriften über die Grenzwand gelten entsprechend für eine über die Grenze hinausreichende Wand, die nicht Nachbarwand ist, zu deren Duldung der Eigentümer des Nachbargrundstücks aber verpflichtet ist.

Abschnitt IV. Hammerschlags- und Leiterrecht

§ 17 Inhalt und Umfang. (1) Der Eigentümer und der Nutzungsberechtigte eines Grundstücks müssen dulden, daß ihr Grundstück einschließlich der Bauwerke von dem Eigentümer oder dem Nutzungsberechtigten des Nachbargrundstücks zur Vorbereitung und Durchführung von Bau-, Instandsetzungs- und Unterhaltungsarbeiten auf dem Nachbargrundstück vorübergehend betreten und benutzt wird, wenn und soweit

1. die Arbeiten anders nicht zweckmäßig oder nur mit unverhältnismäßig hohen Kosten durchgeführt werden können,

2. die mit der Duldung verbundenen Nachteile oder Belästigungen nicht außer Verhältnis zu dem von dem Berechtigten erstrebten Vorteil stehen und

3. das Vorhaben öffentlich-rechtlichen Vorschriften nicht widerspricht.

(2) Das Recht zur Benutzung umfaßt die Befugnis, auf oder über dem Grundstück Gerüste aufzustellen sowie die zu den Arbeiten erforderlichen Geräte und Baustoffe über das Grundstück zu bringen und dort niederzulegen.

(3) ¹Das Recht ist so schonend wie möglich auszuüben. ²Es darf nicht zur Unzeit geltend gemacht werden.

(4) Absatz 1 findet auf den Eigentümer öffentlicher Verkehrsflächen keine Anwendung.

§ 18 Anzeige und Schadensersatz. Für die Verpflichtung zur Anzeige und die Verpflichtung zum Schadensersatz gelten die §§ 7 und 10 Abs. 2 entsprechend.

§ 19 Nutzungsentschädigung. (1) ¹Wer ein Grundstück länger als zwei Wochen gemäß § 17 benutzt, hat für die ganze Zeit der Benutzung eine Nutzungsentschädigung zu zahlen. ²Diese ist so hoch wie die ortsübliche Miete für einen dem benutzten Grundstücksteil vergleichbaren gewerblichen Lagerplatz. ³Die Entschädigung ist nach dem Ablauf von je zwei Wochen fällig.

(2) Nutzungsentschädigung kann nicht verlangt werden, soweit nach § 18 Ersatz für entgangene anderweitige Nutzung gefordert wird.

Abschnitt V. Höherführen von Schornsteinen, Lüftungsleitungen und Antennenanlagen

§ 20 Inhalt und Umfang. (1) Der Eigentümer und der Nutzungsberechtigte eines Grundstücks müssen dulden, daß an ihrem höheren Gebäude der Eigentümer oder der Nutzungsberechtigte des angrenzenden niederen Gebäudes ihre Schornsteine, Lüftungsleitungen und Antennenanlagen befestigen, wenn

1. die Erhöhung der Schornsteine und Lüftungsleitungen für die notwendige Zug- und Saugwirkung und die Erhöhung der Antennenanlagen für einen einwandfreien Empfang von Sendungen erforderlich ist und die Befestigung anders nicht zweckmäßig oder nur mit unverhältnismäßig hohen Kosten durchgeführt werden kann und

2. die Erhöhung und Befestigung öffentlich-rechtlichen Vorschriften nicht widerspricht.

(2) ¹Der Eigentümer und der Nutzungsberechtigte des betroffenen Grundstücks müssen ferner dulden,

1. daß die höhergeführten Schornsteine, Lüftungsleitungen und Antennenanlagen des Nachbargrundstücks von ihrem Grundstück aus unterhalten und gereinigt werden, wenn die Unterhaltung und Reinigung ohne Benutzung ihres Grundstücks nicht oder nur mit unverhältnismäßig hohen Kosten durchgeführt werden kann und

2. daß die hierzu erforderlichen Anlagen auf ihrem Grundstück angebracht werden.

[2] Sie können den Berechtigten darauf verweisen, an dem höheren Gebäude auf eigene Kosten außen eine Steigleiter anzubringen, wenn dadurch die in Satz 1 genannten Arbeiten ermöglicht werden.

(3) Die Absätze 1 und 2 gelten für Antennenanlagen nicht, wenn dem Berechtigten die Mitbenutzung der dazu geeigneten Antennenanlage des höheren Gebäudes gestattet wird.

§ 21 Anzeige und Schadensersatz. Für die Verpflichtung zur Anzeige und die Verpflichtung zum Schadensersatz gelten die §§ 7 und 10 Abs. 2 entsprechend.

Abschnitt VI. Fenster- und Lichtrecht

§ 22 Inhalt und Umfang. (1) In oder an der Außenwand eines Gebäudes, die parallel oder in einem Winkel bis zu 60° zur Grenze des Nachbargrundstücks verläuft, dürfen Fenster, Türen oder zum Betreten bestimmte Bauteile wie Balkone und Terrassen nur mit schriftlicher Zustimmung des Eigentümers des Nachbargrundstücks angebracht werden, wenn ein geringerer Abstand als 3 m von dem grenznächsten Punkt der Einrichtung bis zur Grenze eingehalten werden soll.

(2) Die Zustimmung muß erteilt werden, wenn keine oder nur geringfügige Beeinträchtigungen zu erwarten sind.

(3) [1] Von einem Fenster oder einem zum Betreten bestimmten Bauteil, dem der Eigentümer des Nachbargrundstücks schriftlich zugestimmt hat oder das nach dem bisherigen Recht angebracht worden ist, müssen er und seine Rechtsnachfolger mit einem später errichteten Bauwerk mindestens 3 m Abstand einhalten. [2] Dies gilt nicht, wenn das später errichtete Bauwerk den Lichteinfall nicht oder nur geringfügig beeinträchtigt.

§ 23 Ausnahmen. Eine Zustimmung nach § 22 ist nicht erforderlich

1. für lichtdurchlässige Wandbauteile, wenn sie undurchsichtig, schalldämmend und gegen Feuereinwirkung widerstandsfähig sind;

2. für Außenwände gegenüber Grenzen zu öffentlichen Verkehrsflächen, zu öffentlichen Grünflächen und zu oberirdischen Gewässern von mehr als 3 m Breite;

3. soweit nach öffentlich-rechtlichen Vorschriften Fenster und Türen angebracht werden müssen.

§ 24 Ausschluß des Beseitigungsanspruchs. (1) Der Anspruch auf Beseitigung einer Einrichtung, die einen geringeren als den in § 22 Abs. 1 und 3 vorgeschriebenen Abstand hat, ist ausgeschlossen, wenn nicht bis zum Ablauf des auf die Anbringung der Einrichtung folgenden Kalenderjahres Klage auf Beseitigung erhoben worden ist.

(2) Der Anspruch auf Beseitigung einer Einrichtung, die bei Inkrafttreten dieses Gesetzes vorhanden ist, ist ausgeschlossen, wenn

1. ihr Abstand dem bisherigen Recht entspricht oder
2. ihr Abstand nicht dem bisherigen Recht entspricht und nicht bis zum Ablauf des auf das Inkrafttreten dieses Gesetzes folgenden Kalenderjahres Klage auf Beseitigung erhoben worden ist.

(3) Wird das Gebäude, an dem sich die Einrichtung befand, oder das Bauwerk beseitigt, so gelten für einen Neubau die §§ 22 und 23.

Abschnitt VII. Bodenerhöhung

§ 25 [Bodenerhöhung] [1] Der Eigentümer, der den Boden seines Grundstücks über die Oberfläche des Nachbargrundstücks erhöht, muß einen solchen Grenzabstand einhalten oder solche Vorkehrungen treffen und unterhalten, daß eine Schädigung des Nachbargrundstücks durch Bodenbewegungen ausgeschlossen ist. [2] Die Verpflichtung geht auf den Rechtsnachfolger über.

Abschnitt VIII. Traufe

§ 26 [Traufe] (1) Der Eigentümer und der Nutzungsberechtigte eines Grundstücks müssen ihre baulichen Anlagen so einrichten, daß Niederschlagswasser nicht auf das Nachbargrundstück tropft, auf dieses abgeleitet wird oder auf andere Weise dorthin übertritt.

(2) Absatz 1 findet keine Anwendung
1. auf freistehende Mauern entlang öffentlicher Verkehrsflächen oder öffentlicher Grünanlagen;
2. auf Niederschlagswasser, das von einer Nachbar- oder Grenzwand auf das Nachbargrundstück abläuft.

Abschnitt IX. Schutz des Grundwassers

§ 27 [Schutz des Grundwassers] (1) Der Eigentümer und der Nutzungsberechtigte eines Grundstücks dürfen auf den Untergrund ihres Grundstücks nicht in einer Weise einwirken, daß der Grundwasserspiegel steigt oder sinkt oder die physikalische, chemische oder biologische Beschaffenheit des Grundwassers verändert wird, wenn dadurch die Benutzung eines anderen Grundstücks erheblich beeinträchtigt wird.

(2) Dies gilt nicht für Einwirkungen auf das Grundwasser
1. auf Grund einer Erlaubnis oder Bewilligung nach dem Wasserhaushaltsgesetz und dem Wassergesetz des Landes Schleswig-Holstein oder auf Grund eines alten Rechts oder einer alten Befugnis, die in § 15 des Wasserhaushaltsgesetzes in Verbindung mit § 106 des Wassergesetzes des Landes Schleswig-Holstein aufrechterhalten sind, oder
2. durch einen Gewässerausbau, für den ein Planfeststellungsverfahren nach dem Wasserhaushaltsgesetz und dem Wassergesetz des Landes Schleswig-Holstein durchgeführt worden ist, oder

3. durch Maßnahmen, für die auf Grund des Bundesfernstraßengesetzes, des Straßen- und Wegegesetzes des Landes Schleswig-Holstein oder anderer Gesetze ein Planfeststellungsverfahren durchgeführt worden ist.

(3) Beeinträchtigungen des Grundwassers als Folge einer erlaubnisfreien Benutzung nach § 33 des Wasserhaushaltsgesetzes und § 31 des Wassergesetzes des Landes Schleswig-Holstein müssen ohne Entschädigung geduldet werden.

Abschnitt X. Einfriedigung bebauter oder gewerblich genutzter Grundstücke

§ 28 Allgemeine Einfriedigungspflicht. (1) Innerhalb eines im Zusammenhang bebauten Ortsteils ist der Eigentümer eines bebauten oder gewerblich genutzten Grundstücks auf Verlangen des Eigentümers des Nachbargrundstücks verpflichtet, sein Grundstück an der gemeinsamen Grenze einzufriedigen und die Einfriedigung zu unterhalten, soweit die Grenze nicht mit Gebäuden besetzt ist.

(2) [1] Sind beide Grundstücke bebaut oder gewerblich genutzt, so sind beide Eigentümer gegenseitig verpflichtet, bei der Errichtung und Unterhaltung der Einfriedigung mitzuwirken, wenn einer von ihnen es verlangt. [2] Jeder Eigentümer kann von dem anderen eine dem Interesse beider nach billigem Ermessen entsprechende Mitwirkung verlangen.

(3) Als gewerblich genutzt im Sinne der Absätze 1 und 2 gilt nicht ein Grundstück, das nur dem Erwerbsgartenbau dient.

§ 29 Einfriedigungspflicht des Störers. Gehen unzumutbare Beeinträchtigungen von einem bebauten oder gewerblich genutzten Grundstück aus, und besteht eine Einfriedigungspflicht nach § 28 nicht, so hat der Eigentümer dieses auf Verlangen des Eigentümers des Nachbargrundstücks insoweit an der gemeinsamen Grenze einzufriedigen und die Einfriedigung zu unterhalten, als dadurch die Beeinträchtigungen verhindert oder, falls nicht möglich oder zumutbar, gemildert werden können.

§ 30 Standort der Einfriedigung. (1) Die Einfriedigung ist in den Fällen der §§ 28 Abs. 1 und 29 entlang der Grenze des einzufriedigenden Grundstücks und im Falle des § 28 Abs. 2 auf der gemeinsamen Grenze zu errichten.

(2) Wird das an ein eingefriedigtes Grundstück angrenzende Grundstück bebaut oder gewerblich genutzt, so ist der Eigentümer des eingefriedigten Grundstücks berechtigt, die Einfriedigung auf eigene Kosten auf die gemeinsame Grenze zu versetzen.

§ 31 Beschaffenheit der Einfriedigung. (1) [1] Die Einfriedigung muß ortsüblich sein; läßt sich eine Ortsüblichkeit nicht feststellen, so ist ein etwa 1,20 m hoher Zaun aus Maschendraht zu errichten. [2] Schreiben öffentlich-rechtliche Vorschriften eine andere Art der Einfriedigung vor, so tritt diese an die Stelle der in Satz 1 genannten Einfriedigungsart.

(2) Bietet die Einfriedigung nach Absatz 1 keinen angemessenen Schutz vor Beeinträchtigungen, die von einem einzufriedigenden Grundstuck ausgehen,

so ist die Einfriedigung in dem erforderlichen Umfang zu verstärken, zu erhöhen oder zu vertiefen.

§ 32 Kosten der Errichtung und Unterhaltung. (1) [1] Die Kosten der Errichtung und Unterhaltung der Einfriedigung tragen im Falle des § 28 Abs. 2 die Grundstückseigentümer je zur Hälfte. [2] Dies gilt auch, wenn die Einfriedigung ganz auf einem der beiden Grundstücke errichtet ist.

(2) [1] Die bei einer Einfriedigung nach § 31 Abs. 2 gegenüber einer Einfriedigung nach § 31 Abs. 1 entstehenden Mehrkosten der Errichtung und Unterhaltung trägt der Eigentümer, von dessen Grundstück die Beeinträchtigungen ausgehen. [2] Wird eine Einfriedigung nach § 31 Abs. 2 nachträglich erforderlich, so ist sie von dem Eigentümer, von dessen Grundstück die Beeinträchtigungen ausgehen, auf eigene Kosten herzustellen, wenn der Eigentümer des anderen Grundstück es verlangt.

(3) [1] Wird das an ein eingefriedigtes Grundstück angrenzende Grundstück bebaut oder gewerblich genutzt, so ist der Eigentümer dieses Grundstücks verpflichtet, an den Eigentümer des eingefriedigten Grundstücks die Hälfte der Kosten der Errichtung der Einfriedigung unter angemessener Berücksichtigung der bisherigen Abnutzung zu zahlen. [2] Der Berechnung sind die Kosten der Errichtung einer Einfriedigung nach § 31 Abs. 1, höchstens die tatsächlichen Aufwendungen einschließlich der Eigenleistungen zugrunde zu legen, wenn die von dem nachträglich bebauten oder gewerblich genutzten Grundstück ausgehenden Beeinträchtigungen nur die in § 31 Abs. 1 vorgesehene Einfriedigung erfordern.

§ 33 Ausschluß des Einfriedigungsanspruchs. Der Anspruch auf Errichtung oder Mitwirkung bei der Errichtung einer Einfriedigung ist ausgeschlossen, wenn auf dem einzufriedigenden Grundstück bei Inkrafttreten dieses Gesetzes eine Einfriedigung vorhanden ist und

1. die Einfriedigung dem bisherigen Recht entspricht oder

2. die Einfriedigung nicht dem bisherigen Recht entspricht und nicht bis zum Ablauf des auf das Inkrafttreten dieses Gesetzes folgenden Kalenderjahres Klage auf Errichtung oder Mitwirkung bei der Errichtung einer diesem Gesetz entsprechenden Einfriedigung erhoben worden ist.

§ 34 Ausnahmen. Die §§ 28 bis 33 gelten nicht für Einfriedigungen zwischen Grundstücken und den an sie angrenzenden öffentlichen Verkehrsflächen, öffentlichen Grünflächen und oberirdischen Gewässern.

Abschnitt XI. Einfriedigung landwirtschaftlich genutzter Grundstücke

§ 35 Einfriedigungspflicht. (1) [1] Der Eigentümer eines landwirtschaftlich genutzten Grundstücks, das als Weideland dient, ist auf Verlangen des Eigentümers des Nachbargrundstücks verpflichtet, sein Grundstück an der gemeinsamen Grenze einzufriedigen und die Einfriedigung zu unterhalten. [2] Die Einfriedigung muß so beschaffen sein, daß das Vieh das Nachbargrundstück nicht erreichen kann.

(2) [1] Der Eigentümer eines landwirtschaftlich genutzten Grundstücks, das als Weideland dient und an einem Gewässer zweiter oder dritter Ordnung liegt, hat auf Verlangen desjenigen, der die Unterhaltungspflicht für das Gewässer nach § 41 Abs. 1 bis 3 des Wassergesetzes des Landes Schleswig-Holstein erfüllt, sein Grundstück an der Grenze zu dem Gewässer einzufriedigen und die Einfriedigung zu unterhalten. [2] Die Einfriedigung muß so beschaffen sein, daß das Vieh die obere Böschungskante nicht erreichen kann.

(3) Eine Pflicht zur Einfriedigung nach Absatz 1 besteht nicht, soweit durch eine auf der gemeinsamen Grenze befindliche Einrichtung, insbesondere durch einen Graben oder Knick, das Vieh daran gehindert wird, das Nachbargrundstück zu erreichen.

§ 36 Gemeinsame Errichtung und Unterhaltung einer Einfriedigung.

(1) [1] Haben die Eigentümer zweier landwirtschaftlich genutzter Grundstücke vereinbart, daß eine Einfriedigung auf der gemeinsamen Grenze errichtet werden soll, so haben sie die Einfriedigung gemeinsam zu errichten und zu unterhalten; die §§ 28 Abs. 2 sowie 32 Abs. 1 und 2 Satz 2 gelten entsprechend. [2] Solange einer der Grundstückseigentümer ein Interesse an dem Fortbestand der Einfriedigung hat, darf sie nicht ohne seine Zustimmung geändert oder beseitigt werden; die Zustimmung bedarf bei einer schriftlichen Vereinbarung der Schriftform.

(2) [1] Im Falle des § 35 Abs. 3 haben die Eigentümer der angrenzenden Grundstücke die auf der gemeinsamen Grenze befindliche Einrichtung gemeinsam zu unterhalten; die §§ 28 Abs. 2 und 32 Abs. 1 gelten entsprechend. [2] Die Einrichtung darf nur mit Zustimmung beider Nachbarn geändert oder beseitigt werden.

Abschnitt XII. Grenzabstände für Anpflanzungen

§ 37 Grenzabstände. (1) [1] Der Eigentümer und der Nutzungsberechtigte eines Grundstücks haben mit Bäumen, Sträuchern und Hecken (Anpflanzungen) von über 1,20 m Höhe einen solchen Abstand zum Nachbargrundstück einzuhalten, daß für jeden Teil der Anpflanzung der Abstand mindestens ein Drittel seiner Höhe über dem Erdboden beträgt. [2] Der Abstand wird waagerecht und rechtwinklig zur Grenze gemessen.

(2) [1] Anpflanzungen, die über die zulässige Höhe oder den zulässigen Abstand hinausgewachsen sind, sind auf Verlangen des Eigentümers des Nachbargrundstücks auf die zulässige Höhe oder den zulässigen Abstand zurückzuschneiden, wenn der Eigentümer oder der Nutzungsberechtigte sie nicht beseitigen will. [2] Die Verpflichtung nach Satz 1 darf nur unter Beachtung der nach *§ 24 Abs. 3 des Landschaftspflegegesetzes*[1]) bestehenden Beschränkungen erfüllt zu werden.

§ 38 Boden- und Klimaschutzpflanzungen. (1) [1] Mit Anpflanzungen zum Schutz landwirtschaftlich oder erwerbsgärtnerisch genutzter Grundstücke vor Witterungseinwirkungen (Boden- und Klimaschutzpflanzungen), die

---

[1]) Siehe nunmehr § 24 Abs. 4 des Landesnaturschutzgesetzes.

nicht über 7 m hoch sind, braucht der in § 37 Abs. 1 vorgeschriebene Grenzabstand nicht eingehalten zu werden. ² Wird die Höhe von 7 m überschritten, so gilt § 37 Abs. 2 entsprechend.

(2) Der Eigentümer und der Nutzungsberechtigte eines landwirtschaftlich oder erwerbsgärtnerisch genutzten oder eines ungenutzten Grundstücks müssen überhängende Zweige und eindringendes Wurzelwerk von Boden- und Klimaschutzpflanzungen, von denen keine erheblichen Beeinträchtigungen ausgehen, dulden.

§ 39 Ausnahmen. § 37 gilt nicht für

1. Wald, bei Erst- und Wiederaufforstungen jedoch nur nach Maßgabe des § 18 Abs. 3 des Landeswaldgesetzes;

2. Anpflanzungen, die hinter einer geschlossenen Einfriedigung vorgenommen werden und diese nicht überragen; als geschlossen gilt auch eine Einfriedigung, deren Bauteile breiter sind als die Zwischenräume;

3. Anpflanzungen auf öffentlichen Verkehrsflächen;

4. Anpflanzungen an den Grenzen zu öffentlichen Verkehrsflächen, zu öffentlichen Grünflächen und zu oberirdischen Gewässern von mehr als 4 m Breite;

5. Hecken, die nach § 30 Abs. 1 auf der Grenze angepflanzt werden oder die das öffentliche Recht als Einfriedigung vorschreibt.

§ 40 Ausschluß des Anspruchs auf Zurückschneiden. (1) Der Anspruch auf Zurückschneiden von Anpflanzungen ist ausgeschlossen, wenn die Anpflanzungen über die nach diesem Gesetz zulässige Höhe oder den nach diesem Gesetz zulässigen Abstand hinausgewachsen sind und nicht bis zum Ablauf des zweiten darauffolgenden Kalenderjahres Klage auf Zurückschneiden erhoben worden ist.

(2) Der Anspruch auf Zurückschneiden von Anpflanzungen, die bei Inkrafttreten dieses Gesetzes vorhanden sind, ist ausgeschlossen, wenn

1. ihr Grenzabstand dem bisherigen Recht entspricht, es sei denn, daß die Anpflanzungen noch nicht älter als fünf Jahre sind, oder

2. ihr Grenzabstand nicht dem bisherigen Recht entspricht

und nicht bis zum Ablauf des zweiten auf das Inkrafttreten dieses Gesetzes folgenden Kalenderjahres Klage auf Zurückschneiden erhoben worden ist.

§ 41 Ersatzanpflanzungen und Grenzänderungen. (1) Werden für Anpflanzungen, bei denen der Anspruch auf Zurückschneiden nach § 40 ausgeschlossen ist, Ersatzanpflanzungen oder Nachpflanzungen vorgenommen, so sind die nach diesem Gesetz vorgeschriebenen Abstände einzuhalten.

(2) Unter Einhaltung des bisherigen Abstandes dürfen

1. einzelne abgestorbene Heckenpflanzen einer geschlossenen Hecke ersetzt werden,

2. einzelne Sträucher und Bäume in einem Knick nachgepflanzt werden,

3. Ersatzanpflanzungen für beseitigte Knicks vorgenommen werden.

(3) Die Rechtmäßigkeit des Abstandes wird durch nachträgliche Grenzänderungen nicht berührt; jedoch gilt Absatz 1 und 2 entsprechend.

Abschnitt XIII. Grenzabstände für Gebäude

§ 42 Grenzabstand. (1) [1] Mit der Außenwand eines Gebäudes und vorspringenden Gebäudeteilen ist mindestens der in öffentlich-rechtlichen Vorschriften bestimmte Abstand zum Nachbargrundstück einzuhalten. [2] Ist in einer Baugenehmigung ein anderer Abstand vorgeschrieben oder genehmigt worden, so ist mindestens dieser Abstand einzuhalten.

(2) Der Eigentümer des Nachbargrundstücks kann die Beseitigung eines Gebäudes oder Gebäudeteiles insoweit verlangen, als der in Absatz 1 genannte Abstand nicht eingehalten worden ist.

§ 43 Ausschluß des Beseitigungsanspruchs. (1) Der Anspruch auf Beseitigung eines Gebäudes oder Gebäudeteils ist ausgeschlossen, wenn

1. der Eigentümer des bebauten Grundstücks den nach § 42 Abs. 1 vorgeschriebenen Abstand bei der Bauausführung weder vorsätzlich noch grob fahrlässig nicht eingehalten hat, es sei denn, daß der Eigentümer des Nachbargrundstücks sofort nach der Abstandsunterschreitung Widerspruch erhoben hat, oder

2. der Eigentümer des Nachbargrundstücks nicht spätestens in dem der Abstandsunterschreitung folgenden Kalenderjahr Klage auf Beseitigung erhoben hat; die Frist endet frühestens mit dem Ablauf des Kalenderjahres, das auf das Inkrafttreten dieses Gesetzes folgt, oder

3. das Gebäude bei Inkrafttreten dieses Gesetzes länger als drei Jahre im Rohbau fertiggestellt war.

(2) [1] Ist der Beseitigungsanspruch nach Absatz 1 Nr. 1 ausgeschlossen, so kann der Eigentümer des Nachbargrundstücks von dem Eigentümer des bebauten Grundstücks den Ersatz des Schadens verlangen, der durch die Verringerung der Nutzbarkeit des Nachbargrundstücks entstanden ist. [2] Mindestens ist eine Entschädigung in Höhe der Nutzungsvorteile zu zahlen, die auf dem bebauten Grundstück durch die Abstandsunterschreitung entstehen.

Abschnitt XIV. Schlußvorschriften

§ 44 Übergangsvorschriften. (1) Der Umfang von Rechten, die bei Inkrafttreten dieses Gesetzes bestehen, richtet sich unbeschadet der §§ 24 Abs. 2, 33, 40 Abs. 2 und 43 Abs. 1 nach diesem Gesetz.

(2) Ansprüche auf Zahlung auf Grund dieses Gesetzes bestehen nur, wenn das den Anspruch begründende Ereignis nach Inkrafttreten dieses Gesetzes eingetreten ist; anderenfalls behält es bei dem bisherigen Recht sein Bewenden.

§ 45 *(nicht wiedergegebene Änderungsvorschrift)*

§ 46 Außerkrafttreten von Vorschriften. Das diesem Gesetz entgegenstehende oder gleichlautende Recht wird aufgehoben.

§ 47 Inkrafttreten. Dieses Gesetz tritt am 1. April 1971 in Kraft.

16. Thüringer Nachbarrechtsgesetz (ThürNRG)[1]

Vom 22. Dezember 1992

(GVBl. S. 599)

BS Thür 403-1

geänd. durch Art. 11 Thüringer Gesetz zur Anpassung von Landesrecht an das Gesetz über das Verfahren in Familiensachen v. 9. 9. 2010 (GVBl. S. 291)

Der Thüringer Landtag hat das folgende Gesetz beschlossen:

Erster Abschnitt. Allgemeine Bestimmungen

§ 1 Nachbar und Nutzungsberechtigter. (1) [1] Nachbar im Sinne dieses Gesetzes ist der Eigentümer eines Grundstücks, im Falle der Belastung des Grundstücks mit einem Erbbaurecht der Erbbauberechtigte. [2] Soweit sich nach den Bestimmungen dieses Gesetzes für den Eigentümer eines Grundstücks Rechte oder Pflichten ergeben, treffen diese bei einer Belastung des Grundstücks mit einem Erbbaurecht den Erbbauberechtigten.

(2) Rechte und Pflichten eines Nutzungsberechtigten nach diesem Gesetz entstehen nur für denjenigen Nutzungsberechtigten, dessen Besitzstand berührt wird.

§ 2 Anwendungsbereich. (1) Die §§ 3 bis 52 dieses Gesetzes gelten nur, soweit die Beteiligten nichts anderes vereinbaren.

(2) [1] Rechte und Pflichten nach öffentlichem Recht werden durch dieses Gesetz nicht berührt. [2] Die Ausübung von Rechten nach diesem Gesetz ist nur zulässig, wenn die nach öffentlichem Recht zu erfüllenden Voraussetzungen gegeben sind.

Zweiter Abschnitt. Nachbarwand

§ 3 Grundsatz. (1) Nachbarwand ist die auf der Grenze zweier Grundstücke errichtete Wand, die den auf diesen Grundstücken errichteten oder zu errichtenden Gebäuden als Abschlußwand oder zur Unterstützung oder Aussteifung dient oder dienen soll.

(2) Eine Nachbarwand darf nur errichtet werden, wenn der Nachbar einwilligt.

(3) Für die mit Einwilligung des Nachbarn errichtete Nachbarwand gelten die Bestimmungen der §§ 4 bis 12.

---

[1] Dieses Gesetz tritt gemäß § 56 mit Ablauf des 31. 12. 2015 außer Kraft.

§ 4 Beschaffenheit der Nachbarwand. (1) [1] Die Nachbarwand ist in einer solchen Bauart und Bemessung, insbesondere in der Dicke und mit der Gründungstiefe auszuführen, daß sie den Zwecken beider Nachbarn genügt. [2] Der zuerst Bauende braucht die Wand nur für einen Anbau herzurichten, der an die Bauart und Bemessung der Wand keine höheren Anforderungen stellt als sein eigenes Gebäude.

(2) [1] Erfordert keines der beiden Gebäude eine größere Dicke der Wand als das andere, so darf die Nachbarwand höchstens mit der Hälfte ihrer notwendigen Dicke auf dem Nachbargrundstück errichtet werden. [2] Erfordert das auf einem der Grundstücke geplante Gebäude eine dickere Wand, so ist die Wand mit einem entsprechend größeren Teil ihrer Dicke auf diesem Grundstück zu errichten.

(3) [1] Soweit die Nachbarwand den Bestimmungen des Absatzes 2 entspricht, hat der Nachbar keinen Anspruch auf Zahlung einer Vergütung (§ 912 des Bürgerlichen Gesetzbuches) oder auf Abkauf von Boden (§ 915 des Bürgerlichen Gesetzbuches). [2] Wird die Nachbarwand beseitigt, bevor angebaut ist, so kann der Nachbar für die Zeit ihres Bestehens eine Vergütung nach § 912 des Bürgerlichen Gesetzbuches beanspruchen.

§ 5 Anbau an die Nachbarwand. [1] Der Nachbar ist berechtigt, an die Nachbarwand anzubauen. [2] Anbau ist die Mitbenutzung der Wand als Abschlußwand oder zur Unterstützung oder Aussteifung der neuen baulichen Anlage.

§ 6 Anzeige des Anbaues. (1) [1] Die Einzelheiten des beabsichtigten Anbaues sind mindestens drei Monate vor Beginn der Bauarbeiten dem Eigentümer und dem Nutzungsberechtigten des zuerst bebauten Grundstücks schriftlich anzuzeigen. [2] Mit den Arbeiten darf erst nach Fristablauf begonnen werden.

(2) Etwaige Einwendungen gegen den Anbau sind unverzüglich zu erheben.

(3) Ist jemand, dem Anzeige nach Absatz 1 zu machen ist, unbekannten Aufenthaltes oder nicht alsbald erreichbar und hat er keinen Vertreter bestellt, so genügt statt der Anzeige an diesen Betroffenen die Anzeige an den unmittelbaren Besitzer.

§ 7 Vergütung. (1) Der anbauende Nachbar hat dem Eigentümer des zuerst bebauten Grundstücks den halben Wert der Nachbarwand zu vergüten, soweit ihre Fläche zum Anbau genutzt wird.

(2) Die Vergütung ist angemessen herabzusetzen, wenn die besondere Bauart oder Bemessung der Wand nicht erforderlich oder nur für das zuerst errichtete Gebäude erforderlich ist; sie ist angemessen zu erhöhen, wenn die besondere Bauart oder Bemessung der Wand nur für das später errichtete Gebäude erforderlich ist.

(3) [1] Nimmt die Nachbarwand auf dem Grundstück des anbauenden Nachbarn eine größere Bodenfläche in Anspruch als in § 4 Abs. 2 vorgesehen, so kann dieser die Vergütung um den Wert des zusätzlich überbauten Bodens kürzen, wenn er nicht die in § 912 Abs. 2 des Bürgerlichen Gesetzbuches oder in § 915 des Bürgerlichen Gesetzbuches bestimmten Rechte ausübt.

[2] Nimmt die Nachbarwand auf dem Grundstück des anbauenden Nachbarn eine geringere Bodenfläche in Anspruch als in § 4 Abs. 2 vorgesehen, so erhöht sich die Vergütung um den Wert des Bodens, den die Wand andernfalls auf dem Grundstück des anbauenden Nachbarn zusätzlich benötigen würde.

(4) [1] Die Vergütung wird mit der Fertigstellung des Rohbaus fällig; sie steht demjenigen zu, der zu dieser Zeit Eigentümer ist. [2] Bei der Wertberechnung ist von den zu diesem Zeitpunkt üblichen Baukosten auszugehen und das Alter sowie der bauliche Zustand der Nachbarwand zu berücksichtigen. [3] Auf Verlangen ist Sicherheit in Höhe der voraussichtlich zu gewährenden Vergütung zu leisten; in einem solchen Falle darf der Anbau erst nach Leistung der Sicherheit begonnen oder fortgesetzt werden. [4] Die Sicherheit kann in einer Bankbürgschaft bestehen.

§ 8 Unterhaltung der Nachbarwand. (1) Bis zum Anbau fallen die Unterhaltungskosten der Nachbarwand dem Eigentümer des zuerst bebauten Grundstücks allein zur Last.

(2) Nach dem Anbau sind die Unterhaltungskosten für den gemeinsam genutzten Teil der Nachbarwand von beiden Nachbarn entsprechend dem Verhältnis ihrer Beteiligung gemäß § 7 Abs. 1 und 2 zu tragen.

(3) [1] Wird eines der beiden Gebäude abgebrochen und nicht neu errichtet, so hat der Eigentümer des abgebrochenen Gebäudes die Außenfläche des bisher gemeinsam genutzten Teiles der Wand in einen für eine Außenwand geeigneten Zustand zu versetzen. [2] Bedarf die Wand gelegentlich des Gebäudeabbruches noch weiterer Instandsetzung, so sind die Kosten dafür gemäß Absatz 2 von beiden Nachbarn gemeinsam zu tragen.

§ 9 Nichtbenutzen der Nachbarwand. (1) [1] Wird das später errichtete Gebäude nicht an die Nachbarwand angebaut, so hat der anbauberechtigte Nachbar für die durch Errichtung einer Nachbarwand entstandenen Mehraufwendungen gegenüber den Kosten einer Grenzwand (13) Ersatz zu leisten. [2] Dabei ist in angemessener Weise zu berücksichtigen, daß das Nachbargrundstück durch die Nachbarwand teilweise weiter genutzt wird. [3] Ist der Anbau wegen einer Veränderung der Rechtslage unmöglich geworden, so hat der anbauberechtigte Nachbar lediglich die Hälfte des nach Satz 1 zu leistenden Betrages zu zahlen.

(2) Hat die Nachbarwand von dem Grundstück des zuerst Bauenden weniger Bodenfläche benötigt als eine Grenzwand (§ 13), so ermäßigt sich der Ersatz um den Wert der eingesparten Bodenfläche.

(3) Höchstens ist der Betrag zu erstatten, der im Falle des Anbaues zu zahlen wäre.

(4) Im übrigen ist § 7 Abs. 4 Satz 1 entsprechend anzuwenden.

(5) Der anbauberechtigte Nachbar ist verpflichtet, die Dachfläche seines Gebäudes auf seine Kosten dicht an die Nachbarwand anzuschließen sowie den zwischen der Nachbarwand und seinem Gebäude entstandenen Zwischenraum auf seine Kosten in geeigneter Weise so zu schließen, daß Schäden im Bereich des Zwischenraumes an dem zuerst errichteten Gebäude vermieden werden.

§ 10 Beseitigen der Nachbarwand vor dem Anbau. (1) [1]Der Eigentümer des zuerst bebauten Grundstücks darf die Nachbarwand nur mit Einwilligung des Nachbarn beseitigen. [2]Die Absicht, die Nachbarwand zu beseitigen, muß dem Nachbarn schriftlich erklärt werden. [3]Die Einwilligung gilt als erteilt, wenn der Nachbar dieser Erklärung nicht innerhalb von zwei Monaten schriftlich widerspricht. [4]Für die Erklärung gilt § 6 Abs. 3 entsprechend.

(2) Die Einwilligung gilt trotz Widerspruchs als erteilt, wenn

1. der Nachbar nicht innerhalb von sechs Monaten nach Empfang der Erklärung einen Bauantrag zur Errichtung des Anbaues bei der Baugenehmigungsbehörde einreicht oder, falls dieses Vorhaben keiner Baugenehmigung bedarf, andere zur Schaffung der öffentlich-rechtlichen Zulässigkeitsvoraussetzungen erforderliche Maßnahmen einleitet,

2. nicht innerhalb eines Jahres nach Vorliegen der für den Anbau erforderlichen öffentlich-rechtlichen Zulässigkeitsvoraussetzungen mit dessen Ausführung begonnen wird,

3. bei verfahrensfreien Baumaßnahmen nicht innerhalb eines Jahres ab der Erklärung nach Absatz 1 Satz 2 mit dem Anbau begonnen wird oder

4. die Versagung einer für den Anbau erforderlichen Genehmigung oder sonstigen öffentlich-rechtlichen Entscheidung nicht mehr angefochten werden kann.

(3) [1]Beseitigt der Erbauer der Nachbarwand diese ganz oder teilweise, ohne hierzu nach den Absätzen 1 und 2 berechtigt zu sein, so kann der anbauberechtigte Nachbar ohne Rücksicht auf Verschulden Ersatz für den ihm durch die völlige oder teilweise Beseitigung der Anbaumöglichkeit zugefügten Schaden verlangen. [2]Der Anspruch wird mit der Fertigstellung des Rohbaus des späteren Gebäudes fällig.

§ 11 Erhöhen und Unterfangen der Nachbarwand. (1) [1]Jeder Nachbar ist berechtigt, die Nachbarwand auf seine Kosten zu erhöhen. [2]Für den hinzugefügten oberen Teil der Nachbarwand gelten die §§ 4 bis 10 entsprechend.

(2) Der höher Bauende darf auf das Nachbardach einschließlich des Dachtragewerks einwirken, soweit dies erforderlich ist; er hat auf seine Kosten das Nachbardach mit der erhöhten Nachbarwand ordnungsgemäß zu verbinden.

(3) [1]Ein Unterfangen der Nachbarwand ist nur unter den Voraussetzungen des § 16 Abs. 1 zulässig. [2]Für die Verpflichtung zur vorherigen Anzeige der Rechtsausübung und zum Schadensersatz gelten die §§ 6 und 19 entsprechend.

§ 12 Gründungstiefe. (1) [1]Soll eine Nachbarwand errichtet werden, so kann der Nachbar von ihrem Erbauer bis zum Vorliegen der erforderlichen öffentlich-rechtlichen Zulässigkeitsvoraussetzungen verlangen, daß dieser die Gründung so tief legt, wie es erforderlich ist, um bei Errichtung eines baurechtlich zulässigen Gebäudes auf dem Nachbargrundstück die Nachbarwand zu benutzen. [2]Er hat ihm in diesem Falle die entstandenen Mehrkosten zu erstatten. [3]Auf Verlangen ist binnen zwei Wochen Vorschuß in Höhe der voraussichtlichen Mehrkosten zu leisten. [4]Der Anspruch auf tiefere Gründung erlischt, wenn der Vorschuß nicht fristgerecht geleistet wird.

(2) [1] Der Erbauer der Nachbarwand kann verlangen, daß der Nachbar innerhalb angemessener Frist die tiefere Gründung selbst ausführt. [2] Nach Ablauf dieser Frist gilt das Verlangen auf tiefere Gründung nach Absatz 1 als nicht gestellt.

(3) [1] Soweit die tiefere Gründung zum Vorteil des zur Bebauung vorgesehenen Grundstücks ausgenutzt wird, beschränkt sich die Erstattungspflicht des Nachbarn auf die Hälfte der entstandenen Mehrkosten; darüber hinaus erbrachte Leistungen können zurückgefordert werden. [2] Absatz 2 ist nicht anzuwenden.

Dritter Abschnitt. Grenzwand

§ 13 Errichten der Grenzwand. (1) Grenzwand ist die unmittelbar an der Grenze zum Nachbargrundstück, jedoch ausschließlich auf dem Grundstück des Erbauers errichtete Wand.

(2) [1] Wer eine Grenzwand errichten will, hat dem Nachbarn die Bauart, Bemessung und Gründung der beabsichtigten Wand schriftlich anzuzeigen. [2] § 6 Abs. 3 findet entsprechende Anwendung.

(3) [1] Der Nachbar kann innerhalb eines Monats nach Zugang der Anzeige eine solche Gründung der Grenzwand verlangen, daß zusätzliche Baumaßnahmen vermieden werden, wenn er später neben der Grenzwand ein Gebäude errichtet oder erweitert. [2] Mit den Arbeiten zur Errichtung der Grenzwand darf erst nach Ablauf der Frist begonnen werden.

(4) [1] Die nach Absatz 3 entstehenden Mehrkosten sind zu erstatten. [2] In Höhe der voraussichtlich erwachsenden Mehrkosten ist auf Verlangen binnen zwei Wochen Vorschuß zu leisten; der Anspruch auf besondere Gründung erlischt, wenn der Vorschuß nicht fristgerecht geleistet wird.

(5) Soweit die besondere Gründung auch zum Vorteil des zuerst errichteten Gebäudes ausgenutzt wird, beschränkt sich die Erstattungspflicht des Nachbarn auf den angemessenen Kostenanteil; darüber hinaus bereits erbrachte Leistungen können zurückgefordert werden.

(6) Die Absätze 2 bis 5 gelten nicht, wenn Garagen oder andere eingeschossige Nebengebäude ohne Aufenthaltsräume an der Grenze errichtet werden sollen.

§ 14 Anbau an eine Grenzwand. (1) Der Nachbar darf eine Grenzwand durch Anbau (§ 5 Satz 2) nutzen, wenn der Eigentümer einwilligt.

(2) [1] Der anbauende Nachbar hat eine Vergütung zu zahlen, soweit er sich nicht schon nach § 13 Abs. 4 an den Baukosten beteiligt hat. [2] Auf diese Vergütung ist § 7 Abs. 1, 2 und 4 entsprechend anzuwenden. [3] Die Vergütung erhöht sich um den Wert des Bodens, den der Anbauende gemäß § 4 Abs. 2 bei Errichtung einer Nachbarwand hätte zur Verfügung stellen müssen.

(3) Für die Unterhaltungskosten der Grenzwand gilt § 8 entsprechend.

§ 15 Anschluß bei zwei Grenzwänden. (1) [1] Wer eine Grenzwand neben einer schon vorhandenen Grenzwand errichtet, hat sie auf seine Kosten an das zuerst errichtete Gebäude dicht anzuschließen. ²Er hat den Anschluß auf seine Kosten zu unterhalten.

(2) Die Einzelheiten des beabsichtigten Anschlusses sind in der nach § 13 Abs. 2 vorgeschriebenen Anzeige dem Nachbarn mitzuteilen.

(3) Werden die Grenzwände gleichzeitig errichtet, so tragen die Nachbarn die Kosten des Anschlusses und seiner Unterhaltung zu gleichen Teilen.

§ 16 Unterfangen einer Grenzwand. (1) Muß der Nachbar zur Errichtung seines Gebäudes seine Grenzwand tiefer als die zuerst errichtete Grenzwand gründen, so darf er diese unterfangen, wenn keine erhebliche Schädigung des zuerst errichteten Gebäudes zu besorgen ist und das Unterfangen nur mit unzumutbar hohen Kosten vermieden werden könnte.

(2) Für die Verpflichtung zur vorherigen Anzeige der Rechtsausübung und zum Schadensersatz gelten die §§ 6 und 19 entsprechend.

Vierter Abschnitt. Hochführen von Abgasanlagen, Lüftungsschächten und Antennenanlagen

§ 17 Inhalt und Umfang. (1) Der Eigentümer und der Nutzungsberechtigte eines Grundstücks müssen dulden, daß der Nachbar an dem Gebäude Abgasanlagen, Lüftungsschächte und Antennenanlagen seines angrenzenden niedrigeren Gebäudes befestigt, wenn

1. die Höherführung der Abgasanlagen und Lüftungsschächte zur Betriebsfähigkeit oder die Erhöhung der Antennenanlage für einen einwandfreien Empfang von Sendungen erforderlich ist,

2. die Befestigung der höher geführten Abgasanlagen, Lüftungsschächte und Antennenanlagen ohne Inanspruchnahme des Nachbargebäudes nur mit erheblichen technischen Nachteilen oder unverhältnismäßig hohen Kosten möglich wäre und

3. das betroffene Grundstück nicht erheblich beeinträchtigt wird.

(2) ¹Der Eigentümer und der Nutzungsberechtigte des betroffenen Grundstücks müssen ferner dulden,

1. daß die höhergeführten Abgasanlagen, Lüftungsschächte und Antennenanlagen von ihrem Grundstück aus unterhalten und gereinigt werden und

2. daß die hierfür erforderlichen Einrichtungen auf ihrem Grundstück angebracht werden,

wenn diese Maßnahmen anders nicht zweckmäßig oder nur mit unverhältnismäßig hohen Kosten getroffen werden können. ²Sie können die Berechtigten darauf verweisen, an ihrem Gebäude außen eine Steigleiter anzubringen und zu benutzen, wenn dies den notwendigen Zugang für die nach Satz 1 vorzunehmenden Arbeiten ermöglicht.

(3) Die Absätze 1 und 2 gelten für Antennenanlagen nicht, wenn dem Eigentümer und dem Nutzungsberechtigten des niedrigeren Gebäudes die Mitbenutzung einer dazu geeigneten Antennenanlage des höheren Gebäudes gestattet wird.

§ 18 Anzeigepflicht. [1]Für die Verpflichtung zur vorherigen Anzeige der Rechtsausübung gilt § 6 entsprechend. [2]Keiner vorherigen Anzeige bedürfen jedoch die vorgeschriebenen Tätigkeiten des Schornsteinfegers, notwendige Besichtigungen der Anlage durch den Berechtigten sowie kleinere Arbeiten, die den Verpflichteten nicht belästigen.

§ 19 Schadensersatz. (1) [1]Schaden, der bei Ausübung der Rechte nach § 17 dem Eigentümer oder dem Nutzungsberechtigten des Nachbargrundstücks entsteht, ist ohne Rücksicht auf Verschulden zu ersetzen. [2]Hat der Geschädigte den Schaden mitverursacht, so richtet sich die Ersatzpflicht sowie der Umfang der Ersatzleistung nach den Umständen, insbesondere danach, inwieweit der Schaden überwiegend von dem einen oder dem anderen Teil verursacht worden ist.

(2) [1]Auf Verlangen ist Sicherheit in Höhe des möglichen Schadensbetrages zu leisten. [2]In diesem Falle darf das Recht erst nach Leistung der Sicherheit ausgeübt werden. [3]Die Sicherheit kann in einer Bankbürgschaft bestehen.

§ 20 Entschädigung. (1) [1]Für die Duldung der Rechtsausübung nach § 17 ist der Nachbar durch eine Geldrente zu entschädigen. [2]Die Rente ist jährlich im voraus zu entrichten.

(2) [1]Die Höhe der Rente ist nach Billigkeit zu bemessen. [2]Dabei sind die dem Berechtigten durch die Ausübung des Rechts zugute kommenden Einsparungen und der Umfang der Belästigung des Nachbarn angemessen zu berücksichtigen.

Fünfter Abschnitt. Hammerschlags- und Leiterrecht

§ 21 Inhalt und Umfang. (1) Der Eigentümer und der Nutzungsberechtigte müssen dulden, daß ihr Grundstück zwecks Errichtung, Veränderung, Reinigung, Unterhaltung oder Beseitigung einer baulichen Anlage auf dem Nachbargrundstück vorübergehend betreten wird und daß auf oder über dem Grundstück Leitern oder Gerüste aufgestellt sowie die zu den Bauarbeiten erforderlichen Gegenstände über das Grundstück gebracht werden, wenn und soweit

1. das Vorhaben anders nicht, nicht zweckmäßig oder nur mit unverhältnismäßig hohen Kosten durchgeführt werden kann und

2. die mit der Duldung verbundenen Nachteile und Belästigungen nicht außer Verhältnis zu dem von dem Berechtigten erstrebten Vorteil stehen.

(2) Das Recht ist mit möglichster Schonung des Nachbargrundstücks auszuüben; es darf nicht zur Unzeit geltend gemacht werden.

§ 22 Anzeigepflicht. [1]Die Absicht, das Nachbargrundstück zu benutzen, ist mindestens zwei Wochen vor Beginn der Benutzung dem Eigentümer und dem Nutzungsberechtigten dieses Grundstücks anzuzeigen. [2]§ 6 Abs. 3 findet entsprechende Anwendung.

§ 23 Schadensersatz. [1]Schaden, der bei der Ausübung der Rechte nach § 21 dem Eigentümer oder Nutzungsberechtigten des Nachbargrundstücks entsteht, ist ohne Rücksicht auf Verschulden zu ersetzen. [2]Auf Verlangen ist

Sicherheit in Höhe des voraussichtlichen Schadensbetrages zu leisten; in diesem Falle darf das Recht erst nach Leistung der Sicherheit ausgeübt werden. [3] Die Sicherheit kann in einer Bankbürgschaft bestehen.

§ 24 Gefahr im Verzug. Ist die Ausübung des Rechts nach § 21 zur Abwendung einer gegenwärtigen erheblichen Gefahr erforderlich, so entfällt die Verpflichtung zur Anzeige nach § 22 und zur Sicherheitsleistung nach § 23 Satz 2.

§ 25 Entschädigung. (1) Wer ein Grundstück länger als zwei Wochen gemäß § 21 benutzt, hat für die ganze Zeit der Benutzung eine angemessene Entschädigung zu zahlen; diese ist in der Regel so hoch wie die ortsübliche Miete für einen dem benutzten Grundstücksteil vergleichbaren gewerblichen Lagerplatz.

(2) Auf die nach Absatz 1 zu zahlende Entschädigung sind Schadensersatzleistungen nach § 23 für entgangene anderweitige Nutzung anzurechnen.

Sechster Abschnitt. Duldung von Leitungen

§ 26 Duldungspflicht. (1) Der Eigentümer und der Nutzungsberechtigte müssen dulden, daß durch ihr Grundstück Wasserversorgungs- oder Abwasserleitungen zu einem Nachbargrundstück hindurchgeführt werden, wenn

1. der Anschluß an das Wasserversorgungs- oder Entwässerungsnetz anders nicht zweckmäßig oder nur mit unverhältnismäßig hohen Kosten durchgeführt werden kann und

2. die damit verbundene Beeinträchtigung nicht erheblich ist.

(2) [1] Ist das betroffene Grundstück an das Wasserversorgungs- und Entwässerungsnetz bereits angeschlossen und reichen die vorhandenen Leitungen zur Versorgung oder Entwässerung beider Grundstücke aus, so beschränkt sich die Verpflichtung nach Absatz 1 auf das Dulden des Anschlusses. [2] Im Falle des Anschlusses ist zu den Herstellungskosten des Teils der Leitungen, der nach dem Anschluß mitbenutzt werden soll, ein angemessener Beitrag und auf Verlangen Sicherheit in Höhe des voraussichtlichen Beitrags zu leisten. [3] In diesem Falle dürfen die Arbeiten erst nach Leistung der Sicherheit vorgenommen werden. [4] Die Sicherheit kann in einer Bankbürgschaft bestehen.

(3) Bestehen technisch mehrere Möglichkeiten zur Durchführung, so ist die für das betroffene Grundstück schonendste zu wählen.

§ 27 Unterhaltung der Leitungen. [1] Der Berechtigte hat die nach § 26 verlegten Leitungen oder Anschlußleitungen auf seine Kosten zu unterhalten. [2] Zu den Unterhaltungskosten der Teile der Leitungen, die von ihm mitbenutzt werden, hat er einen angemessenen Beitrag zu leisten.

§ 28 Anzeigepflicht und Schadensersatz. (1) Für die Verpflichtungen des Berechtigten zur Anzeige und zum Schadensersatz gelten die §§ 22 und 23 entsprechend.

(2) Der Duldungspflichtige hat dem Berechtigten auch anzuzeigen, daß er auf seinem Grundstück Veränderungen vornehmen will, die wesentliche Auswirkungen auf die Benutzung oder Unterhaltung der verlegten Leitungen haben könnten.

§ 29 Anschlußrecht des Duldungspflichtigen. (1) [1] Der Eigentümer und der Nutzungsberechtigte eines Grundstücks, das nach § 26 in Anspruch genommen wird, sind berechtigt, ihrerseits an die verlegten Leitungen anzuschließen, wenn diese ausreichen, um die Wasserversorgung oder die Entwässerung beider Grundstücke sicherzustellen. [2] § 26 Abs. 2 Satz 2 und die §§ 27 und 28 gelten entsprechend.

(2) [1] Soll ein auf dem betroffenen Grundstück errichtetes oder noch zu erstellendes Gebäude an die Leitungen angeschlossen werden, die der Eigentümer oder der Nutzungsberechtigte eines anderen Grundstücks nach § 26 durch das Grundstück hindurchführen wollen, so können der Eigentümer und der Nutzungsberechtigte des betroffenen Grundstücks verlangen, daß die Leitungen so verlegt werden, daß ihr Grundstück ebenfalls angeschlossen werden kann. [2] Die entstehenden Mehrkosten sind zu erstatten. [3] In Höhe der voraussichtlich erwachsenden Mehrkosten ist auf Verlangen binnen zwei Wochen Vorschuß zu leisten; der Anspruch nach Satz 1 erlischt, wenn der Vorschuß nicht fristgerecht geleistet wird.

§ 30 Betretungsrecht. (1) Der Eigentümer und der Nutzungsberechtigte müssen dulden, daß ihr Grundstück zwecks Verlegung, Änderung, Unterhaltung oder Beseitigung einer Wasserversorgungs- oder Abwasserleitung auf einem anderen Grundstück betreten wird, daß über das Grundstück die zu den Arbeiten erforderlichen Gegenstände gebracht werden und daß Erdaushub vorübergehend dort gelagert wird, wenn

1. das Vorhaben anders nicht, nicht zweckmäßig oder nur mit unverhältnismäßig hohen Kosten durchgeführt werden kann und

2. die mit der Duldung verbundenen Nachteile und Belästigungen nicht außer Verhältnis zu dem von dem Berechtigten erstrebten Vorteil stehen.

(2) Die Bestimmungen der §§ 22 bis 25 gelten entsprechend.

§ 31 Nachträgliche erhebliche Beeinträchtigungen. (1) [1] Führen die nach § 26 Abs. 1 verlegten Leitungen oder die nach § 26 Abs. 2 hergestellten Anschlußleitungen nachträglich zu einer erheblichen Beeinträchtigung, so können der Eigentümer und der Nutzungsberechtigte des betroffenen Grundstücks von dem Berechtigten verlangen, daß er seine Leitungen beseitigt und die Beseitigung der Teile der Leitungen, die gemeinschaftlich genutzt werden, duldet. [2] Dieses Recht entfällt, wenn der Berechtigte die Beeinträchtigung so herabmindert, daß sie nicht mehr erheblich ist.

(2) Schaden, der durch Maßnahmen nach Absatz 1 auf dem betroffenen Grundstück entsteht, ist ohne Rücksicht auf Verschulden zu ersetzen.

§ 32 Entschädigung. (1) [1] Für die Duldung der Rechtsausübung nach § 26 ist der Nachbar durch eine Geldrente zu entschädigen. [2] Die Rente ist jährlich im voraus zu entrichten.

(2) [1] Die Höhe der Rente ist nach Billigkeit zu bemessen. [2] Dabei sind die dem Berechtigten durch die Ausübung des Rechts zugute kommenden Einsparungen und der Umfang der Belästigung des Nachbarn angemessen zu berücksichtigen.

§ 33 Anschluß an Fernheizungen. Die Bestimmungen dieses Abschnitts gelten entsprechend für den Anschluß eines Grundstücks an eine Fernheizung, sofern derjenige, der sein Grundstück anschließen will, einem Anschlußzwang unterliegt.

Siebenter Abschnitt. Fenster- und Lichtrecht

§ 34 Inhalt und Umfang. (1) In oder an der Außenwand eines Gebäudes, die parallel oder in einem Winkel bis zu 60° (alte Teilung) zur Grenze des Nachbargrundstücks verläuft, dürfen Fenster oder Türen, die von der Grenze keinen größeren Abstand als 2,50 m haben sollen, nur angebracht werden, wenn der Nachbar seine Einwilligung erteilt hat.

(2) Die Einwilligung muß erteilt werden, wenn keine oder nur geringfügige Beeinträchtigungen zu erwarten sind.

(3) [1] Hat der Nachbar die nach Absatz 1 erforderliche Einwilligung zum Anbringen eines Fensters erteilt, so muß er mit später zu errichtenden baulichen Anlagen einen Abstand von 2 m von diesem Fenster einhalten. [2] Dies gilt nicht, wenn die später errichtete bauliche Anlage den Lichteinfall in das Fenster nicht oder nur geringfügig beeinträchtigt oder wenn die Einhaltung eines geringeren Abstandes baurechtlich geboten ist.

(4) [1] Absatz 3 Satz 1 gilt nur, wenn die Einwilligung schriftlich erteilt ist. [2] Die Unterzeichnung der Bauunterlagen genügt nicht.

(5) [1] Die Absätze 1 bis 4 gelten entsprechend für Balkone, Terrassen und ähnliche Bauteile, die einen Ausblick zum Nachbargrundstück gewähren. [2] Der Abstand wird vom grenznächsten Punkt des Bauteils gemessen.

§ 35 Ausnahmen. Eine Einwilligung nach § 34 ist nicht erforderlich

1. soweit die Anbringung der Fenster, Türen oder Bauteile (§ 34 Abs. 5) baurechtlich geboten ist,

2. für Lichtöffnungen, die nicht geöffnet werden können und entweder mit ihrer Unterkante mindestens 1,80 m über dem Fußboden des zu erhellenden Raumes liegen oder undurchsichtig sind,

3. für Lichtschächte und Öffnungen, die unterhalb der angrenzenden Erdoberfläche liegen,

4. für Fenster oder andere Öffnungen zur Belichtung oder Belüftung von Ställen in Dorfgebieten,

5. für Außenwände gegenüber Grenzen zu öffentlichen Verkehrsflächen, Grünflächen und Gewässern, wenn die Flächen oder Gewässer (Mittelwasserstand) mindestens 3 m breit sind.

§ 36 Ausschluß des Beseitigungsanspruchs. Der Anspruch auf Beseitigung einer Einrichtung im Sinne des § 34, die einen geringeren als den dort vorgeschriebenen Abstand einhält, ist ausgeschlossen, wenn der Nachbar nicht innerhalb von zwei Jahren nach dem Anbringen Klage auf Beseitigung erhoben hat.

Achter Abschnitt. Dachtraufe

§ 37 Ableitung des Niederschlagswassers. (1) Der Eigentümer und der Nutzungsberechtigte eines Grundstücks müssen ihre baulichen Anlagen so einrichten, daß Niederschlagswasser nicht auf das Nachbargrundstück tropft, auf dieses abgeleitet wird oder übertritt.

(2) Absatz 1 findet keine Anwendung auf freistehende Mauern entlang öffentlicher Straßen, Grünflächen und Gewässer, es sei denn, daß die Zuführung des Wassers zu wesentlichen Beeinträchtigungen führt oder dadurch Dritte gefährdet werden.

§ 38 Anbringen von Sammel- und Abflußeinrichtungen. (1) [1] Wer aus besonderem Rechtsgrund verpflichtet ist, Niederschlagswasser aufzunehmen, das von den baulichen Anlagen eines Nachbargrundstücks tropft oder in anderer Weise auf sein Grundstück gelangt, darf auf seine Kosten besondere Sammel- und Abflußeinrichtungen auf dem Nachbargrundstück anbringen, wenn damit keine erhebliche Beeinträchtigung verbunden ist. [2] Er hat diese Einrichtungen zu unterhalten.

(2) Für die Verpflichtung zur vorherigen Anzeige der Rechtsausübung und zum Schadensersatz gelten die §§ 6 und 19 entsprechend.

Neunter Abschnitt. Einfriedungen

§ 39 Einfriedungspflicht. (1) Innerhalb eines im Zusammenhang bebauten Ortsteiles ist der Eigentümer eines Grundstücks auf Verlangen des Nachbarn verpflichtet, sein Grundstück einzufrieden, wenn dies zum Schutze des Nachbargrundstücks vor wesentlichen Beeinträchtigungen erforderlich ist, die von dem einzufriedenden Grundstück ausgehen.

(2) [1] Soweit baurechtlich nichts anderes vorgeschrieben ist oder gefordert wird, richtet sich die Art der Einfriedung nach der Ortsübung. [2] Läßt sich eine ortsübliche Einfriedung nicht feststellen, so gilt ein 1,2 m hoher Zaun aus festem Maschendraht als ortsüblich. [3] Reicht die nach den Sätzen 1 oder 2 vorgeschriebene Art der Einfriedung nicht aus, um dem Nachbargrundstück angemessenen Schutz vor Beeinträchtigungen zu bieten, so hat der zur Einfriedung Verpflichtete die Einfriedung in dem erforderlichen Maße zu verstärken oder zu erhöhen.

§ 40 Kosten und Unterhaltung der Einfriedung. (1) Wer zur Einfriedung seines Grundstücks verpflichtet ist, hat die hierzu erforderlichen Einrichtungen auf seinem eigenen Grundstück anzubringen und zu unterhalten.

(2) [1] Sind zwei Nachbarn an einem Grenzabschnitt nach § 39 gegenseitig zur Einfriedung verpflichtet, so kann jeder von ihnen verlangen, daß eine gemeinsame Einfriedung auf die Grenze gesetzt wird. [2] Die Nachbarn haben die Kosten der Errichtung und der Unterhaltung der Einfriedung je zur Hälfte zu tragen. [3] Als Kosten sind die tatsächlichen Aufwendungen einschließlich der Eigenleistungen zu berechnen, in der Regel jedoch nicht mehr als die Kosten einer ortsüblichen Einfriedung (§ 39 Abs. 2 Satz 1). [4] Höhere Kosten

sind nur zu berücksichtigen, wenn eine aufwendigere Art der Einfriedung erforderlich oder vorgeschrieben war; war die besondere Einfriedungsart nur für eines der Grundstücke erforderlich oder vorgeschrieben, so hat der Eigentümer dieses Grundstücks die Mehrkosten allein zu tragen.

(3) [1] Tritt die Verpflichtung zur Errichtung einer Einfriedung bei einem der beiden Nachbarn erst später ein, so hat dieser dem Nachbarn, der die Einfriedung an der gemeinsamen Grenze errichtet hat, auf dessen Verlangen den Zeitwert der Einfriedung zur Hälfte zu ersetzen und von dem Zeitpunkt an, an dem die Verpflichtung eingetreten ist, die Kosten der Unterhaltung zur Hälfte zu tragen. [2] Absatz 2 Satz 4 gilt sinngemäß.

§ 41 Anzeigepflicht. (1) [1] Die Absicht, eine Einfriedung zu errichten, zu beseitigen, durch eine andere zu ersetzen oder wesentlich zu verändern, ist dem Nachbarn mindestens zwei Wochen vor Beginn der Arbeiten anzuzeigen. [2] § 6 Abs. 3 findet entsprechende Anwendung.

(2) Die Anzeigepflicht besteht auch dann, wenn der Nachbar weder die Einfriedung verlangen kann noch zu den Kosten beizutragen hat.

§ 42 Grenzabstand von Einfriedungen. (1) [1] Einfriedungen müssen von der Grenze eines landwirtschaftlich genutzten Grundstücks, das außerhalb eines im Zusammenhang bebauten Ortsteils liegt und nicht in einem Bebauungsplan als Bauland ausgewiesen ist, auf Verlangen des Nachbarn 0,5 m zurückbleiben. [2] Dies gilt nicht gegenüber Grundstücken, für die nach Lage, Beschaffenheit oder Größe eine Bearbeitung mit Gespann oder Schlepper nicht in Betracht kommt. [3] Von der Grenze eines Wirtschaftsweges müssen Einfriedungen 0,5 m zurückbleiben.

(2) [1] Der Anspruch auf Beseitigung einer Einfriedung, die einen geringeren Abstand als 0,5 m einhält, ist ausgeschlossen, wenn der Nachbar nicht innerhalb von zwei Jahren nach dem Anbringen Klage auf Beseitigung erhoben hat. [2] Dies gilt nicht im Falle des Absatzes 1 Satz 3.

(3) [1] Wird eine Einfriedung, die einen geringeren Abstand als 0,5 m einhält, durch eine andere ersetzt, so ist Absatz 1 anzuwenden. [2] Dies gilt auch, wenn die Einfriedung in einer der Erneuerung gleichkommenden Weise ausgebessert wird.

(4) Die Verpflichtung nach Absatz 1 erlischt, wenn eines der beiden Grundstücke Teil eines im Zusammenhang bebauten Ortsteils wird oder in einem Bebauungsplan als Bauland ausgewiesen wird.

Zehnter Abschnitt. Bodenerhöhungen

§ 43 Grundsatz. [1] Wer den Boden seines Grundstücks über die Oberfläche des Nachbargrundstücks erhöht, muß einen solchen Abstand von der Grenze einhalten oder solche Vorkehrungen treffen und unterhalten, daß eine Schädigung des Nachbargrundstücks insbesondere durch Absturz oder Pressung des Bodens ausgeschlossen ist. [2] Die Verpflichtung geht auf den Rechtsnachfolger über.

Elfter Abschnitt. Grenzabstände für Pflanzen

§ 44 Grenzabstände für Bäume, Sträucher und einzelne Rebstöcke.
Eigentümer und Nutzungsberechtigte eines Grundstücks haben mit Bäumen, Sträuchern und einzelnen Rebstöcken von den Nachbargrundstücken vorbehaltlich des § 46 folgende Abstände einzuhalten:

1. mit Bäumen (ausgenommen Obstbäume gemäß Nummer 2), und zwar

   a) sehr stark wachsenden Bäumen mit artgemäß ähnlicher Ausdehnung wie Bergahorn (Acer pseudoplatanus), sämtliche Lindenarten (Tillia), Pappelarten (Populus), Platane (Platanus x acerifolia), Roßkastanie (Aesculus hippocastanum), Rotbuche (Fagus sylvatica), Stieleiche (Quercus robur), ferner Douglasie (Pseudotsuga menziesii), Fichte (Picea abies), österreichische Schwarzkiefer (Pinus nigra austriaca), Kiefer (Pinus sylvestris), Esche (Fraxinus excelsior), sämtliche Tannenarten (Abies spec.), Atlaszeder (Cedrus atlantica) 4 m,

   b) stark wachsenden Bäumen mit artgemäß ähnlicher Ausdehnung wie Hainbuche (Carpinus betulus), Mehlbeere (Sorbus intermedia), Vogelbeere (Sorbus aucuparia), Weißbirke (Betula pendula), Weißerle (Alnus incana), Zierkirsche (Prunus serrulata), Lebensbaum (Thuja occidentalis) 2 m,

   c) allen übrigen Bäumen 1,5 m;

2. mit Obstbäumen, und zwar

   a) Walnußsämlingen 4 m,

   b) Kernobstbäumen, auf stark wachsenden Unterlagen veredelt, sowie Süßkirschenbäumen und veredelten Walnußbäumen 2 m,

   c) Kernobstbäumen, auf schwach wachsenden Unterlagen veredelt, sowie Steinobstbäumen, ausgenommen Süßkirschenbäume 1,5 m;

3. mit Sträuchern (ausgenommen Beerenobststräuchern), und zwar

   a) stark wachsenden Sträuchern mit artgemäß ähnlicher Ausdehnung wie Alpenrose (Rhododendron-Hybriden), Haselnuß (Corylus avellana), Felsenmispel (Cotoneaster bullata), Flieder (Syringa vulgaris), Goldglöckchen (Forsythia x intermedia), Wacholder (Juniperus communis) 1 m,

   b) allen übrigen Sträuchern 0,5 m;

4. mit Beerenobststräuchern, und zwar

   a) Brombeersträuchern 1 m,

   b) allen übrigen Beerenobststräuchern 0,5 m;

5. mit einzelnen Rebstöcken 0,5 m;

6. mit Baumschulbeständen 1 m,
   wobei die Gehölze mit Ausnahme der Baumschulbestände von Sträuchern und Beerenobststräuchern die Höhe von 2 m nicht überschreiten dürfen, es

sei denn, daß die Abstände nach den Nummern 1 oder 2 eingehalten werden;

7. mit Weihnachtsbaumpflanzungen 1 m,
   wobei die Gehölze die Höhe von 2 m nicht überschreiten dürfen, es sei denn, daß die Abstände nach Nummer 1 eingehalten werden.

§ 45 Grenzabstände für Hecken. (1) Der Eigentümer und der Nutzungsberechtigte eines Grundstücks haben mit Hecken gegenüber den Nachbargrundstücken vorbehaltlich des § 46 folgende Abstände einzuhalten:

1. mit Hecken bis zu 1 m Höhe   0,25 m,
2. mit Hecken bis zu 1,5 m Höhe   0,50 m,
3. mit Hecken bis zu 2,0 m Höhe   0,75 m,
4. mit über 2,0 m hohen Hecken ein um das Maß der Mehrhöhe größerer Abstand.

(2) Hecken im Sinne des Absatzes 1 sind Schnitt- und Formhecken, und zwar auch dann, wenn sie im Einzelfall nicht geschnitten werden.

§ 46 Ausnahmen. (1) Die doppelten Abstände nach den §§ 44 und 45, in den Fällen des § 44 Nr. 1 Buchst. a und Nr. 2 Buchst. a jedoch die eineinhalbfachen Abstände mit Ausnahme der Abstände für die Pappelarten (Populus), sind einzuhalten gegenüber Grundstücken, die

1. dem Weinbau dienen oder

2. landwirtschaftlich, erwerbsgärtnerisch oder nach Art eines Kleingartens genutzt werden, sofern nicht durch Bebauungsplan eine andere Nutzung festgelegt ist, oder durch Bebauungsplan dieser Nutzung vorbehalten sind.

(2) Die §§ 44 und 45 gelten nicht für

1. Anpflanzungen, die hinter einer undurchsichtigen Einfriedung vorgenommen werden und diese nicht überragen,

2. Anpflanzungen an den Grenzen zu öffentlichen Grünflächen und zu Gewässern,

3. Anpflanzungen zum Schutze von erosions- oder rutschgefährdeten Böschungen oder steilen Hängen,

4. Anpflanzungen gegenüber Grundstücken außerhalb des geschlossenen Baugebietes, die geringwertiges Weideland (Hutung) oder Heide sind oder die landwirtschaftlich oder gartenbaulich nicht genutzt werden, nicht bebaut sind und auch nicht als Hofraum dienen.

§ 47 Berechnung des Abstandes. Der Abstand wird von der Mitte des Baumstammes, des Strauches, der Hecke oder des Rebstocks bis zur Grenzlinie gemessen, und zwar an der Stelle, an der die Pflanze aus dem Boden austritt.

§ 48 Grenzabstände im Weinbau. (1) Der Eigentümer und der Nutzungsberechtigte eines dem Weinbau dienenden Grundstücks haben bei der Anpflanzung von Rebstöcken folgende Abstände von der Grundstücksgrenze einzuhalten:

1. gegenüber den parallel zu den Rebzeilen verlaufenden Grenzen die Hälfte des geringsten Zeilenabstandes, gemessen zwischen den Mittellinien der Rebzeilen, mindestens aber 0,75 m bei Zeilenbreiten bis zu 2 m und 1,40 m bei Zeilenbreiten von über 2 m,

2. gegenüber den sonstigen Grenzen, gerechnet vom äußersten Rebstock oder der äußersten Verankerung der Erziehungsvorrichtung an, mindestens 1 m.

(2) Absatz 1 gilt nicht für die Anpflanzung von Rebstöcken an Grundstücksgrenzen, die durch Stützmauern gebildet werden, sowie in den in § 46 Abs. 2 genannten Fällen.

§ 49 Grenzabstände für Wald. (1) Wird ein Wald neu begründet oder verjüngt, so sind gegenüber Nachbargrundstücken folgende Abstände einzuhalten:

1. gegenüber dem Weinbau dienenden Grundstücken   10 m,

2. gegenüber in sonstiger Weise landwirtschaftlich oder gärtnerisch genutzten Grundstücken   5 m,

3. gegenüber sonstigen Grundstücken, die nicht mit Wald bepflanzt sind, bei Neubegründung   6 m,
und bei Verjüngung   4 m,

4. gegenüber öffentlichen Verkehrsflächen und Wirtschaftswegen   2 m,

5. gegenüber Grundstücken, die mit Wald bepflanzt sind   1,5 m.

(2) Absatz 1 gilt nicht gegenüber Grundstücken im Sinne von § 46 Abs. 2 Nr. 3 und 4.

(3) Der nach Absatz 1 freizuhaltende Streifen kann mit Laubgehölzen bepflanzt werden, deren natürlicher Wuchs bei einem Grenzabstand bis zu 3 m die Höhe von 6 m und bei einem Grenzabstand bis zu 1 m die Höhe von 2 m nicht überschreitet.

§ 50 Abstände von Spaliervorrichtungen und Pergolen. (1) Mit Spaliervorrichtungen und Pergolen, die eine flächenmäßige Ausdehnung der Pflanzen bezwecken und die nicht höher als 2 m sind, ist ein Abstand von 0,50 m und, wenn sie höher als 2 m sind, ein um das Maß der Mehrhöhe größerer Abstand von der Grenze einzuhalten.

(2) Absatz 1 gilt nicht in den in § 46 Abs. 2 genannten Fällen.

§ 51 Anspruch auf Beseitigung oder Zurückschneiden. (1) [1]Einzelne Bäume, Sträucher, Rebstöcke sowie Spaliervorrichtungen und Pergolen, die den vorgeschriebenen Grenzabstand nicht einhalten, sind auf Verlangen des Nachbarn zu beseitigen. [2]Das gilt auch für Hecken mit einem geringeren Grenzabstand als 0,25 m.

(2) [1]Hecken, die die aufgrund ihres Abstandes zum Nachbargrundstück zulässige Höhe überschreiten, sind auf Verlangen des Nachbarn zurückzuschneiden. [2]Die Verpflichtung zum Zurückschneiden muss nur in der Zeit vom 1. Oktober bis zum 15. März erfüllt werden.

(3) [1]Der Anspruch nach Absatz 1 ist ausgeschlossen, wenn der Nachbar nicht bis zum Ablauf des fünften auf das Anpflanzen oder die Errichtung folgenden Kalenderjahres Klage auf Beseitigung erhoben hat. [2]Bei Bäumen,

Sträuchern und Rebstöcken, die zunächst als Heckenbestandteil gezogen wurden, beginnt die Frist nach Satz 1 nach Ablauf des Kalenderjahres, in dem die Anpflanzung das Erscheinungsbild einer Hecke verloren hat.

(4) Absatz 3 gilt nicht für Anpflanzungen und Anlagen an der Grenze eines Wirtschaftsweges.

(5) Werden die in den Absätzen 1 und 2 genannten Anpflanzungen und Anlagen ersetzt, so gelten die §§ 44 bis 50.

§ 52 Nachträgliche Grenzänderungen. Die Rechtmäßigkeit des Abstands einer Anpflanzung oder Anlage wird durch nachträgliche Grenzänderungen nicht berührt; § 51 Abs. 5 ist entsprechend anzuwenden.

Zwölfter Abschnitt. Verjährung

§ 53 Verjährung. (1) Schadensersatzansprüche und andere, auf Zahlung von Geld gerichtete Ansprüche nach diesem Gesetz unterliegen in Bezug auf die Verjährung den Bestimmungen des Bürgerlichen Gesetzbuches.

(2) Im Übrigen unterliegen die Ansprüche nach diesem Gesetz nicht der Verjährung.

Dreizehnter Abschnitt. Schlußbestimmungen

§ 54 Übergangsbestimmungen. (1) Der Anspruch auf Beseitigung von Einrichtungen im Sinne des § 34, von Einfriedungen und von Pflanzen, die bei Inkrafttreten dieses Gesetzes vorhanden sind und deren Grenzabstände den Bestimmungen dieses Gesetzes nicht entsprechen, ist ausgeschlossen, wenn sie dem bisherigen Recht entsprechen oder wenn der Nachbar nicht innerhalb von zwei Jahren nach Inkrafttreten dieses Gesetzes Klage auf Beseitigung erhoben hat.

(2) Ansprüche des Nachbarn aus § 37 Abs. 1 gegen Eigentümer und Nutzungsberechtigte von baulichen Anlagen, die am 1. Juli 1990 bereits errichtet waren, können frühestens zwei Jahre nach Inkrafttreten dieses Gesetzes geltend gemacht werden.

(3) Der Umfang von Rechten, die bei Inkrafttreten dieses Gesetzes aufgrund des bisherigen Rechts bestehen, richtet sich nach den Bestimmungen dieses Gesetzes.

(4) Ansprüche auf Zahlung von Geld aufgrund der Bestimmungen dieses Gesetzes bestehen nur, wenn das den Anspruch begründende Ereignis nach Inkrafttreten dieses Gesetzes eingetreten ist; andernfalls behält es bei dem bisherigen Recht sein Bewenden.

(5) Die Verjährung der Ansprüche, die nach dem Thüringer Nachbarrechtsgesetz in der vor dem In-Kraft-Treten des Gesetzes zur Änderung des Thüringer Nachbarrechtsgesetzes und des Thüringer Ausführungsgesetzes zum Berufsvormündervergütungsgesetz sowie zur Aufhebung des Thüringer Gesetzes über die Unterbringung besonders rückfallgefährdeter Straftäter geltenden Fassung bestehen und nicht verjährt sind, bestimmt sich nach § 53 Abs. 1 und 2 in der vor dem In-Kraft-Treten dieses Änderungsgesetzes gelten-

den Fassung; hiervon abweichend verjähren Schadensersatzansprüche, die nicht auf einer Verletzung des Lebens, des Körpers oder der Gesundheit beruhen, spätestens mit Ablauf des zehnten Jahres nach dem In-Kraft-Treten des Gesetzes zur Änderung des Thüringer Nachbarrechtsgesetzes und des Thüringer Ausführungsgesetzes zum Berufsvormündervergütungsgesetz sowie zur Aufhebung des Thüringer Gesetzes über die Unterbringung besonders rückfallgefährdeter Straftäter.

§ 55 Außerkrafttreten von Bestimmungen. Das diesem Gesetz entgegenstehende oder gleichlautende Recht wird aufgehoben.

§ 56 In-Kraft-Treten, Außer-Kraft-Treten. Dieses Gesetz tritt am 1. Januar 1993 in Kraft und mit Ablauf des 31. Dezember 2015 außer Kraft.

B. *Verfahrensrecht*

17. Zivilprozessordnung

In der Fassung der Bekanntmachung vom 5. Dezember 2005[1]
(BGBl. I S. 3202, ber. 2006 S. 431 u. 2007 S. 1781)

FNA 310-4

zuletzt geänd. durch Art. 3 G zur Erleichterung elektronischer Anmeldungen zum Vereinsregister
und and. vereinsrechtl. Änd. v. 24. 9. 2009 (BGBl. I S. 3145)

–Auszug[2]–

Buch 1. Allgemeine Vorschriften

Abschnitt 1. Gerichte

Titel 1. Sachliche Zuständigkeit der Gerichte und Wertvorschriften

§§ 1–11 *(Vom Abdruck wurde abgesehen)*

Titel 2. Gerichtsstand

§ 12 Allgemeiner Gerichtsstand; Begriff. Das Gericht, bei dem eine Person ihren allgemeinen Gerichtsstand hat, ist für alle gegen sie zu erhebenden Klagen zuständig, sofern nicht für eine Klage ein ausschließlicher Gerichtsstand begründet ist.

§ 13 Allgemeiner Gerichtsstand des Wohnsitzes. Der allgemeine Gerichtsstand einer Person wird durch den Wohnsitz bestimmt.

§ 14 (weggefallen)

§ 15 Allgemeiner Gerichtsstand für exterritoriale Deutsche.

(1) [1]Deutsche, die das Recht der Exterritorialität genießen, sowie die im Ausland beschäftigten deutschen Angehörigen des öffentlichen Dienstes behalten den Gerichtsstand ihres letzten inländischen Wohnsitzes. [2]Wenn sie einen solchen Wohnsitz nicht hatten, haben sie ihren allgemeinen Gerichtsstand beim Amtsgericht Schöneberg in Berlin.

(2) Auf Honorarkonsuln ist diese Vorschrift nicht anzuwenden.

§ 16 Allgemeiner Gerichtsstand wohnsitzloser Personen. Der allgemeine Gerichtsstand einer Person, die keinen Wohnsitz hat, wird durch den Aufenthaltsort im Inland und, wenn ein solcher nicht bekannt ist, durch den letzten Wohnsitz bestimmt.

---

[1] Neubekanntmachung der ZPO idF der Bek. v. 12. 9. 1950 (BGBl. I S. 533) in der ab 21. 10. 2005 geltenden Fassung.
[2] Vollständig abgedruckt in **dtv 5005 ZPO**.

§ 17 Allgemeiner Gerichtsstand juristischer Personen. (1) [1] Der allgemeine Gerichtsstand der Gemeinden, der Korporationen sowie derjenigen Gesellschaften, Genossenschaften oder anderen Vereine und derjenigen Stiftungen, Anstalten und Vermögensmassen, die als solche verklagt werden können, wird durch ihren Sitz bestimmt. [2] Als Sitz gilt, wenn sich nichts anderes ergibt, der Ort, wo die Verwaltung geführt wird.

(2) Gewerkschaften haben den allgemeinen Gerichtsstand bei dem Gericht, in dessen Bezirk das Bergwerk liegt, Behörden, wenn sie als solche verklagt werden können, bei dem Gericht ihres Amtssitzes.

(3) Neben dem durch die Vorschriften dieses Paragraphen bestimmten Gerichtsstand ist ein durch Statut oder in anderer Weise besonders geregelter Gerichtsstand zulässig.

§ 18 *(Vom Abdruck wurde abgesehen)*

§ 19 Mehrere Gerichtsbezirke am Behördensitz. Ist der Ort, an dem eine Behörde ihren Sitz hat, in mehrere Gerichtsbezirke geteilt, so wird der Bezirk, der im Sinne der §§ 17, 18 als Sitz der Behörde gilt, für die Bundesbehörden von dem Bundesminister der Justiz, im Übrigen von der Landesjustizverwaltung durch allgemeine Anordnung bestimmt.

§ 19 a *(Vom Abdruck wurde abgesehen)*

§ 20 Besonderer Gerichtsstand des Aufenthaltsorts. Wenn Personen an einem Ort unter Verhältnissen, die ihrer Natur nach auf einen Aufenthalt von längerer Dauer hinweisen, insbesondere als Hausgehilfen, Arbeiter, Gewerbegehilfen, Studierende, Schüler oder Lehrlinge sich aufhalten, so ist das Gericht des Aufenthaltsortes für alle Klagen zuständig, die gegen diese Personen wegen vermögensrechtlicher Ansprüche erhoben werden.

§ 21 Besonderer Gerichtsstand der Niederlassung. (1) Hat jemand zum Betrieb einer Fabrik, einer Handlung oder eines anderen Gewerbes eine Niederlassung, von der aus unmittelbar Geschäfte geschlossen werden, so können gegen ihn alle Klagen, die auf den Geschäftsbetrieb der Niederlassung Bezug haben, bei dem Gericht des Ortes erhoben werden, wo die Niederlassung sich befindet.

(2) Der Gerichtsstand der Niederlassung ist auch für Klagen gegen Personen begründet, die ein mit Wohn- und Wirtschaftsgebäuden versehenes Gut als Eigentümer, Nutznießer oder Pächter bewirtschaften, soweit diese Klagen die auf die Bewirtschaftung des Gutes sich beziehenden Rechtsverhältnisse betreffen.

§ 22 Besonderer Gerichtsstand der Mitgliedschaft. Das Gericht, bei dem Gemeinden, Korporationen, Gesellschaften, Genossenschaften oder andere Vereine den allgemeinen Gerichtsstand haben, ist für die Klagen zuständig, die von ihnen oder von dem Insolvenzverwalter gegen die Mitglieder als solche oder von den Mitgliedern in dieser Eigenschaft gegeneinander erhoben werden.

§ 23 Besonderer Gerichtsstand des Vermögens und des Gegenstands. [1] Für Klagen wegen vermögensrechtlicher Ansprüche gegen eine Person, die im Inland keinen Wohnsitz hat, ist das Gericht zuständig, in dessen Bezirk sich Vermögen derselben oder der mit der Klage in Anspruch genommene Gegenstand befindet. ²Bei Forderungen gilt als der Ort, wo das Vermögen sich befindet, der Wohnsitz des Schuldners und, wenn für die Forderungen eine Sache zur Sicherheit haftet, auch der Ort, wo die Sache sich befindet.

§ 23 a *(Vom Abdruck wurde abgesehen)*

§ 24 Ausschließlicher dinglicher Gerichtsstand. (1) Für Klagen, durch die das Eigentum, eine dingliche Belastung oder die Freiheit von einer solchen geltend gemacht wird, für Grenzscheidungs-, Teilungs- und Besitzklagen ist, sofern es sich um unbewegliche Sachen handelt, das Gericht ausschließlich zuständig, in dessen Bezirk die Sache belegen ist.

(2) Bei den eine Grunddienstbarkeit, eine Reallast oder ein Vorkaufsrecht betreffenden Klagen ist die Lage des dienenden oder belasteten Grundstücks entscheidend.

§ 25 *(Vom Abdruck wurde abgesehen)*

§ 26 Dinglicher Gerichtsstand für persönliche Klagen. In dem dinglichen Gerichtsstand können persönliche Klagen, die gegen den Eigentümer oder Besitzer einer unbeweglichen Sache als solche gerichtet werden, sowie Klagen wegen Beschädigung eines Grundstücks oder hinsichtlich der Entschädigung wegen Enteignung eines Grundstücks erhoben werden.

§§ 27–31 *(Vom Abdruck wurde abgesehen)*

§ 32 Besonderer Gerichtsstand der unerlaubten Handlung. Für Klagen aus unerlaubten Handlungen ist das Gericht zuständig, in dessen Bezirk die Handlung begangen ist.

§§ 32 a, 32 b *(Vom Abdruck wurde abgesehen)*

§ 33 Besonderer Gerichtsstand der Widerklage. (1) Bei dem Gericht der Klage kann eine Widerklage erhoben werden, wenn der Gegenanspruch mit dem in der Klage geltend gemachten Anspruch oder mit den gegen ihn vorgebrachten Verteidigungsmitteln in Zusammenhang steht.

(2) Dies gilt nicht, wenn für eine Klage wegen des Gegenanspruchs die Vereinbarung der Zuständigkeit des Gerichts nach § 40 Abs. 2 unzulässig ist.

§ 34 Besonderer Gerichtsstand des Hauptprozesses. Für Klagen der Prozessbevollmächtigten, der Beistände, der Zustellungsbevollmächtigten und der Gerichtsvollzieher wegen Gebühren und Auslagen ist das Gericht des Hauptprozesses zuständig.

§ 35 Wahl unter mehreren Gerichtsständen. Unter mehreren zuständigen Gerichten hat der Kläger die Wahl.

§ 35 a *(aufgehoben)*

§ 36 Gerichtliche Bestimmung der Zuständigkeit. (1) Das zuständige Gericht wird durch das im Rechtszug zunächst höhere Gericht bestimmt:

1. wenn das an sich zuständige Gericht in einem einzelnen Fall an der Ausübung des Richteramtes rechtlich oder tatsächlich verhindert ist;

2. wenn es mit Rücksicht auf die Grenzen verschiedener Gerichtsbezirke ungewiss ist, welches Gericht für den Rechtsstreit zuständig sei;

3. wenn mehrere Personen, die bei verschiedenen Gerichten ihren allgemeinen Gerichtsstand haben, als Streitgenossen im allgemeinen Gerichtsstand verklagt werden sollen und für den Rechtsstreit ein gemeinschaftlicher besonderer Gerichtsstand nicht begründet ist;

4. wenn die Klage in dem dinglichen Gerichtsstand erhoben werden soll und die Sache in den Bezirken verschiedener Gerichte belegen ist;

5. wenn in einem Rechtsstreit verschiedene Gerichte sich rechtskräftig für zuständig erklärt haben;

6. wenn verschiedene Gerichte, von denen eines für den Rechtsstreit zuständig ist, sich rechtskräftig für unzuständig erklärt haben.

(2) Ist das zunächst höhere gemeinschaftliche Gericht der Bundesgerichtshof, so wird das zuständige Gericht durch das Oberlandesgericht bestimmt, zu dessen Bezirk das zuerst mit der Sache befasste Gericht gehört.

(3) [1] Will das Oberlandesgericht bei der Bestimmung des zuständigen Gerichts in einer Rechtsfrage von der Entscheidung eines anderen Oberlandesgerichts oder des Bundesgerichtshofs abweichen, so hat es die Sache unter Begründung seiner Rechtsauffassung dem Bundesgerichtshof vorzulegen. [2] In diesem Fall entscheidet der Bundesgerichtshof.

§ 37 Verfahren bei gerichtlicher Bestimmung. (1) Die Entscheidung über das Gesuch um Bestimmung des zuständigen Gerichts ergeht durch Beschluss.

(2) Der Beschluss, der das zuständige Gericht bestimmt, ist nicht anfechtbar.

Titel 3, 4

§§ 38–49 *(Vom Abdruck wurde abgesehen)*

Abschnitt 2, 3

§§ 50–252 *(Vom Abdruck wurde abgesehen)*

Buch 2 bis 11

§§ 253–1109 *(Vom Abdruck wurde abgesehen)*

Anlage
(Vom Abdruck wurde abgesehen)

Anhang
(Vom Abdruck wurde abgesehen)

18. Gesetz, betreffend die Einführung der Zivilprozeßordnung

Vom 30. Januar 1877

(RGBl. S. 244)

BGBl. III/FNA 310-2

zuletzt geänd. durch Art. 9 Abs. 3 G zur Modernisierung von Verfahren im anwaltl. und notariellen Berufsrecht, zur Errichtung einer Schlichtungsstelle der Rechtsanwaltschaft sowie zur Änd. sonstiger Vorschr. v. 30. 7. 2009 (BGBl. I S. 2449)

–Auszug–

§§ 1–15 *(Vom Abdruck wurde abgesehen)*

§ 15 a [Einigungsversuch vor Gütestelle] (1) [1] Durch Landesgesetz kann bestimmt werden, dass die Erhebung der Klage erst zulässig ist, nachdem von einer durch die Landesjustizverwaltung eingerichteten oder anerkannten Gütestelle versucht worden ist, die Streitigkeit einvernehmlich beizulegen

1. in vermögensrechtlichen Streitigkeiten vor dem Amtsgericht über Ansprüche, deren Gegenstand an Geld oder Geldeswert die Summe von 750 Euro nicht übersteigt,

2. in Streitigkeiten über Ansprüche aus dem Nachbarrecht nach den §§ 910, 911, 923 des Bürgerlichen Gesetzbuchs und nach § 906 des Bürgerlichen Gesetzbuchs sowie nach den landesgesetzlichen Vorschriften im Sinne des Artikels 124 des Einführungsgesetzes zum Bürgerlichen Gesetzbuche, sofern es sich nicht um Einwirkungen von einem gewerblichen Betrieb handelt,

3. in Streitigkeiten über Ansprüche wegen Verletzung der persönlichen Ehre, die nicht in Presse oder Rundfunk begangen worden sind,

4. in Streitigkeiten über Ansprüche nach Abschnitt 3 des Allgemeinen Gleichbehandlungsgesetzes.

[2] Der Kläger hat eine von der Gütestelle ausgestellte Bescheinigung über einen erfolglosen Einigungsversuch mit der Klage einzureichen. [3] Diese Bescheinigung ist ihm auf Antrag auch auszustellen, wenn binnen einer Frist von drei Monaten das von ihm beantragte Einigungsverfahren nicht durchgeführt worden ist.

(2) [1] Absatz 1 findet keine Anwendung auf

1. Klagen nach den §§ 323, 323 a, 324, 328 der Zivilprozessordnung, Widerklagen und Klagen, die binnen einer gesetzlichen oder gerichtlich angeordneten Frist zu erheben sind,

2. *(aufgehoben)*

3. Wiederaufnahmeverfahren,

4. Ansprüche, die im Urkunden- oder Wechselprozess geltend gemacht werden,

5. die Durchführung des streitigen Verfahrens, wenn ein Anspruch im Mahnverfahren geltend gemacht worden ist,

6. Klagen wegen vollstreckungsrechtlicher Maßnahmen, insbesondere nach dem Achten Buch der Zivilprozessordnung.

[2] Das Gleiche gilt, wenn die Parteien nicht in demselben Land wohnen oder ihren Sitz oder eine Niederlassung haben.

(3) [1] Das Erfordernis eines Einigungsversuchs vor einer von der Landesjustizverwaltung eingerichteten oder anerkannten Gütestelle entfällt, wenn die Parteien einvernehmlich einen Einigungsversuch vor einer sonstigen Gütestelle, die Streitbeilegungen betreibt, unternommen haben. [2] Das Einvernehmen nach Satz 1 wird unwiderleglich vermutet, wenn der Verbraucher eine branchengebundene Gütestelle, eine Gütestelle der Industrie- und Handelskammer, der Handwerkskammer oder der Innung angerufen hat. [3] Absatz 1 Satz 2 gilt entsprechend.

(4) Zu den Kosten des Rechtsstreits im Sinne des § 91 Abs. 1, 2 der Zivilprozessordnung gehören die Kosten der Gütestelle, die durch das Einigungsverfahren nach Absatz 1 entstanden sind.

(5) Das Nähere regelt das Landesrecht; es kann auch den Anwendungsbereich des Absatzes 1 einschränken, die Ausschlussgründe des Absatzes 2 erweitern und bestimmen, dass die Gütestelle ihre Tätigkeit von der Einzahlung eines angemessenen Kostenvorschusses abhängig machen und gegen eine im Gütetermin nicht erschienene Partei ein Ordnungsgeld festsetzen darf.

(6) [1] Gütestellen im Sinne dieser Bestimmung können auch durch Landesrecht anerkannt werden. [2] Die vor diesen Gütestellen geschlossenen Vergleiche gelten als Vergleiche im Sinne des § 794 Abs. 1 Nr. 1 der Zivilprozessordnung.

§§ 16–38 *(Vom Abdruck wurde abgesehen)*

19. Gerichtsverfassungsgesetz (GVG)

In der Fassung der Bekanntmachung vom 9. Mai 1975[1]

(BGBl. I S. 1077)

FNA 300-2

zuletzt geänd. durch Art. 1 Viertes ÄndG v. 24. 7. 2010 (BGBl. I S. 976)

Erster Titel. Gerichtsbarkeit

§§ 1–21 *(Vom Abdruck wurde abgesehen.)*

Zweiter Titel. Allgemeine Vorschriften über das Präsidium und die Geschäftsverteilung

§§ 21 a–21 j *(Vom Abdruck wurde abgesehen.)*

Dritter Titel. Amtsgerichte

§§ 22–22 d *(Vom Abdruck wurde abgesehen.)*

§ 23 [Zuständigkeit in Zivilsachen] Die Zuständigkeit der Amtsgerichte umfaßt in bürgerlichen Rechtsstreitigkeiten, soweit sie nicht ohne Rücksicht auf den Wert des Streitgegenstandes den Landgerichten zugewiesen sind:

1. Streitigkeiten über Ansprüche, deren Gegenstand an Geld oder Geldeswert die Summe von fünftausend Euro nicht übersteigt;
2. ohne Rücksicht auf den Wert des Streitgegenstandes:
   a) Streitigkeiten über Ansprüche aus einem Mietverhältnis über Wohnraum oder über den Bestand eines solchen Mietverhältnisses; diese Zuständigkeit ist ausschließlich;
   b) Streitigkeiten zwischen Reisenden und Wirten, Fuhrleuten, Schiffern oder Auswanderungsexpedienten in den Einschiffungshäfen, die über Wirtszechen, Fuhrlohn, Überfahrtsgelder, Beförderung der Reisenden und ihrer Habe und über Verlust und Beschädigung der letzteren, sowie Streitigkeiten zwischen Reisenden und Handwerkern, die aus Anlaß der Reise entstanden sind;
   c) Streitigkeiten nach § 43 Nr. 1 bis 4 und 6 des Wohnungseigentumsgesetzes; diese Zuständigkeit ist ausschließlich;
   d) Streitigkeiten wegen Wildschadens;
   e) (weggefallen)
   f) (weggefallen)

---

[1] Neubekanntmachung des GVG v. 27. 1. 1877 (RGBl. S. 41) in der seit 1. 1. 1975 geltenden Fassung.

g) Ansprüche aus einem mit der Überlassung eines Grundstücks in Verbindung stehenden Leibgedings-, Leibzuchts-, Altenteils- oder Auszugsvertrag.

§§ 23 a–27 *(Vom Abdruck wurde abgesehen.)*

Vierter Titel. Schöffengerichte

§§ 28–58 *(Vom Abdruck wurde abgesehen.)*

Fünfter Titel. Landgerichte

§§ 59–70 *(Vom Abdruck wurde abgesehen.)*

§ 71 [Zuständigkeit in Zivilsachen in 1. Instanz] (1) Vor die Zivilkammern, einschließlich der Kammern für Handelssachen, gehören alle bürgerlichen Rechtsstreitigkeiten, die nicht den Amtsgerichten zugewiesen sind.

(2) Die Landgerichte sind ohne Rücksicht auf den Wert des Streitgegenstandes ausschließlich zuständig

1. für die Ansprüche, die auf Grund der Beamtengesetze gegen den Fiskus erhoben werden;

2. für die Ansprüche gegen Richter und Beamte wegen Überschreitung ihrer amtlichen Befugnisse oder wegen pflichtwidriger Unterlassung von Amtshandlungen;

3. für Schadensersatzansprüche auf Grund falscher, irreführender oder unterlassener öffentlicher Kapitalmarktinformationen;

4. für Verfahren nach

   a) § 324 des Handelsgesetzbuchs,

   b) den §§ 98, 99, 132, 142, 145, 258, 260, 293 c und 315 des Aktiengesetzes,

   c) § 26 des SE-Ausführungsgesetzes,

   d) § 10 des Umwandlungsgesetzes,

   e) dem Spruchverfahrensgesetz,

   f) den §§ 39 a und 39 b des Wertpapiererwerbs- und Übernahmegesetzes.

(3) Der Landesgesetzgebung bleibt überlassen, Ansprüche gegen den Staat oder eine Körperschaft des öffentlichen Rechts wegen Verfügungen der Verwaltungsbehörden sowie Ansprüche wegen öffentlicher Abgaben ohne Rücksicht auf den Wert des Streitgegenstandes den Landgerichten ausschließlich zuzuweisen.

(4) [1]Die Landesregierungen werden ermächtigt, durch Rechtsverordnung die Entscheidungen in Verfahren nach Absatz 2 Nr. 4 Buchstabe a bis e einem Landgericht für die Bezirke mehrerer Landgerichte zu übertragen, wenn dies der Sicherung einer einheitlichen Rechtsprechung dient. [2]Sie können die Ermächtigung auf die Landesjustizverwaltungen übertragen.

§ 72 [Zuständigkeit in Zivilsachen in 2. Instanz] (1) [1]Die Zivilkammern, einschließlich der Kammern für Handelssachen, sind die Berufungs- und Beschwerdegerichte in den vor den Amtsgerichten verhandelten bürgerlichen Rechtsstreitigkeiten, soweit nicht die Zuständigkeit der Oberlandesgerichte begründet ist. [2]Die Landgerichte sind ferner die Beschwerdegerichte in Freiheitsentziehungssachen und in den von den Betreuungsgerichten entschiedenen Sachen.

(2) [1]In Streitigkeiten nach § 43 Nr. 1 bis 4 und 6 des Wohnungseigentumsgesetzes ist das für den Sitz des Oberlandesgerichts zuständige Landgericht gemeinsames Berufungs- und Beschwerdegericht für den Bezirk des Oberlandesgerichts, in dem das Amtsgericht seinen Sitz hat. [2]Die Landesregierungen werden ermächtigt, durch Rechtsverordnung anstelle dieses Gerichts ein anderes Landgericht im Bezirk des Oberlandesgerichts zu bestimmen. [3]Sie können die Ermächtigung auf die Landesjustizverwaltungen übertragen.

§§ 73–78 *(Vom Abdruck wurde abgesehen.)*

5 a. bis Siebzehnter Titel. S

§§ 78 a–202 *(Vom Abdruck wurde abgesehen.)*

20. Baden-Württembergisches Gesetz zur obligatorischen außergerichtlichen Streitschlichtung (Schlichtungsgesetz – SchlG)

Vom 28. Juni 2000[1]

(GBl. S. 470)

BWGültV Sachgebiet 31013

zuletzt geänd. durch Art. 2 G zum Amtsanwaltsdienst-Staatsvertrag und zur Änd. des SchlichtungsG v. 11. 10. 2007 (GBl. S. 469)

1. Abschnitt: Obligatorische Schlichtung

§ 1 Anwendungsbereich. (1) [1]Die Erhebung der Klage vor den Amtsgerichten in bürgerlichen Rechtsstreitigkeiten ist

1. in vermögensrechtlichen Streitigkeiten über Ansprüche, deren Gegenstand an Geld oder Geldeswert bei Einreichung der Klage 750 Euro nicht übersteigt,

2. in Streitigkeiten über Ansprüche wegen

 a) der in § 906 des Bürgerlichen Gesetzbuches (BGB) geregelten Einwirkungen, sofern es sich nicht um Einwirkungen von einem gewerblichen Betrieb handelt,

 b) Überwuchses nach § 910 BGB

 c) Hinüberfalls nach § 911 BGB

 d) eines Grenzbaumes nach § 923 BGB,

 e) der im Nachbarrechtsgesetz[2] geregelten Nachbarrechte, sofern es sich nicht um Einwirkungen von einem gewerblichen Betrieb handelt,

3. in Streitigkeiten über Ansprüche wegen Verletzungen der persönlichen Ehre, die nicht in Presse oder Rundfunk begangen worden sind,

erst zulässig, nachdem von einer nach § 2 eingerichteten Gütestelle im Sinne von § 15a Abs. 1 und 6 des Gesetzes betreffend die Einführung der Zivilprozessordnung vom 30. Januar 1877 (RGBl. S. 244), eingefügt durch Gesetz vom 15. Dezember 1999 (BGBl. I S. 2400), versucht worden ist, die Streitigkeit einvernehmlich beizulegen. [2]Der Kläger hat eine von der Schlichtungsperson der Gütestelle ausgestellte Bescheinigung über einen erfolglosen Einigungsversuch mit der Klage einzureichen. [3]Diese Bescheinigung ist ihm auf Antrag auch dann auszustellen, wenn binnen einer Frist von drei Monaten das von ihm beantragte Schlichtungsverfahren nicht durchgeführt worden ist.

---

[1] Verkündet als Art. 1 G zur obligatorischen außergerichtl. Streitschlichtung und zur Änderung anderer Gesetze v. 28. 6. 2000 (GBl. S. 470); Inkrafttreten gem. Art. 7 dieses G am 1. 7. 2000.
[2] Nr. **3.**

(2) Absatz 1 findet keine Anwendung auf

1. Klagen nach §§ 323, 324 und 328 der Zivilprozessordnung (ZPO), Widerklagen und Klagen, die binnen einer gesetzlichen oder gerichtlich angeordneten Frist zu erheben sind,

2. Streitigkeiten in Familiensachen,

3. Wiederaufnahmeverfahren,

4. Ansprüche, die im Urkunden-, Wechsel- oder Scheckprozess geltend gemacht werden,

5. die Durchführung des streitigen Verfahrens, wenn ein Anspruch im Mahnverfahren geltend gemacht worden ist,

6. Klagen wegen vollstreckungsrechtlicher Maßnahmen, insbesondere nach dem achten Buch der Zivilprozessordnung.

(3) Ein Einigungsversuch nach Absatz 1 ist nur erforderlich, wenn alle Parteien im Zeitpunkt des Eingangs des Antrags (§ 5) ihren Wohnsitz, ihren Sitz oder ihre Niederlassung in Baden-Württemberg in demselbem oder in benachbarten Landgerichtsbezirken haben.

(4) Das Erfordernis eines Einigungsversuchs vor einer nach § 2 eingerichteten Gütestelle entfällt, wenn die Parteien einvernehmlich einen Einigungsversuch vor einer von der Landesjustizverwaltung nach § 794 Abs. 1 Nr. 1 ZPO anerkannten Gütestelle oder einer sonstigen Gütestelle im Sinne von § 15 a Abs. 3 des Gesetzes betreffend die Einführung der Zivilprozessordnung unternommen haben.

2. Abschnitt: Gütestelle

§ 2 Gütestelle. (1) [1] Bei jedem Amtsgericht wird für dessen Bezirk eine Gütestelle eingerichtet. [2] Sie trägt die Bezeichnung „Gütestelle beim Amtsgericht …" und ist Gütestelle im Sinne von § 794 Abs. 1 Nr. 1 ZPO.

(2) [1] Örtlich zuständig ist die Gütestelle, auf die sich beide Parteien geeinigt haben. [2] Die Vereinbarung nach Satz 1 muss schriftlich abgeschlossen werden. [3] Im Übrigen ist die Gütestelle zuständig, in deren Bezirk die Antrag stellende Partei ihren Wohnsitz, ihren Sitz oder ihre Niederlassung hat.

§ 3 Besetzung der Gütestelle. (1) Die Aufgaben der Gütestelle werden von dem Urkundsbeamten der Geschäftsstelle des Amtsgerichts und der Schlichtungsperson nach Maßgabe von § 4 Abs. 3 und 4 wahrgenommen.

(2) Zur Schlichtungsperson werden Rechtsanwältinnen und Rechtsanwälte bestimmt, die in der von dem Urkundsbeamten der Geschäftsstelle geführten Schlichtungspersonenliste eingetragen sind.

(3) [1] Alle Rechtsanwältinnen und Rechtsanwälte, die bereit sind, im jeweiligen Gerichtsbezirk als Schlichtungsperson tätig zu werden, sind auf Antrag in die Liste der Schlichtungspersonen aufzunehmen. [2] Die Löschung aus der Liste der Schlichtungspersonen kann jederzeit beantragt werden.

(4) Sofern in die Liste der Schlichtungspersonen keine hinreichende Zahl von Rechtsanwältinnen und Rechtsanwälten eingetragen ist, kann der Präsident oder Direktor des Amtsgerichts, bei dem die Gütestelle eingerichtet ist,

die Liste durch weitere geeignete Personen ergänzen, die bereit sind, als Schlichtungsperson tätig zu werden.

(5) Die in die Liste eingetragenen Personen sind verpflichtet, die Aufgabe der Schlichtungsperson zu übernehmen.

§ 4 Aufgaben der Gütestelle. (1) Die Schlichtungsperson hat unverzüglich, längstens jedoch binnen einer Frist von drei Monaten nach Eingang des Antrags bei der Gütestelle, einen Einigungsversuch durchzuführen und im Falle eines erfolglosen Einigungsversuchs der Antrag stellenden Partei eine Bescheinigung hierüber auszustellen.

(2) [1]Ziel des Verfahrens ist eine gütliche Einigung der Parteien. [2]Der Gang des Verfahrens wird von der Schlichtungsperson nach freiem Ermessen gestaltet.

(3) Der Urkundsbeamte der Geschäftsstelle des Amtsgerichts ist zuständig für

1. die Entgegennahme des schriftlichen Antrags und die Aufnahme des Antrags zu Protokoll,

2. die Registrierung des Antrags,

3. die Bestimmung der Schlichtungsperson,

4. die Mitteilung an die Schlichtungsperson über ihre Bestimmung, über den Tag des Antrageingangs sowie die Übersendung des Antrags an die Schlichtungsperson,

5. die Erteilung der Vollstreckungsklausel (§ 13),

6. die Anordnung von Zahlungen in Fällen des § 17 Abs. 1 Satz 2,

7. die Aufbewahrung des Protokolls (§ 12 Abs. 2).

(4) [1]Die übrigen Aufgaben der Gütestelle werden von der Schlichtungsperson wahrgenommen. [2]Die sind insbesondere

1. die Übersendung des Antrags an die Gegenpartei,

2. die Ladung der Parteien zur Schlichtungsverhandlung in die Kanzleiräume der Schlichtungsperson oder an einen von ihr zu bestimmenden Ort,

3. die Durchführung der Schlichtungsverhandlung und des Einigungsversuchs,

4. die Protokollierung einer Vereinbarung,

5. die Ausstellung einer Bescheinigung über einen erfolglosen Einigungsversuch bei dessen Scheitern oder auf Antrag der den Antrag nach § 5 stellenden Partei, wenn binnen einer Frist von drei Monaten nach Eingang des Antrags nach § 5 bei der Gütestelle das von ihr beantragte Schlichtungsverfahren nicht durchgeführt worden ist,

6. Erteilung von Abschriften des Protokolls,

7. die Geltendmachung der ihr zustehenden Kosten (§§ 14 bis 19).

3. Abschnitt: Verfahren

§ 5 Verfahrenseinleitung. [1]Das Schlichtungsverfahren wird auf Antrag einer Partei eingeleitet. [2]Der Antrag kann bei der Gütestelle schriftlich eingereicht oder mündlich zu Protokoll der Gütestelle gegeben werden. [3]Er muss den Namen und die ladungsfähige Anschrift der Parteien, eine kurze Darstellung der Streitsache, den Gegenstand des Streits und des Begehrens enthalten und von der Antrag stellenden Partei oder ihrem Bevollmächtigten unterschrieben sein. [4] Bei schriftlichen Anträgen ist die für die Zustellung erforderliche Zahl von Abschriften beizufügen.

§ 6 Schlichtungsperson. (1) [1] Die Schlichtungsperson ist unparteiisch und unabhängig. [2] Sie ist hinsichtlich der Tatsachen, die Gegenstand des Schlichtungsverfahrens sind, zur Verschwiegenheit verpflichtet.

(2) [1] Wird mit der Antragstellung eine von beiden Parteien unterzeichnete schriftliche Erklärung vorgelegt, die eine Einigung auf eine in die Schlichtungspersonenliste der Gütestelle eingetragene Schlichtungsperson enthält, so wird diese vom Amtsgericht zur Schlichtungsperson bestimmt. [2] Andernfalls wird die Schlichtungsperson vom Urkundsbeamten der Geschäftsstelle des Amtsgerichts unter Beachtung einer gleichmäßigen Zuteilung aus der Liste bestimmt. [3] Der Präsident oder Direktor des Amtsgerichts, bei dem die Gütestelle eingerichtet ist, kann zur Verteilung der Schlichtungsanträge Vereinbarungen mit der örtlich zuständigen Rechtsanwaltskammer treffen.

(3) [1] Zeigt die zunächst bestimmte Schlichtungsperson an, dass Umstände vorliegen, die den Voraussetzungen der §§ 41, 48 ZPO entsprechen, entbindet die Gütestelle sie und bestimmt nach Maßgabe des Absatzes 2 eine andere Schlichtungsperson. [2] Die Entscheidung ist nicht anfechtbar.

§ 7 Terminsbestimmung. (1) Die Schlichtungsperson soll umgehend Ort und Zeit der Schlichtungsverhandlung bestimmen.

(2) [1] Die Ladung wird den Parteien durch die Schlichtungsperson mittels eingeschriebenem Brief (Einwurf-Einschreibsendung) durch die Post oder ihren bevollmächtigten Rechtsanwälten gegen mit Datum und Unterschrift versehenes Empfangsbekenntnis zugestellt. [2] Die Gegenpartei erhält mit der Ladung eine Abschrift des Antrags. [3] Zugleich werden die Parteien auf die Pflicht, persönlich zur Schlichtungsverhandlung zu erscheinen, und die Folgen hingewiesen, die eine Verletzung dieser Pflicht haben kann (§§ 9 und 17 Abs. 2 Nr. 1).

§ 8 Persönliches Erscheinen der Parteien. (1) Die Parteien haben in dem anberaumten Termin persönlich zu erscheinen.

(2) [1] Dies gilt nicht, wenn die Partei zur Verhandlung einen Vertreter entsendet, der zur Aufklärung des Tatbestandes in der Lage und zu einem Vergleichsabschluss ausdrücklich ermächtigt ist. [2] Handelsgesellschaften und juristische Personen dürfen sich durch Bevollmächtigte vertreten lassen. [3] Eltern als gesetzliche Vertreter ihrer Kinder können sich auf Grund einer schriftlichen Vollmacht gegenseitig vertreten.

(3) Jede Partei kann sich im Schlichtungsverfahren eines Beistandes oder eines Rechtsanwalts bedienen.

(4) [1] Eine Partei kann ihr Ausbleiben an dem anberaumten Termin wegen Krankheit, dringender beruflicher Verhinderung, unvermeidbarer Ortsabwesenheit oder wegen sonstiger wichtiger Gründe entschuldigen. [2] Sie hat ihr Nichterscheinen der Schlichtungsperson unverzüglich anzuzeigen und dabei die Entschuldigungsgründe glaubhaft zu machen.

(5) Bei genügend entschuldigtem Ausbleiben einer Partei wird ein neuer Termin bestimmt.

§ 9 Folgen des unentschuldigten Ausbleibens. (1) [1] Bleibt die Antrag stellende Partei im Termin aus, ohne ihr Ausbleiben vor dem Termin oder innerhalb von einer Woche nach dem Termin genügend zu entschuldigen, so gilt der Antrag als zurückgenommen. [2] Eine Bescheinigung über die Erfolglosigkeit des Einigungsversuchs wird nicht erteilt.

(2) [1] Wenn die Gegenpartei vor dem Termin zur Schlichtungsverhandlung schriftlich der Schlichtungsperson mitteilt, dass sie nicht erscheinen wird, entfällt die Pflicht der Antrag stellenden Partei zum Erscheinen. [2] Der Einigungsversuch gilt als gescheitert. [3] Der Antrag stellenden Partei wird eine Bescheinigung über die Erfolglosigkeit des Einigungsversuchs erteilt.

(3) [1] Erscheint die Gegenpartei zur Schlichtungsverhandlung nicht, ohne ihr Ausbleiben vor dem oder innerhalb von einer Woche nach dem Termin genügend zu entschuldigen, so ist anzunehmen, dass sie sich auf die Schlichtungsverhandlung nicht einlassen will. [2] Der Antrag stellenden Partei wird eine Bescheinigung über die Erfolglosigkeit des Einigungsversuchs erteilt.

§ 10 Schlichtungsverhandlung. (1) [1] Die Schlichtungsverhandlung ist nicht öffentlich, es sei denn, die Schlichtungsperson und die Parteien vereinbaren etwas anderes. [2] Die Schlichtungsverhandlung ist in der Regel in einem Termin mündlich durchzuführen. [3] Wird die Verhandlung unterbrochen, so ist zugleich ein Termin zu ihrer Fortsetzung zu bestimmen. [4] Eine Ladung zu diesem Termin ist nicht erforderlich.

(2) [1] Eine Ladung von Zeugen und Sachverständigen durch die Gütestelle erfolgt nicht. [2] Zeugen und Sachverständige, die von den Parteien auf ihre Kosten in den Termin gestellt werden, können angehört werden. [3] Vorgelegte Urkunden können berücksichtigt werden. [4] Mit Zustimmung und in Anwesenheit der Parteien oder deren Vertretern kann auch ein Augenschein eingenommen werden.

(3) Zur Beeidung von Zeugen oder Sachverständigen, zur eidlichen Parteivernehmung sowie zur Entgegennahme von eidesstattlichen Versicherungen ist die Schlichtungsperson nicht befugt.

§ 11 Vereinbarung, Protokoll. (1) [1] Kommt eine Einigung zustande, so ist sie zu Protokoll festzustellen. [2] Die Einigung muss auch eine Regelung über die Kosten des Schlichtungsverfahrens enthalten; die Kosten sind der Höhe nach auszuweisen.

(2) Das Protokoll muss enthalten:

1. den Namen der Schlichtungsperson,

2. den Ort und die Zeit der Verhandlung

3. die Namen und Anschriften der erschienenen Parteien, gesetzlichen Vertreter, Bevollmächtigten und Beistände,

4. den Gegenstand des Streites,

5. die Vereinbarung der Parteien.

(3) [1] Das Protokoll ist von der Schlichtungsperson zu unterschreiben. [2] Es ist den Parteien oder deren Vertretern vorzulesen oder zur Durchsicht vorzulegen und von ihnen durch Unterschrift zu genehmigen.

(4) Kommt eine Einigung nicht zustande, so ist hierüber ein kurzer Vermerk aufzunehmen, aus dem sich die Parteien, der Gegenstand des Streits sowie der Zeitpunkt der Einleitung und der Beendigung des Schlichtungsverfahrens ergeben.

§ 12 Abschrift und Aufbewahrung. (1) Die Schlichtungsperson erteilt den Parteien oder deren Rechtsnachfolgern auf Verlangen Abschriften des Protokolls.

(2) Nach Erteilung der Abschriften übermittelt die Schlichtungsperson die Urschrift des Protokolls dem Urkundsbeamten zur Aufbewahrung.

(3) Die übrigen Akten hat die Schlichtungsperson auf die Dauer von fünf Jahren nach Beendigung des Verfahrens aufzubewahren.

4. Abschnitt: Vollstreckung

§ 13 Vollstreckung aus der Vereinbarung. (1) Aus der vor der Schlichtungsperson geschlossenen Vereinbarung findet die Zwangsvollstreckung nach § 794 Abs. 1 Nr. 1 ZPO statt.

(2) Auf Antrag wird die Vollstreckungsklausel von dem Urkundsbeamten der Geschäftsstelle des Amtsgerichts, bei dem die Gütestelle eingerichtet ist, erteilt.

(3) Auf der Urschrift des Protokolls ist zu vermerken, wann und von wem sowie für und gegen wen die Vollstreckungsklausel erteilt worden ist.

5. Abschnitt: Kosten

§ 14 Gebühren und Auslagen. (1) Die Schlichtungsperson erhebt für ihre Tätigkeit Kosten (Gebühren und Auslagen) nur nach diesem Gesetz.

(2) Die Schlichtungsperson hat Anspruch auf Ersatz der auf ihre Kosten entfallenden Umsatzsteuer, sofern nicht nach § 19 Abs. 1 des Umsatzsteuergesetzes keine Umsatzsteuer erhoben wird.

§ 15 Höhe der Gebühren. (1) Die Gebühr für das Schlichtungsverfahren beträgt

1. 80 Euro, sofern das Verfahren nach Terminsbestimmung und Ladung der Parteien ohne Durchführung einer Schlichtungsverhandlung endet oder sofern bei der Schlichtungsverhandlung nur eine Partei erscheint;

2. 100 Euro, sofern nach einer Schlichtungsverhandlung mit beiden Parteien eine Einigung nicht erzielt worden ist;

3. 130 Euro, sofern eine Einigung zustande gekommen ist (§ 11 Abs. 1).

(2) Sind auf der Seite einer Partei oder beider Parteien mehrere Personen am Schlichtungsverfahren beteiligt, so wird die Gebühr nur einmal erhoben.

§ 16 Auslagen des Schlichtungsverfahrens. (1) Auslagen der Schlichtungsperson sind, mit Ausnahme der Auslagen nach Absatz 2, durch die Gebühren abgegolten.

(2) Von der Schlichtungsperson für das Verfahren herangezogene Dolmetscher werden vergütet; die Höhe der Vergütung richtet sich nach dem Justizvergütungs- und -entschädigungsgesetz.

(3) Eine Entschädigung oder Vergütung von Zeugen und Sachverständigen, die von den Parteien in den Termin gestellt werden, findet nicht statt.

§ 17 Kostenschuldner. (1) [1] Kostenschuldner ist die Partei, die die Durchführung der Streitschlichtung beantragt hat. [2] Bezieht die Partei Leistungen zur Sicherung des Lebensunterhalts nach dem Zweiten Buch Sozialgesetzbuch, Hilfe zum Lebensunterhalt nach dem Zwölften Buch Sozialgesetzbuch oder Grundleistungen nach dem Asylbewerberleistungsgesetz, so richtet sich der Kostenanspruch gegen die Landeskasse. [3] Der Bezug von in Satz 2 genannten Leistungen ist durch Vorlage des letzten Bewilligungsbescheids des Leistungsträgers glaubhaft zu machen.

(2) Kostenschuldner ist ferner

1. die Gegenpartei, wenn sie ihr Ausbleiben in dem anberaumten Termin nicht nach § 8 Abs. 4 genügend entschuldigt hat, es sei denn, sie bezieht Leistungen im Sinne von Absatz 1 Satz 2; Absatz 1 Satz 3 gilt entsprechend,

2. derjenige, der die Kostenschuld in der Vereinbarung oder durch eine vor der Gütestelle abgegebene oder ihr mitgeteilte Erklärung übernommen hat,

3. derjenige, der für die Kostenschuld eines anderen kraft Gesetzes haftet.

(3) [1] Mehrere Kostenschuldner haften als Gesamtschuldner. [2] Soweit ein Kostenschuldner nach Absatz 2 Nr. 1 oder 2 haftet, soll die Haftung eines anderen Kostenschuldners nur geltend gemacht werden, wenn eine Zwangsvollstreckung in das bewegliche Vermögen des Ersteren erfolglos geblieben ist oder aussichtslos erscheint.

§ 18 Fälligkeit und Vorschuss. (1) Gebühren werden mit Beendigung des Schlichtungsverfahrens, Auslagen nach § 16 Abs. 2 mit ihrer Entstehung fällig.

(2) [1] Die Schlichtungsperson kann von der Antrag stellenden Partei einen Vorschuss in Höhe der Gebühr nach § 15 Abs. 1 Nr. 3 zuzüglich Umsatzsteuer sowie der voraussichtlichen Auslagen nach § 16 Abs. 2 anfordern und die Durchführung der Schlichtungsverhandlung von der Zahlung dieses Vorschusses abhängig machen; § 9 Abs. 1 Satz 1 findet entsprechende Anwendung. [2] Dies gilt nicht, wenn die Antrag stellende Partei Leistungen im Sinne von § 17 Abs. 1 Satz 2 bezieht und dies entsprechend § 17 Abs. 1 Satz 3 glaubhaft macht.

§ 19 Einforderung und Zurückbehaltungsrecht. (1) Die Gebühr für das Verfahren und die Auslagen werden von der Schlichtungsperson auf Grund einer von ihr unterschriebenen und dem Kostenschuldner mitgeteilten Berechnung unter Benennung der Kostenvorschriften erhoben.

(2) [1] Die Bescheinigung über die Erfolglosigkeit des Schlichtungsversuchs sowie Ausfertigungen und Abschriften des Protokolls können zurückbehalten

werden, bis die im Verfahren erwachsenen Kosten bezahlt sind. [2] Von der Zurückbehaltung der Bescheinigung nach Satz 1 ist abzusehen, wenn die Antrag stellende Partei Leistungen im Sinne von § 17 Abs. 1 Satz 2 bezieht und dies entsprechend § 17 Abs. 1 Satz 3 glaubhaft macht.

§ 20 Erstattung der Auslagen der Parteien. (1) [1] Jede Partei trägt ihre eigenen Kosten. [2] Eine Erstattung der Kosten der Parteien findet im Schlichtungsverfahren nicht statt.

(2) Die Parteien können eine hiervon abweichende Vereinbarung treffen.

6. Abschnitt: Übergangsvorschriften

§ 21 Anwendbarkeit. (1) Das Gesetz findet auf alle Klagen Anwendung, die nach dem 30. September 2000 bei Gericht eingehen.

(2) [1] In die Liste nach § 3 Abs. 2 sind alle Rechtsanwältinnen und Rechtsanwälte aufzunehmen, die in der von der Rechtsanwaltskammer bis zum 1. Dezember 2006 für das Jahr 2007 vorgelegten Liste der Schlichtungspersonen enthalten waren. [2] § 3 Abs. 3 Satz 2 bleibt unberührt.

§ 22 Währungsumstellung. Bis zum 31. Dezember 2001 beträgt die Gebühr nach § 15 Abs. 1 Nr. 1 150 DM, die Gebühr nach § 15 Abs. 1 Nr. 2 200 DM und die Gebühr nach § 15 Abs. 1 Nr. 3 250 DM.

21. Bayerisches Gesetz zur obligatorischen außergerichtlichen Streitschlichtung in Zivilsachen und zur Änderung gerichtsverfassungsrechtlicher Vorschriften (Bayerisches Schlichtungsgesetz – BaySchlG)

Vom 25. April 2000
(GVBl S. 268)
BayRS 300-1-5-J
zuletzt geänd. durch § 1 ÄndG v. 22. 12. 2008 (GVBl S. 977)

Der Landtag des Freistaates Bayern hat das folgende Gesetz beschlossen, das hiermit bekannt gemacht wird:

Abschnitt I. Obligatorische Schlichtung als Prozessvoraussetzung

Art. 1 Sachlicher Umfang der obligatorischen Schlichtung. Vor den Amtsgerichten kann in folgenden bürgerlichrechtlichen Streitigkeiten mit Ausnahme der in § 15a Abs. 2 EGZPO genannten Streitigkeiten eine Klage erst erhoben werden, wenn die Parteien einen Versuch unternommen haben, die Streitigkeit vor einer in Art. 3 genannten Schlichtungs- oder Gütestelle gütlich beizulegen:

1. *(aufgehoben)*
2. in Streitigkeiten über Ansprüche wegen
   a) der in § 906 BGB geregelten Einwirkungen auf das Nachbargrundstück, sofern es sich nicht um Einwirkungen von einem gewerblichen Betrieb handelt,
   b) Überwuchses nach § 910 BGB,
   c) Hinüberfalls nach § 911 BGB,
   d) eines Grenzbaums nach § 923 BGB,
   e) der in den Art. 43 bis 54 AGBGB geregelten Nachbarrechte, sofern es sich nicht um Einwirkungen von einem gewerblichen Betrieb handelt,
3. in Streitigkeiten über Ansprüche wegen der Verletzung der persönlichen Ehre, die nicht in Presse oder Rundfunk begangen worden ist,
4. in Streitigkeiten über Ansprüche nach Abschnitt 3 des Allgemeinen Gleichbehandlungsgesetzes.

Art. 2 Örtlicher Umfang der obligatorischen Schlichtung. [1] Ein Schlichtungsversuch nach Art. 1 vor Erhebung der Klage ist nur erforderlich, wenn die Parteien ihren Wohnsitz, ihren Sitz oder ihre Niederlassung im selben Landgerichtsbezirk haben. [2] Die Bezirke der Landgerichte München I und München II gelten insoweit als ein Landgerichtsbezirk.

224

Art. 3 Schlichtungsstellen. (1) [1]Die Parteien können sich für einen Schlichtungsversuch einvernehmlich an jeden Rechtsanwalt, der nicht Parteivertreter ist, an jeden Notar oder an dauerhaft eingerichtete Schlichtungsstellen der Kammern, Innungen, Berufsverbände oder ähnliche Institutionen im Sinn von § 15 a Abs. 3 EGZPO wenden. [2]Das Einvernehmen nach Satz 1 wird unwiderleglich vermutet, wenn der Verbraucher eine branchengebundene Schlichtungsstelle, eine Schlichtungsstelle der Industrie- und Handelskammer, der Handwerkskammer oder der Innung angerufen hat. [3]Fehlt es am Einvernehmen nach den Sätzen 1 und 2, ist der Schlichtungsversuch vor einem örtlich zuständigen Schlichter der Gütestellen nach Art. 5 durchzuführen.

(2) Ein Schlichter ist von der Schlichtung ausgeschlossen, wenn die Voraussetzungen des § 41 ZPO vorliegen.

Art. 4 Bescheinigung über erfolglosen Schlichtungsversuch.

(1) [1]Bleibt der Schlichtungsversuch erfolglos, so ist dem Antragsteller darüber ein Zeugnis auszustellen, das dem Gericht bei Klageerhebung vorzulegen ist. [2]Das Zeugnis wird auf Antrag auch erteilt, wenn binnen einer Frist von drei Monaten das beantragte Schlichtungsverfahren nicht durchgeführt worden ist. [3]Die Frist beginnt nicht vor Einzahlung des Vorschusses gemäß Art. 14.

(2) Das Zeugnis ist außerdem auszustellen, wenn der Schlichter den sachlichen Anwendungsbereich nach Art. 1 oder, soweit dies zwischen den Parteien strittig ist, den örtlichen Anwendungsbereich nach Art. 2 für nicht eröffnet oder die Angelegenheit für eine Schlichtung aus rechtlichen oder tatsächlichen Gründen von vorneherein für ungeeignet erachtet.

(3) [1]Das Zeugnis hat auch die Namen und die Anschriften des Antragstellers und des Antragsgegners, eine kurze Darstellung des Streitgegenstands, Angaben zum Streitwert sowie den Zeitpunkt, zu dem das Verfahren beendet ist, zu enthalten. [2]Wird das Zeugnis ausgestellt, weil der Schlichter die Angelegenheit für eine Schlichtung für ungeeignet erachtet, sind die Gründe dafür im Zeugnis anzugeben.

Abschnitt II. Gütestellen nach § 15 a Abs. 1 EGZPO

Art. 5 Einrichtung der Gütestellen. (1) Jeder Notar ist als Träger eines öffentlichen Amtes Gütestelle.

(2) [1]Jeder Rechtsanwalt, der sich gegenüber der Rechtsanwaltskammer dazu verpflichtet hat, Schlichtung als dauerhafte Aufgabe zu betreiben, ist durch die Rechtsanwaltskammer als Gütestelle zuzulassen. [2]Die Zulassung kann widerrufen werden, wenn die Pflichten nach Art. 8 gröblich vernachlässigt werden.

(3) [1]Die Gütestellen nach den Absätzen 1 und 2 sind landesrechtlich anerkannte Gütestellen nach § 15 a Abs. 6 EGZPO. [2]Der Präsident des Oberlandesgerichts München kann weitere Gütestellen nach § 794 Abs. 1 Nr. 1 ZPO unter den Voraussetzungen des Art. 22 AGGVG einrichten und anerkennen.

Art. 6 Auswahl unter den Gütestellen. [1] Unter mehreren Gütestellen des Landgerichtsbezirks hat die antragstellende Partei die Auswahl. [2] Bestehen in dem Amtsgerichtsbezirk, in dem der Antragsgegner seinen Wohnsitz, seinen Sitz oder seine Niederlassung hat, Gütestellen, so kann die antragstellende Partei nur unter diesen auswählen. [3] Die zuerst angerufene Gütestelle ist auch für einen Gegenantrag zuständig.

Art. 7 Aufnahme des Schlichtungsantrags durch die Gütestelle. [1] Die Gütestelle nimmt den schriftlichen Schlichtungsantrag während der üblichen Geschäftszeiten entgegen und registriert ihn. [2] Der Schlichtungsantrag kann auch zu Protokoll der Gütestelle erklärt werden.

Art. 8 Schlichter, Pflichten aus dem Schlichteramt. (1) [1] Schlichter der Gütestellen nach Art. 5 Abs. 1 und 2 sind Personen, die den Beruf des Notars oder des Rechtsanwalts ausüben. [2] Sie beachten bei Ausübung des Schlichteramts ihre allgemeinen Berufspflichten. [3] Sie üben ihr Amt unparteiisch und unabhängig aus. [4] Sie tragen für eine zügige Erledigung der Schlichtungsverfahren Sorge.

(2) [1] Den Schlichtern steht hinsichtlich der Tatsachen, die Gegenstand des Schlichtungsverfahrens sind, ein Zeugnisverweigerungsrecht zu. [2] Wer als Schlichter tätig war, kann in derselben Sache keine der Parteien im gerichtlichen Verfahren vertreten.

(3) [1] Die Aufsicht über die Notare als Schlichter führt die Landesnotarkammer, die Aufsicht über die Rechtsanwälte als Schlichter die jeweils zuständige Rechtsanwaltskammer. [2] Die Aufsichtsbehörde kann die hierfür erforderlichen Verwaltungsanordnungen treffen. [3] Sie hat darauf zu achten, dass die Schlichter den ihnen nach diesem Gesetz obliegenden Verpflichtungen nachkommen. [4] Sie kann jederzeit Auskunft über alle die Geschäftsführung betreffenden Angelegenheiten verlangen.

Abschnitt III. Durchführung des Schlichtungsverfahrens vor dem Schlichter der Gütestelle nach Abschnitt II

Art. 9 Verfahrenseinleitung. [1] Das Schlichtungsverfahren wird auf Antrag eingeleitet. [2] Der Antrag muss Namen und ladungsfähige Anschrift der Parteien, eine kurze Darstellung der Streitsache und den Gegenstand des Begehrens enthalten. [3] Ihm sollen die für die förmliche Mitteilung erforderlichen Abschriften beigefügt werden.

Art. 10 Gang des Schlichtungsverfahrens. (1) [1] Sobald dem Schlichter der Antrag vorliegt und der Vorschuss (Art. 14) eingezahlt worden ist, bestimmt er einen Schlichtungstermin, zu dem er die Parteien persönlich lädt. [2] Er erörtert mit den Parteien mündlich die Streitsache und die Konfliktlösungsvorschläge der Parteien. [3] Zur Aufklärung der Interessenlage kann er mit den Parteien in deren Einvernehmen auch Einzelgespräche führen. [4] Auf der Grundlage der Schlichtungsverhandlung kann er den Parteien einen Vorschlag zur Konfliktbeilegung unterbreiten. [5] In geeigneten Fällen sieht der Schlichter von einem Termin ab und verfährt schriftlich.

(2) Die Schlichtungsverhandlung ist nicht öffentlich.

(3) [1] Der Schlichter lädt keine Zeugen und Sachverständigen. [2] Zeugen und Sachverständige, die von den Parteien auf deren Kosten herbeigeschafft werden, können angehört, und ein Augenschein kann eingenommen werden, wenn dadurch der Abschluss des Schlichtungsverfahrens nicht unverhältnismäßig verzögert wird.

(4) Im Übrigen bestimmt der Schlichter das zur zügigen Erledigung der Streitsache zweckmäßige Verfahren nach seinem Ermessen.

Art. 11 Persönliches Erscheinen der Parteien. (1) Die Parteien haben im Schlichtungstermin persönlich zu erscheinen.

(2) Dies gilt nicht, wenn eine Partei zu dem Termin eine Vertretung entsendet, die zur Aufklärung des Sachverhalts in der Lage und zu einem unbedingten Vergleichsabschluss schriftlich ermächtigt ist, und der Schlichter dem Fernbleiben der Partei zustimmt.

(3) Jede Partei kann sich im Termin eines Beistands oder eines Rechtsanwalts bedienen.

(4) [1] Erscheint der Antragsteller unentschuldigt nicht zum Schlichtungstermin, gilt der Antrag als zurückgenommen; bei hinreichender Entschuldigung binnen 14 Tagen ist vom Schlichter ein neuer Schlichtungstermin zu bestimmen. [2] Der Antrag gilt auch als zurückgenommen, wenn der Vorschuss nach Art. 14 nicht in der vom Schlichter gesetzten Frist einbezahlt wurde. [3] Fehlt die Gegenpartei unentschuldigt, so ist dem Antragsteller frühestens nach 14 Tagen ein Zeugnis nach Art. 4 auszustellen. [4] In der Ladung sind die Parteien auf die Folgen ihres Ausbleibens hinzuweisen.

Art. 12 Protokollierung der Konfliktbeilegung. [1] Wird vor dem Schlichter eine Vereinbarung zur Konfliktbeilegung geschlossen, so ist diese unter Angabe des Tages ihres Zustandekommens schriftlich niederzulegen und von den Parteien zu unterschreiben. [2] Der Schlichter bestätigt den Abschluss der Vereinbarung mit seiner Unterschrift. [3] Die Konfliktregelung muss auch eine Einigung der Parteien über die Kosten des Schlichtungsverfahrens enthalten. [4] Die Kosten des Schlichtungsverfahrens sind der Höhe nach auszuweisen. [5] Die Parteien erhalten vom Schlichter auf Antrag eine Abschrift der Vereinbarung.

Abschnitt IV. Vergütung für das Güteverfahren der Gütestellen nach Abschnitt II und deren Vollstreckung

Art. 13 Vergütung. (1) [1] Die Schlichter nach Art. 5 Abs. 1 und 2 erheben für ihre Tätigkeit eine Vergütung (Gebühren und Auslagen) nur nach diesem Gesetz. [2] Sie erhalten Ersatz der auf die Vergütung entfallenden Umsatzsteuer, sofern diese nicht nach § 19 Abs. 1 des Umsatzsteuergesetzes unerhoben bleibt.

(2) Die Gebühr für das Schlichtungsverfahren beträgt

1. 50 Euro, wenn das Verfahren ohne Schlichtungsgespräch endet,

2. 100 Euro, wenn ein Schlichtungsgespräch durchgeführt wurde.

(3) Werden Schlichter im Rahmen des Vollzugs der Vereinbarung zur Konfliktbewältigung im Auftrag beider Parteien tätig, entsteht eine weitere Gebühr in Höhe von 50 Euro.

(4) [1] Mit der Gebühr werden die allgemeinen Geschäftsunkosten der Schlichter abgegolten. [2] Für Post- und Telekommunikationsdienstleistungen sowie Schreibauslagen können die Schlichter einen Pauschsatz von 20 Euro fordern.

Art. 14 Vorschuss für die Vergütung. (1) Der Schlichter fordert vom Antragsteller vor Durchführung des Schlichtungsverfahrens einen Vorschuss in Höhe der Gebühr nach Art. 13 Abs. 2 Nr. 2 zuzüglich der Auslagen nach Art. 13 Abs. 4.

(2) Nach Abschluss des Schlichtungsverfahrens rechnet der Schlichter gegenüber dem Antragsteller über den Vorschuss ab.

Art. 15 Vergütungsfreiheit. (1) Eine Partei, die die Voraussetzungen für die Gewährung von Beratungshilfe nach den Vorschriften des Beratungshilfegesetzes erfüllt, ist von der Verpflichtung zur Zahlung der Vergütung befreit.

(2) § 4 Abs. 1, Abs. 2 Sätze 1 bis 3, §§ 5 und 6 des Beratungshilfegesetzes finden entsprechende Anwendung.

(3) [1] Ist die Partei nach Absatz 1 von der Verpflichtung zur Zahlung der Vergütung befreit, erstattet die Staatskasse dem Schlichter die ihm zustehende Vergütung. [2] Die Erstattung der Schlichtervergütung durch die Staatskasse ist in der Bescheinigung nach Art. 4 zu vermerken.

Art. 16 Beitreibung der Vergütung durch die Staatskasse. (1) Ist dem Schlichter die Vergütung nach Art. 15 Abs. 3 erstattet worden, so geht der Anspruch auf Kostenerstattung, der sich aus der Verurteilung des Gegners in die Prozesskosten im nachfolgenden Gerichtsverfahren ergibt, insoweit auf die Staatskasse über.

(2) [1] Der Vergütungsanspruch nach Absatz 1 ist von der Staatskasse nach den Vorschriften über die Einziehung der Kosten des gerichtlichen Verfahrens geltend zu machen. [2] Die Ansprüche werden bei dem Amtsgericht angesetzt, bei dem der nachfolgende Rechtsstreit geführt wurde. [3] Für die Entscheidung über eine gegen den Ansatz gerichtete Erinnerung und über die Beschwerde gilt § 5 Gerichtskostengesetz entsprechend.

Art. 17 Aufwendungen der Beteiligten. [1] Jede Partei trägt ihre eigenen Kosten. [2] Kosten werden, vorbehaltlich einer anderen Regelung in der Vereinbarung zur Konfliktbeilegung, nicht erstattet.

Abschnitt V. Vollstreckung aus dem Vergleich der Gütestellen und Klauselerteilung

Art. 18 Vollstreckung aus einem Vergleich. Aus einem vor dem Schlichter der Gütestelle geschlossenen Vergleich findet die Zwangsvollstreckung nach § 794 Abs. 1 Nr. 1 ZPO statt.

Art. 19 Erteilung der Vollstreckungsklausel. (1) Die Vollstreckungsklausel auf einem Vergleich einer Gütestelle nach Art. 5 Abs. 1 erteilt der Notar.

(2) Die Vollstreckungsklausel auf einem Vergleich einer Gütestelle nach Art. 5 Abs. 2 und Abs. 3 Satz 2 erteilt der Rechtspfleger des Amtsgerichts, in dessen Bezirk die Gütestelle eingerichtet ist.

Abschnitt VI. Änderung des AGGVG, In-Kraft-Treten, Außer-Kraft-Treten und Übergangsvorschriften

Art. 20 *(nicht wiedergegebene Änderungsvorschrift)*

Art. 21 In-Kraft-Treten, Außer-Kraft-Treten. (1) Dieses Gesetz tritt am 1. Mai 2000 in Kraft.

(2) [1] Art. 1 Nr. 1 tritt mit Ablauf des 31. Dezember 2005 außer Kraft. [2] Art. 1 bis 19 und Art. 20 Nrn. 1 und 9 treten mit Ablauf des 31. Dezember 2011 außer Kraft.

Art. 22 Übergangsvorschrift. Dieses Gesetz findet auf alle Klagen Anwendung, die

1. in den Fällen des Art. 1 Nr. 1 vor dem 1. Januar 2006,

2. in den Fällen des Art. 1 Nrn. 2 bis 4 vor dem 1. Januar 2012

bei Gericht eingehen.

22. Gesetz zur Einführung einer obligatorischen außergerichtlichen Streitschlichtung im Land Brandenburg (Brandenburgisches Schlichtungsgesetz – BbgSchlG)[1]

Vom 5. Oktober 2000

(GVBl. I S. 134)

Sa BbgLR 317-2

zuletzt geänd. durch Art. 2 Zweites Schlichtungsrecht-AnpassungsG v. 18. 12. 2006 (GVBl. I S. 186)

§ 1 Sachlicher Anwendungsbereich. (1) Die Erhebung einer Klage vor den Amtsgerichten ist erst zulässig, nachdem von einer der in § 3 genannten Gütestellen versucht worden ist, die Streitigkeit einvernehmlich beizulegen

1. *(aufgehoben)*

2. in Streitigkeiten über Ansprüche aus dem Nachbarrecht wegen Überwuchses nach § 910 des Bürgerlichen Gesetzbuches, Hinüberfalls nach § 911 des Bürgerlichen Gesetzbuches, eines Grenzbaumes nach § 923 des Bürgerlichen Gesetzbuches und nach § 906 des Bürgerlichen Gesetzbuches sowie nach dem im Brandenburgischen Nachbarrechtsgesetz[2] geregelten Nachbarrecht, sofern es sich nicht um Einwirkungen von einem gewerblichen Betrieb handelt;

3. in Streitigkeiten über Ansprüche wegen Verletzung der persönlichen Ehre, die nicht in Presse oder Rundfunk begangen worden sind.

(2) Absatz 1 findet keine Anwendung auf

1. Klagen nach den §§ 323, 324, 328 der Zivilprozessordnung, Widerklagen und Klagen, die binnen einer gesetzlichen oder gerichtlich angeordneten Frist zu erheben sind;

2. Streitigkeiten in Familiensachen;

3. Wiederaufnahmeverfahren;

4. Ansprüche, die im Urkunden- oder Wechselprozess geltend gemacht werden;

5. die Durchführung des streitigen Verfahrens, wenn ein Anspruch im Mahnverfahren geltend gemacht worden ist;

6. Klagen wegen vollstreckungsrechtlicher Maßnahmen, insbesondere nach dem Achten Buch der Zivilprozessordnung;

7. vermögensrechtliche Ansprüche, die im Strafverfahren gemäß den §§ 403 bis 406 c der Strafprozessordnung geltend gemacht werden oder geltend gemacht worden sind.

---

[1] Verkündet als Art. 1 G zur Fortentwicklung des Schlichtungsrechts im Land Brandenburg v. 5. 10. 2000 (GVBl. I S. 134), geänd. durch G v. 18. 12. 2006 (GVBl. I S. 186); Inkrafttreten gem. Art. 5 Abs. 1 dieses G m W v 1. 1. 2001.

[2] Nr. **6.**

(3) [1] Das Erfordernis eines Einigungsversuchs vor einer der in § 3 genannten Stellen entfällt, wenn die Parteien einvernehmlich einen Einigungsversuch vor einer sonstigen Gütestelle, die Streitbeilegungen betreibt, unternommen haben. [2] Das Einvernehmen nach Satz 1 wird unwiderleglich vermutet, wenn der Verbraucher eine branchengebundene Gütestelle, eine Gütestelle der Industrie- und Handelskammer, der Handwerkskammer oder der Innung angerufen hat.

§ 2 Räumlicher Anwendungsbereich. Ein Schlichtungsversuch nach § 1 Abs. 1 ist nur erforderlich, wenn die Parteien in demselben Landgerichtsbezirk wohnen oder ihren Sitz oder eine Niederlassung haben.

§ 3 Sachliche Zuständigkeit. Das Schlichtungsverfahren nach diesem Gesetz wird durchgeführt durch

1. die nach dem Schiedsstellengesetz eingerichteten Schiedsstellen,

2. weitere Gütestellen im Sinne des § 794 Abs. 1 Nr. 1 der Zivilprozessordnung.

§ 4 Regelung des Verfahrens. (1) Im Falle der Durchführung des Schlichtungsverfahrens vor den Schiedsstellen gelten für die örtliche Zuständigkeit, die Form und den Inhalt des Antrags sowie die Durchführung des Schlichtungsverfahrens einschließlich der Kostentragung, soweit nachfolgend nichts anderes bestimmt wird, die Vorschriften des Schiedsstellengesetzes.

(2) Für Gütestellen nach § 3 Nr. 2 gilt die jeweilige Schlichtungsordnung nach § 4 des Brandenburgischen Gütestellengesetzes.

(3) [1] Droht die Verjährung oder das Erlöschen eines Anspruchs, so kann bei Nichterreichbarkeit der Gütestelle ein an diese gerichteter Antrag auf Einleitung des Schlichtungsverfahrens auch bei dem im Bezirk der Gütestelle gelegenen Amtsgericht oder bei dem nächstgelegenen Amtsgericht eingereicht werden. [2] Das Amtsgericht leitet den Antrag an die angerufene Gütestelle weiter. [3] Mit Eingang des Antrags bei dem Amtsgericht gilt der Anspruch als geltend gemacht.

§ 5 Erfolglosigkeitsbescheinigung. (1) Die Schiedsstelle erteilt von Amts wegen eine Bescheinigung über die Erfolglosigkeit der Schlichtung, wenn

1. die Güteverhandlung beendet worden ist, weil feststeht, dass die gegnerische Partei der Verhandlung unentschuldigt ferngeblieben oder sich unentschuldigt vor dem Schluss der Verhandlung wieder entfernt hat,

2. eine Vereinbarung zwischen den Parteien nicht zustande gekommen ist,

3. das Einigungsverfahren nicht innerhalb einer Frist von drei Monaten seit der ordnungsgemäßen Stellung des Antrags durchgeführt worden ist. Während des Ruhens des Verfahrens ist der Lauf der Frist gehemmt.

(2) [1] Die Schiedsstelle versieht die Bescheinigung mit ihrer Unterschrift und dem Landessiegel. [2] Die Bescheinigung muss

1. die Namen, Vornamen und die Anschriften der Parteien und ihrer gesetzlichen Vertreter,

2. Angaben über den Gegenstand des Streits, insbesondere die Anträge,

3. den Zeitpunkt des Antragseingangs und der Verfahrensbeendigung sowie
4. Ort und Zeit der Ausstellung enthalten.

(3) Wurde der Güteantrag bei einer weiteren Gütestelle im Sinne des § 794 Abs. 1 Nr. 1 der Zivilprozessordnung gestellt, hat der Schlichter dieser Stelle eine Bescheinigung über den gescheiterten Einigungsversuch entsprechend den Absätzen 1 und 2 auszustellen.

(4) Der Nachweis, dass ein Einigungsversuch im Sinne des § 1 Abs. 3 durchgeführt wurde, kann nur durch eine Absatz 2 entsprechende Bescheinigung geführt werden.

§ 6 Laufende Verfahren. § 1 Abs. 1 gilt nicht für Klagen, die am Tag des In-Kraft-Tretens dieses Gesetzes bereits bei Gericht eingegangen waren.

23. Hessisches Gesetz zur Regelung der außergerichtlichen Streitschlichtung[1][2]

Vom 6. Februar 2001

(GVBl. I S. 98)

GVBl. II 210-82

zuletzt geänd. durch Art. 5 G zur Anpassung der Rechtsstellung von Lebenspartnerschaften und zur Änd. des Hess. AbgeordnetenG v. 26. 3. 2010 (GVBl. I S. 114)

Erster Abschnitt. Allgemeine Vorschriften

§ 1 Sachlicher Anwendungsbereich. (1) Die Erhebung einer Klage vor Gerichten der ordentlichen Gerichtsbarkeit ist erst zulässig, nachdem von einer in § 3 genannten Gütestelle versucht worden ist, die Streitigkeit einvernehmlich beizulegen,

1. in Streitigkeiten über Ansprüche wegen

    a) der in § 906 des Bürgerlichen Gesetzbuches geregelten Einwirkungen, sofern es sich nicht um Einwirkungen eines gewerblichen Betriebs handelt,

    b) Überwuchses nach § 910 des Bürgerlichen Gesetzbuches,

    c) Hinüberfalls nach § 911 des Bürgerlichen Gesetzbuches,

    d) eines Grenzbaums nach § 923 des Bürgerlichen Gesetzbuches,

    e) der im Hessischen Nachbarrechtsgesetz[3] geregelten Nachbarrechte, sofern es sich nicht um Einwirkungen eines gewerblichen Betriebs handelt,

2. in Streitigkeiten über Ansprüche wegen Verletzungen der persönlichen Ehre, die nicht in Presse oder Rundfunk begangen worden sind.

    (2) Absatz 1 findet keine Anwendung auf

1. Klagen nach den §§ 323, 324, 328 der Zivilprozessordnung, Widerklagen und Klagen, die binnen einer gesetzlichen oder gerichtlich angeordneten Frist zu erheben sind,

2. Streitigkeiten in Familiensachen,

3. Wiederaufnahmeverfahren,

4. Ansprüche, die im Urkunden- oder Wechselprozess geltend gemacht werden,

5. die Durchführung des streitigen Verfahrens, wenn ein Anspruch im Mahnverfahren geltend gemacht worden ist,

6. Klagen wegen vollstreckungsrechtlicher Maßnahmen, insbesondere nach dem Achten Buch der Zivilprozessordnung,

7. Klagen, die auf Duldung gerichtet und im Gewerbebetrieb der klagenden Partei begründet sind,

---

[1] **Das Gesetz tritt mit Ablauf des 31. 12. 2010 außer Kraft**, vgl. § 16 Satz 2.
[2] Verkündet als Art. 1 G zur Ausführung des § 15 a EGZPO v. 6. 2. 2001 (GVBl. I S. 98).
[3] Nr. **8**.

8. Anträge, die im Adhäsionsverfahren (§ 403 der Strafprozessordnung) gestellt werden,

9. Klagen, für die nach anderen Vorschriften ein obligatorisches Vorverfahren angeordnet ist.

§ 2 Räumlicher Anwendungsbereich. Ein Einigungsversuch nach § 1 Abs. 1 ist nur erforderlich, wenn die Parteien in Hessen wohnen oder ihren Sitz oder eine Niederlassung haben.

§ 3 Sachliche Zuständigkeit. (1) Das Schlichtungsverfahren nach diesem Gesetz führt das Schiedsamt oder eine andere von der Landesjustizverwaltung eingerichtete oder anerkannte Gütestelle nach Maßgabe der jeweils für sie geltenden Verfahrensordnung durch (obligatorische Streitschlichtung).

(2) [1] Das Erfordernis eines Einigungsversuchs vor dieser Stelle entfällt, wenn die Parteien einvernehmlich versucht haben, ihren Streit vor einer sonstigen Gütestelle, die Streitbeilegung betreibt, beizulegen (fakultative Streitschlichtung). [2] Die Aufgaben der sonstigen Gütestellen können auch von den Mitgliedern der Rechtsanwalts- und Notarkammern wahrgenommen werden.

(3) Im Rahmen der fakultativen Streitschlichtung sind die Mitglieder der Notarkammern befugt, eidesstattliche Versicherungen entgegenzunehmen und formbedürftige Erklärungen zu protokollieren.

§ 4 Örtliche Zuständigkeit. [1] Das Schlichtungsverfahren ist bei der Gütestelle einzuleiten, in deren Bezirk die Gegenpartei wohnt. [2] Bei Streitigkeiten über Ansprüche aus Miet- und Pachtverhältnissen über Räume ist die Gütestelle ausschließlich zuständig, in deren Bezirk sich die Räume befinden.

§ 5 Erfolglosigkeitsbescheinigung. (1) [1] Über einen ohne Erfolg durchgeführten Schlichtungsversuch ist den Parteien von der anerkannten Gütestelle eine Bescheinigung zu erteilen. [2] Die Bescheinigung ist auf Antrag auch auszustellen, wenn binnen einer Frist von drei Monaten das Einigungsverfahren nicht durchgeführt worden ist.

(2) [1] Die Bescheinigung muss enthalten

1. Name und Anschrift der Parteien,

2. Angaben über den Gegenstand des Streites, insbesondere die Anträge.

[2] Außerdem sollen Beginn und Ende des Verfahrens vermerkt werden.

(3) Das Scheitern einer Streitschlichtung vor einer sonstigen Gütestelle ist durch eine Bescheinigung nachzuweisen, die den Anforderungen des Abs. 2 entspricht.

Zweiter Abschnitt. Einrichtung und Anerkennung von Gütestellen

§ 6 Gütestellen und Schiedsämter. (1) [1] Als Gütestelle im Sinne des § 794 Abs. 1 Nr. 1 der Zivilprozessordnung können juristische Personen oder bei diesen bestehende Stellen eingerichtet oder anerkannt werden. [2] Auch natürliche Personen können als Gütestellen anerkannt werden.

(2) Schiedsämter im Sinne des Hessischen Schiedsamtsgesetzes stehen den von der Landesjustizverwaltung anerkannten Gütestellen gleich.

§ 7 Aufgaben. [1] Aufgabe der Gütestelle ist es, die außergerichtliche Streitbeilegung zu fördern und die Inanspruchnahme der Gerichte in geeigneten Fällen entbehrlich zu machen. [2] Ihr obliegt die einvernehmliche Streitbeilegung nach § 1.

§ 8 Persönliche Voraussetzungen. (1) Natürliche Personen können als Gütestellen anerkannt werden, wenn sie nach ihrer Persönlichkeit und ihren Fähigkeiten für das Amt geeignet sind und sich verpflichtet haben, die Schlichtung als dauerhafte Aufgabe zu betreiben.

(2) Nicht anerkannt werden kann, wer

1. die Fähigkeit zur Bekleidung öffentlicher Ämter nicht besitzt,

2. unter Betreuung steht,

3. durch sonstige, nicht unter Nr. 2 fallende gerichtliche Anordnungen in der Verfügung über sein Vermögen beschränkt ist.

(3) [1] Juristische Personen oder deren Einrichtungen können als Gütestellen anerkannt werden, wenn gewährleistet ist, dass die von ihnen bestellte Schlichtungsperson die Voraussetzungen der Abs. 1 und 2 erfüllt. [2] Es muss darüber hinaus gewährleistet sein, dass die Schlichtungsperson im Rahmen ihrer Schlichtungstätigkeit unabhängig und an Weisungen nicht gebunden ist. [3] Die Bestellung als Schlichtungsperson muss für einen Zeitraum von mindestens drei Jahren erfolgen. [4] Eine Abberufung darf nur stattfinden, wenn Tatsachen vorliegen, die eine unabhängige Erledigung der Schlichtertätigkeit nicht mehr erwarten lassen.

§ 9 Schlichtungsordnung. (1) [1] Die Gütestelle bedarf einer Schlichtungsordnung. [2] Diese muss den Parteien des Schlichtungsverfahrens zugänglich sein.

(2) Die Schlichtungsordnung muss vorsehen, dass

1. die Schlichtungsperson die Schlichtungstätigkeit nicht ausüber darf

   a) in Angelegenheiten, in denen sie selbst Partei ist oder in denen sie zu einer Partei im Verhältnis einer Mitberechtigten, Mitverpflichteten oder Regresspflichtigen steht,

   b) in Angelegenheiten ihrer Ehegattin, ihres Ehegatten, ihrer Lebenspartnerin, ihres Lebenspartners, ihrer Verlobten oder ihres Verlobten, auch wenn die Ehe, Lebenspartnerschaft oder das Verlöbnis nicht mehr besteht,

   c) in Angelegenheiten einer Person, mit der sie in gerader Linie verwandt, verschwägert, in der Seitenlinie bis zum dritten Grade verwandt oder bis zum zweite Grade verschwägert ist, auch wenn die Ehe, durch die die Schwägerschaft begründet ist, nicht mehr besteht,

   d) in Angelegenheiten, in denen sie als Prozessbevollmächtigte oder Beistand einer Partei bestellt oder als gesetzliche Vertreterin einer Partei aufzutreten berechtigt ist oder war,

e) in Angelegenheiten einer Person, bei der sie gegen Entgelt beschäftigt oder bei der sie als Mitglied des Vorstandes, des Aufsichtsrates oder eines gleichartigen Organs tätig ist oder war,

2. die am Schlichtungsverfahren beteiligten Parteien Gelegenheit erhalten, selbst oder durch von ihnen beauftragte Personen Tatsachen und Rechtsansichten vorzubringen und sich zu dem Vortrag der Gegenseite zu äußern.

§ 10 Haftpflichtversicherung. (1) [1] Soweit die Gütestelle nicht von einer öffentlich-rechtlichen Körperschaft oder Anstalt getragen wird, muss eine Haftpflichtversicherung für Vermögensschäden bestehen und die Versicherung während der Dauer der Anerkennung als Gütestelle aufrechterhalten bleiben. [2] Die Versicherung muss bei einem im Inland zum Geschäftsbetrieb befugten Versicherungsunternehmen zu den nach Maßgabe des Versicherungsaufsichtsgesetzes eingereichten Allgemeinen Versicherungsbedingungen aufgenommen werden und sich auf solche Vermögensschäden erstrecken, für die die Gütestelle nach § 278 oder § 831 des Bürgerlichen Gesetzbuches einzustehen hat.

(2) Der Versicherungsvertrag hat Versicherungsschutz für jede einzelne Pflichtverletzung zu gewähren, die gesetzliche Haftpflichtansprüche privatrechtlichen Inhalts gegen die Gütestelle zur Folge haben könnte.

(3) [1] Die Mindestversicherungssumme beträgt zweihundertfünfzigtausend Euro für jeden Versicherungsfall. [2] Die Leistungen des Versicherers für alle innerhalb eines Versicherungsjahres verursachten Schäden können auf den vierfachen Betrag der Mindestversicherungssumme begrenzt werden.

(4) Die Vereinbarung eines Selbstbehalts bis zu 1 vom Hundert der Mindestversicherungssumme ist zulässig.

(5) Im Versicherungsvertrag ist der Versicherer zu verpflichten, der für die Anerkennung von Gütestellen zuständigen Stelle den Beginn und die Beendigung oder Kündigung des Versicherungsvertrages sowie jede Änderung, die den vorgeschriebenen Versicherungsschutz beeinträchtigt, unverzüglich mitzuteilen.

(6) Zuständige Stelle im Sinne des § 158 c Abs. 2 des Gesetzes über den Versicherungsvertrag ist die für die Anerkennung als Gütestelle zuständige Stelle.

§ 11 Aktenführung. (1) [1] Die Gütestelle hat durch Anlegung von Handakten einen geordneten Überblick über die von ihr entfaltete Tätigkeit zu ermöglichen. [2] In diesen Akten sind insbesondere zu dokumentieren

1. der Zeitpunkt der Anbringung eines Güteantrags bei der Gütestelle, weiterer Verfahrenshandlungen der Parteien und der Gütestelle sowie der Beendigung des Güteverfahrens,

2. der Inhalt eines zwischen den Parteien geschlossenen Vergleichs.

(2) Die Gütestelle hat die Akten auf die Dauer von fünf Jahren nach Beendigung des Verfahrens aufzubewahren.

(3) Innerhalb des in Abs. 2 genannten Zeitraums können die Parteien von der Gütestelle gegen Kostenerstattung beglaubigte Ablichtungen der Handakten und Ausfertigungen geschlossener Vergleiche verlangen.

(4) Zur Überprüfung der Geschäftsführung sind die Akten auf Verlangen der nach § 13 Abs. 1 zuständigen Behörde vorzulegen.

§ 12 Rücknahme und Widerruf der Anerkennung. (1) Die Anerkennung als Gütestelle ist mit Wirkung für die Zukunft zurückzunehmen, wenn nachträglich Tatsachen bekannt werden, bei deren Kenntnis die Zulassung hätte versagt werden müssen.

(2) Die Anerkennung ist zu widerrufen, wenn

1. die Schiedsperson nicht mehr die persönlichen Voraussetzungen des § 8 erfüllt,

2. die Schlichtungsordnung nicht mehr den Anforderungen des § 9 entspricht,

3. die erforderliche Haftpflichtversicherung (§ 10) nicht mehr besteht,

4. die Gütestelle auf die Rechte aus ihrer Anerkennung gegenüber der für die Anerkennung zuständigen Behörde schriftlich verzichtet hat.

§ 13 Zuständigkeit, Gebühren und Verfahren. (1) Zuständige Behörde für die Anerkennung sowie die Rücknahme und den Widerruf der Anerkennung als Gütestelle ist das Oberlandesgericht als Verwaltungsbehörde.

(2) [1] Die Anträge sind schriftlich zu stellen. [2] Die Schlichtungsordnung ist beizufügen.

(3) [1] Für die Anerkennung als Gütestelle wird eine Gebühr in Höhe von 125 Euro erhoben. [2] Wird der Antrag auf Anerkennung abgelehnt oder wird dieser zurückgenommen, so beträgt die Gebühr 25 Euro.

(4) Wird eine andere Schlichtungsperson tätig oder die Schlichtungsordnung geändert, so ist dies der nach Abs. 1 zuständigen Behörde unverzüglich anzuzeigen.

(5) [1] Die Anerkennung als Gütestelle sowie die Rücknahme oder der Widerruf der Anerkennung sind öffentlich bekannt zu machen. [2] Die nach Abs. 1 zuständige Behörde führt eine Liste der in ihrem Bezirk anerkannten Gütestellen. [3] Die hierfür erforderlichen Daten dürfen erhoben und gespeichert werden. [4] Die erstellten Listen dürfen in automatisierte Abrufverfahren eingestellt werden.

§ 14 Anfechtung von Entscheidungen. [1] Über die Rechtmäßigkeit von Anordnungen, Verfügungen oder sonstigen Maßnahmen nach diesem Abschnitt entscheiden auf Antrag die ordentlichen Gerichte. [2] Für das Verfahren gelten die Vorschriften der §§ 23 bis 30 des Einführungsgesetzes zum Gerichtsverfassungsgesetz; ein Vorverfahren nach § 24 Abs. 2 des Einführungsgesetzes findet nicht statt.

§ 15 Bestehende Gütestellen. Dieser Abschnitt findet auf die zum Zeitpunkt seines In-Kraft-Tretens bereits anerkannten Gütestellen mit der Maßgabe Anwendung, dass es einer erneuten Anerkennung nach § 6 nicht bedarf.

Dritter Abschnitt. Geltungsdauer

§ 16 In-Kraft-Treten, Außer-Kraft-Treten. [1] Dieses Gesetz tritt am Tage nach der Verkündung[1] in Kraft. [2] Es tritt mit Ablauf des 31. Dezember 2010[2] außer Kraft.

---

[1] Verkündet am 13. 2. 2001.
[2] Die Verlängerung der Geltungsdauer bis 31. 12. 2015 ist geplant und befand sich bei Redaktionsschluss noch im Gesetzgebungsverfahren.

24. Gesetz über die Justiz im Land Nordrhein-Westfalen (Justizgesetz Nordrhein-Westfalen – JustG NRW)[1]

Vom 26. Januar 2010
(GV. NRW. S. 30)
SGV. NRW. 304

– Auszug –

Teil 1. Organisation der Rechtspflege

§§ 1–31 *(Vom Abdruck wurde abgesehen)*

Teil 2. Verfahrensrechtliche Bestimmungen

§§ 32–43 *(Vom Abdruck wurde abgesehen)*

Kapitel 2. Ordentliche Gerichtsbarkeit

Abschnitt 1. Gütestellen und Schlichtung

§ 44 Schiedsamt. (1) Die nach dem Schiedsamtsgesetz eingerichteten Schiedsämter sind Gütestellen im Sinne des § 794 Absatz 1 Nummer 1 der Zivilprozessordnung.

(2) Für das Verfahren vor den Schiedsämtern und die hierdurch entstehenden Kosten gilt das Schiedsamtsgesetz in seiner jeweils geltenden Fassung.

§ 45 Weitere Gütestellen. Auf Antrag können weitere Streitschlichtungseinrichtungen als Gütestelle im Sinne des § 794 Absatz 1 Nummer 1 der Zivilprozessordnung anerkannt werden, wenn sie die Voraussetzungen der §§ 46 bis 49 erfüllen.

§ 46 Persönliche Voraussetzungen. (1) Natürliche Personen können als Gütestelle anerkannt werden, wenn sie nach ihrer Persönlichkeit und ihren Fähigkeiten für das Amt geeignet sind.

(2) Nicht anerkannt werden kann, wer

1. die Fähigkeit zur Bekleidung öffentlicher Ämter nicht besitzt;

2. unter Betreuung steht;

3. durch sonstige, nicht unter Nummer 2 fallende gerichtliche Anordnungen in der Verfügung über sein Vermögen beschränkt ist.

(3) [1] Juristische Personen oder deren Einrichtungen können als Gütestelle anerkannt werden, wenn gewährleistet ist, dass die von ihnen bestellte

---

[1] Verkündet als Art. 1 G zur Modernisierung und Bereinigung von Justizgesetzen im Land NRW v. 26. 1. 2010 (GV. NRW S. 30); Inkrafttreten gem. Art. 4 dieses G am 1. 1. 2011.

Schlichtungsperson die Voraussetzungen der Absätze 1 und 2 erfüllt. [2] Es muss darüber hinaus gewährleistet sein, dass die Schlichtungsperson im Rahmen ihrer Schlichtungstätigkeit unabhängig und an Weisungen nicht gebunden ist. [3] Die Bestellung als Schlichtungsperson muss für einen Zeitraum von mindestens drei Jahren erfolgen. [4] Eine Abberufung darf nur erfolgen, wenn Tatsachen vorliegen, die eine unabhängige Erledigung der Schlichtertätigkeit nicht mehr erwarten lassen.

§ 47 Verfahrensordnung. (1) [1] Die Schlichtungseinrichtung bedarf einer Schlichtungs- und Kostenordnung. [2] Diese muss den Parteien des Schlichtungsverfahrens zugänglich sein.

(2) Die Schlichtungsordnung muss vorsehen, dass

1. die Schlichtungstätigkeit nicht ausgeübt wird

a) in Angelegenheiten, in denen die Schlichtungsperson selbst Partei ist oder bei denen sie zu einer Partei in dem Verhältnis einer Mitberechtigten, Mitverpflichteten oder Regresspflichtigen steht;

b) in Angelegenheiten ihres Ehegatten oder Verlobten, auch wenn die Ehe oder das Verlöbnis nicht mehr besteht;

c) in Angelegenheiten ihrer eingetragenen Lebenspartnerin oder ihres eingetragenen Lebenspartners, auch wenn die eingetragene Lebenspartnerschaft nicht mehr besteht;

d) in Angelegenheiten einer Person, mit der sie in gerader Linie verwandt, verschwägert, in der Seitenlinie bis zum dritten Grade verwandt oder bis zum zweiten Grade verschwägert ist, auch wenn die Ehe, durch die die Schwägerschaft begründet ist, nicht mehr besteht;

e) in Angelegenheiten, in denen sie oder eine Person, mit der sie zur gemeinsamen Berufsausübung verbunden ist oder mit der sie gemeinsame Geschäftsräume hat, als Prozessbevollmächtigte oder Beistand einer Partei bestellt oder als gesetzliche Vertreterin einer Partei aufzutreten berechtigt ist oder war;

f) in Angelegenheiten einer Person, bei der sie gegen Entgelt beschäftigt oder bei der sie als Mitglied des Vorstandes, des Aufsichtsrates oder eines gleichartigen Organs tätig ist oder war;

2. die am Schlichtungsverfahren beteiligten Parteien die Gelegenheit erhalten, selbst oder durch von ihnen beauftragte Personen Tatsachen und Rechtsansichten vorzubringen und sich zu dem Vortrag der jeweils anderen Partei zu äußern;

die Regelung eines Mitwirkungsverbotes in der Verfahrensordnung gemäß Nummer 1 ist nicht erforderlich, wenn sich ein entsprechendes Mitwirkungsverbot bereits aus gesetzlichen Bestimmungen ergibt, die die Berufsausübung der Schlichtungsperson regeln.

§ 48 Haftpflichtversicherung. (1) [1] Soweit die Gütestelle nicht von einer öffentlich-rechtlichen Körperschaft oder Anstalt getragen wird, muss für die Schlichtungspersonen eine Haftpflichtversicherung für Vermögensschäden bestehen und die Versicherung während der Dauer der Anerkennung als Gütestelle aufrechterhalten bleiben. [2] Die Versicherung muss bei einem im Inland zum Geschäftsbetrieb befugten Versicherungsunternehmen zu den nach Maßgabe des Versicherungsaufsichtsgesetzes eingereichten Allgemeinen Versicherungsbedingungen aufgenommen werden und sich auch auf solche Vermögensschäden erstrecken, für die die Gütestelle nach § 278 oder § 831 des Bürgerlichen Gesetzbuches einzustehen hat.

(2) Der Versicherungsvertrag hat Versicherungsschutz für jede einzelne Pflichtverletzung zu gewähren, die gesetzliche Haftpflichtansprüche privatrechtlichen Inhalts gegen die Gütestelle zur Folge haben könnte.

(3) [1] Die Mindestversicherungssumme beträgt 250 000 Euro für jeden Versicherungsfall. [2] Die Leistungen des Versicherers für alle innerhalb eines Versicherungsjahres verursachten Schäden können auf den vierfachen Betrag der Mindestversicherungssumme begrenzt werden.

(4) Die Vereinbarung eines Selbstbehalts bis zu eins vom Hundert der Mindestversicherungssumme ist zulässig.

(5) Im Versicherungsvertrag ist der Versicherer zu verpflichten, der für die Anerkennung von Gütestellen zuständigen Stelle den Beginn und die Beendigung oder Kündigung des Versicherungsvertrages sowie jede Änderung des Versicherungsvertrages, die den vorgeschriebenen Versicherungsschutz beeinträchtigt, unverzüglich mitzuteilen.

(6) Zuständige Stelle im Sinne des § 117 Absatz 2 des Gesetzes über den Versicherungsvertrag ist die für die Anerkennung als Gütestelle zuständige Stelle.

§ 49 Aktenführung. (1) [1] Es muss gewährleistet sein, dass die Gütestelle durch Anlegung von Handakten ein geordnetes Bild über die von ihr entfaltete Tätigkeit geben kann. [2] In diesen Akten sind insbesondere zu dokumentieren

1. der Zeitpunkt der Anbringung eines Güteantrags bei der Gütestelle, weiterer Verfahrenshandlungen der Parteien und der Gütestelle sowie der Beendigung des Güteverfahrens;

2. der Inhalt eines zwischen den Parteien geschlossenen Vergleichs.

(2) Die Gütestelle hat die Akten auf die Dauer von mindestens fünf Jahren nach Beendigung des Verfahrens aufzubewahren.

(3) Innerhalb des in Absatz 2 genannten Zeitraums können die Parteien von der Gütestelle gegen Erstattung der hierdurch entstehenden Kosten beglaubigte Ablichtungen der Handakten und Ausfertigungen etwa geschlossener Vergleiche verlangen.

(4) Die Gütestellen und ihre Mitarbeiterinnen und Mitarbeiter sind zur Verschwiegenheit über alles, was ihnen im Rahmen der Schlichtungstätigkeit bekannt geworden ist, verpflichtet.

§ 50 Rücknahme und Widerruf der Anerkennung. (1) Die Anerkennung als Gütestelle ist mit Wirkung für die Zukunft zurückzunehmen, wenn Tatsachen nachträglich bekannt werden, bei deren Kenntnis die Zulassung hätte versagt werden müssen.

(2) Die Anerkennung ist zu widerrufen,

1. wenn die schlichtende Person nicht mehr die persönlichen Voraussetzungen des § 46 erfüllt;

2. wenn die Verfahrensordnung nicht mehr den Anforderungen des § 47 entspricht;

3. wenn die erforderliche Haftpflichtversicherung (§ 48) nicht mehr besteht;

4. wenn die Gütestelle auf die Rechte aus ihrer Anerkennung gegenüber der für die Anerkennung zuständigen Behörde schriftlich verzichtet hat.

§ 51 Zuständigkeit, Gebühren und Verfahren. (1) [1] Zuständige Behörde für die Anerkennung als Gütestelle ist die Präsidentin oder der Präsident des Oberlandesgerichts, in dessen Bezirk die Gütestelle ihren Sitz hat. [2] Durch Rechtsverordnung des Justizministeriums kann die Zuständigkeit für mehrere Oberlandesgerichtsbezirke auf die Präsidentin oder den Präsidenten eines Oberlandesgerichts konzentriert werden.

(2) Die Anträge sind schriftlich zu stellen.

(3) Für Anträge über die Anerkennung als Gütestelle werden Gebühren nach der Anlage 2 zu diesem Gesetz erhoben.

(4) Änderungen betreffend die schlichtende Person sowie der Schlichtungsordnung sind der nach Absatz 1 zuständigen Behörde unverzüglich anzuzeigen.

(5) [1] Die Anerkennung als Gütestelle sowie die Rücknahme oder der Widerruf der Anerkennung sind im Justizministerialblatt für das Land Nordrhein-Westfalen öffentlich bekannt zu machen. [2] Die gemäß Absatz 1 zuständige Behörde führt eine Liste der in ihrem Bezirk anerkannten Gütestellen. [3] Die hierfür erforderlichen Daten dürfen erhoben und gespeichert werden. [4] Die erstellten Listen dürfen in automatisierte Abrufverfahren eingestellt werden.

§ 52 Anfechtung von Entscheidungen. [1] Über die Rechtmäßigkeit von Anordnungen, Verfügungen oder sonstigen Maßnahmen nach diesem Abschnitt entscheiden auf Antrag die ordentlichen Gerichte. [2] Für das Verfahren gelten die Vorschriften der §§ 23 bis 30 des Einführungsgesetzes zum Gerichtsverfassungsgesetz.

§ 53 Sachlicher Anwendungsbereich. (1) Die Erhebung einer Klage ist erst zulässig, nachdem von einer in § 55 genannten Gütestelle versucht worden ist, die Streitigkeit einvernehmlich beizulegen,

1. in Streitigkeiten über Ansprüche wegen

   a) der in § 906 des Bürgerlichen Gesetzbuches geregelten Einwirkungen, sofern es sich nicht um Einwirkungen von einem gewerblichen Betrieb handelt,

   b) Überwuchses nach § 910 des Bürgerlichen Gesetzbuches,

   c) Hinüberfalls nach § 911 des Bürgerlichen Gesetzbuches,

   d) eines Grenzbaums nach § 923 des Bürgerlichen Gesetzbuches,

   e) der im Nachbarrechtsgesetz[1] für Nordrhein-Westfalen geregelten Nachbarrechte, sofern es sich nicht um Einwirkungen von einem gewerblichen Betrieb handelt,

---

[1] Nr. **10.**

2. in Streitigkeiten über Ansprüche wegen Verletzungen der persönlichen Ehre, die nicht in Presse oder Rundfunk begangen worden sind,

3. in Streitigkeiten über Ansprüche nach Abschnitt 3 des Allgemeinen Gleichbehandlungsgesetzes.

(2) Absatz 1 findet keine Anwendung auf

1. Klagen nach §§ 323, 324, 328 der Zivilprozessordnung, Widerklagen und Klagen, die binnen einer gesetzlichen oder gerichtlich angeordneten Frist zu erheben sind,

2. Streitigkeiten in Familiensachen,

3. Wiederaufnahmeverfahren,

4. Ansprüche, die im Urkunden-, Wechsel- oder Scheckprozess geltend gemacht werden,

5. die Durchführung des streitigen Verfahrens, wenn ein Anspruch im Mahnverfahren geltend gemacht worden ist,

6. Klagen wegen vollstreckungsrechtlicher Maßnahmen, insbesondere nach dem Achten Buch der Zivilprozessordnung,

7. Anträge nach § 404 der Strafprozessordnung,

8. Klagen, denen nach anderen gesetzlichen Bestimmungen ein Vorverfahren vorauszugehen hat.

§ 54 Räumlicher Anwendungsbereich. Ein Schlichtungsversuch nach § 53 Absatz 1 ist nur erforderlich, wenn die Parteien in demselben Landgerichtsbezirk wohnen oder ihren Sitz oder eine Niederlassung haben.

§ 55 Sachliche Zuständigkeit. (1) [1] Das Schlichtungsverfahren nach diesem Gesetz führt das Schiedsamt oder eine andere durch die Landesjustizverwaltung anerkannte Gütestelle nach Maßgabe der jeweils für sie geltenden Verfahrensordnung durch. [2] Unter mehreren anerkannten Gütestellen hat die antragstellende Partei die Auswahl.

(2) Das Erfordernis eines Einigungsversuchs von einer solchen Stelle entfällt, wenn die Parteien einvernehmlich versucht haben, ihren Streit vor einer sonstigen Gütestelle, die Streitbeilegung betreibt, beizulegen.

§ 56 Erfolglosigkeitsbescheinigung. (1) [1] Über einen ohne Erfolg durchgeführten Schlichtungsversuch ist den Parteien von der anerkannten Gütestelle eine Bescheinigung zu erteilen. [2] Die Bescheinigung ist auf Antrag auch auszustellen, wenn binnen einer Frist von drei Monaten das Einigungsverfahren nicht durchgeführt worden ist.

(2) [1] Die Bescheinigung muss enthalten

1. Name und Anschrift der Parteien,

2. Angaben über den Gegenstand des Streites, insbesondere die Anträge.

[2] Außerdem sollen Beginn und Ende des Verfahrens vermerkt werden.

(3) Das Scheitern einer Streitschlichtung von einer sonstigen Gütestelle ist durch eine Bescheinigung nachzuweisen, die den Anforderungen des Absatzes 2 entspricht.

§§ 57–115 *(Vom Abdruck wurde abgesehen)*

Teil 3–Teil 6

§§ 116–133 *(Vom Abdruck wurde abgesehen)*

Anlagen 1 und 2
(Vom Abdruck wurde abgesehen)

25. Saarländisches Gesetz Nr. 1464 zur Ausführung des § 15 a des Gesetzes betreffend die Einführung der Zivilprozessordnung und zur Änderung von Rechtsvorschriften (Landesschlichtungsgesetz – LSchlG)

Vom 21. Februar 2001

(Amtsbl. I S. 532)

Gesetz Nr. 1464

zuletzt geänd. durch Art. 1 G zur Fortgeltung und Änderung des Landesschlichtungsrechtsund zur Änd. des MaßregelvollzugsG v. 16. 5. 2007 (Amtsbl. S. 1226)

Der Landtag des Saarlandes hat folgendes Gesetz beschlossen, das hiermit verkündet wird:

Art. 1. [Änderung des Gesetzes zur Ausführung bundesrechtlicher Justizgesetze (AGJusG)]

Das Gesetz zur Ausführung bundesrechtlicher Justizgesetze (AGJusG) vom 5. Februar 1997 (Amtsbl. S. 258), zuletzt geändert durch Artikel 2 Abs. 1 und Artikel 3 Abs. 5 des Gesetzes vom 24. Juni 1998 (Amtsbl. S. 518), wird wie folgt geändert:

1. und 2. (*hier nicht wiedergegeben*)

3. Im Zweiten Teil wird dem Kapitel 1 folgendes Kapitel vorangestellt:

Kapitel 1. Ausführungsvorschriften zum Gesetz betreffend die Einführung der Zivilprozessordnung

§ 37 a Einführung eines Schlichtungsverfahrens. (1) Wohnen die Parteien im Saarland oder haben sie hier ihren Sitz oder eine Niederlassung, ist die Erhebung einer Klage erst zulässig, nachdem von einer in § 37 b genannten Gütestelle versucht worden ist, die Streitigkeit einvernehmlich beizulegen (Schlichtungsverfahren),

1. in vermögensrechtlichen Streitigkeiten vor dem Amtsgericht über Ansprüche, deren Gegenstand an Geld oder Geldeswert die Summe von 600 Euro nicht übersteigt,

2. in Streitigkeiten über Ansprüche wegen

   a) der in § 906 des Bürgerlichen Gesetzbuchs geregelten Einwirkungen, sofern es sich nicht um Einwirkungen von einem gewerblichen Betrieb handelt,

   b) Überwuchses nach § 910 des Bürgerlichen Gesetzbuchs,

   c) Hinüberfalls nach § 911 des Bürgerlichen Gesetzbuchs,

   d) eines Grenzbaums nach § 923 des Bürgerlichen Gesetzbuchs,

244

e) wegen der im Saarländischen Nachbarrechtsgesetz[1] geregelten Nachbarrechte, sofern es sich nicht um Einwirkungen von einem gewerblichen Betrieb handelt,

3. in Streitigkeiten über Ansprüche wegen Verletzung der persönlichen Ehre, die nicht in Presse oder Rundfunk begangen worden sind.

(2) Absatz 1 findet keine Anwendung auf

1. Klagen nach den §§ 323, 324 und 328 der Zivilprozessordnung, Widerklagen und Klagen, die binnen einer gesetzlichen oder gerichtlich angeordneten Frist zu erheben sind,

2. Streitigkeiten in Familiensachen,

3. Wiederaufnahmeverfahren,

4. Ansprüche, die im Urkunden- oder Wechselprozess geltend gemacht werden,

5. die Durchführung des streitigen Verfahrens, wenn ein Anspruch im Mahnverfahren geltend gemacht worden ist,

6. Klagen wegen vollstreckungsrechtlicher Maßnahmen, insbesondere nach dem Achten Buch der Zivilprozessordnung[2],

7. Anträge nach § 404 der Strafprozessordnung,

8. Klagen, denen nach anderen gesetzlichen Vorschriften ein Vorverfahren vorauszugehen hat.

§ 37 b Zuständigkeit und Verfahren. (1) [1]Das Schlichtungsverfahren führen die nach der Saarländischen Schiedsordnung bestellten Schiedspersonen in entsprechender Anwendung der Vorschriften des zweiten und vierten Abschnitts dieses Gesetzes durch, soweit in den nachfolgenden Absätzen nichts anderes bestimmt wird (obligatorische Streitschlichtung). [2]Das Erfordernis eines Einigungsversuchs vor der Schiedsperson entfällt, wenn die Parteien einvernehmlich einen Einigungsversuch vor einer vom Ministerium der Justiz eingerichteten oder anerkannten Gütestelle oder einer sonstigen Gütestelle, die Streitbeilegung betreibt, unternommen haben (fakultative Streitschlichtung).

(2) § 17 Abs. 2 Satz 2 sowie § 18 der Saarländischen Schiedsordnung finden keine Anwendung.

(3) Die Vollstreckung von Vergleichen im obligatorischen Schlichtungsverfahren sowie vor von der Landesjustizverwaltung eingerichteten oder anerkannten Gütestellen richtet sich nach den bundesgesetzlichen Vorschriften.

§ 37 c Erfolglosigkeitsbescheinigung. (1) Eine Erfolglosigkeitsbescheinigung ist auf Antrag auszustellen

1. wenn sich die Parteien nicht einigen bzw. ein Vergleich nicht zustande kommt oder

2. wenn die Schlichtungsverhandlung beendet worden ist, weil feststeht, dass die antragsgegnerische Partei der Verhandlung unentschuldigt fern-

---

[1] Nr. **12**.
[2] Vgl. §§ 704 bis 945 der Zivilprozessordnung.

geblieben ist oder sich unentschuldigt vor dem Schluss der Verhandlung wieder entfernt hat (§ 21 Abs. 4 Saarländische Schiedsordnung) oder

3. wenn seit der ordnungsgemäßen Antragstellung (§ 19 Saarländische Schiedsordnung) drei Monate verstrichen sind, ohne dass die Schlichtungsverhandlung durchgeführt worden ist; während des Ruhens des Verfahrens (§ 21 Abs. 3 Saarländische Schiedsordnung) ist der Lauf der Frist gehemmt.

(2) [1] Die Schiedsperson versieht die Bescheinigung mit ihrer Unterschrift und dem Dienstsiegel. [2] In der Bescheinigung sind die Beteiligten, der Antrag der antragstellenden Person, der Zeitpunkt des Antragseingangs und der Verfahrensbeendigung sowie Ort und Zeit der Ausstellung anzugeben.

(3) Der Nachweis der Durchführung einer fakultativen Streitschlichtung ist durch eine dem Absatz 2 entsprechende Bescheinigung zu führen, welche außerdem die Feststellung enthalten muss, dass sich die antragsgegnerische Partei mit der Durchführung der fakultativen Streitschlichtung durch diese Stelle einverstanden erklärt hat.

4. Die bisherigen Kapitel 1 bis 4 werden die Kapitel 2 bis 5.

5. Im neuen Kapitel 2 werden folgende §§ 37 d bis 37 l eingefügt:

§ 37 d Anerkennung von Gütestellen. Auf schriftlichen Antrag können Streitschlichtungseinrichtungen vom Ministerium der Justiz als Gütestelle im Sinne des § 794 Abs. 1 Nr. 1 der Zivilprozessordnung anerkannt werden, wenn sie die Voraussetzungen der §§ 37 e bis 37 h erfüllen.

§ 37 e Persönliche Voraussetzungen. (1) Natürliche Personen können als Gütestelle anerkannt werden, wenn sie nach ihrer Persönlichkeit und ihren Fähigkeiten für das Amt geeignet sind.

(2) Nicht anerkannt werden kann, wer

1. die Fähigkeit zur Bekleidung öffentlicher Ämter nicht besitzt;

2. unter Betreuung steht;

3. durch sonstige, nicht unter Nummer 2 fallende gerichtliche Anordnungen in der Verfügung über sein Vermögen beschränkt ist.

(3) [1] Juristische Personen oder deren Einrichtungen können als Gütestelle anerkannt werden, wenn gewährleistet ist, dass die von ihnen bestellte Schlichtungsperson die Voraussetzungen der Absätze 1 und 2 erfüllt. [2] Es muss darüber hinaus gewährleistet sein, dass die Schlichtungsperson im Rahmen ihrer Schlichtungstätigkeit unabhängig und an Weisungen nicht gebunden ist. [3] Die Bestellung als Schlichtungsperson muss für einen Zeitraum von mindestens drei Jahren erfolgen. [4] Eine Abberufung darf nur erfolgen, wenn Tatsachen vorliegen, die eine unabhängige Erledigung der Schlichtertätigkeit nicht mehr erwarten lassen.

§ 37 f Verfahrensordnung. (1) [1] Die Schlichtungseinrichtung bedarf einer Schlichtungsordnung. [2] Diese muss den Parteien des Schlichtungsverfahrens zugänglich sein.

(2) Die Schlichtungsordnung muss vorsehen, dass

1. die Schlichtungstätigkeit nicht ausgeübt wird

   a) in Angelegenheiten, in denen die Schlichtungsperson selbst Partei ist oder bei denen sie zu einer Partei in dem Verhältnis eines/einer Mitberechtigten, Mitverpflichteten oder Regresspflichtigen steht;

   b) in Angelegenheiten ihres Ehegatten/ihrer Ehegattin oder ihres/ihrer Verlobten, auch wenn die Ehe oder das Verlöbnis nicht mehr besteht;

   c) in Angelegenheiten einer Person, mit der sie in gerader Linie verwandt, verschwägert, in der Seitenlinie bis zum dritten Grade verwandt oder bis zum zweiten Grade verschwägert ist, auch wenn die Ehe, durch die die Schwägerschaft begründet ist, nicht mehr besteht;

   d) in Angelegenheiten, in denen sie als Prozessbevollmächtigter/Prozessbevollmächtigte oder Beistand einer Partei bestellt oder als gesetzlicher Vertreter/gesetzliche Vertreterin einer Partei aufzutreten berechtigt ist oder war;

   e) in Angelegenheiten einer Person, bei der sie gegen Entgelt beschäftigt oder bei der sie als Mitglied des Vorstandes, des Aufsichtsrats oder eines gleichartigen Organs tätig ist oder war;

2. die am Schlichtungsverfahren beteiligten Parteien die Gelegenheit erhalten, selbst oder durch von ihnen beauftragte Personen Tatsachen und Rechtsansichten vorzubringen und sich zu dem Vortrag der jeweils anderen Partei zu äußern.

§ 37 g Haftpflichtversicherung. (1) [1] Soweit die Gütestelle nicht von einer öffentlich-rechtlichen Körperschaft oder Anstalt getragen wird, muss eine Haftpflichtversicherung für Vermögensschäden bestehen und die Versicherung während der Dauer der Anerkennung als Gütestelle aufrecht erhalten bleiben. [2] Die Versicherung muss bei einem im Inland zum Geschäftsbetrieb befugten Versicherungsunternehmen zu den nach Maßgabe des Versicherungsaufsichtsgesetzes eingereichten Allgemeinen Versicherungsbedingungen aufgenommen werden und sich auch auf solche Vermögensschäden erstrecken, für die die Gütestelle nach § 278 oder § 831 des Bürgerlichen Gesetzbuchs einzustehen hat.

(2) Der Versicherungsvertrag hat Versicherungsschutz für jede einzelne Pflichtverletzung zu gewähren, die gesetzliche Haftpflichtansprüche privatrechtlichen Inhalts gegen die Gütestelle zur Folge haben könnte.

(3) [1] Die Mindestversicherungssumme beträgt 250.000 Euro für jeden Versicherungsfall. [2] Die Leistungen des Versicherungsunternehmens für alle innerhalb eines Versicherungsjahres verursachten Schäden können auf den vierfachen Betrag der Mindestversicherungssumme begrenzt werden.

(4) Die Vereinbarung eines Selbstbehalts bis zu 1 vom Hundert der Mindestversicherungssumme ist zulässig.

(5) Im Versicherungsvertrag ist das Versicherungsunternehmen zu verpflichten, dem Ministerium der Justiz den Beginn und die Beendigung oder Kündigung des Versicherungsvertrags sowie jede Änderung des Versicherungsvertrags, die den vorgeschriebenen Versicherungsschutz beeinträchtigt, unverzüglich mitzuteilen.

(6) Zuständige Stelle im Sinne des § 158 c Abs. 2 des Gesetzes über den Versicherungsvertrag in der im Bundesgesetzblatt Teil III, Gliederungsnummer 7632-1, veröffentlichten bereinigten Fassung, zuletzt geändert durch Artikel 8 des Gesetzes vom 9. März 2000 (BGBl. I S. 182), in seiner jeweils geltenden Fassung ist das Ministerium der Justiz.

§ 37 h Aktenführung. (1) [1]Es muss gewährleistet sein, dass die Gütestelle durch Anlegung von Handakten ein geordnetes Bild über die von ihr entfaltete Tätigkeit geben kann. [2]In diesen Akten sind insbesondere zu dokumentieren

1. der Zeitpunkt der Anbringung eines Güteantrags bei der Gütestelle, weiterer Verfahrenshandlungen der Parteien und der Gütestelle sowie der Beendigung des Güteverfahrens;

2. der Inhalt eines etwa zwischen den Parteien geschlossenen Vergleichs.

(2) Die Gütestelle hat die Akten auf die Dauer von fünf Jahren nach Beendigung des Verfahrens aufzubewahren.

(3) Innerhalb des in Absatz 2 genannten Zeitraums können die Parteien von der Gütestelle gegen Erstattung der hierdurch entstehenden Kosten beglaubigte Ablichtungen der Handakten und Ausfertigungen etwa geschlossener Vergleiche verlangen.

§ 37 i Rücknahme und Widerruf der Anerkennung. (1) Die Anerkennung als Gütestelle ist mit Wirkung für die Zukunft zurückzunehmen, wenn Tatsachen nachträglich bekannt werden, bei deren Kenntnis die Zulassung hätte versagt werden müssen.

(2) Die Anerkennung ist zu widerrufen,

1. wenn die Schlichtungsperson nicht mehr die persönlichen Voraussetzungen des § 37 e erfüllt;

2. wenn die Verfahrensordnung nicht mehr den Anforderungen des § 37 f entspricht;

3. wenn die erforderliche Haftpflichtversicherung (§ 37 g) nicht mehr besteht;

4. wenn die Gütestelle auf die Rechte aus ihrer Anerkennung gegenüber dem Ministerium der Justiz schriftlich verzichtet hat.

§ 37 j Gebühren und Verfahren. (1) [1]Für die Anerkennung als Gütestelle wird eine Gebühr in Höhe von 128 Euro erhoben. [2]Wird der Antrag auf Anerkennung abgelehnt oder wird dieser zurückgenommen, so beträgt die Gebühr 30,70 Euro.

(2) Änderungen in der Person der Schlichterin oder des Schlichters, der Wegfall einer der Voraussetzungen für die Bestellung nach § 37 e sowie Änderungen der Schlichtungsordnung sind unverzüglich anzuzeigen.

(3) [1]Die Anerkennung als Gütestelle sowie die Rücknahme oder der Widerruf der Anerkennung sind öffentlich bekannt zu machen. [2]Das Ministerium der Justiz führt eine Liste der im Saarland anerkannten Gütestellen.

§ 37 k Anfechtung von Entscheidungen. [1] Über die Rechtmäßigkeit von Anordnungen, Verfügungen oder sonstigen Maßnahmen nach den §§ 37 d bis 37 j entscheiden auf Antrag die ordentlichen Gerichte. [2] Für das Verfahren gelten die Vorschriften der §§ 23 bis 30 des Einführungsgesetzes zum Gerichtsverfassungsgesetz in der im Bundesgesetzblatt Teil III, Gliederungsnummer 300-1, veröffentlichten bereinigten Fassung, zuletzt geändert durch Artikel 7 des Gesetzes vom 2. August 2000 (BGBl. I S. 1253), in seiner jeweils geltenden Fassung.

§ 37 l Bestehende Gütestellen. Dieses Gesetz findet auf zum Zeitpunkt seines In-Kraft-Tretens bereits anerkannte Gütestellen mit der Maßgabe Anwendung, dass es einer erneuten Anerkennung gemäß § 37 d nicht bedarf.

6. bis 10. hier nicht wiedergegeben

Art. 2 [Änderung der Saarländischen Schiedsordnung] hier nicht wiedergegeben

Art. 3 Änderung sonstiger Rechtsvorschriften. hier nicht wiedergegeben

Art. 4 Rückkehr zum einheitlichen Verordnungsrang. Die auf Artikel 3 Abs. 4 und 5 beruhenden Teile der dort geänderten Verordnungen können aufgrund der jeweils einschlägigen Ermächtigungen weiterhin durch Rechtsverordnung geändert werden.

Art. 5 Aufhebung von Landesrecht. hier nicht wiedergegeben

Art. 6 Übergangsvorschrift, Außer-Kraft-Treten. (1) [1] Die §§ 37 a bis 37 c des Gesetzes zur Ausführung bundesrechtlicher Justizgesetze finden auf alle Klagen Anwendung, die drei Monate nach ihrem In-Kraft-Treten nach Artikel 8 Abs. 2 bei Gericht eingereicht werden. [2] Sie treten mit Ablauf des 31. Dezember 2010 außer Kraft.

(2) Mit dem In-Kraft-Treten der durch Artikel 3 Abs. 5 bewirkten Änderungen der Verordnung über die gerichtliche Zuständigkeit in Zivilverfahren und Verfahren der freiwilligen Gerichtsbarkeit nach Artikel 6 Abs. 2 tritt die Verordnung über das maschinell geführte Grundbuch vom 20. Juni 2000 (Amtsbl. S. 1198) außer Kraft.

Art. 7 Neubekanntmachungsermächtigung. Das Ministerium der Justiz kann den Wortlaut der Saarländischen Schiedsordnung in der vom In-Kraft-Treten dieses Gesetzes an geltenden Fassung im Amtsblatt des Saarlandes bekannt machen; dabei sind die Personen-, Amts- oder Funktionsbezeichnungen, soweit noch nicht erfolgt, unter Anpassung der grammatikalischen Strukturen in der weiblichen und männlichen Form zu verwenden.

Art. 8 In-Kraft-Treten. (1) Es treten in Kraft
1. Artikel 1 Nr. 2 und Artikel 3 Abs. 3 Nr. 1 und Nr. 2 Buchstabe a mit Wirkung vom 6. August 1996,
2. Artikel 1 Nr. 8 und Artikel 3 Abs. 4 mit Wirkung vom 1. Januar 1998,

3. Artikel 1 Nr. 1 und 6 mit Wirkung vom 1. Juni 1998,
4. Artikel 3 Abs. 2 mit Wirkung vom 1. Dezember 1998,
5. Artikel 1 Nr. 7 und Artikel 3 Abs. 1 mit Wirkung vom 1. Januar 1999,
6. Artikel 5 Nr. 5 bis 7 mit Wirkung vom 1. Januar 2000.
   (2) Im Übrigen tritt das Gesetz am Tag nach der Verkündung[1] in Kraft.

---

[1] Verkündet am 29. 3. 2001.

26. Schiedsstellen- und Schlichtungsgesetz (SchStG) des Landes Sachsen-Anhalt

In der Fassung der Bekanntmachung vom 22. Juni 2001[1]
(GVBl. LSA S. 214)

BS LSA 305.0.1

zuletzt geänd. durch Art. 7 G zur Änd. des Landesrechts aufgrund des G zur Reform des Verfahrens in Familiensachen und in den Angelegenheiten der freiwilligen Gerichtsbarkeit v. 13. 4. 2010 (GVBl. LSA S. 192)

–Auszug–

Erster Abschnitt. Die Schiedsstelle

§§ 1–12 *(Vom Abdruck wurde abgesehen)*

Zweiter Abschnitt. Das Schlichtungsverfahren in bürgerlichen Rechtsstreitigkeiten

Unterabschnitt 1. Freiwillige außergerichtliche Streitschlichtung

§§ 13–34 *(Vom Abdruck wurde abgesehen)*

Unterabschnitt 2. Obligatorische außergerichtliche Streitschlichtung

§ 34 a [Zulässigkeit der Klageerhebung] (1) In folgenden bürgerlichen Rechtsstreitigkeiten ist die Erhebung der Klage erst zulässig, nachdem die Parteien einen Versuch unternommen haben, die Streitigkeiten vor einer in § 34 b genannten Stelle gütlich beizulegen:

1. *(aufgehoben)*
2. in Streitigkeiten aus dem Nachbarrecht wegen
   a) Einwirkungen auf das Nachbargrundstück nach § 906 des Bürgerlichen Gesetzbuches,
   b) Überwuchses nach § 910 des Bürgerlichen Gesetzbuches,
   c) Hinüberfalls von Früchten nach § 911 des Bürgerlichen Gesetzbuches,
   d) eines Grenzbaums nach § 923 des Bürgerlichen Gesetzbuches,
   e) der im Nachbarschaftsgesetz des Landes Sachsen-Anhalt[2] geregelten privaten Nachbarrechte, sofern es sich nicht um Einwirkungen von einem gewerblichen Betrieb handelt,

---

[1] Neubekanntmachung des SchStG v. 25. 3. 1999 (GVBl. LSA S. 97) in der ab 1. 7. 2001 geltenden Fassung.
[2] Nr. **14**.

3. in Streitigkeiten über Ansprüche wegen Verletzungen der persönlichen Ehre, die nicht in Presse oder Rundfunk begangen worden sind.

(2) Absatz 1 findet keine Anwendung auf

1. Klagen nach den §§ 323, 323 a, 324, 328 der Zivilvprozessordnung, Widerklagen und Klagen, die binnen einer gesetzlichen oder gerichtlich angeordneten Frist zu erheben sind,

2. Streitigkeiten in Familiensachen,

3. Wiederaufnahmeverfahren,

4. Ansprüche, die im Urkunden- oder Wechselprozess geltend gemacht werden,

5. die Durchführung des streitigen Verfahrens, wenn ein Anspruch im Mahnverfahren geltend gemacht worden ist,

6. Klagen wegen vollstreckungsrechtlicher Maßnahmen, insbesondere nach dem Achten Buch der Zivilprozessordnung,

7. Adhäsionsverfahren nach den §§ 403 bis 406 c der Strafprozessordnung,

8. Klagen, für die nach anderen Vorschriften ein obligatorisches Vorverfahren angeordnet ist,

9. Streitigkeiten, an denen Behörden oder Organe des Bundes, eines Landes, der Gemeinden und Kreise sowie der Körperschaften, Anstalten oder Stiftungen des öffentlichen Rechts beteiligt sind.

(3) Ein Einigungsversuch nach Absatz 1 ist nur erforderlich, wenn alle Parteien ihren Wohnsitz, ihren Sitz oder ihre Niederlassung in Sachsen-Anhalt haben.

(4) Die nach landesrechtlichen Vorschriften bestehenden Ausschlussfristen für die Erhebung der Klage werden durch den Eingang eines Antrags nach § 34 d Abs. 1 bei den in § 34 b genannten Stellen unterbrochen.

§ 34 b [Sachliche und örtliche Zuständigkeit] (1) Zur obligatorischen außergerichtlichen Streitschlichtung sind die Schiedsstellen nach § 1 sowie Schlichtungsstellen berufen, die jede Notarin und jeder Notar sowie diejenige Rechtsanwältin und derjenige Rechtsanwalt, die oder der in die Liste nach § 34 c Abs. 2 eingetragen ist, errichtet.

(2) [1] Die Streitschlichtung obliegt der örtlich zuständigen Schlichtungsstelle, sofern nicht die Parteien die Zuständigkeit einer anderen Schieds- oder Schlichtungsstelle schriftlich vereinbart haben. [2] Örtlich zuständig ist diejenige Schieds- oder Schlichtungsstelle, in deren Bezirk die antragsgegnerische Partei wohnt oder ihren Sitz oder eine Niederlassung hat. [3] Der Bezirk der Schlichtungsstelle wird durch den Bezirk des Amtsgerichts, in dem sich die Geschäftsstelle oder die Kanzlei der Schlichtungsperson befindet, bestimmt. [4] Unter mehreren örtlich zuständigen Stellen trifft die antragstellende Partei die Wahl.

(3) Die Stellen, die nach Absatz 1 tätig werden, sind Gütestelle im Sinne von § 794 Abs. 1 Nr. 1 der Zivilprozessordnung.

(4) [1] § 10 Abs. 1 Satz 1, Abs. 2, die §§ 11, 17 und 18 Abs. 1 finden entsprechende Anwendung, soweit in § 34 c nichts Abweichendes geregelt ist. [2] Die Schlichtungsperson bringt in den Büchern einen Abschlussvermerk an.

§ 34 c [Errichtung von Schlichtungsstellen; Aufgaben; Aufsicht]

(1) [1]Jede Notarin und jeder Notar des Landes errichtet am Amtssitz eine Schlichtungsstelle. [2]Sie können die Durchführung des Schlichtungsverfahrens auch den bei ihnen in der Ausbildung befindlichen Notarassessorinnen und Notarassessoren zur selbständigen Erledigung übertragen.

(2) [1]Die Rechtsanwaltskammer des Landes Sachsen-Anhalt erstellt eine Liste ihrer Mitglieder, die bereit sind, als Schlichtungspersonen tätig zu werden. [2]Die Liste wird jeweils zum 31. Dezember mit Wirkung für das Folgejahr aufgestellt und vom für die Justizverwaltung zuständigen Ministerium im Ministerialblatt für das Land Sachsen-Anhalt veröffentlicht. [3]Die auf den Listen aufgeführten Schlichtungspersonen dürfen ein Tätigwerden nicht ohne ausreichenden Grund verweigern.

(3) [1]Die als Schlichtungspersonen tätigen Notarinnen, Notare, Rechtsanwältinnen und Rechtsanwälte sowie die Notarassessorinnen und Notarassessoren haben ihre Aufgaben gewissenhaft und unparteiisch zu erfüllen. [2]Sie beachten bei der Ausübung des Schlichteramtes ihre allgemeinen standes- und berufsrechtlichen Pflichten. [3]Wer als Schlichter tätig war, kann in derselben Sache keine der Parteien im gerichtlichen Verfahren vertreten.

(4) [1]Die Aufsicht über die Notarinnen und Notare als Schlichtungspersonen üben die in § 92 der Bundesnotarordnung bezeichneten Behörden aus; die Aufsicht über die Rechtsanwältinnen und Rechtsanwälte als Schlichtungspersonen obliegt den für die Entscheidung über die Zulassung zur Rechtsanwaltschaft nach § 6 der Bundesrechtsanwaltsordnung zuständigen Stellen. [2]Die Aufsichtsbehörde kann die hierfür erforderlichen Verwaltungsanordnungen treffen. [3]Die Aufsichtsbehörden haben darauf zu achten, dass die Schlichter den ihnen nach diesem Gesetz obliegenden Verpflichtungen nachkommen. [4]Sie können jederzeit Auskunft über die Geschäftsführung in diesen Angelegenheiten verlangen. [5]Sie entscheiden über die Frage der Erteilung einer Aussagegenehmigung. [6]Für die Notarinnen und Notare gelten im Übrigen die §§ 93 bis 110a der Bundesnotarordnung und für die Rechtsanwältinnen und Rechtsanwälte die §§ 113 bis 161a der Bundesrechtsanwaltsordnung entsprechend.

§ 34 d [Antrag; Verweisung] (1) [1]Das Schlichtungsverfahren ist darauf gerichtet, den Rechtsstreit im Wege des Vergleichs beizulegen. [2]Es wird auf Antrag einer Partei eingeleitet. [3]§ 22 findet ensprechende Anwendung.

(2) [1]Soweit ein von der antragstellenden Partei zu zahlender Vorschuss (§ 48 Abs. 2 und 3) nicht innerhalb der hierfür bestimmten Frist geleistet wird, gilt der Antrag als zurückgenommen. [2]Auf die Folge ist mit Bestimmung der Frist hinzuweisen.

(3) Die Schlichtungspersonen können die Parteien an eine dazu bereite andere Schlichtungsperson verweisen, wenn das beantragte Schlichtungsverfahren voraussichtlich nicht binnen einer Frist von drei Monaten durchgeführt werden kann.

(4) [1]Schiedspersonen (§ 2) können die Parteien an eine in § 34 c Abs. 1 und 2 genannte und dazu bereite Schlichtungsperson verweisen, wenn der Fall rechtlich oder tatsächlich schwierig ist. [2]Für die Verweisung werden Kosten nicht erhoben. [3]Nach Beginn der Schlichtungsverhandlung ist eine Verwei-

sung nur mit Zustimmung der antragstellenden Partei zulässig. [4] Der Beschluss ist unanfechtbar.

(5) Die Schlichtungspersonen können in Streitigkeiten aus dem Nachbarrecht den Antrag auf Einleitung eines Schlichtungsverfahrens ablehnen, wenn der Schwerpunkt im öffentlichen Recht liegt.

§ 34 e [Ablauf der Schlichtungsverhandlung] (1) [1] Die Schlichtungsperson hat umgehend Ort und Zeit der Schlichtungsverhandlung zu bestimmen. [2] § 23 Abs. 2 bis 4 findet entsprechende Anwendung.

(2) [1] Die Parteien haben in dem anberaumten Termin persönlich zu erscheinen. [2] Dies gilt nicht im Fall der gesetzlichen Vertretung oder des § 51 Abs. 3 der Zivilprozessordnung sowie dann, wenn die Parteien einen Vertreter entsenden, der zur Aufklärung des Sachverhalts in der Lage und zu einem Vergleichsabschluss ausdrücklich ermächtigt ist, und die Schlichtungsperson dem Fernbleiben der Partei vor der Schlichtungsverhandlung zugestimmt hat. [3] § 28 Satz 2 und § 29 sind entsprechend anzuwenden.

(3) [1] Bleibt die antragstellende Partei im Termin aus, ohne ihr Ausbleiben vor dem Termin oder innerhalb von zwei Wochen nach dem Termin genügend zu entschuldigen, gilt der Antrag als zurückgenommen. [2] Eine Bescheinigung über die Erfolglosigkeit des Einigungsversuchs (§ 34 h) wird nicht erteilt. [3] § 25 gilt entsprechend.

(4) Erscheint die antragsgegnerische Partei nicht zu dem Termin, gelten § 24 Abs. 2 bis 7, § 25 entsprechend.

§ 34 f [Formvorschriften; Protokoll] (1) [1] Die Schlichtungsverhandlung findet in der Regel mündlich und nicht öffentlich statt. [2] Sie soll möglichst ohne Unterbrechung zu Ende geführt werden; ein Termin zur Fortsetzung der Verhandlung ist sofort zu bestimmen. [3] In geeigneten Fällen sieht die Schlichtungsperson nach Anhörung der Parteien von einem Termin ab und verfährt schriftlich. [4] Beweise sind nur entsprechend § 30 zu erheben. [5] Im Übrigen wird der Gang des Verfahrens von der Schlichtungsperson nach freiem Ermessen bestimmt.

(2) [1] Über die Schlichtungsverhandlung ist ein Protokoll in deutscher Sprache aufzunehmen. [2] Das Protokoll enthält:

1. den Ort und die Zeit der Verhandlung,

2. den Namen der Schlichtungsperson nebst der Angabe, ob es sich um eine Schiedsperson, eine Notarin oder einen Notar, eine Notarassessorin oder einen Notarassessor, eine Rechtsanwältin oder einen Rechtsanwalt handelt,

3. die Namen und Anschriften der erschienen[1]) Parteien, gesetzlichen Vertreterinnen und Vertreter, Bevollmächtigten, Beistände, Dolmetscherinnen und Dolmetscher sowie die Angabe, wie sich diese legitimiert haben,

4. eine gedrängte Beschreibung des Streitgegenstandes,

5. die wesentlichen Vorgänge der Verhandlung.

(3) [1] Kommt ein Vergleich zustande, so ist sein Wortlaut zu Protokoll zu nehmen. [2] § 32 findet entsprechende Anwendung.

---

[1]) Richtig wohl: „erschienenen".

(4) [1] Die Parteien oder deren Rechtsnachfolgerinnen oder Rechtsnachfolger erhalten auf Verlangen Abschriften oder Ausfertigungen des Protokolls. [2] § 33 findet entsprechende Anwendung. [3] Der Ausfertigungsvermerk einer Schlichtungsstelle nach § 34 c Abs. 2 ist anstelle eines Dienstsiegels mit einem anwaltlichen Stempel zu versehen.

§ 34 g [Zwangsvollstreckung] (1) [1] Aus dem in der Schlichtungsverhandlung geschlossenen Vergleich findet die Zwangsvollstreckung statt. [2] § 34 Abs. 2 Satz 1 gilt entsprechend.

(2) [1] Die Vollstreckungsklausel auf einem vor einer Schlichtungsstelle geschlossenen Vergleich erteilt im Falle des § 34 c Abs. 1 die Notarin oder der Notar, ansonsten das Amtsgericht. [2] § 34 Abs. 2 Satz 2 und Abs. 3 gilt entsprechend.

§ 34 h [Erfolglosigkeitsbescheinigung] (1) Bleibt der Einigungsversuch erfolglos, ist der antragstellenden Partei hierüber unverzüglich eine Bescheinigung auszustellen (Erfolglosigkeitsbescheinigung).

(2) [1] Die Bescheinigung hat die Namen und die Anschriften der Parteien, eine Angabe des Streitgegenstands, Beginn und Ende des Verfahrens sowie Ort und Zeit der Ausstellung zu enthalten. [2] Im Falle der Erteilung einer Bescheinigung nach § 15 a Abs. 1 Satz 3 des Gesetzes, betreffend die Einführung der Zivilprozessordnung ist dies gesondert zu vermerken.

(3) Das Scheitern eines Einigungsversuchs vor einer anderen Gütestelle im Sinne von § 15 a Abs. 3 des Gesetzes, betreffend die Einführung der Zivilprozessordnung ist durch eine Bescheinigung der jeweiligen Gütestelle nachzuweisen, die den Anforderungen des Absatzes 2 entspricht.

(4) Eine Bescheinigung ist auch auszustellen, sofern die Schlichtungsperson den Anwendungsbereich nach § 34 a für nicht eröffnet oder einen Fall des § 34 d Abs. 5 als gegeben erachtet.

§ 34 i [Kosten] (1) [1] Jede Partei trägt ihre eigenen Kosten. [2] Eine Erstattung der Kosten der Parteien findet nicht statt. [3] Die Parteien können eine hiervon abweichende Vereinbarung treffen.

(2) Haben die Parteien einen Vergleich geschlossen, ohne dass darin eine Vereinbarung über die Kostentragung enthalten ist, gelten die Kosten als gegeneinander aufgehoben.

Dritter bis Sechster Abschnitt

§§ 35–58 *(Vom Abdruck wurde abgesehen)*

27. Schleswig-Holsteinisches Gesetz zur Ausführung von § 15 a des Gesetzes betreffend die Einführung der Zivilprozessordnung (Landesschlichtungsgesetz – LSchliG)

Vom 11. Dezember 2001

(GVOBl. S. 361, ber. 2002 S. 218)

GS Schl.-H. II, Gl.Nr. B 310-3

zuletzt geänd. durch Art. 1 ÄndG v. 16. 12. 2008 (GVOBl. Schl.-H. S. 831)

–Auszug–

Der Landtag hat das folgende Gesetz beschlossen:

Erster Teil

§ 1 Anwendungsbereich. (1) [1] Die Erhebung der Klage ist erst zulässig, nachdem von einer Gütestelle nach § 3 versucht worden ist, die Streitigkeit einvernehmlich beizulegen, in

1. Streitigkeiten über Ansprüche nach Abschnitt 3 des Allgemeinen Gleichbehandlungsgesetzes vom 14. August 2006 (BGBl. I S. 1697), zuletzt geändert durch Artikel 19 Abs. 10 des Gesetzes vom 12. Dezember 2007 (BGBl. I S. 2840).

2. Streitigkeiten über Ansprüche wegen

   a) der in § 906 des Bürgerlichen Gesetzbuches geregelten Einwirkungen auf Grundstücke, sofern es sich nicht um Einwirkungen von einem gewerblichen Betrieb handelt,

   b) Überwuchses nach § 910 des Bürgerlichen Gesetzbuches,

   c) Hinüberfalls nach § 911 des Bürgerlichen Gesetzbuches,

   d) Hinüberfalls nach § 911 des Bürgerlichen Gesetzbuches,

   e) der im Nachbarrechtsgesetz für das Land Schleswig-Holstein geregelten Nachbarrechte, sofern es sich nicht um Einwirkungen von einem gewerblichen Betrieb handelt,

3. Streitigkeiten über Ansprüche wegen Verletzung der persönlichen Ehre, die nicht in Presse oder Rundfunk begangen worden sind.

[2] Die Klägerin oder der Kläger hat eine von der Gütestelle ausgestellte Bescheinigung über einen erfolglosen Einigungsversuch mit der Klage einzureichen.

(2) [1] Absatz 1 findet keine Anwendung auf

1. Klagen nach §§ 323, 324, 328 der Zivilprozessordnung, Widerklagen und Klagen, die binnen einer gesetzlichen oder gerichtlich angeordneten Frist zu erheben sind,

2. Streitigkeiten in Familiensachen,

3. Wiederaufnahmeverfahren,

4. Ansprüche, die im Urkunden-, Wechsel- oder Scheckprozess geltend gemacht werden,

5. die Durchführung des streitigen Verfahrens, wenn ein Anspruch im Mahnverfahren geltend gemacht worden ist,

6. Klagen wegen vollstreckungsrechtlicher Maßnahmen, insbesondere nach dem Achten Buch der Zivilprozessordnung,

7. Anträge nach § 404 der Strafprozessordnung,

8. Klagen, denen nach anderen gesetzlichen Bestimmungen ein Vorverfahren vorauszugehen hat.

²Das gleiche gilt, wenn die Parteien nicht in demselben Landgerichtsbezirk wohnen oder ihren Sitz oder eine Niederlassung haben.

§ 2 Bescheinigung über erfolglosen Einigungsversuch. (1) Die Gütestelle erteilt auf Antrag eine unterschriebene Bescheinigung über die Erfolglosigkeit des Schlichtungsverfahrens, wenn

1. in der Schlichtungsverhandlung ein Vergleich nicht zustande gekommen ist,

2. allein die Antragsgegnerin oder der Antragsgegner dem Schlichtungstermin unentschuldigt ferngeblieben ist oder sich vor dem Schluss der Schlichtungsverhandlung unentschuldigt entfernt hat,

3. binnen einer Frist von drei Monaten seit Antragstellung und Zahlung des erforderlichen Vorschusses das beantragte Schlichtungsverfahren nicht durchgeführt worden ist,

4. die Gütestelle die Ausübung des Amtes nach § 18 der Schiedsordnung oder deshalb ablehnt, weil die Voraussetzungen nach § 1 dieses Gesetzes nicht vorliegen.

(2) Die Bescheinigung muss enthalten

1. die Namen, Vornamen und Anschriften der Parteien und ihrer gesetzlichen Vertreterinnen oder Vertreter,

2. Angaben über den Gegenstand des Streits, insbesondere die Anträge,

3. die Zeitpunkte des Antragseingangs und der Verfahrensbeendigung sowie

4. Ort und Zeit der Ausstellung.

Zweiter Teil

§ 3 Gütestellen. (1) Gütestellen sind

1. alle Rechtsanwältinnen und Rechtsanwälte, die nicht Parteivertreterinnen oder Parteivertreter sind, sowie sonstige Gütestellen, die Streitbeilegungen betreiben (allgemeine Gütestellen),

2. die Schiedsämter nach der Schiedsordnung für das Land Schleswig-Holstein vom 10. April 1991 (GVOBl. Schl.-H. S. 232), Zuständigkeiten und Ressortbezeichnungen ersetzt durch Verordnung vom 13. Februar 2001 (GVOBl. Schl.-H. S. 34), und

3. die anwaltlichen Gütestellen nach § 6.

(2) Gütestellen im Sinne des Absatzes 1 Nr. 1 und 3 sind auch Rechtsbeistände, die Mitglied einer Rechtsanwaltskammer sind.

§ 4 Auswahl der Gütestelle. (1) [1]Die Parteien können sich für einen Schlichtungsversuch einvernehmlich an eine allgemeine Gütestelle nach § 3 Nr. 1 wenden. [2]Das Einvernehmen wird unwiderleglich vermutet, wenn die Verbraucherin oder der Verbraucher eine branchengebundene Gütestelle, eine Gütestelle der Industrie- und Handelskammer, der Handwerkskammer oder der Innung angerufen hat.

(2) [1]Können sich die Parteien nicht auf eine allgemeine Gütestelle einigen, ist das Schlichtungsverfahren von einer Gütestelle nach § 3 Nr. 2 oder 3 durchzuführen. [2]Unter mehreren örtlich zuständigen Gütestellen hat die antragstellende Partei die Wahl.

§ 5 Schiedsämter. Für das Schlichtungsverfahren vor dem Schiedsamt nach § 3 Nr. 2 gelten die §§ 14 bis 34 und 41 bis 49 der Schiedsordnung entsprechend.

§ 6 Anwaltliche Gütestellen. (1) Gütestelle nach § 3 Nr. 3 ist jede Rechtsanwältin und jeder Rechtsanwalt, die oder der auf Antrag durch die Schleswig-Holsteinische Rechtsanwaltskammer als Gütestelle zugelassen ist.

(2) [1]Jede Rechtsanwältin und jeder Rechtsanwalt, die oder der sich gegenüber der Rechtsanwaltskammer verpflichtet hat, Schlichtung als dauerhafte Aufgabe zu betreiben, ist durch die Rechtsanwaltskammer als Gütestelle zuzulassen. [2]Die Rechtsanwaltskammer kann die Zulassung wegen groben Verstoßes gegen die Pflichten nach § 8 dieses Gesetzes widerrufen.

(3) [1]Die Aufsicht über die anwaltlichen Gütestellen führt die Rechtsanwaltskammer. [2]Sie erlässt die hierzu erforderlichen Verwaltungsvorschriften. [3]Sie kann von den Gütestellen jederzeit Auskunft über alle die Geschäftsführung betreffenden Angelegenheiten verlangen.

§ 7 Verfahren vor den anwaltlichen Gütestellen. [1]Für das Verfahren vor den anwaltlichen Gütestellen gelten §§ 7 Abs. 1 Satz 2 und Abs. 2, § 10 Abs. 1, §§ 16 bis 18 und 19 Abs. 1, §§ 20 bis 34, 42 Abs. 1 und Abs. 2 Satz 1 und 2, 1. Halbsatz, § 43 Abs. 1, Abs. 2 Satz 1 und Abs. 3, § 44 Abs. 1, § 45 Abs. 3 und § 47 der Schiedsordnung entsprechend. [2]§ 14 der Schiedsordnung ist mit der Maßgabe anzuwenden, dass es für die örtliche Zuständigkeit der Gütestelle auf den Amtsgerichtsbezirk ankommt, in dem die Antragsgegnerin oder der Antragsgegner wohnt. [3]§ 44 Abs. 2 und 3 der Schiedsordnung ist mit der Maßgabe anzuwenden, dass die Vorschrift lediglich auf die Beitreibung der Ordnungsgelder Anwendung findet. [4]§ 48 Abs. 1 der Schiedsordnung ist mit der Maßgabe anzuwenden, dass die Ordnungsgelder der Gemeinde zufließen, in der die Gütestelle ihren Sitz hat.

§ 8 Pflichten der anwaltlichen Gütestellen. (1) [1]Rechtsanwältinnen und Rechtsanwälte unterliegen auch bei der Ausübung ihrer Tätigkeit nach § 6 Abs. 1 ihren allgemeinen Berufspflichten. [2]Ihnen steht hinsichtlich der Tatsachen, die Gegenstand des Schlichtungsverfahrens sind, ein Zeugnisverweigerungsrecht zu.

(2) Anwaltliche Gütestellen sind außer in den Fällen des § 16 der Schiedsordnung von der Ausübung ihres Amtes ausgeschlossen, wenn die Rechtsanwältin oder der Rechtsanwalt oder eine Person, die mit ihr oder ihm zur gemeinsamen Berufsausübung verbunden ist oder mit ihr oder ihm gemeinsame Geschäftsräume hat oder mit der sie oder ihn ein ständiges Dienstverhältnis verbindet, eine der Parteien des Schlichtungsverfahrens in derselben oder einer anderen Angelegenheit vertreten oder beraten hat.

(3) [1] Rechtsanwältinnen und Rechtsanwälte, die als Gütestelle nach § 6 Abs. 1 tätig werden, dürfen die Parteien des Schlichtungsverfahrens in derselben Angelegenheit weder vertreten noch beraten. [2] Satz 1 gilt entsprechend für Personen, die mit den Schlichterinnen und Schlichtern zur gemeinsamen Berufsausübung verbunden sind oder mit ihnen gemeinsame Geschäftsräume haben oder mit denen sie ein ständiges Dienstverhältnis verbindet.

§ 9 Kosten des Verfahrens vor den anwaltlichen Gütestellen. (1) Die Gebühr für die Durchführung des Schlichtungsverfahrens vor der anwaltlichen Gütestelle beträgt 65 Euro; kommt ein Vergleich zustande, beträgt sie 130 Euro.

(2) [1] Für Post- und Telekommunikationsdienstleistungen sowie Schreibauslagen steht der anwaltlichen Gütestelle eine Pauschale von 15 Euro zu. [2] § 46 Abs. 1 Nr. 2, Abs. 2 Satz 1, 3 bis 5 der Schiedsordnung gilt entsprechend.

(3) Die anwaltliche Gütestelle hat ferner Anspruch auf Ersatz der auf die Gebühren und Auslagen entfallenden Umsatzsteuer, sofern diese nicht unerhoben bleibt.

(4) [1] Eine Partei, die die Voraussetzungen für die Gewährung von Beratungshilfe nach den Vorschriften des Beratungshilfegesetzes vom 18. Juni 1980 (BGBl. I S. 689), zuletzt geändert durch Artikel 3 des Gesetzes vom 15. Dezember 1999 (BGBl. I S. 2400) erfüllt, ist von der Verpflichtung zur Zahlung der Vergütung befreit. [2] In diesem Fall erstattet die Landeskasse der Gütestelle die Vergütung. [3] §§ 4 Abs. 1, Abs. 2 Sätze 1 bis 3, §§ 5 und 6 des Beratungshilfegesetzes finden entsprechende Anwendung.

(5) [1] Ist der Gütestelle die Vergütung nach Absatz 4 Satz 2 erstattet worden, geht der Anspruch auf Kostenerstattung, der sich aus der Verurteilung der gegnerischen Partei in die Prozesskosten im nachfolgenden Gerichtsverfahren ergibt, insoweit auf die Landeskasse über. [2] Diese macht den Anspruch nach den Vorschriften über die Einziehung der Kosten des gerichtlichen Verfahrens geltend. [3] In diesem Fall wird der Anspruch bei dem Gericht der Hauptsache angesetzt. [4] Für die Entscheidung über eine gegen den Ansatz gerichtete Erinnerung und über die Beschwerde gilt § 5 des Gerichtskostengesetzes entsprechend.

Dritter Teil

§ 10 *(Vom Abdruck wurde abgesehen)*

§ 11 Inkrafttreten. Dieses Gesetz tritt am ersten Tag des dritten auf die Verkündung[1]) folgenden Kalendermonats in Kraft.

---

[1]) Verkündet am 28. 12. 2001.

Sachverzeichnis

Die fetten Zahlen bezeichnen die Gesetze, die mageren Zahlen
bezeichnen deren Paragraphen.
Die Buchstaben ä, ö und ü sind wie a, o und u in das
Alphabet eingeordnet.

Abbruch eines Gebäudes **14** 15; einer Grenzwand **9** 17; an Nachbarwand **9** 9; **14** 10

Abfindung des Schadensersatzberechtigten **1** 843 ff.

Abflusseinrichtungen 6 53; **8** 27; **9** 46; **10** 28; **11** 38; **12** 42; **16** 38

Abgasanlagen 14 21; **16** 17 ff.

Abhandenkommen von Sachen, Eigentumserwerb **1** 935, 1006 f.

Abhängigkeitsverhältnis, Schadensersatz **1** 825

Ablösungsrenten 2 114

Abriss eines Bauwerks, Schäden an Nachbarwand **5** 9; **6** 11

Abstand, Aufschichtungen **13** 18; Ausnahmen **4** 50; **8** 40; **9** 52; **10** 45; **12** 50; **13** 12; **14** 35; **15** 39; **16** 46; Balkon **3** 4; Berechnung **5** 30; **8** 41; **10** 46; **11** 47; **12** 51; **14** 36; **16** 47; Bestimmung **9** 51; **13** 13; der Einfriedung von der Grenze **8** 16; **11** 42; **12** 46; **13** 7; **16** 42; Erker **3** 4; Feststellung **3** 22; Galerie **3** 4; Gebäude im Außenbereich **9** 61 f.; von Gebäuden **10** 1 ff.; **15** 42, Ausnahmen **10** 2; zu landwirtschaftlichen Grundstücken **4** 48; **13** 10; **16** 42; Lichtöffnungen **3** 3, 5; Messung **4** 49; von Pflanzen **4** 47; **5** 27 ff.; **6** 36 ff.; **8** 38 ff.; **9** 50 ff.; **10** 40 ff.; **11** 44 ff.; **12** 48 ff.; **13** 9 ff.; **14** 34 ff.; **15** 37 ff.; **16** 44 ff., Ausnahmen **11** 46; schadendrohender und störender Anlagen **3** 6; Terrasse **3** 4; Wald **11** 49; **12** 53; **14** 38; **15** 39; **16** 49; Waldungen **9** 58 ff.; Weinbau **8** 42; **11** 48; **12** 52; **13** 11; **14** 37; **16** 48

Abtretung des Herausgabeanspruchs **1** 870, 931, 934, Eigentumserwerb **1** 934

Abwasser 3 1; **6** 52 ff., 54; **10** 29; **14** 33

Abwehrklage des Eigentümers **1** 1004

Abwendung eines rechtswidrigen Angriffs, Notwehr **1** 227

Altenteilvertrag, Zuständigkeit des Amtsgerichts **19** 23

Amtsgericht, Betreuungsgerichte **19** 23 d; gemeinsames A. in Familien-, Vormundschafts-, Betreuungs- und Unterbringungssachen **19** 23 d; Sicherheitsarrest **1** 230; Zuständigkeit **19** 23 bis 27, für Angelegenheiten der freiwilligen Gerichtsbarkeit **19** 23 d, für Familiensachen mehrerer Bezirke **19** 23 d, für Familiensachen und in Angel. d. freiw. Gerichtsbarkeit **19** 23 a, für Handelssachen **19** 23 d

Amtspflichtverletzung, Zuständigkeit des Landgerichts **19** 71

Anbau an Grenzwand **9** 18; **15** 11, 13; **16** 14; an Nachbarwand **5** 6; **6** 7; **8** 3; **9** 7; **10** 12; **11** 5; **12** 6; **14** 6; **15** 4, 6; **16** 5, Anzeige **5** 7; **6** 8; **9** 8; **11** 6; **12** 7; **14** 6; **15** 7; **16** 6, Vergütung **5** 8; **6** 9; **11** 7; **12** 8; **14** 7; **16** 7

Aneignung, aufgegebener Grundstücke **1** 928; von Bestandteilen **1** 954; bewegl. Sachen **1** 958 bis 964; Gestattung bei Erzeugnissen und Bestandteilen **1** 956 f.; von Tieren **1** 960

Angemessener Unterhalt, Berücksichtigung bei Billigkeitshaftung **1** 829

Angestellter, Haftung für Verschulden **1** 831

Angriff, gegenwärtiger rechtswidriger **1** 227

Anlage, -n, Beeinträchtigung des Nachbargrundstückes **1** 907

Anschluss an Fernheizungen **6** 51; **11** 33; **12** 34; **16** 33; bei zwei Grenzwänden **9** 19; **12** 17

Anschlussrecht des Duldungspflichtigen an Leitungen in Privatgrundstücken **6** 48; **8** 34; **11** 29; **12** 30; **16** 29

Anspruch, Ansprüche aus Eigentum **1** 985 bis 1007; aus Nachbarrecht, Unverjährbarkeit **1** 924; Verjährung **4** 52; **5** 3

Anstalten, Gerichtsstand **17** 17

Anstifter, Haftung **1** 830

Anteil, -e des Miteigentümers **1** 947 f.

Antennen 13 26

Antennenanlagen 5 19; **10** 26; **11** 17 ff.; **12** 21 ff.; **14** 21; **15** 20; **16** 17 ff.

Anwenderecht, Erlöschen **4** 53

Anzeige des Anbaus an Nachbarwand **5** 7; **6** 8; **9** 8; **11** 6; **12** 7; **14** 6; **15** 7; **16** 6

Anzeigepflicht 13 27; **14** 2; **16** 22, 28; Einfriedung **16** 41; des Finders **1** 965; Wiederherstellung des früheren Zustandes bei wild abfließendem Wasser **6** 58; **8** 24; **9** 42; **12** 40

Sachverzeichnis